广西桂西资源富集区
乡村文化建设研究

韦顺国 著

WUHAN UNIVERSITY PRESS
武汉大学出版社

图书在版编目(CIP)数据

广西桂西资源富集区乡村文化建设研究/韦顺国著. —武汉:武汉大学出版社,2016.6

ISBN 978-7-307-18087-1

Ⅰ.广…　Ⅱ.韦…　Ⅲ.农村文化—文化事业—建设—研究—广西
Ⅳ.G127.67

中国版本图书馆 CIP 数据核字(2016)第 129284 号

责任编辑:胡程立　　责任校对:李孟潇　　版式设计:马　佳

出版发行:**武汉大学出版社**　(430072　武昌　珞珈山)

(电子邮件:cbs22@whu.edu.cn　网址:www.wdp.com.cn)

印刷:虎彩印艺股份有限公司

开本:720×1000　1/16　印张:24.75　字数:357 千字

版次:2016 年 6 月第 1 版　2016 年 6 月第 1 次印刷

ISBN 978-7-307-18087-1　定价:78.00 元

本书由广西高校人文社会科学重点研究基地
——老区精神与老少边地区发展研究中心资金资助

序　言

　　先进文化是人类智慧的结晶，人类文明的象征，人类进步的阶梯。在中华大地上，56 个民族共同缔造了多姿多彩、博大精深的中华文化。面对世情、国情、党情出现的新变化，中华文化是我们走向未来、实现中华民族伟大复兴中国梦的精神支柱和战略力量。

　　我国是统一的多民族国家，幅员辽阔，少数民族大多分布在边疆地区或自然环境比较恶劣的山区。由于存在历史、地理、经济、文化等方面的差异，决定了解决民族问题的复杂性、重要性和长期性。因此，民族问题是关系到党和国家的奋斗目标能否如期实现的问题。解决民族问题最根本的方法就是科学发展，而科学发展的核心就是文化支撑。

　　党的十七大强调，要切实推动社会主义文化大发展大繁荣，要坚持用社会主义先进文化占领农村阵地，不断提高农民的精神文化生活和思想道德水平；加强对各民族文化的挖掘和保护，运用现代科技手段开发利用民族文化丰厚资源，建设优秀传统文化传承体系，开展少数民族特色文化保护工作，维护民族文化基本元素。党的十八大立足于全面建成小康社会和实施文化强国的战略高度，提出了倡导富强、民主、文明、和谐，倡导自由、平等、公正、法治，倡导爱国、敬业、诚信、友善，即"三个倡导"的社会主义核心价值观；并对繁荣发展少数民族文化事业，弘扬中华优秀传统文化，提高中华文化的国际影响力等方面做出一系列的部署。少数民族文化是构成中华文化的重要组成部分，是我国各族人民共同拥有的精神财富和宝贵资源。中华文化的大发展大繁荣必然是各少数民族文化的大发展大繁荣，必定要保护与发展文化的多样性。没有少数民族乡村文化的大发展大繁荣，就没有城市文化的大发展大繁荣，也没有中国社会主义文化的大发展大繁荣。

桂西资源富集区是指地处广西壮族自治区西部的河池、百色、崇左三市所辖的 30 个县（市、区），土地面积占全区总面积的 37.8%，人口数占全区总人口的 20%，是集老、少、边、山、穷、库等"六位一体"的特殊地区，又是国家明确支持建设的 8 个重点能源资源富集地区之一。2012 年 2 月，在国务院正式批复的《西部大开发"十二五"规划》中，明确提出支持包括桂西地区在内的全国 8 个资源富集区集约发展，并强调要增强桂西地区自我发展能力；同年 10 月，广西区颁布了《桂西资源富集区发展规划》，明确指出了要把桂西资源富集区建设成为国家资源富集区转型升级试验区、南宁新加坡经济走廊重要通道区、我国沿边开发开放振兴区、滇桂黔石漠化片区区域发展与扶贫攻坚示范区和西南重要生态屏障区等集"五区功能于一体"的战略目标。在广西的未来发展格局中，桂西资源富集区的重要地位十分突出。

先进文化是经济社会发展的先导。桂西资源富集区不仅是自然资源的富矿区，也是民族文化资源的富矿区。这里是"中国有色金属之乡"、"中国水电之乡"、"世界铜鼓之乡"、"世界长寿之乡"、"民间艺术文化之乡"和"壮族歌仙刘三姐的故乡"，这里的长寿文化、铜鼓文化、红色文化、布洛陀文化、山歌文化、花山文化、绣球文化、壮锦文化、边关文化等各具特色的文化资源极为丰富，文化开发大有可为。为了促进广西文化大发展大繁荣，推进广西民族文化强区建设，探索山区少数民族乡村文化建设的基本规律，提高贫困山区自我发展能力，促进贫困山区科学发展、和谐发展、跨越发展，为此，韦顺国博士对桂西资源富集区少数民族乡村文化建设进行了深入的理论与实践研究。

本书立足于培育和践行社会主义核心价值观，提升民族地区自我发展能力，推动文化大发展大繁荣的时代要求，先是对广西桂西资源富集区乡村文化建设的主题、目标、原则及时代价值进行详细论述，并对广西桂西资源富集区乡村文化建设的精神资源进行深入探索；接着对广西桂西资源富集区乡村文化建设现状进行分析。然后分别从广西桂西资源富集区"文化农民"的培育，乡村文化的保护与传承，乡村文化产业的深度开发以及乡村文化的现代构建等四个方面进行重点论述，并提出相应的对策和建议。在此基础上，重申了少数民族乡村文化建设必须坚持以马克思主义基本原理为指导，一切从实际出发，实事求是、与时俱进地开展乡村文化建设的各种活动，只有这样，才有可能做到推动民族地区贫困乡村科学发展、和谐发展和跨越发展。该书对读者了解广西乡村文化发展的历史、现状和问题，进一步研究新时期中国贫困地区精准扶贫和精准脱贫的对策必将有所帮助。

袁祖社

2015 年 12 月 29 日

目　录

绪　　论

一、研究的缘由及意义

（一）研究缘由

要实现"两个一百年"的奋斗目标，实现"富强、民主、平等、公正、文明、和谐"的社会主义现代化强国，最艰巨最繁重的任务在农村，即难点在农村，重点在农民。如何引导和提高少数民族贫困山区自我发展能力，使少数民族农民尽快走上幸福的康庄大道，则是重点之中的重点，难点之中的难点。那如何突破这个重点之中的重点、难点之中的难点呢？乡村文化建设是其中一个十分重要的环节。

文化是一个民族的重要特征，是民族之魂，是民族之根。中华56个民族共同缔造了多姿多彩、博大精深的中华文化。面对世情、国情、党情出现的新变化，中华文化是我们走向未来、实现中华民族伟大复兴的精神支柱和战略力量。"民族地区的发展问题"历来都是党和国家高度重视的问题，尤其是改革开放以后，随着社会主义新农村建设的提出，如何提高民族地区自我发展能力的问题就越来得到重视，1984 年中央 1 号文件、1987 年中央 5 号文件、1991 年中央 21 号文件中都反复强调：建设社会主义新农村，帮助民族地区发展经济文化教育事业。在 2003—2005 年的许多民族工作会议上，胡锦涛始终强调要把实现民族"共同团结奋斗，共同繁荣发展"① 当作解决民族问题的时代主题。2005 年"十一五"规划

---

① 国家民族事务委员会，中共中央文献研究室编．民族工作文献选编（2003—2009）［M］．北京：中央文献出版社，2010：3，73.

1

纲要建议中，提出了"生产发展、生活富裕、乡风文明、村容整洁、管理民主"的社会主义新农村建设的具体要求。2006 年中央 1号文件再次把"和谐乡村建设与发展"摆在突出的位置。2009 年国家颁发了《国务院关于进一步繁荣发展少数民族文化事业的若干意见》，论述了少数民族文化建设的特殊重要性，对发展少数民族文化事业的指导思想、基本原则、目标任务以及具体措施作出决定。党的十七大报告强调，要切实推动社会主义文化大发展大繁荣，建设和谐文化，培育文明风尚，协调城乡文化发展，着力丰富老、少、边、山、穷等地方的农民文化生活；强调把"促进社会主义文化大发展大繁荣""弘扬中华文化，建设中华民族共有精神家园"当作党和国家的主要工作内容之一；强调"加强对各民族文化的挖掘和保护""运用现代科技手段开发利用民族文化丰厚资源"① 等方面的内容。十七届三中全会指出，要坚持用社会主义先进文化占领农村阵地，不断提高农民的精神文化生活和思想道德水平。② 胡锦涛说："加快少数民族和民族地区经济社会发展，关键要坚持以科学发展观统领经济社会发展全局。"2011 年，党的十七届六中全会通过了《中共中央关于深化文化体制改革推动社会主义文化大发展大繁荣若干重大问题的决定》，提出了"建设优秀传统文化传承体系""开展少数民族特色文化保护工作""维护民族文化基本元素"③。2012 年，党的十八大提出了"倡导富强、民主、文明、和谐，倡导自由、平等、公正、法治，倡导爱国、敬业、诚信、友善"即"三个倡导"的社会主义核心价值观是实施文化强国的战略目标；大会对"繁荣发展少数民族文化事业""弘

---

① 胡锦涛.高举中国特色社会主义伟大旗帜为夺取全面建设小康社会新胜利而奋斗——在中国共产党第十七次全国代表大会上的报告［N］.人民日报，2007-10-25（1）.
② 中共中央文献研究室编.十七大以来重要文献选编（上）［M］.北京：中央文献出版社，2009：684.
③ 胡锦涛.中央关于深化文化体制改革若干重大问题的决定［N］.人民日报，2011-10-25（1）.

扬中华优秀传统文化"①，提高中华文化的国际影响力等方面作出一系列的部署。少数民族文化是构成中华文化的重要组成部分，是我国各族人民共同拥有的精神财富和宝贵资源。中华民族文化的大发展大繁荣必然是各少数民族文化的大发展大繁荣，必定要维护和发展文化多样性。没有少数民族乡村文化的大发展大繁荣，就没有城市文化的大发展大繁荣，也没有中国文化的大发展大繁荣。同时，我国是统一的多民族的社会主义国家，少数民族大多分布在边疆地区或自然环境比较恶劣的地区。由于存在地域环境因素，以及经济、文化等方面的巨大差异，决定了民族问题的长期性、复杂性和重要性，即民族问题直接关系到我国现代化建设成败的重大问题。而解决民族问题最根本的方法就是科学发展。因此，我们不仅要注重总结或借鉴首先走上富裕道路的一般地区的先进经验和做法，而且更要注重探索或研究特殊贫困山区社会经济文化发展的特殊规律，这也是全面贯彻落实科学发展观的根本要求。

桂西资源富集区是指地处广西壮族自治区西部的河池、百色、崇左三市所辖的 30 个县（市、区），土地面积占全区总面积的 37.8%，人口数占全区总人口接近 20%，是集老、少、边、山、穷、库（水库区）等"六位一体"的特殊地区，又是国家"十二五"规划明确支持建设的 8 个重点能源资源富集地区之一，② 即形成了"七区于一体"的特殊区域。桂西资源富集区是国家和广西地方政府在新的历史发展阶段，根据广西西部地区所具有的独特的人文环境、自然环境以及社会经济产业结构等方面的情况，进行重新开发或规划时所做出的界定或称呼，属于新的区域经济板块概念。2009 年国务院下发《国务院关于进一步促进广西经济社会发展的若干意见》，明确强调了"增强资源富集区的桂西地区自我发

---

① 胡锦涛. 坚定不移沿着中国特色社会主义道路前进为全面建成小康社会而奋斗——在中国共产党第十八次全国代表大会上的报告［N］. 人民日报，2012-11-18（1）.

② 余益中，刘士林等. 广西桂西资源富集区文化发展研究［M］. 南宁：广西人民出版社，2012：3.

展能力"，并对该地区的社会经济发展提出了许多战略性指导。2011 年新年伊始，广西颁发了"十二五"规划纲要，明确强调了桂西资源富集区在广西实施"两带一区"发展格局中的重要地位，并对重点开发桂西资源富集区做出了具体的规划。2012 年 2 月，在国务院正式批复的《西部大开发"十二五"规划》中，明确提出支持包括桂西地区在内的全国 8 个资源富集区集约发展；同年 10 月，广西区颁布了《桂西资源富集区发展规划》，明确指出了要把桂西资源富集区建设成为国家资源富集区转型升级试验区、南宁—新加坡经济走廊重要通道区、我国沿边开发开放振兴区、滇桂黔石漠化片区区域发展与扶贫攻坚示范区和西南重要生态屏障区等集"五区功能于一体"的战略目标。可见，对桂西资源富集区进行重新规划和开发，是党中央、国务院以及广西地方党委政府打造北部湾经济区、西江经济带之后促进广西全面发展的又一重大战略部署。

然而，要促进桂西资源富集区社会经济文化的科学发展、和谐发展、跨越发展，就势必充分利用桂西地区丰富的文化资源，以发挥其文化软实力的作用。那么，桂西资源富集区乡村文化建设就自然成为主要的议题之一。于此，如何开展桂西资源富集区乡村文化建设的理论和实践研究，如何总结桂西资源富集区乡村文化建设的历史经验，如何在新形势下进行桂西资源富集区乡村文化建设的方式方法或机制创新等问题，都是我们面临的一个重大而急需解决的基本问题。因此，以广西桂西资源富集区少数民族乡村文化建设为重点研究对象，对促进广西经济、政治、文化、社会、生态等"五位一体"建设，无疑具有十分重要的理论意义和现实意义。

（二）研究意义

本书以广西桂西资源富集区少数民族乡村文化建设为重点研究对象，体现了几个方面的特殊意义和价值。

1. 特殊的必要性，即增强民族地区竞争力和影响力的迫切需要。

桂西资源富集区不仅是少数民族聚集区，也是生态资源、矿产资源的富集区。2010年，广西总人口为5159.46万人，常住人口4602.66万人，在常住人口中，少数民族人口1711.05万人，占常住人口的37.18%（壮族1444.85万人，占31.39%），是我国少数民族人口最多的省区。① 其中，桂西资源富集区河池、百色、崇左三市所辖的30个县（市、区），土地面积8.72万平方公里，占全区总面积37.8%；三市总人口916.59万人，占全区总人口18%。广西桂西资源富集区是我国以壮族为主体的少数民族聚居地，境内居住有壮、汉、苗、瑶、仫佬、毛南、水、侗、京、仡佬、彝、回、黎、布依、满、高山、白、蒙古等20多个民族，本区域拥有丰富的矿产、水能、农林、旅游等自然资源和独特的人文资源，这些资源是本区域现在以及未来经济发展的物质基础。这里不仅具有"中国有色金属之乡""中国水电之乡""世界铜鼓之乡""世界长寿之乡""壮族歌仙刘三姐的故乡""民间艺术文化之乡"等许多美称，而且是集老、少、边、山、穷、库（水库区）等"六位一体"的特殊地区，又是国家"十二五"规划明确支持建设的8个重点能源资源富集地区之一，即具有"七区六乡"的称号。然而，一般来说，凡是有"山区""特困"等概念的，通常是与"地域边缘""经济落后""文化匮乏""发展滞后""人口素质偏低"等概念相伴。文化不但可以促进经济增长，而且可以赋予经济发展更高的竞争力。因此，以广西桂西资源富集区乡村文化建设为研究对象，对提高少数民族农民的文化素质，提高民族地区自我发展能力等方面，显得尤为迫切或必要。

2. 特殊的重要性，即共建中华民族精神家园的迫切需要。

桂西资源富集区地处祖国边疆，邻近越南等国，不仅是我国西南少数民族物质文化资源富集区之一，也是我国西南少数民族非物质文化资源富集区之一。现世居在桂西资源富集区的壮、瑶、苗、毛南、仫佬、彝、仡佬、回、水等各少数民族同样是具有悠久历史

---

① 广西壮族自治区统计局. 广西2010年第六次全国人口普查主要数据公报〔EB/OL〕.〔201-02-28〕. http：//www.stats.gov.cn/tjgb/rkpcgb/dfrkpcgb/t20120228_402804321.htm

和灿烂文化的民族，虽然他们均含有不同程度的汉化特点，但是依然保持着自己鲜明的民族特色。在他们传统的物质文化和非物质文化中，所反映出的各族人民的理想追求、价值取向、思想道德、思维方式和心理特征，也是中华各民族生生不息、团结奋进的不竭动力。截止 2013 年，桂西资源富集区三市一共有 15 项非物质文化遗产被列为国家级非物质文化遗产名录；在广西全区总共 307 项自治区级非物质文化遗产名录中，桂西资源富集区三市就有 154 项入选，占全区的 50%。如长寿文化、铜鼓文化、红色文化、布洛陀文化、花山文化、边关文化等，都是特色的文化品牌。2009 年，为了全面贯彻党的十七大精神，进一步繁荣和发展少数民族文化事业，推动社会主义文化大发展大繁荣，以实现各民族"两个共同"的发展目标，国务院颁发了《关于进一步繁荣发展少数民族文化事业的若干意见》等文件，对发展繁荣少数民族文化事业的指导思想、目标任务以及相关措施等内容作出了明确规定。2011 年 10月 18 日，十七届六中全会把推动少数民族文化大发展大繁荣，提高到社会主义现代化建设的战略高度。2012 年党的十八大提出文化强国的目标、任务和措施，并对"繁荣发展少数民族文化事业"等方面作出了重要部署。可见，以广西桂西资源富集区乡村文化建设为研究对象，具有特殊的重要性。

3. 特殊的紧迫性，即扶贫攻坚的迫切需要。

2011 年党和国家颁布的《中国农村扶贫开发纲要（2011—2020 年）》，明确了"中央重点支持连片特困地区。加大对革命老区、民族地区、边疆地区扶持力度。"① 在 2003 年全国 592 个贫困县中，少数民族地区有 232 个，其中广西就有 28 个；新时期国定贫困重点县 267 个，广西还是 28 个。2011 年，国家民委发布民族地区农村贫困检测结果，全国包括广西在内的"民族八省区"农村扶贫对象为 3917 万人，广西、贵州、云南三省区有农村扶贫对

---

① 中共中央国务院. 中国农村扶贫开发纲要（2011—2020 年）［EB/OL］.［2011-12-01］. http：//www. seac. gov. cn/art/2011/12/1/art _ 142 _ 154463. html.

象 3113 万人，占八省区农村扶贫对象的比重为 79.5%。① 目前经过重新调整后广西共有 33 个县（自治县）获国家重点扶持的特困连片区，比新世纪前十年增加了 5 个县。另外，广西共有 2220 个贫困村纳入"十二五"时期国家确定开展的整村推进扶贫开发贫困村。国家扶贫开发工作重点县总量 28 个不变；自治区重点县总量 21 个不变。如果以农民人均纯收入 2300 元作为新的国家扶贫标准来测算，广西有贫困人口 1012 万人，占农村户籍人口 4234 万人的 23.9%，占广西总人口的 19.9%。即广西每 4 个农村人口中有 1 人为贫困人口，广西全区每 5 个人口中有 1 人为贫困人口。这些贫困县、乡、村或贫困人口绝大多数分布在桂西资源富集区的河池、百色、崇左三市。2011 年 11 月 29 日，胡锦涛主席在中央扶贫工作会议上要求，全党全社会要深刻认识扶贫开发工作的重要性和紧迫性，要以更大的决心、更强的力度、更有效的举措，扎扎实实做好扶贫开发各项工作，确保到 2020 年全国实现全面建成小康社会目标。可见，对贫困山区少数民族乡村文化建设研究正是扶贫攻坚的迫切需要。

4. 方法论上的价值，即丰富了广西乃是全国资源富集区"三农"问题研究的成果。

2004 年以来，中共中央每年所发布的一号文件始终都离不开"三农"问题，并且都把农村文化建设摆在非常重要的位置。2014年中共中央颁布的"一号文件"明确提出，在经济社会发展的转型期，必须坚持以邓小平理论、"三个代表"重要思想、科学发展观为指导，全面贯彻党的十八大和十八届三中全会精神，不断创新体制机制，为保持社会主义新农村建设又好又快发展提供有力支撑。广西桂西资源富集区是我国西南少数民族聚集居地区，是集老、少、边、山、穷、库（水库区）等"六位一体"的特殊地区，又是国家"十二五"规划中明确支持建设的 8 个重点能源资源富集地区之一，即"七区于一体"的多重性地区。然而，从一个多

---

① 国家民委. 2011 年少数民族地区农村贫困监测结果 [BO]. [2012-11-28]. http：//www. gov. cn/gzdt/2012-11/28/content_2277545. htm.

重性或复杂性的特殊地区入手，探讨发展繁荣乡村文化建设的方式、方法与途径，具有方法论上的价值，因为它可以为其他省区或其他资源富集区进行乡村文化建设提供借鉴（反之则不一定）。

二、研究对象及范围

（一）广西桂西资源富集区

广西桂西资源富集区是国家和广西地方政府根据广西西部地区独特的人口结构、自然环境、产业结构等方面进行重新开发、规划而作出的定义，主要是指广西壮族自治区西部的河池、百色、崇左三市所辖的 30 个县（市、区），土地面积占全区总面积 37.8%，人口占全区总人口近 20%，是广西少数民族主要聚居地区，是集老、少、边、山、穷、库（水库区）等"六位一体"的特殊地区，又是国家"十二五"规划中明确支持建设的 8 个重点能源资源富集地区之一，① 即拥有"七区于一体"多重性地区。本文以桂西资源富集区为"典型"，但它的分析与结论对于同类型的其他地区，或者是对于我国实施"十二五"发展规划中的其他 7 个能源资源富集区的少数民族文化建设，无疑是适用的，或者说至少起到借鉴的作用。

（二）文化与桂西资源富集区乡村文化

1. 文化及其概念

关于"文化"一词，其发展源远流长，最初以分开的形式出现在古代汉语之中。"文"本义类似"纹"，引申为美、善之义；"化"本为造化、生成、变易之义，后泛指事物形态或性质的变化，引申为教化从善之义。在最早的古书《周易·贲·象传》中记载："观乎人文，以化成天下。"② 这里的"人文"、"化成"就

---

① 余益中，刘士林等．广西桂西资源富集区文化发展研究［M］．南宁：广西人民出版社，2012：3.
② 郭彧译注．周易［M］．北京：中华书局，2006：117.

有社会人伦、礼仪风俗、文明文雅、文治教化等意思。而"文化"合成一词，最早见于西汉刘向《说苑·指武》中"圣人之治天下也，先文德而后武力……文化不改，然后加诛"。① 这里强调了文教、德治以及礼乐典章制度等意思。西晋史学家束晳说："文化内辑，武功外悠。"南齐文学家王融在《曲水诗序》中也说："设神理以景俗，敷文化以柔远。"总之，中国古代的"文化"都带有"德治、教化"之意。

一般认为，"文化"是人类所创造的物质财富和精神财富的总和。一方面是指人们能看得见、摸得着的有形的物质文化；另一方面是指存在于人们内心的信仰、价值、观念或行为规范等方面。随着历史的推移和实践的发展，经过漫长而反复的锤炼以后，其内涵更加丰富、外延更加宽广。至于"文化"的定义，不同的人有不同的看法，具有一定复杂性。1871 年，英国人类文化学家爱德华·泰勒在《原始文化》一书中指出，文化是指"包括全部的知识、信仰、艺术、道德、法律、风俗以及作为社会成员的人所掌握和接受的任何其他的才能和习惯的复合体"。② 后来，英国学者克罗伯在《文化观念》中，对西方文化进行累计，发现一共有 160 多个文化定义。他认为，文化是"内隐"和"外层"两行为的统一，是一种传承的符号，其核心部分是价值观，是历史行为的积淀和未来行为的基础。③ 美国著名学者赵志裕和康萤仪在《文化社会心理学》中指出，文化是复杂的、动态的、不固定的，文化定义应被视为一个假定性观念，即"文化是一个集体现象，它包括一系列共享的意义，这些意义为一个人群理解社会实在、调整自己在集体生活中的活动以及适应外部环境提供了共同的参考框架"，"一个人群中每个个体都获得了一部分共享知识，但没有一个群体

---

① 舒扬.当代文化的生成机制[M].北京：中央编译出版社，2007：6.

② 【英】爱德华·泰勒.原始文化：神话、哲学、宗教、语言、艺术和习俗发展之研究［M］.连树声，译.桂林：广西师范大学出版社，2005.

③ 傅铿.文化：人类的镜子——西方文化理念导引［M］.上海：上海人民出版社，1990：12.

成员能掌握文化中全部的共享知识"。①

中国学者梁启超在《什么是文化》中指出，文化是人类在长期的生产生活中所积淀下来的有价值的"共业也"。从广义看，它包括政治、经济；从狭义看，它主要指语言、文字、宗教、文学、美术、科学、史学、哲学等内容。梁漱溟在《东西文化及其哲学》中称："文化并非别的，乃是人类生活的样法。"胡适在《我们对于西洋近代文明的态度》中指出，文化是一种文明的生活的方式。毛泽东在《新民主主义论》中指出，文化是政治和经济的反映，对政治和经济产生影响和反作用。朱瑛和李运祥在《毛泽东文化思想探析》指出："文化是人类在改造自然、社会和自我的过程中所创造的所有物质财富与精神财富的总和；同时，一定文化是一定的经济和政治在观念形态上的反映。"② 可以说，文化的定义具有复杂性。对它进行任何具体的定义都可能失之偏颇，因为它以有形和无形的方式渗透到人们生活的方方面面，构成了一个国家、一个民族的血脉。尽管如此，如果从其表现来看，我们可以将文化分为三类，一类是物质文化；一类是精神文化；一类是行为（制度）文化。

然而，本研究使用的"文化"或"乡村文化"不是广义的文化概念，本文研究广西桂西资源富集区乡村文化建设，这里的"文化"是指对推进中华文化大发展大繁荣具有价值成分的狭义文化，这种意义上的"乡村文化"是作为少数民族精神、制度或行为习惯方面的文化。

2. 乡村文化的概念界定

乡村是指居民以农耕经济活动为基本内容的这类聚落的总称，又称农村或非城市化地区。在中国，乡村主要是指从事农业生产和农民聚居的地方，一般包括自然村落、行政村、城中村、社区、乡

---

① 赵志裕，康萤仪. 文化社会心理学 [M]. 刘爽，译. 北京：中国人民大学出版社，2011：18，19.

② 朱瑛，李运祥. 毛泽东文化思想探析 [M]. 南京：东南大学出版社，2008：6.

镇以及贫困山区的县（区）小城等广大地区。而居住在这些区域的人们，在长期的生产生活实践中形成并积淀下来的物质文化、精神文化、制度文化或行为文化以及相关文化形式，可称为乡村文化。因学科或研究侧重不同，乡村文化的表述也略有不同。

首先，村落文化。它既是一个"理想型"的抽象概念，又是一个中国农村转型中的文化观念范畴。有学者认为，村落是中国农村社会最基本的组织形式，村落文化一般是相对于都市文化而言的，考察中国农村社会或人文精神理应从最具文化特色、最具概括力及解释力的村落文化入手。有学者认为，村落是中国社会文化变迁的交接点，村落文化是反映当前中国村落制度结构特征的一种文化形态。"目前中国农村存在着以地域为基础的排他性的村级基础组织和村庄集体土地所有制度，它既强调地域共同体的政治经济基础，更反映了国家权力浸透到村庄的控制、干预和意识形态下的制度安排对村落文化产生的影响。"① 村庄是中国农村国家与社会的交接点。在整个社会文化中，村落文化属于受到大传统影响和支配的小传统的民间传统文化范畴，在社会转型中，它不但具有传统微观的社区研究范畴，而且有现代宏观的研究范畴，村落文化更具有分析和发展的潜力，成为把握和分析当今中国转型中乡村文化复杂图景的有力的概念工具。②

其次，农村文化。农村文化是指在广大农村地区，以农业生产为主要经营方式，广大农民在长期的生产生活中形成并积淀下来的认识、思维、性格、习俗及其相关的价值观、交往方式、生活方式等方面的反映。有些学者表述为"农村文化是指在特定的农村社会生产方式基础上，以农民为主体，建立在农村社区的文化，是农民文化素质、价值观、交往方式、生活方式等深层心理结构的反

---

① 周军. 中国现代化与乡村文化建构 [M]. 北京：中国社会科学出版社，2012：31.

② 陈吉元，胡必亮. 当代中国的村庄经济与村落文化 [M]. 太原：山西经济出版社，1996：197.

映"。① 还有些学者表述为：农村文化是农民的文化水平、思想观念以及在漫长的农耕实践中形成并积淀下来的各种深层心理结构的反映，是农民的心灵世界、人格特征以及文明开化程度的象征。②

再次，乡土文化。乡土文化是指乡村农民群体在长期共同的社会生产生活实践中相互学习所形成的较为稳定的观念、规范和习俗的总称。它主要表现为信仰、价值观念、社区精神、道德规范、行为准则、公众制度、历史传统、风俗习惯、生活方式、文化环境和特定象征等文化特征。③ 乡土文化是乡村农民群体长期生产生活实践的产物，既具有一定的稳定性，又具有一定的可变性，它是随着现代社会发展变化或转型而逐渐变化的一种文化体系。

可见，乡村文化的规定性及其特点。乡村文化包括村落文化、农村文化、乡土文化在内的一种文化体系，它具有三个主要规定性：一是主体，以农民为主。农民在长期的生产劳动以及社会交往活动中形成或创造出来的乡村文化。但任何文化的创造主体与其欣赏者、消费者并非一回事，因而乡村文化的欣赏者和消费者并非局限于乡村农民。随着社会的不断进步，许多乡村文化产品或服务方式越来越被旁观者清的城市居民向往或崇拜。二是载体，以乡村为主，包括农村社区或城镇社区在内。一般是指村落或村庄、集镇、乡镇场镇社区共同体，甚至现在民族山区的一些小城市以及某些城中村等共同体，都是乡村文化的载体。三是底色，建立在传统或半传统的社会生产方式之上并带有一定传统乡村特点的文化色彩。文化的基础和根源在于特定的生产方式，随着城市化进程的不断推进，有些民族山区小城市或城中村已经改变了原来传统的生产方式，但其文化的优秀传统和价值观仍表现出强大的生命力。正如当今的新农村建设中或城镇化建设中，人们的衣、食、住、行等方面

---

① 周军.中国现代化与乡村文化建构 [M].北京：中国社会科学出版社，2012：31.

② 吕红平：农村家族问题与现代化 [M].石家庄：河北大学出版社，2001：211.

③ 李友梅.快速城市化中的乡土文化转型 [M].上海：上海人民出版社，2007：2.

都发生了新的变化，唯一没有彻底更新的是人们的思维方式或价值观念。可以说，乡村文化的三个规定性与农民、农村、农业等"三农"问题，具有密切联系的内容特征。

乡村文化的基本特点：由于我国农村的经济、政治、文化、历史、地理等因素的特殊性，乡村文化与都市文化及其他文化相比，有几个方面的突出特点。其一，相对封闭而保守。我国传统文化是建立在自给自足自然经济的生产方式之上，从传统文化的整体上看，主要表现为封闭和保守。我国农村地区特别是中部、西部或比较边远地区的乡村聚落，长期居住在这里的人们，过着日出而作日落而息的生产、生活方式，很少与外界发生联系，在这种环境中形成的文化就显得相对封闭一些。而保守与封闭基本属于一双孪生兄弟型或姐妹型，人们的思想观念、社会心理、生活方式等方面变化小、惰性强，或者说乡村传统文化的基本内涵、精神、表现形式等方面，显得比较保守、狭隘。其二，多样而兼容。我国有 56 个民族，分布在宽广辽阔的土地上，由于地理环境复杂多样，在不同的地理环境中形成了不同的生产方式、生活方式、思想观念、价值观念，以及在生产生活中形成的一些科技性文化等方面，都有差异，换言之，由于地理环境多样性和民族成分多样性，造成了乡村传统文化的多样性。然而，各种乡村文化并非造成相互排斥或对抗，而是具有相互兼容、相互融合。随着社会经济的不断发展，地区之间的交往、各民族之间的交往越来越频繁，各种文化经过多年的相互磨合、吸收、融合以后，其共性与日俱增，冲突性明显减少或消融。其三，继承与创新。中华文明具有上下五千年的历史，长期的自给自足自然经济的影响，使中国乡村传统文化在乡村经济、政治或社会组织等方面的关系体现出一种封建思想的文化色彩。而乡村传统文化是以农民为传承的主体、以乡村或村落为传承的载体、以传统文化为主要内容，它不可能离开已有的传统文化，否则，就成为"巧妇难为无米之炊"的尴尬局面。

那么，根据以上论述可知，桂西资源富集区乡村文化的主要内容，理应是指在桂西资源富集区河池、百色、崇左三市，以壮族为主体民族，汉、瑶、苗、毛南、仫佬、彝、水、仡佬等多民族长期聚散杂混居的乡村，即在以壮族为主体及其他各民族聚散杂混居的特定区域内，人们在长期传统农耕生产方式的基础上，形成的物质文化、精神文化、制度文化或行为文化以及其他相关的文化形式。它反映了以壮民族等各少数民族农民的思想文化、价值思维、交往方式或生活习惯以及宗教信仰等各种深层次心理结构状态，其包括桂西资源富集区内的村落文化、农村文化、乡土文化以及转型中乡村的都市文化等方面在内的乡村文化。于是，桂西资源富集区各民族优秀传统文化精神，文化农民的培育，文化基础设施建设，非物质文化遗产的保护传承，乡村文化产业的深度开发，以及乡村文化的现代构建等内容，理应成为乡村文化建设的主要内容。

三、相关研究现状

（一）国内相关研究概况

随着我国经济建设的快速发展，文化软实力在综合国力竞争中的地位和作用越来越凸显，全国各地都掀起了文化建设的新高潮，广西民族文化研究也取得可喜的成绩。据不完全统计，近 15 年来（1999—2013 年）发表的以"广西文化建设"为主题的论文近 40 篇，以"广西民族文化建设"为主题的论文有 6 篇，以"广西农村文化建设"为主题的论文有 5 篇，以"广西桂西资源富集区"为主题的论文 10 篇，以"广西桂西资源富集区文化建设"为主题的论文有 4 篇；出版有关"广西文化建设"研究的著作 18 部，有关"广西乡村文化建设"的著作 3 部，关于"广西桂西资源富集区文化发展研究"著作 1 部。这些论文和著作内容涉及历史学、社会学、人类学、政治学、民俗学、哲学、文学、美学、体育等方面。这些研究有的是全区性的文化研究，有的是区域性的文化研究；有的是对壮、瑶、苗族等某个族群的研究，有的是对某个县（市）或村落的个案研究，有的是对乡村建设的某一层面的调查研究等。但从总体来看，关于广西少数民族乡村文化建设的研究则非常薄弱。虽然在这些论著中有涉及到广西桂西地区河池、百色、崇左三市的乡村文化建设，但由于"广西桂西资源富集区"是新时期国家和广西地方政府对桂西地区独特的人口结构、自然环境、产业结构进行重新开发、规划的产物，因此，对有关广西桂西资源富集区乡村文化建设方面的研究几乎是空白。然而，党的十七大、十八大分别对"扎实推进社会主义文化大发展大繁荣"的重要意义、主要目标和任务，以及相关部署作出了决定。这不仅为我们进一步繁荣发展少数民族文化事业提供了强有力的政策支持，而且为我们深入开展广西桂西资源富集区乡村文化建设研究指明了方向。

综观近十几年来学术界关于少数民族乡村文化研究，与本书相关的主要有如下成果。

1. 国内相关综合性研究

（1）关于乡村文化的概念、特质及乡村文化建设整体思路的研究。

这方面的研究成果极为丰富。乡村文化概念因学科或研究的侧重不同，存在不同的表述，如著名学者费孝通把乡村文化定义为乡土文化，王沪宁把传统乡村社会文化定义为村落家族文化等。在众多概念表述中，经常出现相互置换或模糊不清的现象，不管是称之为"村落文化""乡土文化"，还是称之为"传统农村文化""农民文化"，或者是"小传统文化"，其内容都是相互交织或相似的，其共同特点是很明显的。乡村是中国文化的发源地，中国传统文化本质上说是乡村文化，传统乡村文化研究隐含在对中国文化研究之中。

20 世纪 20 至 30 年代，以毛泽东为代表的共产党人运用唯物史观的方法开展乡村社会文化的研究。毛泽东认为"一定的文化是一定社会的政治和经济在观念形态上的反映"①，文化既有相对的稳定性，又有可变性或发展性。他指出，20 世纪以前中国文化性质是封建的文化，"其政治是封建的政治，其经济是封建的经济"。进入 20 世纪以后，一个半封建半殖民地的中国社会逐步形成，于是文化性

---

① 毛泽东. 毛泽东选集（第二卷）[M]. 北京：人民出版社，1991：695.

质就变成了"半封建半殖民地的文化"。① 毛泽东指出："地主的文化是由农民造成的"，"是从农民身上掠取的血汗。"② 这是中国乡村文化严重缺失所导致的结果。毛泽东运用马克思主义阶级分析法去研究乡村，认识乡村文化本质，得出了彻底改造乡村文化的革命道路。与此同时，以梁漱溟、晏阳初等为代表的学术界发起了"乡村建设运动"。梁漱溟着眼于文化创新，而晏阳初着眼于民族再造。虽然两人的着眼点不同，但通过培养和利用社会精英来改造落后的农村面貌等主张还是殊途同归。如梁漱溟在《乡村建设理论》中指出的，中国社会问题实质上是文化问题，解决中国发展问题的唯一途径是在维护中国固有传统文化的基础上进行乡土重建，即在维持传统农村的伦理本位和土地制度的基础上提升劳动力的素质，并倡导学习运用现代农业技术、发展合作化等主张。前辈们对中国乡土社会的讨论，开创了乡村文化专题研究的先河。

著名的社会学家费孝通先生在《乡土中国》③ 一书中，把乡村文化定义为乡土文化，提出了"差序格局"著名论断，他把农民的特征归纳为"乡土性""血缘化""自我主义"等三个方面。他的《江村经济——中国农民的生活》④ 认为，中国农民的生产、分配、交换、消费等一切经济体系，与所在的特定地理环境、社区的社会结构等方面有密切的关系，说明了这个村子与大多数中国农村一样，正经历着一个巨大的变迁过程，并指出了正在变化着的中国乡村经济的动力和问题所在。

关于新时期乡村文化建设的整体思路。黄映晖、史亚军等主编的《如何搞好乡村文化建设》⑤ 一书认为，乡村文化是乡村中的"瑰宝"，"要想致富靠文化"、"要想娱乐靠文化"等观点，该书

---

① 毛泽东. 毛泽东选集（第二卷）[M]. 北京：人民出版社，1991：665.
② 毛泽东. 毛泽东选集（第一卷）[M]. 北京：人民出版社，1991：39.
③ 费孝通. 乡土中国 [M]. 北京：北京出版社，2009.
④ 费孝通. 江村经济——中国农民的生活 [M]. 北京：商务印书馆，2010.
⑤ 黄映晖，史亚军. 如何搞好乡村文化建设 [M]. 北京：中国农业出版社，2011.

对如何有效地开展乡村文化建设，如何保护乡村文化，如何发展乡村文化产业等方面进行了重点阐述。熊春林等编著的《农村文化发展之谋》① 一书，分别从政策解读、理论阐释、案例分析、方法参考等 4 方面，提出了以先进文化为导向的乡村文化建设，在很大程度上决定着乡村经济社会的可持续发展，也关系到社会主义文化强国的成败等问题。崔富春、方亮等编著的《新农村文化建设与管理》② 一书，从农村文化的基本内涵、传统农村文化的结构形态、现代化背景下农村文化的变迁、农村文化建设是新农村建设的重要组成部分、当前农村文化建设的发展机遇、存在问题、主要方略等方面进行了论述。这些成果对广西桂西资源富集区乡村文化建设具有一定参考价值。

（2）关于乡村文化建设与"文化农民"的研究。

秦红增教授在《乡土变迁与重塑——文化农民与民族地区和谐乡村建设研究》一书中，提出了"文化农民"的概念，他认为从学理上看，"文化农民"体现文化自觉、文化自信；从实践上看，"文化农民"可以不断激活农民参与新农村建设的主体性、创造性力量，避免被"精英俘获"或边缘化，并提出"文化农民"是民族地区和谐乡村建设的根本力量。该书主要以作者自己及有关学者近几年来多次在广西民族地区贫困乡村田野调查时所收集到的资料为事实依据，论述了文化农民对民族地区和谐乡村生态建设、社会建设、文化建设等方面的意义，该书呼吁：在全球化、市场化、城市化浪潮席卷而来的情势之下，文化多样是民族地区和谐乡村建设的统领，民族地区的乡村和谐必须也必然体现出文化多样性。③

王沪宁明确提出了重视乡村文化建设的主张。他认为，传统乡

---

① 熊春林. 农村文化发展之谋［M］. 北京：国家行政学院出版社，2012.

② 崔富春，方亮等. 新农村文化建设与管理［M］. 北京：中国社会出版社，2011.

③ 秦红增. 乡土变迁与重塑——文化农民与民族地区和谐乡村建设研究［M］. 北京：商务印书馆，2012.

村社会文化实为村落家族文化，宗族是"农村政治文化结构"的主要特征，家族文化最能反映中国乡村传统的组织特征和文化特征，乡村文化发展与中国社会发展有着密切的联系。他指出，随着社会的不断发展，乡村传统社会逐步向现代社会转变，农民传统文化思想也发生了变迁，即从传统社会所固有的血缘性、聚居性、等级性、礼俗性、农耕性、自给性、封闭性、相对稳定性等思想特点，逐步向现代社会所具有的社团性、流动性、平等性、法制性、农耕性、工业性、交易性、开放性、创新性等特点转变或发展。他提出，国家理应加强乡村文化建设，因为中国社会的发展离不开乡村的发展，中华文化的发展离不开乡村优秀传统文化，"中国的现代化、中国社会未来的发展，在很大程度上取决于人们对村落家族文化的何种态度，对村落家族文化的变化，如何应变"。①

周军认为，乡村文化建设理应突出农民的主体地位。他在《中国现代化与乡村文化构建》一书中认为，新时期乡村文化建设的贫困是"乡村文化建设的内容和形式偏离了农民的实际需要""农民整体文化素质也影响了农民参与乡村文化建设的积极性"；他提出，乡村文化建设理应"坚持以发展为核心的原则""坚持以农民为根本的原则""文化乡村化和文化大众化原则"等，他倡导要"把振奋民族精神作为文化建设的核心和灵魂"，注重乡村社会的文化和谐，重视乡村文化保护，注重对农民的培训等许多相关内容。②

辛秋水认为，文化扶贫是改造贫困乡村的新途径。在《传统文化与现代文明对接——新农村建设理论与实践》一书中，他总结了近代乡村文化建设经验教训，指出了传统文化与现代文明对接的新思路，提出了文化扶贫是改造中国贫困乡村的新途径，倡导以"文化—制度"成功模式来推动乡村社会发展。③

---

① 王沪宁. 当代中国村落家族文化——对中国社会现代化的一项探索[M]. 上海：上海人民出版社，1991.

② 周军. 中国现代化与乡村文化构建[M]. 北京：中国社会科学出版社，2012.

③ 辛秋水. 传统文化与现代文明对接——新农村建设理论与实践[M]. 合肥：合肥工业大学出版社，2010.

尹红英等学者认为，乡村文化建设必须以社会主义文化价值观体系为统领。他著的《装点美丽的精神家园：社会主义核心价值体系与乡村文化建设》一书，重点论述社会主义文化价值观体系对乡村文化建设的引领作用，反对照搬照抄城市文化模式，主张从乡村的实际出发，在农民物质生活水平不断提高的同时，倡导一种能够体现出乡村农民的主体感、幸福感、安全感、归宿感和自豪感等，多样性的农村文化模式和生活方式，不断展现出乡村文化内在的价值或魅力所在。①

此外，许多学者认为，乡村文化建设理应以提高农民的文化素质为主要目标。蔡昉等著的《中国农村改革历程与变迁：30 年历程和经验分析》②，陈锡文等著的《中国农村制度变迁 60 年》③，左停等著的《变迁与发展：中国农村三十年》④ 等著作，都是对改革开放以来中国社会经济制度文化等方面的变迁与发展的总结，他们都强调了农村劳动力培训的重要性，把发展农村教育和成人教育当作农村社会事业的重点内容，提出了乡村文化建设对提高农民文化素质具有十分重要的意义。同时，许多研究认为，在现代性的强力驱动下，乡村社会始终处于被动地位，乡村文化全被掩藏了，以致各种形形色色的"流行文化"遍布整个乡村。

（3）关于乡村文化建设的问题与对策研究。

赵君著的《当代中国新农村建设社会问题研究》⑤ 一书，论述了我国社会主义新农村文化建设的历史、现状、新型农民的培养

---

① 尹红英，韩太平，郑剑玲，等．装点美丽的精神家园：社会主义核心价值体系与乡村文化建设［M］．桂林：广西师范大学出版社，2011：8.

② 蔡昉，王德文，都阳，等．中国农村改革历程与变迁：30 年历程和经验分析［M］．上海：格致出版社，上海人民出版社，2008.

③ 陈锡文，赵阳，陈剑波，等．中国农村制度变迁 60 年［M］．北京：人民出版社，2009.

④ 左停，唐丽霞，等．变迁与发展：中国农村三十年［M］．北京：中国农业出版社，2009.

⑤ 赵君．当代中国新农村建设社会问题研究［M］．郑州：郑州大学出版社，2010.

路径选择、农村土地流转的相关问题、新农村建设模式等几个大问题。贺雪峰著的《乡村社会关键词：进入 21 世纪的中国乡村素描》①，是作者以对 20 多个省的乡村所做的调查为基础展开的。该书以"集体调查"的形式写出了 40 多篇精短的调查笔记，呈现出 21 世纪以来中国农村的真实状况。描述了乡村巨变的蛛丝马迹：金融危机时农民在城乡之间进退有据、两代农民工的差异、新型城市对农村的剥削、死要面子活受罪的人情、农村老人静悄悄的自杀、丧礼上的狂歌劲舞与"灰公醋婆"、理性行动所导致的非理性后果等，即转型期的社会导致各种文化的变迁，尤其是造成乡村社会精神文化的匮乏或空虚，以致发生一些不该发生的事情。这些真实素描对我们审视乡村和中国的未来具有一定积极意义。付明星著的《新农村建设的文化思考》②，通过运用《尚书》《老子》《礼记》等先秦典籍，结合现代研究者的各种论著及党和政府关于"三农"问题最新的文献文件要求，揭示了新农村建设进程中对历史文化的传承重要性和必要性。陈文珍等著的《社会主义新农村文化构建》③，始终贯彻理论与实践相结合的原则，主张挖掘中华优秀传统文化资源，吸收外来先进文化思想或先进经验，为丰富和发展社会主义和谐文化内容提供有利条件。还有，李剑阁主编的《中国新农村建设调查》④、温铁军主编的《中国新农村建设报告》⑤、张小平著的《中国文化建设的理论与实践》⑥ 等著作都认

---

① 贺雪峰. 乡村社会关键词：进入 21 世纪的中国乡村素描 [M]. 济南：山东人民出版社，2010.

② 付明星. 新农村建设的文化思考 [M]. 武汉：武汉出版社，2009.

③ 陈文珍，叶志勇. 社会主义新农村文化构建 [M]. 长沙：湖南师范大学出版社，2010.

④ 李剑阁. 中国新农村建设调查 [M]. 上海：上海远东出版社，2007.

⑤ 温铁军. 中国新农村建设报告 [M]. 福州：海峡出版发行集团、福建人民出版社，2010.

⑥ 张小平. 中国文化建设的理论与实践 [M]. 北京：社会科学出版社，2012.

为新农村建设的重点与难点是农民主体的培育问题，农民文化素质偏低是新农村建设中的最大制约。如温铁军提出并重新解释"农民主体"这一概念，其目的是加强农民在新农村建设中的主体性地位，既避免被"精英俘获"或被边缘化，又激发农民的积极性和创造性。在他们所提出的许多有效对策中，开展乡村文化建设，催生文化农民是新农村建设的主要任务和途径之一。

（4）关于民族地区文化建设的研究。

李资源著的《中国共产党少数民族文化建设研究》① 一书认为，发展繁荣少数民族文化离不开党先进的民族政策的导向，公共文化设施建设的原则是：把维护少数民族群众基本文化权益作为出发点；把尊重和促进文化多样性作为重要内容，把社会主义核心价值体系作为民族团结的纽带。该书的第五章"中国共产党与少数民族群众性文化活动"，主张积极支持少数民族特色节庆活动和大力倡导开展基层群众文化娱乐活动；第六章"中国共产党与少数民族传统文化保护和发展"，突出了党历来对保护和发展少数民族文化都非常重视；第七、第八章的不少内容论述了广西文化产业化进程中存在的困难，提出了加强民族文化产业市场建设，边境少数民族文化遗产的挖掘和保护，以及少数民族文化对外交流等方面的对策建议。焦雪岱、买买提·祖农等合著的《少数民族地区文化建设研究》②，指出了民族地区文化建设不仅具有一般地区文化建设所具有的普遍性，更重要的是民族地区还有自己许多的特殊性，而在文化建设中一定要注重研究民族地区的特殊性，做到普遍性与特殊性相结合。谢凤莲、李国社等著的《民族地区文化建设》③，论述了民族地区文化建设重要意义以及结合民族地区的实际提出了文化建设的相关措施或对策。伍琪、凯梦等编的《民族地区全面

---

① 李资源．中国共产党少数民族文化建设研究［M］．北京：人民出版社，2011：3.

② 焦雪岱，买买提·祖农．少数民族地区文化建设研究［M］．银川：宁夏人民出版社，1999.

③ 谢凤莲，李国社．民族地区文化建设［M］．贵阳：贵州民族出版社，1999.

建设小康社会论》① 指出了文化建设对促进民族地区经济发展和全面建成小康社会所发挥的重要作用。聂华林的《中国西部农村文化建设概论》②，提出了文化建设是实现"双三赢"理论逻辑，即农村文化建设与经济发展、社会进步、生态保护"三赢"，文化建设与"三农"共赢。徐仲伟等著的《中国西部构建和谐社会的文化支持系统研究》③，认为构建文化支撑体系是实现西部地区经济、政治、社会、生态等方面可持续健康发展的必然选择。周大鸣、刘志扬等著的《寻求内源发展——中国西部的民族与文化》④，提出"内源式"或"参与式"发展理论，即必须发挥民族地区传统文化的优势资源。杨云的《西部民族地区经济跨越式发展研究——基于人力资本的视角》⑤，分析西部民族地区落后的根源在于人口素质低，人力资本积累不足，主张通过加强民族文化建设来提高人口素质，把丰富的人力资源转化成人力资本，这是提高民族地区自我发展能力的主要途径。李盛刚的《中国西部民族地区农村发展：基于自我发展能力研究》⑥，认为民族文化是民族经济发展的源泉，它为经济发展提供合格的劳动者、优质的组织制度等软环境和不断创造的源泉。"民族文化、民族经济分属于两个平行的系统，各有其发展规律；同时，二者又共生互动。"这些著作都是少数民族乡村文化建设的研究成果。

---

① 伍琪，凯梦．民族地区全面建设小康社会论［M］．北京：民族出版社，2005.
② 聂华林．中国西部农村文化建设概论［M］．北京：中国社会科学出版社，2007.
③ 徐仲伟，代金平．中国西部构建和谐社会的文化支持系统研究［M］．北京：光明日报出版社，2010.
④ 周大鸣，刘志扬，秦红增．寻求内源发展——中国西部的民族与文化［M］．广州：中山大学出版社，2006.
⑤ 杨云．西部民族地区经济跨越式发展研究——基于人力资本的视角［M］．北京：民族出版社，2007.
⑥ 李盛刚．中国西部民族地区农村发展：基于自我发展能力研究［M］．北京：民族出版社，2010.

2. 广西区内的相关研究

（1）关于历史文献资料的搜集整理出版方面。

广西壮族自治区编辑组审编的《广西壮族社会历史调查》这套丛书一共七卷，① 主要讲述了新中国成立以后，党中央、国务院为了少数民族地区的社会改革和社会主义建设顺利进行，更好地摸清少数民族的社会历史状况，及时抢救即将消失的宝贵的历史文化资料，于1953年由全国人大民族委员会和中央民族事务委员会组织进行全国性的民族识别调查，1956年又开始少数民族语言、少数民族社会历史调查。该书记载了广西各地各民族的经济社会历史发展变化，详细介绍了广西各地区各民族的社会经济文化发展的基本情况。这些调查为本研究提供了丰富翔实的资料。还有，广西壮族自治区地方志编纂委员会编的《广西通志·文化志》一书，② 记载了区文化厅主管的艺术表演、电影、群众文化、图书馆、文物和博物等文化艺术事业的历史和现状。

钟文典编的《广西通史》③ 全书共三卷，第一卷从先秦至1840年鸦片战争以前，共分31章，分别记载了从新旧石器时代一直到清朝前，各朝代广西的经济、政治、社会、文化、教育等方面的发展情况；第二卷共18章，从1840年中英鸦片战争至1919年五四运动止，分别记载了广西反帝反封建农民起义的先进事迹以及社会动荡情况，尤其是抗英抗法斗争、太平天国革命、资产阶级革命、辛亥革命、桂系军阀统治及民国时期等几个重要时期，广西的经济、政治、文化、教育等方面的发展变化；第三卷共24章，从1919年五四运动起，至1949年广西解放的这段时期，记载了五四时期广西主动接受马克思主义教育的先进事迹；第一次国共合作时期广西所作出的积极贡献；新桂系统治时期的"四大建设"及其意义；左右江革命根据地建设与中共广西地方组织的艰苦斗争的情况；中国共产党为在广西实现团结抗战而斗争；抗战时期广西各族人民积极参战情况，以及抗战时期广西社会经济、文化的发展变化；中国共产党领导广西各地各族人民起义；民国时期的广西人口、民族和宗教等变化发展情况。这"三卷"的许多内容为本研究提供了丰富的历史材料。

《广西壮族自治区概况》编写组编的《广西壮族自治区概况》①，详细介绍了广西民族自治地方的自然地理与民族、历史沿革与社会变革、民族关系、人民生活、工农业、交通通信、财政金融、贸易旅游、对外开放、社会事业、城镇化建设、扶贫、环境保护等内容。该书编写组编的《广西辉煌60年：1949—2009》②，主要包括广西社会主义革命和建设的开端（1949—1957）、大规模经济建设的探索（1958—1965）、"文化大革命"期间广西的建设（1966—1976）、开创社会主义现代化建设的新局面（1977—1991）四个阶段的内容。该书详细介绍了这4个不同的阶段，广西的经济、政治、文化、社会、交通、教育、人民生活等方面的发展情况。近年来，广西社会科学院编的《广西蓝皮书·广西文化发展报告》（每年一册），总结了各年度广西文化发展取得的成就、存在的问题，理应采取的对策和措施，以及为下年度或今后文化发展的走向做出了有根据的预测。③ 这些资料为我们了解或分析广西桂西资源富集区乡村文化建设的历史和现状，提供了许多宝贵的参考材料。

（2）关于广西桂西地域文化研究成果。

余益中、刘士林等主编的《广西北部湾经济区文化发展研究》（2009）、《广西西江经济带文化发展研究》（2011）、《广西桂西资源富集区文化发展研究》（2012）三本书，形成了"广西三部曲"。

---

① 《广西壮族自治区概况》编写组.广西壮族自治区概况［M］.北京：民族出版社，2008.

② 本书编写组编.广西辉煌60年：1949—2009［M］.南宁：广西人民出版社，2009.

③ 广西社会科学院.2011蓝皮书：广西文化发展报告［M］.南宁：广西人民出版社，2011：6.

"广西三部曲"的核心是以城市群带动文化发展繁荣、以文化发展反哺经济发展的"区域发展模式",为广西的发展提供了新思路,同时也有效弥补了其相关规划中"重经济轻文化""重局部轻整体"等问题。"广西三部曲"以文化资源梳理、文化政策研究、文化产业规划和文化推广策划为中心,旨在为广西文化发展提供包括理念建构、主题规划、重点项目设计、对策建议等多个层面的城市发展战略。其中《广西桂西资源富集区文化发展研究》一书,分上下篇两个部分内容,上篇为广西桂西资源富集区文化发展报告,主要对资源富集区的自然资源与环境、文化起源与历史变迁、文化发展的背景和战略机遇、文化发展的主题等方面进行全面梳理,并提出了文化旅游创新开发、文化传播推广战略和文化政策等方面进行探索或研究;下篇为广西桂西资源富集区文化资源报告,从整体上对桂西资源富集区文化资源现状、基本类型和主要特征等方面进行全面梳理和分类,深入分析桂西资源富集区文化个性与文化特征,从而勾勒该地区文化发展远景地图。①

在"广西文化研究丛书"中,唐正柱著的《红水河文化研究》一书,共收录了20多位学者的论文,主要是围绕红水河流域的经济、社会、文化、旅游、生态等几个方面的内容来论述。其中包括,李启瑞的《转型期广西少数民族文化发展问题的思考》,唐正柱的《红水河文化考察与研究》,韦福正的《红水河流域原始文化概述》,覃圣敏的《河池地区红水河流域传世铜鼓调查报告》,郑超雄的《红水河流域民族饮食文化考察与研究》,覃彩銮的《红水河流域汉族移民初探》,范玉春的《论红水河流域民族文化交融现状和趋势》,王光荣的《红水河流域自然崇拜文化与现代生态文明》,廖明君的《红水河民间故事中的文化心理》,韦苏文的《红水河流域民间戏剧、曲艺及其他表演样式调查》,翁乾麟的《红水河流域壮族传统文化对发展商品经济的影响》,贾晔的《红水河旅游文化资源开发战略研究》,杨栩合著的《红水河流域环境、文化

---

① 余益中,刘士林等.广西桂西资源富集区文化发展研究[M].南宁:广西人民出版社,2012:6.

与可持续发展》，张建勇的《红水河流域民俗文化初考与旅游价值评估》，周作明的《试论壮族文化的自然生态环境》，覃彩銮的《广西少数民族家庭道德初探》，杨树喆的《恬淡劲健的人生，人类文明的范本——红水河流域人文资源的审美特质与精神文明建设的战略构想》等，① 这本文集从总体上挖掘了桂西地区红水河流域文化资源，给我们深入探索桂西地区经济社会文化发展提供了一个总体思路。

（3）关于乡村文化变迁与民族发展关系的研究。

广西民族传统文化本质上说都是属于广西少数民族传统乡村文化范畴，乡村文化变迁与民族发展关系极为密切，相关的研究成果很多。譬如，覃德清著的《文化保护与民族发展》，该书在全球化、现代化和西部大开发的背景下，采取微观、中观、宏观相结合的视角，集中对居住在珠江流域、红水河流域的各民族的经济、社会、文化、教育、旅游等方面进行详细考察和论证。其中第 5—14 章分别论述了桂西—红水河流域的人文传统与文化发展、红水河流域民族文化艺术的传承与保护、桂西—右江流域的人文传统与现代转型、多元文化教育与壮族文化的延续、审美教育与壮侗民族的人文重建、多重力量制衡中的民族文化保护与开发、非物质文化保护精神实质的多元解读、文化保护与民族拯救。尤其是第 14 章阐述了“鱼和水——民族和文化”“文化成就民族的学理依据”“文化危机逼迫人类陷入困境”“文化拯救民族的内在机理”等内容。② 这些成果都论证了优秀传统乡村文化对促进当地民族和谐发展具有十分重要的意义。

朱从兵、钱宗范等主编的《民族传统文化与当地民族发展研究——以广西壮族自治区为例》，论述了民族传统文化对促进当代民族发展的重要意义，提出了文化扶贫是广西各民族脱贫致富的重要途径，倡导“多元一体”民族文化发展格局。他们认为，只有

① 唐正柱. 红水河文化研究[M]. 南宁：广西人民出版社，2008：12.

② 覃德清. 文化保护与民族发展［M］. 哈尔滨：黑龙江人民出版社，2009.

26

发展民族文化多样性，才能推动中华民族文化大发展大繁荣；要发展文化多样性，就必须挖掘各民族优秀传统文化。无论是哪个民族的传统文化，无论是他们的习俗、性格差异，还是他们的服饰装扮不同；无论是他们的神话、传说、民间故事、文学艺术是如何的原始，还是他们各自的宗教信仰是如何具有多样性，只要是有价值的，即有利于民族团结，有利于促进社会和谐的成分，我们都应该给予批判继承。① 黄成授等编的《广西民族关系的历史与现状》，是广西哲学社会科学"九五"规划重点课题的最终成果。该项目坚持理论与实践相结合，论述乡村传统文化与民族发展关系，认真总结了广西古代、近代、现代民族关系的经验教训，便于以史为鉴，对进一步巩固和发展我国的社会主义民族关系具有一定现实意义。②

李建平著的《文化软实力与经济社会发展——基于广西壮族自治区发展视角的文化研究》，提出了发展先进文化是提升文化软实力的关键，以先进文化去引领经济社会发展，以文化软实力去促进广西"十二五"时期经济社会发展，以文化参与中国—东盟自贸区建设，还进行了文化产业开发相关对策研究。③

（4）关于广西民族文化资源的研究。

首先是壮族文化研究。张声震主编的《壮族通史》④ 全集共三卷，以通史的形式详细介绍了壮族起源以及壮族社会的经济、政治、文化、教育等方面演变过程，形成一个完整的理论体系。该书对我们深入研究新时期壮族地区的社会文化发展提供许多翔实的历史材料。李富强、高雅宁等主编的《中国壮学（第 1—4 辑）》，本书以壮族社会群体及其文化为研究对象，内容涉及壮族社会的方方面

① 朱从兵，钱宗范．民族传统文化与当地民族发展研究——以广西壮族自治区为例 [M]．合肥：合肥工业大学出版社，2008.
② 黄成授等．广西民族关系的历史与现状 [M]．北京：民族出版社，2002.
③ 李建平．文化软实力与经济社会发展——基于广西壮族自治区发展视角的文化研究 [M]．镇江：江苏大学出版社，2013：3.
④ 张声震．壮族通史（上、中、下)[M]．北京：民族出版社，1997.

面。其中的第 4 辑，专门以广西最能体验到"原汁原味"壮族文化的地区即位于云贵高原边缘的德保、靖西、那坡这块台地作为区域研究单位，试图通过收集扎实的田野调查第一手资料以凸显该区域的特色，进而与其他壮族区域的研究作对话。① 覃圣敏主编五卷本《壮泰民族传统文化系统比较研究》一书，这部巨著对壮泰传统文化所涉及的相关内容都进行了系统而全面的比较。① 周广大编的《壮族传统文化与现代化》，② 通过对壮族传统文化面临的挑战与机遇进行分析，阐述了壮族文化的演进过程及其所具有的特征，并对壮族地区文化建设进行探索，论述了壮族传统文化的各种特征与现代化的关系，为壮族文化迈向 21 世纪指明了方向。梁庭望编的《壮族文化概论》③，以壮族社会文化发展为纵向的历史逻辑，对壮族文化进行归类并展开横向的论述，特别是论述了壮族文化的结构、功能及其与现代化的关系，从而提出了实现壮族文化的现代化设想。覃德清编的《壮族文化的传统特征与现代建构》④，概括了壮族文化在物质、精神、制度、行为等方面所具有的基本特征，主张对凡是有利于促进现代社会发展的传统文化都给予批判吸收。肖永孜编的《壮族人口》⑤ 从人口学角度去论述了壮族人口发展状况、人口与社会经济、人口与生态环境、民族人口政策等方面，是一部相对全面、系统的综合性研究著作。金开诚编的《壮族》⑥ 阐述了绵延历史中走来的风情民族，分别论述了壮族的特色美食和民族服饰、严谨的壮族风俗礼仪与禁忌、丰富多彩的民族传统节日以及优美动人的壮族神话传说等方面。这些成果为我们全面了解或

---

① 覃圣敏. 壮泰民族传统文化系统比较研究［M］. 南宁：广西人民出版社，2003.
② 周广大. 壮族传统文化与现代化［M］. 南宁：广西人民出版社，1998.
③ 梁庭望. 壮族文化概论［M］. 南宁：广西教育出版社，2000.
④ 覃德清. 壮族文化的传统特征与现代建构［M］. 南宁：广西人民出版社，2006.
⑤ 肖永孜. 壮族人口［M］. 南宁：广西人民出版社，2008.
⑥ 金开诚. 壮族［M］. 长春：吉林文史出版社，2010.

分析广西壮族地区的经济社会文化发展提供了总体思路。此外，潘琦编的《刘三姐文化研究》①、玉时阶编的《壮族民间宗教文化》②、廖明君编的《壮族自然崇拜文化》③和《壮族始祖：创世之神布洛陀》④、黄桂秋编的《壮族麽文化研究》⑤等，这些成果为我们深入了解广西桂西资源富集区民族文化资源及其特征，提供了丰富可靠的参考资料。

其次是对瑶、苗、仫佬、毛南、侗、水族等其他民族文化资源的研究。广西12个世居民族的传统文化研究都取得了丰富的成果。譬如，罗黎明主编、广西民族出版社于2010年出版的"广西世居民族文化丛书"：冯艺著的《瑶风鸣翠（瑶族卷）》、容本镇著的《岭外汉风（汉族卷）》、蒙飞著的《侗情如歌（侗族卷）》、力海波著的《南国回风（回族卷）》、李甜芬著的《本色毛南：毛南族卷》、何述强著的《凤兮仫佬》、包晓泉著的《水秀南方》等，介绍了广西世居民族所具有的地域性、民族性、文化性、生活性等特点。此外，玉时阶的《瑶族文化变迁》⑥，介绍了瑶族山地经济文化、饮食居住文化、婚姻家庭制度、丧葬制度、社会组织制度、语言文字、教育与科学技术、节日文化、文学艺术、宗教信仰等方面的变化。蓝美凤著的《巴马瑶族历史与文化》⑦、覃主元著的《大石山区的祥和村落：广西布努瑶地经济文化变迁》⑧、廖明君《石头山

①　潘琦. 刘三姐文化研究［M］. 南宁：广西人民出版社，2008：12.

②　玉时阶. 壮族民间宗教文化［M］. 北京：民族出版社，2004.

③　廖明君. 壮族自然崇拜文化[M]. 南宁：广西人民出版社，2002：9.

④　廖明君. 壮族始祖：创世之神布洛陀［M］. 南宁：广西人民出版社，2009.

⑤　黄桂秋. 壮族麽文化研究［M］. 北京：民族出版社，2006.

⑥　玉时阶. 瑶族文化变迁［M］. 北京：民族出版社，2005.

⑦　蓝美凤. 巴马瑶族历史与文化［M］. 南宁：广西民族出版社，2006.

⑧　覃主元. 大石山区的祥和村落：广西布努瑶地经济文化变迁［M］. 北京：民族出版社，2007.

上有人家：广西南丹白裤瑶文化考察札记》① 等，都是论述桂西资源富集区境内瑶族乡村文化的变迁与瑶族社会发展的关系。

纵观以上研究成果，无论是国内的综合性研究，还是广西区内的相关研究，不管是发达地区的乡村研究还是贫困地区的乡村研究，不管是民族地区的乡村建设研究还是一般地区的乡村建设研究，其中有几个共同的研究结论是：（1）乡村文化建设必须在弘扬主旋律中发展文化多样性；（2）乡村文化建设是提高农民文化素质的主要途径，即是催生文化农民形成的关键；（3）文化扶贫是民族地区脱贫致富的重要条件；（4）乡村文化建设是乡村社会和谐发展的内在动力；（5）乡村文化遗产尤其是非物质文化遗产是我国民族文化的宝贵财富，必须给予科学的保护与传承；（6）科学地开发民族文化旅游产业非常重要。总之，"发展即文化，文化即发展"。然而，关于新时期乡村文化建设方面的研究还是处于初步探索阶段，特别是对比较特殊的贫困山区少数民族乡村文化建设研究更是不多。因此，对多重复杂的民族地区乡村文化建设问题，还有待我们去深入探索或研究。

（二）国外相关研究概况

关于中国农村社会或乡村建设方面，国外学者已经有过许多研究，但是几乎没有人对广西桂西地区乡村文化开展专题研究。由于中国是一个多元一体的民族国家，从本质上说，中国传统文化是在传统农耕生产方式的基础上建立起来的乡土文化，因此，在国外学者的重要成果里，也有一些对广西桂西资源富集区乡村文化建设研究，具有一定的启示作用。

1. 关于中国乡村文化性质的综合性研究。

首先是马克思、恩格斯对中国乡村文化的基本性质及其特征研究。在马克思、恩格斯的著作中，有许多涉及中国传统文化的论述，特别是马克思、恩格斯关于"亚细亚的生产方式"理论，对

---

① 廖明君. 石头山上有人家：广西南丹白裤瑶文化考察札记 [M]. 南宁：广西人民出版社，2006.

我们深入理解或分析旧中国的社会现状具有一定的积极意义。其次是西方学者对中国乡村文化进行实地研究。1894 年美国传教士明恩薄写的《中国人的素质》一书，认为中国人很注意人情交往、讲究"面子"，绝大多数人都能省吃俭用、辛勤劳作、恪守礼节、孝当为先、仁慈行善、遇事忍耐、诚实守信，具有共同承担责任和遵守律法等良好的思想品质，但他们又存在漠视时间、封建固执、因循守旧、知足常乐、缺乏公共精神等许多不良性格特征。① 后来，明恩薄又写《中国乡村生活—西方的中国形象》② 一书，他认为乡村文化的生存与生产生活环境有密切关系。该书分别从乡村结构、民族分布、名称、道路、渡口、水井、庙宇、乡村学堂、乡村求雨、宗教仪式等方面去探讨中国乡村文化的性质特征。美国著名的社会学家葛学溥编的《华南的乡村生活——广东凤凰村的家族主义社会学研究》一书，把"家族主义"看作是中国乡村文化的基本性质③。号称"中国通"的美国学者费正清著的《美国与中国》④ 一书，给我们讲述了一个与西方迥异的独特的东方式的文明，包括它独特的地理、政治、经济、文化、宗教、哲学、社会、金融、外交、人口和科技等方面。当我们正视历史与现实以后，这种文明的没落，似乎是由于缺乏进步的动机而不是缺乏前进的能力，即缺乏与时俱进的创新意识和实践精神；还有他著的《中国：传统与变迁》⑤，该书将同一时期的中国与西方国家相比较，归纳出中国社会发展的主要特征；同时，又介绍了中国传统文化形态的

---

① 【美】明恩薄. 中国人的素质 [M]. 秦悦，等译. 上海：学林出版社，2001.

② 【美】明恩薄. 中国乡村生活——西方的中国形象 [M]. 陈牟晴，唐军等译. 北京：中华书局，2006.

③ 【美】丹尼尔·哈里森·葛学溥. 华南的乡村生活——广东凤凰村的家族主义社会学研究（珠江流域的族群与文明）[M]. 北京：知识产权出版社，2012.

④ 【美】费正清. 美国与中国 [M]. 张理京，等译. 北京：世界知识出版社，2008.

⑤ 【美】费正清. 中国：传统与变迁 [M]. 长春：吉林出版社，2008.

演变以及外来文化与中国文化排斥、融合的过程。其中大量涉及对中国传统乡村文化的研究内容。在20世纪50—70年代期间，由于历史的原因，我国乡村文化研究"降温"，国外学者无法亲临中国大陆，只能通过历史文献进行间接研究。影响较大的有英国学者莫里斯·弗里德曼著的《中国东南的宗族组织》① 一书，该书以文化人类学功能主义的方法，从国家与社会、历史与现实的关系，阐述了中国南方宗族规模和组织结构的特点。美国学者施坚雅②提出"市场共同体"概念，即乡村集市可以反映乡村农民社会的全部特征。

2. 关于中国乡村文化变迁的研究。

改革开放的不断深入，为国外学者研究中国乡村文化提供了有利机会，并取得了不少的成果。美国著名的人类学家黄树民著有《林村的故事：1949年后的中国农村变革》，该书认为国家政治经济制度的变化一定会引起文化的变化。"一种全国性文化明显抬头""独立的农村社区，慢慢被中央政府为主的大众文化所取代""政治机构深入村级单位""村民似乎变得非常政治化"。③ 美国学者杜赞奇著的《文化、权力与国家：1900—1942年的华北农村》④，该书以乡村文化为基调，考察了权力与文化的互相影响，提出了"国家政权建设"与"文化的权力网络"等新的概念，详细论证了国家权力如何影响农村文化以及现代国家如何构建新的文化等问题。还有，著名学者黄宗智的《长江三角洲小农家庭与乡村发展》⑤ 等著作，提出"过密化"理论，即乡村"过密化"生

① 【英】莫里斯·弗里德曼. 中国东南的宗族组织［M］. 刘晓春，等译. 上海：上海人民出版社，2000.
② 【美】施坚雅. 中国农村的市场和社会结构［M］. 史建云，等译. 北京：中国社会科学出版社，1998.
③ 【美】黄树民. 林村的故事：1949年后的中国农村变革［M］. 素兰，等译. 北京：三联书店，2002.
④ 杜赞奇. 文化、权力与国家：1900—1942年的华北农村［M］. 黄福明，等译. 南京：江苏人民出版社，2001.
⑤ 宗智. 长江三角洲小农家庭与乡村发展［M］. 北京：中华书局，2000.

产或"过密化"增长，实为一种"没有发展的增长"，从而反证了今天我们倡导科学发展观的重要性。宝森著的《中国妇女与农村发展——云南禄村六十年的变迁》① 一书，提出了"中国妇女与农村发展"的时代主题，再现了乡村文化性别观的变迁情景。这些研究成果都是旁观者对中国乡村进行的观察或分析而得出的结论，他们的一些观点是值得借鉴的。

3. 国际社会的其他研究借鉴。

纵观国际社会，许多国家或地区早就掀起"乡村文化建设"的高潮并取得了很好的效果。19 世纪中叶，法国发起了"传统农村社会向现代农村社会转型"的运动，可见法国起步早、不间断、发展快。接着，到 20 世纪 30 年代，日本开始实施"农村经济更生运动"，一直发展到后来的"农村现代化"运动，促使了日本综合国力不断提高，终于成为亚洲比较发达的国家。此外，韩国也不甘落后，于 1971 年发起"新村建设"运动，并重点狠抓乡村文化建设方面，很快使韩国成为"亚洲四小龙"之一，让世人刮目相看。尤为突出的是，20 世纪 80 年代末开始，印度喀拉拉邦的乡村文化建设运动，对一个贫穷落后而又充满文盲的国度实现跨越式发展起到了非常重要的作用。

（三）本人的研究资源

本人出生在一个号称"石头王国"的国家重点扶持的贫困县——广西都安瑶族自治县，我是一个少数民族学生（壮族），我的父母、乡亲们都是少数民族农民。生于斯，长于斯，1990 年我大学毕业以后，又回到老家本县的各乡村从事中小学教育教学工作。每到一个地方或一所学校，除了正常的教育工作之外，平时，我经常深入各乡村屯（队）调查适龄或超龄儿童入学及中小学生辍学的基本情况，多年参加山区乡村支教工作，发动和组织群众集资办学、献工献料抢修学校危房，为迎接国家"两基"验收工作

---

① 【加】宝森. 中国妇女与农村发展——云南禄村六十年的变迁 [M]. 胡宝坤，等译. 南京：江苏人民出版社，2005.

做了不少的努力。同时，经常被抽调或主动参加当地政府部门开展的农村中心工作，曾多年多次参加县乡工作队走村串户进行夏粮入库征收、农业税费和教育费附加的征收工作；参加人口与计划生育宣传教育工作；参加造林灭荒、封山育林、省柴节能、沼气建造等乡村绿化宣传动员工作；参加乡村家庭水柜、田间地头水柜、茅草屋或危房改造、厕所改造等乡村基础设施建设工程的宣传鼓动工作；参加乡村各种水果种植、经济作物诸如甘蔗、板栗、核桃种植等乡村扶贫项目的宣传发动工作；参加每隔3年的乡村"两委"选举工作；参加抗洪抗旱及其他救灾等地方政府的各项中心工作。在多年的工作和生活中，我痛感到山区农民生活的艰辛、思想的保守、习俗的落后以及文化生活的匮乏。在长期经验观察和一定理论积淀的支撑下，我对广西桂西少数民族地区经济社会文化发展有了深刻的认识，这为本书的研究提供了许多宝贵的实际材料。

另外，本人的硕士毕业论文题目是《新农村建设中广西山区少数民族农民思想政治教育研究》，以"广西山区少数民族农民"为主要对象，进行过许多实地调查或访谈工作，又相对加深了对该地区的全面了解。

最后，经过多年的探索与研究，我们认为，少数民族贫困山区存在的许多问题固然有其地理和历史的原因，但这些问题并不是不可以改变的。事实上，自从中华人民共和国成立以来，尤其是改革开放以来，少数民族地区经济、政治、文化、社会、生态等方面都有了很大的发展，农民生活也有了很大的改变。但为何这些改变又不尽人意呢？原因是少数民族地区的文化教育没有跟上，而文化教育没有跟上又与我们不重视和脱离少数民族的特殊实际有关。

四、创新点及重难点

（一）目前广西乡村文化建设研究中存在的问题

第一，从研究对象来看，以桂东、桂东南以及桂中大城市周边经济相对发达的乡村地区为研究对象比较多一些；以某一个少数民

34

族村庄为个案，或以某一族群为个案的研究比较多一些。而对多重性或复杂性的特困连片区即桂西资源富集区乡村文化建设研究显然不多见。

第二，从研究方法来看，缺乏多学科的综合运用。缺乏理论与实证的照应，某些研究流于空泛。换言之，在理论的分析上，存在两方面的偏差：一是以比较空洞的理论分析讨论为主，缺乏足够的事实支撑甚至是缺乏实证的意识；二是对所论述的问题和事实仅仅在宏观上泛泛而谈，缺乏针对性的理论分析与归纳，也缺乏与国际学界前沿研究的对话。正如中国高校哲学社会科学发展报告（1978—2008）的最后总结中说道："以马克思主义民族理论进行宏观分析的作品多，文献材料利用多，而有效深入中观和微观理论分析及第一手实地调查材料支撑的作品少。"①

第三，关于广西乡村文化建设研究的不少成果存在这样的问题：为了了解而了解，为了提出一些理论而研究，而不是为了发展繁荣优秀传统乡村文化而研究。即对乡村文化建设研究，只是重在"解释世界"，而严重缺乏"问题在于改变世界"之功效。

（二）本书研究的创新点

第一，在选题上，进一步拓展了乡村文化建设研究的新领域。桂西资源富集区是最近几年国家和广西地方政府对广西西部独特的人口结构、自然环境及产业结构进行重新开发、规划的产物。对一个重新规划开发的资源富集区，开展乡村文化建设的理论与实践研究，既丰富了社会主义新农村文化建设的新内容，也认真贯彻落实党的十七、十八大精神，特别是深入落实十七大六中全会以来关于推动社会主义大发展大繁荣的精神。

第二，在视角上，始终立足于以社会主义核心价值体系领贫困山区乡村文化建设这一视角，对提高民族地区自我发展能力，实现经济社会文化跨越发展具有很高的时代价值。桂西资源富集区具

---

① 杨圣敏.中国高校哲学社会科学发展报告（1978—2008）民族学 [M].桂林：广西师范大学出版社，2008：327.

有独特的地理区位和丰富的人文资源，要把这些丰富的文化资源变成文化资本，没一个最高层次的价值意识即核心价值观来统领，是不可能实现目标的。不管是文化农民的培育，还是维护和发展乡村文化多样性，尤其是非物质文化遗产保护与传承；不管是乡村文化产业的深度开发，还是和谐乡村建设，一切都需要核心价值观来统领，否则就会变得一盘散沙或畸形发展，那就根本谈不上提高民族地区自我发展能力。因此，以社会主义核心价值观来统领一个特殊贫困连片区少数民族乡村文化建设，其所产生的时代价值是非同一般的。

　　第三，在内容上，更加突出了"三农"问题中最关键的问题，即"文化农民"的培育问题。文化农民是提高民族地区自我发展能力的关键，是乡村文化建设的主要目的和任务之一。因此，本文始终围绕"文化农民"的培育这一中心来展开论述，不管是发展生态农业，还是乡村文化的保护传承；不管是乡村文化产业的深度开发，还是和谐乡村建设，或是其他乡村活动，一切都是为培育文化农民提供有利条件。

　　第四，认真挖掘并系统分析了贫困山区少数民族乡村的物质文化、精神文化、制度文化等各种文化资源的内容、特点及其形成条件，为今后我们积极开展乡村文化建设提供了丰富的材料和现实依据，同时，也消除了某些人认为"少数民族贫困山区无文化资源可开发"的错觉思想。

　　第五，遵循解放思想、实事求是、与时俱进的基本原则，对山区少数民族乡村文化建设论证一套比较完整的理论设想，为贫困山区"五位一体"协调发展创建一个文化支撑体系，为国家或广西制定相关政策提供一定的理论依据和实践参考，为全面建成小康社会贡献一点点力量。正如许多学者提出的，广大学者"应该以宽容的理论胸怀、广阔的理论视野、崭新的理论观念、深邃的理论思维，创造植根于中国社会现实、回答中国社会问题的新理论。"①

---

① 李强．中国高校哲学社会科学发展报告（1978—2008）社会学［M］．桂林：广西师范大学出版社，2008：78.

（三）重点和难点

（1）本书的重点是在马克思主义基本理论（原理）的指导下，在探索山区少数民族乡村文化资源的基础上，对如何搞好新时期山区少数民族乡村文化建设，重点突出在"建设"研究上；而如何让"建设"得以顺利进行，可以说，各种"路径""机制"的创新研究就是重中之重了。

（2）本书难点是在山区少数民族乡村文化建设中，如何构建一个文化支撑的理论框架，推动山区少数民族乡村文化大发展大繁荣，促进山区少数民族乡村"五位一体"建设协调健康持续的发展。

五、研究思路、方法与框架

（一）研究思路

本书始终坚持以马克思主义基本原理为指导，以中国传统文化蕴藏的优秀乡村文化思想，马克思主义经典作家的乡村文化思想，中国化马克思主义的乡村文化思想，民族地区自我发展的相关理论，以及近代中国乡村建设思想为基本的理论背景。立足于文化大发展大繁荣的角度，从介绍桂西资源富集区独特的地理区位和人文环境入手，概括出乡村文化内容、特点及成因，以及转型期乡村文化特性及存在的问题；考察桂西地区近代以来乡村文化演变发展历程，总结出乡村文化建设的历史经验借鉴，在此基础上，分别展开对桂西资源富集区乡村文化建设的时代价值、文化农民的培育、乡村文化的传承与保护、文化产业的深度开发、乡村文化的现代构建等乡村文化建设中最关键的 5 个内容或任务，进行深入详细的论述。旨在深入探索桂西资源富集区乡村文化建设的基本规律，全面探讨民族地区贫困乡村文化建设的路径和对策建议，力图为民族地区贫困乡村的经济、政治、文化、社会、生态等"五位一体"建设协调发展，构建一个文化支撑体系。

（二）研究方法

（1）查阅文献的方法。

文献研究主要分为对少数民族文化文献资料的整理以及对党和国家对发展民族文化所颁布的相关政策文件等材料的研究。我们"查阅文献"不仅仅是对各种历史文献的追溯，而是更深入的研究；我们"查阅政策文件"，不仅是为了更好地宣传党的政策和全面贯彻落实其精神实质，而且是为了更好地根据党的指导思想、基本原则、目标任务和具体措施，来积极开展乡村文化建设研究，以保持方向的准确性。所以，在研究和本书的写作过程中，我认真学习了党和政府有关文化建设的文件，查阅有关研究文献，为写作积累了丰富的素材。

（2）社会调查法。

以田野调查法和访问观察法为主。实事求是是马克思主义基本原理之一，它要求我们无论办任何事情都要坚持一切从实际出发、实事求是的科学精神。要做到实事求是就必须深入实际，深入社会进行调查研究。正如毛泽东所说："没有调查就没有发言权。"因此，本人不但深入市（县）民委、扶贫办、统计局、教育局、文化局、农村精神文明办、各乡镇等有关单位，采访有关人员收集有关材料，而且深入乡村观察了解，争取获得第一手材料。做到既要重视文献材料，也要重视实际的访问或观察。

另外，本人长期生活、学习和工作在少数民族乡村，熟悉少数民族乡村现状，平时经常关注乡村文化建设方面的问题，不仅具有一定的少数民族文化背景，而且也有利于开展少数民族乡村文化调查和研究。正如许多专家和学者一致认为，"在我们目前的大量民族调查中，对材料的收集整理还是用力颇勤的，主要不足在于对研究的潜在前提假设或背景说明欠完善以及对理论的轻视"。①

（3）分析比较法。

---

① 杨圣敏. 中国高校哲学社会科学发展报告（1978—2008）民族学[M]. 桂林：广西师范大学出版社，2008：157.

继承和发展少数民族优秀传统乡村文化是一件比较复杂的系统工程，特别是较为特殊复杂的贫困连片区、研究成果不多的少数民族文化"腹心区"，其内容涉及物质文化、精神文化、制度文化等方面，各部分既是一个内容，又是组成一个有机整体，都是一个历史演变的过程，所以必须采取具体的分析和综合的比较。

（4）多学科交叉综合研究法。

广西桂西资源富集区具有"六位一体"或"七区于一体"的特征，本研究属于区域性、边缘性、交叉性研究领域，必须在马克思主义基本理论（原理）指导下，集文化学、民族学、社会学、人类学、地理学、伦理学、宗教学、民族心理学、民族教育学和可持续发展理论等有关乡村文化建设研究于一体，进行既有针对性又有综合性的研究。著名学者刘少杰指出，中国社会学界对社会调查给予了高度重视，但是近些年来较高的调查报告并不多见。他认为导致这一现象的最重要的原因是对社会调查的理论前提研究不足。① 也就是说，没有充分结合相邻学科理论进行综合运用研究。又如周雪光指出，假如我们能从学科的理论框架和角度看待地域问题，走出地域研究的传统老套，超越描述层次，进一步思考学科内部的抽象知识，学科中不同领域普遍、共有的理论问题，那么反过来对于"地域研究"，对于指导区域社会发展也会起到更好的促进作用。② 所以只有运用多学科交叉综合研究法，才能更好地对山区少数民族乡村文化建设进行研究。

（5）马克思主义意识形态与少数民族文化两者的共性结合分析法。

尽量挖掘少数民族文化中蕴藏的马克思主义那部分内容或精神。这样，一方面可以为推进马克思主义中国化、大众化不断地发展作出努力；另一方面也为推动少数民族文化发展繁荣作出努力，从而达到两者相得益彰的境界。"如何协调社会研究的科学性、客

① 刘少杰.中国社会调查的理论前提［J］.社会学研究，2000（2）.
② 杨圣敏.中国高校哲学社会科学发展报告（1978—2008）民族学［M］.桂林：广西师范大学出版社，2008：157.

观性与本土性和地方性知识之间的关系，这方面的研究工作尚未展开。"①　所以这也是方法创新的一种尝试。

（三）框架结构

本书的框架结构一共由八章构成：

第一章，广西桂西资源富集区乡村文化建设的思想来源及理论基础。本章分述了乡村文化建设的5大思想来源及理论基础：中国传统文化中蕴藏的乡村文化思想；经典作家的乡村文化思想；中国化马克思主义的乡村文化思想；近代中国乡村建设思想；民族地区自我发展理论。这些思想理论构成了广西桂西资源富集区乡村文化建设研究的基本理论背景。

第二章，广西桂西资源富集区乡村文化建设的特殊性。分别介绍了桂西资源富集区地理环境和民族分布的特殊性，乡村类别和结构的特殊性，乡村文化内容、特点及成因，以及转型期乡村文化的特征及存在问题等内容。这些内容为如何开展乡村文化建设提供了现实依据。

第三章，广西桂西资源富集区乡村文化建设的历史传承及经验借鉴。首先，分别论述了近代桂西地区乡村社会文化教育的变革，新中国成立后民族区域自治的社会主义建设，新时期乡村文化建设突飞猛进3个历史时期文化演变发展轨迹；在此基础上归纳出5条经验借鉴：改革成功的根本是坚持以马克思主义基本原理为指导；文化发展的根本是不断夯实经济基础；发展文化多样性的根本是坚持以社会核心价值观为统领；善于吸收先进文化是文化发展基本条件；机制构建是保障文化发展主要条件等。这些经验是乡村文化建设的一大法宝，对今后我们开展乡村文化建设具有极大的借鉴作用。

第四章，广西桂西资源富集区乡村文化建设的时代价值。首先是总体论述了以社会主义核心价值观引领乡村文化建设的重要价值，然后，分别论述了乡村文化建设对催生文化农民、推动经济社

① 李强. 中国高校哲学社会科学发展报告（1978—2008）社会学［M］. 桂林：广西师范大学出版社，2008：489.

会跨越发展、加快贫困乡村城镇化建设步伐、提升文化竞争力等几个方面的时代价值。即回答了桂西资源富集区乡村文化建设的主要方向、目标和内容、以及所产生的时代价值。

第五章，广西桂西资源富集区"文化农民"的培育。先从"文化农民"的内涵及其核心要素开始分析，然后深入考察转型期桂西资源富集区农民群体素质特征及存在的问题，在此基础上，对如何培育"文化农民"展开了深入探讨，并提出了切实有效的各种路径选择。

第六章，广西桂西资源富集区乡村文化的保护与传承。首先是从总体上论述文化遗产知识的普及教育；然后分别重点论述了物质文化遗产和非物质文化遗产的保护与传承，其中分别概括出本区域主要的物质文化遗产资源和非物质文化遗产资源及其保护中存在的问题；同时，分别论述对乡村物质文化遗产与非物质文化遗产保护与传承，提出了有效的对策建议。

第七章，广西桂西资源富集区乡村文化产业的深度开发。首先论述了桂西资源富集区乡村文化产业开发的新领域，并介绍了桂西资源富集区乡村文化资源的主要内容，在此基础上，结合独特的地理区位和人文资源的具体实际，提出了乡村文化产业深度开发的创新模式设想；最后，提出了乡村文化产业开发的机制保障等对策建议。

第八章，广西桂西资源富集区乡村文化的现代构建。首先对桂西资源富集区乡村存在的不和谐因素及其原因进行了分析；接着，探讨了社会主义核心价值观对乡村文化现代构建的引领作用；再次，提出了积极开展乡村文化现代构建的各项活动；最后，提出了乡村文化建设的机制保障等方面的有效对策和建议。

结束语，主要是对全书的总结与升华。进一步总结了本书研究的重点和难点及其基本思路，再次强调了乡村文化建设的指导思想、主要目的和任务以及实现的路径。尤其是重申了少数民族乡村文化建设必须坚持以马克思主义基本原理为指导，一切从实际出发、实事求是、与时俱进地开展乡村文化建设的各种活动，为推动民族地区贫困乡村科学发展、和谐发展、跨越发展作出不懈努力。

第一章　广西桂西资源富集区乡村文化建设的思想来源及理论基础

第一节　中国传统文化中蕴藏的乡村思想

乡村建设思想源远流长，积淀厚重。翻开中国文化发展史，我们会发现中国古代社会最为重要的特征是农耕文明。就本质上说，中国古代社会发展史是中国古代乡村社会发展的历史，中国近代发展历程同样也是中国乡村社会变迁的历程。虽然鸦片战争揭开了中国近代史的开端，使中国几千年自给自足的自然经济遭受了严重的破坏，农村的重要地位大大地被削弱了，但是"农村仍然是决定国家命运的重大因素，对国家的治乱兴衰仍然有很大的决定作用"。① 这与悠久农耕文明的深刻影响有着密切的关系。在传统的中国，人们的生产生活包括一切人情世故都离不开乡村，乡村社俗文化或乡村道德风尚很久以前就已经形成了，如老子的"修之于乡"，孔子的"吾观于乡"，孟子的"死徙无出乡，乡里同井，出入相友，守望相助，疾病相扶持"② 等言论，见证了乡村文化建设思想从老子、孔子、孟子等诸子百家开始产生，并随着中国社会发展而不断演变或得到重视。③

① 朱汉国. 梁漱溟乡村建设研究 [M]. 太原：山西教育出版社，1996：1.
② 陈序经. 乡村建设运动 [M]. 台北：大东书局，1946：5.
③ 王景新，鲁可荣. 中国共产党早期乡村建设思想的研究 [M]. 北京：中国社会科学出版社，2011：1.

一、民本思想

在中国传统文化中，有关民本思想的记载极为丰富。《尚书》记载有孔子言论："黄祖有训，民可近，不可下。民为邦本，本固邦宁。"① 这种民本思想后来演变成惠民、裕民、愚民、驭民等分支思想。朱熹在《四书集注》中说："足食，足兵，民信之也。"即 "为王者" 或 "为君者" 理应把人民利益放在第一位，只有把老百姓的衣食住行放在心上，才能得到老百姓的拥护；只有想老百姓之所想、办老百姓之所盼，勤俭爱民，才能得到老百姓的爱戴。"敬事而信，节用而爱人，使民以时。"② "君子之行也，度于礼，施取其后，敛从其薄。"③ "君与民" 关系如同 "舟与水" 关系，"君轻民贵" 等思想，对当时和后来的统治者们产生了很大影响。可以说，唐朝出现 "贞观之世""开元盛世" 等几次历史大繁荣景象，与民本王道思想的导向有关。汉高祖刘邦实行 "休养生息" 政策，实为民本思想的实际体现，这一政策为实现中国历史上第二次民族大融合打下了基础。

在中国传统文化中，蕴涵的民本思想内容十分丰富。不仅包含各种民生思想，而且包含维护主权、国权和经济社会发展的 "仁政""王道" 思想。民本思想之所以能够传承、丰富和发展，与其说是统治阶级为了控制或延缓自己的统治地位而继承发展之，不如说是人类社会发展的根本要求。中国共产党正是顺应人类社会的发展要求，继承中华传统优秀文化精髓，丰富和发展民本思想，提出了 "立党为公，执政为民""以人为本的科学发展观""改善民生""以实现最广大人民群众的根本利益为重""尊重人民的主体地位" 等思想，并积极践行全心全意为人民服务的宗旨，不断深入开展群众路线教育实践活动，所有这些都是民本思想在当代社会实践中的具体运用，以及不断丰富和发展。

① 孔子. 尚书 [M]. 长春：吉林人民出版社，1996：128.

② 朱熹. 四书集注 [M]. 海口：海南国际新闻出版中心，1992：167，67.

③ 左丘明. 左传 [M]. 长春：吉林人民出版社，1996：738.

二、"大同小康"思想

幸福是人类共同的追求目标，大同小康社会是一种幸福的理想社会。大同小康思想在中国传统文化中很早就已经形成了，早在《礼记·礼运篇》中就有记载："大道之行也，不独自其子，使老有所终，壮有所用，幼有所长，鳏寡孤独废疾者皆有所养……是故谋闭而不兴，盗窃乱贼而不作，故外户而不闭，是谓大同。""今大道既隐，天下为家……礼义以为纪，以正君臣，以笃父子，以睦兄弟，以和夫妇，以设制度，以立田里，以贤勇知，以功为己……禹、汤、文、武、成王、周公，由此其选也。此六君子者，未有不谨于礼者也。以著其义，以考其信，著有过，刑仁讲让，示民有常……是谓小康。"① 这段论述，一是指出了大同理想社会现象，即实行社会公有制、推贤选能制、公共管理制、诚信礼让制、文明交往制、社会保障制等，发挥人尽其才或人人为公的奉献精神；二是指出了小康理想社会现象及其与大同理想社会的本质区别，即"小康"与"大同"几乎是对立的，"小康"则重"礼义"，不管是"大家""小家"，不管是"天子""臣子"，人人都理应遵守社会规范。可见，大同社会是最终目标，小康社会是近期目标即一种过渡性的社会。

大同小康思想激励了一代又一代中国人的热情。从孔子的"患不均""患不安""以和为贵"的思想，到太平天国革命的"等贵贱，均贫富"口号，及其颁布的《天朝田亩制度》《资政新篇》两部具有一定进步意义的纲领性文件，再到康有为的"大同理想"，一直到孙中山的"天下为公"等思想，许多志士仁人都是为实现大同理想社会而做出了不懈努力。中国共产党作为中国"三个先锋队"和"三个代表"的产物，同样是不负众望，始终为实现中华民族的伟大复兴中国梦而不懈奋斗。改革开放初期，邓小平同志提出了到 20 世纪末要在中国建立"小康社会"的"三步

---

① 杨天宇．礼记译注（上）[M]．上海：上海古籍出版社，2004：256～266.

走"战略。党的十六大正式提出并对建设小康社会作出全面论述，提出了 21 世纪头 20 年奋斗目标：基本实现工业化，经济更加发展，民主更加健全，科教更加进步，文化更加繁荣，社会更加和谐，人民生活更加殷实。① 党的十七大强调："改善民生""公平和正义""学有所教，劳有所得，病有所医，老有所养，住有所居，推动建设和谐社会"。② 党的十八大立足于文化强国战略高度提出了"三个倡导""三个自信""三个创新"等中国特色社会主义理论，并提出了实现"两个一百年"的奋斗目标，这是中国共产党继承和弘扬中华优秀传统文化的具体表现，也是实现中华民族伟大复兴中国梦的根本要求。

三、以农为本的思想

以民为本、以农为本及士农工商协调发展是中国传统文化的一贯主张，本质上是一致的，并非矛盾。提倡以民为本，当然要重视农业，因为农业是农民的天职，农业是国家兴衰和社会稳定的基础。

（一）土地政策

先进文化是先进制度之母，土地政策是发展农业的先导；土地问题是乡村建设的主要问题，是历代王朝都很重视的问题。"地者，万物之本源""食之所生""理国之道，地德为首。"③ 土地是农民的命根子，土地政策是社会稳定的基础，是治国安邦的首要任务。历史上因土地兼并而引发激烈斗争或革命暴动的例子举不胜举，宋朝的"公田法"，清朝的"圈地令"等均属于"强并"表

---

①　中共中央文献编辑委员会. 江泽民文选［M］. 北京：人民出版社，2006：414.

②　胡锦涛. 高举中国特色社会主义伟大旗帜，为争取全面建设小康社会新胜利而奋斗——在中国共产党第十七次代表大会上的报告［M］. 北京：人民出版社，2007：37.

③　王景新，鲁可荣. 中国共产党早期乡村建设思想研究［M］. 北京：中国社会科学出版社，2011：4.

现；而西周的"井田制"，晋朝的"占田制"，北魏的"均田制"等属于"限田"表现。无论实行哪一种政策，只有农民有了自己的土地，社会才会稳定，正如孟子说："分田制禄可坐而定也""薄其税收，民可使之富。"① 即老百姓有了自己的田地或相应的固定收入，才能安居乐业；同时，要使百姓富裕理应减免税费。老子提倡大力发展农业，减轻农民的苛捐杂税，对轻视农业或对农业玩忽职守的行为要严罚。可见，解决好"普天之下，莫非王土"这一重要问题，是振兴农业的首要问题。

（二）农业是国民经济的基础

任何一个国家和社会发展都离不开农业，周公认为，商朝灭亡的主要原因之一是不重视农业和农民，即不重视"三农"建设。他说："呜呼！君子所，其无逸，先知稼穑之艰辛，乃逸，则知小人之依。"② 作为国君统治者，如果不重视"三农""不知稼穑之艰辛"，最终一定会衰败。在《商君书·农战》中有曰："国之所兴者，农战也"，"善为国者，仓廪虽满，偷于农"。③ 农业和战争都是关系到国家兴衰的问题，即使仓库粮食已满，也不能忽视"三农"问题。韩非子提出："不可小工妨大务，不以私欲害人事。丈夫尽于耕农，妇人利于纺织，则人多。"④ 可见，重农思想是中国传统文化的主要特点之一。

（三）以农业为基础协调士农工商全面发展

"重农""保商""护工匠"是一种传统的思想。管仲提出，把士、农、工、商4种人集中起来，定居在同一地方统一发展。正

---

① 王景新，鲁可荣.中国共产党早期乡村建设思想研究［M］.北京：中国社会科学出版社，2011：5.

② 孔子.尚书［M］.长春：吉林人民出版社，1996：84.

③ 中央财政金融学院汉语教研室编.财经古文选［M］.北京：中国财政经济出版社，1983：40.

④ 钟祥财.中国农业经济思想史［M］.上海：上海社会科学院出版社，1997：44.

如近现代小城镇建设，"工"在行政办公区，"商"在贸易市场区，"农"在田野或耕作区，这样各有相对稳定的活动区域，有益于相互联络交往、促进发展。司马迁在《史记·货殖列传》中有记载："周书曰：'农不出则乏其食，工不出则乏其事，商不出则三宝绝，虞不出则财匮少。'财匮少而山泽不辟矣。此四者，民所衣食之源也。"① 士农工商各具优点，只要协调好他们之间的关系，充分发挥各自的作用，物价会自动调节，社会经济、政治一定会持续快速地发展。因此他说："故待农而食之，虞而出之，工而成之，商而通之。此宁有政教发征期会哉？人各任其能，竭其力，以得所欲。故物贱之征贵，贵之征贱，各劝其业，乐其事。若水之趋下……岂非道之所符，而自然之验邪？"② 可以说，虽然重农轻商或重农抑商的思想在中国传统文化中占主流地位，但在不少社会流派或各种杂家的思想中，还是始终坚持以农业为基础，士农工商"四位一体"协调发展，以致这种思想得到不断地传承和发展。历史证明，耕读可以传家，农业可以稳家，工商可以发家，这是农耕文化与工商文化有效结合所得出的结论。

四、耕读传家的思想

在民间经常听到这样的两句诗："勤劳致富传家宝，天下文章耕与读"，"一等人忠臣孝子，两件事读书耕田。"在中国传统文化中，耕读思想十分丰富，涉及以耕养家、以读兴家和耕读传家几个方面内容。

（一）以耕养家

在《论语·宽问》中有曰："禹，稷躬稼而有天下。"在《尚书·无逸》中，周公反复告诫群臣和弟子们，要关心农民，重视农耕，绝不能老是沉湎于游玩和打猎活动之中，周公说："君子所，其无逸，先知稼穑之艰辛，乃逸，则知小人之依。相小人，厥

父母勤劳稼穑，厥子乃不知稼穑之艰辛，乃逸乃谚。"① 在《左传·宣公十二年》中有曰："民生在勤，勤则不匮。"与中国流行的那句"勤不富也饱，懒不死也饿"的俗话同义。农耕不仅是古圣先王所提倡的养家之本，也是农民自身生存和发展之本。《吕氏春秋·上农》中记载了"古先圣王之所以导其民才，先务于农业"的原因，并论述"民农则朴""民农则重""民农则其产复"② 等方面所带来的后果。

勤劳耕作的培养教育历来受到人们的重视。南北朝教育家颜之推说："夫食为民天，民非食不生矣。三日不粒，父子不能相存。"教育子女知道农耕的艰辛及其重要性。宋八大家之一的韩愈把勤劳耕作看作是每个家庭理应具有的美德之一。明代思想家霍韬主张，既要读书又要务农，一年四季或一日十二时辰要合理安排，农忙时先务农，农闲时就抓紧读书，"遇农时俱暂力家，一日或寅卯力农，未申读书，或寅卯读书，未申力农。或春夏力农，秋冬读书，勿袖于坐食，以致贫困"。清代政治家、思想家纪昀认为，农民耕田种地虽然很辛苦，但我们不能轻视农事或小看农民，只有辛勤耕作，才能达到丰衣足食，才能使整个家族长盛不衰，香火不断。在《纪晓岗家书》中记载有他的话："你等勿谓春耕夏苗，胼手胝足，乃属贱丈夫之事，可知农居四民之首，士为四民之末……世无农夫，人皆饿死，乌可贱视之乎？"曾国藩也是非常重视耕读教育。他把"耕读"二字当作家庭教育的根本内容来抓。他说："以耕读二字为本"，"男子需讲求耕读二事"。③ 可见，耕读思想在中国传统文化中源远流长。

（二）以读兴家

"耕"是基础，"读"是价值追求。"耕"是解决生命存在的

---

① 孔子. 尚书［M］. 长春：吉林人民出版社，1996：84.

② 邓小刚. 儒家耕读世家思想的伦理审视［D］. 湖南师范大学硕士论文，2005：12.

③ 邓小刚. 儒家耕读世家思想的伦理审视［D］. 湖南师范大学硕士论文，2005：64.

问题，"读"是提高生命质量的问题。"读"：一是可以修身养性；二是可以济家平天下。正如毛泽东说："文章是经国之大业。"古代的许多才子宁可"啸歌弃城市，归来事耕织"，宁愿向往"采菊东篱下，悠然见南山"的隐居自乐的安逸生活。"读"的主要目的在于"以学致仕""兴家旺族"或"兼济天下"等。中国古代出现的"朝为田舍郎，暮登天子堂"典故，实为说明"读"可以改变人的命运，即与"知识改变命运"是同样一个道理。古代人强调读书关键在于悟道，在于实际功效。在《论语》的《子张》中有曰："百工居肆以成其事，君子学以致其道。"在《管子》的《权修》中有曰："终身之计，莫如树人。"读与不读有本质区别，"不登高山""不临深溪"就不知天之高、地之厚；同样，受过教育的人与非受过教育的人也是不相同，"君子知夫不全不粹之不足以为美也，故诵数以贯之，思索以通之，为其人处之，除其害者以持养之……德操然后能定，能定然后能应。能定能应，夫是之谓成人。"只有不断加强读书学习，才能提高人的思想文化素质，成为一个有用的人才。"四书""五经"是中国儒家文化的精华所在，详细记载了读书、做学问及其作用，尤其是读书可以教会人们如何为人处世，如何治家、治国、平天下等许多道理。正如中国的谚语说："积财千万，不如薄技在身。技之易习而可贵者，无过读书也。"① 可见，读书学技对个人、家庭、国家的重要意义。

（三）耕读传家

在以农为本的中国传统社会，"耕读传家"是乡村社会所追求的目标。汉代有许多人都主张不耕则读、不读则耕、耕读相兼的观点，"耕道而得道，猎德而得德""以耕学为业"。到北宋时，朝廷专门制定相关政策鼓励士人、农家子弟参加科举考试，以致耕读传家思想达到高峰。宋代以后，亦耕亦读的思想得到普及和巩固。到了明代，许多乡村社会都出现"半榻暮云推枕卧，一犁春雨挟书

---

① 邓小刚. 儒家耕读世家思想的伦理审视［D］. 湖南师范大学硕士论文，2005：17.

耕"的现象。明末清初，许多著名学者都崇尚：不管农或士，均须耕读相兼，即读书学习与生产劳动相结合，不可偏废。可以说，耕读传家思想不仅是中国传统家庭美德的基础，也是中国传统社会公序良俗的基础。知识可以改变一个人的命运，知识也可以改变一个国家的命运。

第二节　经典作家的乡村文化思想

关于乡村文化建设问题，马克思、恩格斯、列宁等马克思主义经典作家，在他们各自的许多著作中都有论述。虽然马克思、恩格斯没有专门地对乡村文化建设做出详细论述，但是他们从不同的侧面来阐述了乡村文化建设的必要性和重要性，特别是，他们在探索如何消灭城乡之间的差别，如何实现城乡协调发展，以及乡村文化发展何去何从等方面，都进行了深入而详细的分析。他们的中国文化观，对于我们深入理解中国传统社会形态以及由此而形成的乡村传统文化，具有很大的帮助作用。他们的中国文化观是形成中国化马克思主义乡村文化思想的理论基础和重要的思想来源。列宁是马克思主义的主要继承者和发展者，他把马克思主义的基本原理与俄国社会主义革命的具体实践相结合，第一次实现了马克思主义俄国化，丰富和发展了马克思主义，形成了新的理论成果——列宁主义。乡村文化建设在列宁关于社会主义革命理论中，占有非常重要的地位。正因为列宁始终高度重视乡村文化建设，所以俄国革命和建设取得了伟大的胜利。研究经典作家的乡村文化思想，对今天我们进行乡村文化思想建设，促进乡村经济社会又好又快发展，无疑具有非常重要的历史意义和现实意义。

一、马克思恩格斯的乡村文化思想

（一）注重"以文化人"

"文化"一词，在马克思的许多文本中曾多次提及或多处蕴藏着文化的内涵。在《1844 年经济学哲学手稿》中，马克思认为，人的本质形成、发展过程，实质上是"以文化人"的过程，文化是人类区别于其他动物的根本特征，是"人的本质力量对象化""自由的有意识的活动"。① 在《资本论》第一卷中，马克思提出"文化初期"一词，至少含有两层意思：一是在生产力水平极低的条件下，人们首先解决的是物质生活需要即生存需要，而对文化需要相对很低，"需要的是同满足需要的手段一同发展的，并且是依靠这些手段发展的"。二是社会上还没有出现剥削现象，基本上人人参加劳动，无劳动者与非劳动者的人数极差。在文化初期，"第一类自然富源是有决定性的意义"，② 即肥沃的土地，渔产丰富的水域等生活资料方面的自然富源，成为首选需要。当生产力有了一定提高之后，人类的各种需要就相对提高，这时自然条件中的河流、瀑布、山林、金属、煤炭等劳动资源的自然富源，就从一种"实然性"变成"应然性"，成为人们的追求目标。在《哥达纲领批判》中，马克思阐述了文化与人的劳动之间的密切关系。他说："劳动力是一切财富和一切文化的源泉。" 文化伴随着人类社会发展的始终。

在物质生产与文化生产的关系上，或文化与自然的比较中。马克思指出："要研究精神生产和物质生产之间的关系，首先必须把物质生产不是当作一般范畴来考察，而是从一定的历史的形成来考察。"③ 他认为，城市里的工人之所以比农村里的工人有进步或进步较快，是因为他们在文化上存在差别，或者说文化环境不同，前者是生活在社会环境之中，与人类社会的直接交往或接触较为频繁；而后者则是土地耕种者，与自然界直接打交道较多。可见，文化是人类在日常生活中长期的历史积淀。

---

① 马克思.1844 年经济学哲学手稿［M］. 北京：人民出版社，2000：57.

② 马克思，恩格斯. 马克思恩格斯选集（第 2 卷）［M］. 北京：人民出版社，1995：219.

③ 马克思，恩格斯. 马克思恩格斯全集（第 26 卷第 2 册）［M］. 北京：人民出版社，1973：296.

(二) 乡村城镇化是推动乡村文化发展的有效途径

马克思认为，落后的乡村发展势必要走乡村城镇化这一途径。他在《政治经济学批判》中指出，古代社会生产力水平极低的情况下，才出现"城镇乡村化"的倒置现象，随着生产力的不断发展，人们的认识水平不断提高，"乡村城镇化"是现代社会的发展趋势，这是人类社会历史发展的必然性，"现在的历史是乡村城市化"。① 因为城市发展使人口密集起来，使得生产资料，生产过程以及产品社会化。城市不仅成为人力、物力、财力的聚集区，而更重要的是它成为推动人类发展的根本动力存在区，以致产生强大的文化吸引力即"聚集着社会的历史动力"。

在《共产党宣言》中，马克思、恩格斯在揭露了资本主义社会制度的黑暗的同时又肯定了资本主义城市发展对促进乡村社会发展所产生的意义。他们一致认为，城市化和工业化的不断发展，使机器在社会的各行各业得到采用，使化学在工业、农业、畜牧业等方面得到有效的应用，公路、铁路等交通运输不断发达，电报、电信等各种通信工具也逐步使用。"资产阶级在它的不到一百年的阶级统治中所创造的生产力，比过去一切世代创造的全部生产力还要多，还要大。"② 城市现代化的发展，"使城市人口比农村人口大大增加起来，因而使很大一部分居民脱离了乡村生活的愚昧状态"。③ 这些论述蕴藏丰富的文化思想，即以经济、政治、文化为中心的大城市，能够使大多数居民脱离了乡村生活的愚昧状态，脱离未开化和半开化的地区，甚至是能使未开化和半开化的国家从属于文明的国家。可见，乡村城镇化是实现乡村文化发展的主要途径之一。

---

① 马克思，恩格斯. 马克思恩格斯全集 (第46卷)(上) [M]. 北京：人民出版社，1979：480.

② 马克思，恩格斯. 马克思恩格斯选集 (第1卷)[M]. 北京：人民出版社，1995：277.

③ 马克思，恩格斯. 马克思恩格斯选集 (第1卷)[M]. 北京：人民出版社，1995：277.

（三）工业文明是消灭城乡差别的条件

在《共产党宣言》中，马克思、恩格斯指出，无产阶级革命取得胜利以后，首要任务就是消灭城乡之间的对立或差别，他们认为，实现工业文明是消灭城乡差别的条件，"把农业和工业结合起来，促使城乡对立逐步消失"。① 而消灭城乡差别又是实现社会统一的主要条件。然而，马克思、恩格斯清楚地认识到，消灭城乡差别，实现社会统一，光靠意志是无法实现的，必须以物质条件为前提，而物质基础的获取又必须通过工业文明等各种外部条件或途径去实现，这样"城市和乡村的对立的消灭不仅是可能的"。② 同时，只有实现城市与乡村的融合，才能有效解决环境问题，维护生态平衡，实现生态文明。对此，恩格斯在《反杜林论》中明确指出，"消灭城市和乡村的分离的条件"是"从大工业在全国的尽可能均衡的分布"。③ 或者说，只有消灭城乡之间的差别，实现工业文明或通过乡村城镇化建设，才能使全国人口尽可能地平均分布于各个地方或区域。实行这种措施，既避免了大城市因人口拥挤而带来的各种隐患，又能"使农村人口从……那种与世隔绝的和愚昧无知的状态中挣脱出来"。④ 才能摆脱"历史铸造的枷锁"，从而获得解放自由。可见，城镇化离不开工业化，工业化需要社会统一和城乡统一。

（四）城市文明带动乡村文明

马克思、恩格斯认为，城市文化和乡村文化各有差异、各具特

---

① 马克思，恩格斯．马克思恩格斯选集（第1卷）[M]．北京：人民出版社，1995：294.

② 马克思，恩格斯．马克思恩格斯选集（第3卷）[M]．北京：人民出版社，1995：646.

③ 马克思，恩格斯．马克思恩格斯选集（第3卷）[M]．北京：人民出版社，1995：647.

④ 马克思，恩格斯．马克思恩格斯选集（第3卷）[M]．北京：人民出版社，1995：215.

色，因分工不同造成了城乡分离或差距，甚至产生对立。"一个民族内部的分工……从而也引起城乡的分离和城乡利益的对立。"① 他们还认为，人类社会的发展是一个不断地经过"野蛮——文明"的发展过程，② 乡村文化势必要发展为城市文化或向城市文化过渡，城乡对立的局面势必也要发展到城乡统一或实现城乡社会和谐相处的状态。因为城乡之间的对立是资本主义私有制及其由此引起的社会分工造成的，它使大量的人口、生产工具、资金及各种享乐或需求集中在一起，形成了城市文化特色；同时又使分散于边远山区交通不便的乡村更加孤立或与世隔绝，以至形成乡村独特的地域特色、民族特色。只有在社会主义或共产主义的伟大实践中，把城市的集中性与乡村的发散性有机地结合起来，实现乡村城镇化，做到资源合理配置，最终才能消除乡村落后、孤立的状态。马克思恩格斯认为，发挥城市的集中性优势，可以整合乡村的孤立分散性不足，"大工业企业需要许多工人在一个建筑物里共同劳动……于是手工业者、裁缝、鞋匠、面包师、泥瓦匠、木匠都搬到这里来了。"③ 可见乡村城镇化建设势必引起乡村文化的变迁或融入到城镇文化之中，以达到相得益彰的境地。

（五）农耕经济是中国文化的基础

1. "亚细亚生产方式"是中国传统经济的基本特点。

马克思认为，中国之所以产生许多封建文化特点与封闭性的"亚细亚生产方式"有密切关系，即有什么样的生产方式就有什么样的文化形态与之相适应。在《〈政治经济学批判〉序言》中，马克思对"亚细亚生产方式"基本形态或表现作出了详细论述。他指出，劳动生产力水平极低，效率不高，属于劳动密集型，这种生

---

① 马克思，恩格斯. 马克思恩格斯选集（第 1 卷）[M]. 北京：人民出版社，1995：68.

② 马克思，恩格斯. 马克思恩格斯选集（第 1 卷）[M]. 北京：人民出版社，1995：104.

③ 马克思，恩格斯. 马克思恩格斯选集（第 2 卷）[M]. 北京：人民出版社，1965：300.

产结构具有超稳定性。人类社会的发展依次更替经历了亚细亚的、古代的、封建的、资本主义的四种社会形态。中国、印度、俄国都是从"亚细亚生产方式"中发展起来的。在马克思的眼里，中国封建社会如"木乃伊"似的，严重的封闭性和利己性是中国人性特点，"亚细亚生产方式"使传统的中国社会非常重视家族或宗族，因为家族或家庭具有双重职能：一是基本的社会单位；一是专职的经济、伦理职能单位。① 这样的生产方式是中国传统文化产生的基础。

2. 乡村地理环境影响人的良好性格的形成。

马克思认为，造成乡村人在性格上具有保守性和自私性，与人们居住在乡村的地理环境中有密切关系，因为传统的乡村社会具有封闭性，人们如"老鼠田园的生活"，"对任何外界的风景都无动于衷"，"与外界完全隔绝"。这样的处境严重阻碍了文化的交流与发展，根本没有产生"走出去，引进来"的念头，不管外面的世界如何精彩，如何美丽，他们始终怀有"金窝、银窝不如我的狗窝"的思想，既不感到无奈，也不产生任何激情，"不管时事怎样变迁"或"停滞的""幻想自欺"的状态，"正如保存在紧密封闭的棺材内的木乃伊一样，只要与外界的新鲜空气一接触，便一定要腐烂"。② 这种封闭的乡村生活应该打破，不"破旧"就不能"立新"，只有不断营造全面开放充满生机的发展环境，才能搞活经济，繁荣文化，促进发展，以培养全面发展的人性。

3. 双重身份的中国农民。

马克思认为，中国传统的自然经济造就了中国农民"既是庄稼汉又是工业生产者"。③ 因为每个家庭都面临两个任务：一是为了生命的存在或延续，不得不从事农耕生产或粮食生产；二是为了

---

① 周军.中国现代化与乡村文化建构［M］.北京：中国社会科学出版社，2012：55.

② 周军.中国现代化与乡村文化建构［M］.北京：中国社会科学出版社，2012：56.

③ 马克思，恩格斯.马克思恩格斯选集（第1卷）［M］.北京：人民出版社，1995：758.

满足家庭生活所必需的生活用品或生活工具，不得不从事家庭手工业生产。即一个人或家庭同时担任双重任务。各家各户都是处在"闭关自守与为文明世界隔绝的状态"，"过着丰衣足食和心满意足的生活"，从而使他们每个人都养成"和平怕事""勤劳节俭""安逸守旧"的思想或性格。①

4. 世界文化可以打破中国封建文化的封闭性。

在《共产党宣言》中，马克思明确阐述了世界市场的作用及其影响。他指出，世界市场可以使经济全球化、文化多元化或精神生产世界化，"使一切国家的生产和消费都成为世界性的了"，"自给自足和闭关自守"被"相互往来和互相依赖"取代了。它迫使不想灭亡的一切民族，不得不采用资产阶级的生产方式；迫使未开化和半开的地区或国家从属于文明的地区或国家；它打破了民族片面性、局限性、封闭性，使各民族的精神文化产品上升为世界公共的文化产品。"许多民族的和地方的文字形成了一种世界的文学。"② 可见，世界文化的威力之大，即其开放性的共性特征，势必打破中国封建文化的封闭性和保守性。

二、列宁的乡村文化思想

（一）重视提高农民文化素质

列宁认为，在一个文盲充斥的国度里，要推广先进的农业生产技术或实现农业机械化，是一件非常困难的事情，只有提高农民文化素质以后，才能谈得上推广或普及先进的生产技术，才有可能谈得上实现农业机械化；同时，在文盲的农民人口占多数的国家，既不利于新经济政策的推行，更不利于苏维埃政权的巩固。列宁明确指出，如果不首先提高农民文化素质，"就不能改变小农经济的落

---

① 周军. 中国现代化与乡村文化建构［M］. 北京：中国社会科学出版社，2012：57.

② 周军. 中国现代化与乡村文化建构［M］. 北京：中国社会科学出版社，2012：57.

后性""任何经济建设都不能进行。无论怎么样大的计划都会落空。"① 列宁还认为，实现完全的合作化，如果不首先提高农民文化素质，而农民的思想僵化不开，就很难使他们自觉自愿接受合作社这种新生事物或新政策，"没有一场文化革命，要完全合作社是不可能的"②，"没有丰富的知识、技术和文化，就不能建成共产主义"。③

（二）重视乡村文化建设

列宁认为，要发展商品经济，推动社会发展，实现民主政治等方面，就必须广泛开展乡村文化建设，不断加强乡村文化教育投资，扫除文盲，消除旧文化的消极影响，克服不良的习俗，培养积极向上的精神风貌。这样，才能谈得上发展社会主义经济、政治和文化。他指出，在夺取政权以前重点是革命斗争，革命胜利以后重点要转移，"转到和平组织'文化'工作上面去了"，"只要实现了这个文化革命，我们的国家就能成为完全的社会主义国家了"。④也就是说，在建设大工业的同时完成文化建设，而文化建设必须从乡村抓起，从农民教育、国民教育抓起，实现全面展开，广泛普及。可见真正的社会主义离不开高度发展的文化与科学的支撑。

第三节　中国化马克思主义的乡村文化思想

中国共产党历来高度重视乡村文化建设，尤其是对少数民族地区乡村文化建设倍加重视。从毛泽东的"新民主主义文化"，到邓小平的"共同富裕改革文化"，到江泽民的"三个代表"重要思想先进文化，到胡锦涛的"科学发展观"和谐文化，甚至到习近平

① 列宁．列宁全集（第41卷）[M]．北京：人民出版社，1986：207.
② 列宁．列宁全集（第43卷）[M]．北京：人民出版社，1987：359.
③ 列宁．列宁全集（第30卷）[M]．北京：人民出版社，1990：126.
④ 列宁．列宁选集（第4卷）[M]．北京：人民出版社，1995：687～688.

的"中国梦"文化，都是解放思想、实事求是、与时俱进地丰富和发展了马克思主义文化发展观，实现了从革命理论到建设理论的飞跃，即形成了中国特色社会主义理论体系。这些理论蕴含着丰富的乡村文化建设思想，对我们开展民族地区乡村文化建设，具有重要的现实意义。

一、毛泽东的乡村文化思想

具有"文章是经国之大业"的毛泽东，精通"四书""五经""二十四史"，并从中吸取了中国传统文化的精华。在外有列强入侵，内有军阀混战的旧中国，"中华民族到了最危险的时刻"。他发动和领导全国人民起来革命，把马克思主义基本原理与中国革命的具体实践相结合，实现了马克思主义文化中国化的飞跃。

（一）提出新民主主义文化的内涵

第一次国内革命战争时期，毛泽东写出了《中国社会各阶级的分析》《湖南农民运动考察报告》等两部著作，这是新民主主义革命文化的萌芽阶段。在第二次国内革命战争时期，他又写出了《中国的红色政权为什么能够存在?》《井冈山的斗争》《反对本本主义》《中国革命战争的战略问题》《关心群众生活注意工作方法》《实践论》《矛盾论》等著作，这些著作反映了新民主主义革命文化思想在井冈山斗争中得到了发展。在抗日战争时期，毛泽东又写了《论持久战》《战争与战略问题》《五四运动》《青年运动的方向》《新民主主义论》等著作，标志着新民主主义文化开始形成。特别是毛泽东在《新民主主义论》中明确提出："所谓新民主主义的文化，一句话就是无产阶级领导的人民大众反帝反封建的文化。"[1] 可见，毛泽东始终强调以无产阶级文化思想即共产主义思想为导向，以推翻压在人民头上的帝国主义、封建主义、官僚资本主义"三座大山"为主要任务，以实现民族的科学的大众的新型

---

[1] 毛泽东.毛泽东选集（第2卷）[M].北京：人民出版社，1992：698.

文化即社会主义和共产主义文化为最终目的。

(二) 毛泽东非常重视农民教育

早在中国革命初期，毛泽东曾经提出了中国两大有待解决的重要问题：一是土地问题；二是农民教育问题。他说："根本问题是土地问题""重要的问题是教育农民""基本问题是农民问题"。他在《湖南农民运动考察报告》中指出，相信鬼神、烧香拜佛、建造祠堂庙宇、树立菩萨雕像等现象或行为，既有历史原因，也有农民自身的原因，因为农民文化素质比较低，缺乏科学的社会认识，只要不断的开展乡村文化建设，不断地对农民进行科学文化思想教育，提高农民的科学文化素质，信神、信鬼、信佛或信菩萨等各种愚昧思想或陋习将会逐渐消失。"菩萨是农民立起来的，到了一定时期农民会用他们自己的双手丢开这些菩萨，无须旁人过早地代庖丢菩萨"。① 毛泽东还特别强调了乡村文化建设的重要性，他指出："对于农村的阵地，社会主义不去占领，资本主义就必然会去占领。"② 抓好乡村文化建设并使之成为一种常态化的工作，"不断地提高农民群众的政治觉悟和爱国热情，这应当是我们一项经常工作"。③ 另外，毛泽东认为，大众文化与农民文化关系密切，同等重要。在《新民主主义论》中，毛泽东论述了大众文化与农民文化的关系。他指出，中国革命实质上是农民革命，抗日战争，实质上就是农民战争。"大众文化，实质上就是提高农民文化。"④ 在《论联合政府》中，毛泽东明确指出：农民是"中国工人的前身""是中国工业市场的主体""是中国军队的来源""是现阶段中国民

---

① 毛泽东. 毛泽东选集 (第1卷) [M]. 北京：人民出版社，1991：33.
② 毛泽东. 毛泽东选集 (第5卷) [M]. 北京：人民出版社，1997：177.
③ 中共中央文献研究室编. 建国以来主要文献选编 (第14册) [M]. 北京：中央文献出版社，1997：770.
④ 毛泽东. 毛泽东选集 (第2卷) [M]. 北京：人民出版社，1991：692.

主政治的主要力量""是现阶段中国文化运动的主要对象"①。总之，一切运动或工作都不能离开农民，一旦离开了农民大半就成为空话。

（三）毛泽东非常重视乡村文化建设的内容

在《文化工作中的统一战线》中，毛泽东根据当时世情、国情和党情，提出了"我们的工作首先是战争，其次是生产，其次是文化"。在谈到文化的时候，他说："我们的文化是人民的文化……必须联系群众，而不要脱离群众。"他认为，乡村文化建设的内容必须符合乡村特点，符合农民的实际需要，"一切为群众的工作都要从群众的需要出发"②。在《论联合政府中》，毛泽东又强调，农村文化工作者和教育工作者都应当根据"农村特点""人民的需要和资源的原则，采用适宜的内容和形式"。③ 即文化建设内容、方式、方法等一切活动都要体现人民性。

可以说，在毛泽东的文化思想中，关于农村教育、农民教育占了很大的比例。关心农民、重视农民、发动农民、依靠工农积极开展了乡村文化建设，不断提高农民政治思想素质和科学文化素质，是毛泽东的一贯主张。

二、邓小平的乡村文化思想

作为中国改革开放总设计师的邓小平同志非常重视文化建设，他提出了许多关于文化改革的思想，对丰富和发展马克思主义文化观做出了伟大贡献。

---

① 毛泽东. 毛泽东选集（第 3 卷）[M]. 北京：人民出版社，1991：1077～1078.

② 毛泽东. 毛泽东选集（第 3 卷）[M]. 北京：人民出版社，1991：1021.

③ 毛泽东. 毛泽东选集（第 3 卷）[M]. 北京：人民出版社，1991：1091.

（一）重视乡村文化建设

邓小平指出，走"共同富裕的道路"离不开乡村农民，离不开乡村文化建设。1985年3月7日，邓小平在全国科技工作会议上说："现在连山沟里的农民都知道科学技术是生产力……懂得了科学技术能够使生产力发展起来，使生活富裕起来。"[①] 改革开放使中国农民的物质生活和精神生活有了很大的改变，但由于经济全球化、社会多极化、利益格局多样化、文化多元化，加上区域差距、贫富差距较大，产生了各种类型和性质的矛盾，使一些农民产生了文化意识方面的波动，更为严重的是一些地区忽视了乡村文化建设，造成了许多乡村出现文化"空壳"现象，农民的精神生活极为空虚，从而导致了不少农村出现黄、赌、毒等一些陋习以及封建迷信活动死灰复燃的现象。面对这些情况，邓小平同志经常提醒或要求各级党委和政府要统一思想，提高认识，切实把农村文化建设当作精神文明建设的主要任务来抓。同时，他还强调，只有农村稳定中国才稳定，"没有农村这一稳定的基础是不行的"。[②] 要实现乡村和谐稳定，就必须积极开展乡村文化建设。

（二）重视精神文明建设

邓小平把精神文明当作社会主义的重要特征来看待，并提出了"两手抓"的重要理论；在"一个中心，两个基本点"主要内容中，"两个基本点"就是坚持四项基本原则，坚持改革开放，其中四项基本原则主要是指精神文明建设方面。邓小平同志始终把"两个文明"建设当社会主义建设的主要任务。

（三）关于如何实施乡村文化建设方面

邓小平指出，乡村文化建设的内容、方式、方法必须贴近"三农"建设，乡村文化建设必须体现社会主义的性质即坚持社会

①　邓小平．邓小平文选（第3卷）[M]．北京：人民出版社．1993.107.

②　邓小平．邓小平文选（第3卷）[M]．北京：人民出版社．1993：65.

主义的方向，必须依靠广大农民即乡村农民是真正的主体力量，"我们党提出的各项重大任务，没有一项不是依靠广大人民的艰苦努力来完成的"。① 乡村文化建设的主体力量是广大农民，只有按照贴近"三农"的原则，不断进行方式、方法创新，激发广大农民的积极参与，才能创造更多更好的文化成果，才能推动乡村文化大繁荣的发展。正如邓小平说："我国城乡和社会各界，蕴藏着极大的办学热情。" "农村改革中的好多东西，都是基层创造出来的。"②

三、江泽民的乡村文化思想

（一）中国共产党始终代表先进文化发展方向

"中国共产党始终代表先进文化发展方向"这句话蕴含着丰富的乡村文化思想。江泽民认为，发展先进文化与发展先进生产力，实现最广大人民的根本利益等三者目标一致、同等重要，都是推动社会的快速发展，都是为更好地实现最广大人民的根本利益服务，为共产主义服务。"在当代中国，发展先进文化，就是发展有中国特色的社会主义文化，就是建设社会主义精神文明。" "弘扬主旋律，提倡多样化"。③特别是要努力做到以科学的理论、正确的舆论、高尚的精神和优秀的作品，去武装、引导、塑造和鼓舞人。发展先进文化是增强中华民族的生命力、创造力和凝聚力的根本要求。

（二）重视农村文化建设，重视农民教育

江泽民认为，乡村文化建设是"两个文明"建设中的主要内容之一，要建设有中国特色的社会主义新农村，理应高度重视农民

① 邓小平. 邓小平文选（第3卷）[M]. 北京：人民出版社. 1993：4.
② 邓小平. 邓小平文选（第3卷）[M]. 北京：人民出版社. 1993：22.
③ 江泽民. 江泽民文选（第3卷）[M]. 北京：人民出版社，2006：559.

教育，用先进的正确的思想和优良的社会高尚去占领农村阵地；遵循"三贴近"和"三符合"的原则，积极开展乡村文化建设活动，消除落后、愚昧的封建思想及不良习俗或风气。只有把中国特色社会主义先进文化推向农村，教育农民，才能引导农民过上科学健康、幸福的文化生活。

四、胡锦涛的乡村文化思想

（一）以人为本的文化观

以人为本的科学发展观，其核心是以实现人的全面发展为目标，以不断满足人的需求为根本，以人为本就是以广大人民的根本利益为根本，即发展为了人民，发展依靠人民，发展成果惠及人民，不断地满足人们日益增长的精神文化需求，不断地引导人们走上幸福的康庄大道。以人为本的文化发展观，其实践主体和受益主体都是广大人民群众，它要求以调动和激发广大文化工作者的积极性、主动性和创造性为切入点，做到以点带面、点面结合、共同创造更多更好的文化成果，从而不断地推动文化大发展大繁荣。可以说，以人为本的文化发展观一旦提出，大大推动了以人的解放、人的幸福、人的全面而自由发展为核心价值追求的科学社会主义的伟大实践不断地向前发展，在中国大地上成为最富有生命力的一项伟大实践。换言之，以人为本既是一种理论或文化，更是一种实践，是人类社会走向文明的重要标志。"文化上的每一个进步，都是迈向自由的一步。"① "人类社会每一次跃进，人类文明每一次升华，无不镌刻着文化进步的烙印"②，于此，我们也看到了马克思主义经典作家所心驰神往的科学社会主义发展的美好图景："我们的目标是要建立社会主义制度，这种制度将给所有人提供健康而有益的

① 马克思，恩格斯．马克思恩格斯文集（第9卷）[M]．北京：人民出版社，2009：120．

② 中共中央文献研究室．十六大以来重要文献选编（下）[M]．北京：中央文献出版社，2008：751．

工作，给所有的人提供充裕的物质生活和闲暇时间，给所有的人提供真正的充分的自由"。①

（二）和谐文化观

胡锦涛认为，和谐文化是中华民族的优秀传统文化，是马克思主义先进文化的主要组成部分，是人类文明的结晶。积极培养和践行和谐文明的行为或精神，是夯实建设有中国特色社会主义伟大实践的思想基础。"建设和谐文化是构建社会主义和谐社会的重要任务。社会主义核心价值体系是建设和谐文化的根本。"党的十七大，全面阐释了和谐文化与和谐社会、先进文化、社会主义核心价值体系的密切关系，并对加强和建设和谐文化做出了全面部署，为推动社会主义文化大发展大繁荣提供了正确的路线、方针、政策和措施。

（三）明确提出乡村文化建设的主要内容和基本要求

在党的十六届五中全会上，胡锦涛同志明确指出，建设社会主义新农村是我国现代化进程中的一项重大任务。要按照"生产发展、生活宽裕、乡风文明、村容整洁、管理民主"等二十个字的方针去实施。在党的十七大报告中，胡锦涛指出，要大力推动社会主义文化大发展大繁荣，建设和谐文化，培育文明风尚，重视乡村文化建设，不断满足乡村农民的精神文化生活需要。在党的十七届三中全会上，胡锦涛再次强调了乡村文化建设的重要性。他指出，积极开展社会主义核心价值体系的教育活动，用中国特色社会主义理论体系武装农村党员、教育农民群众、引导农民牢固树立爱国主义、集体主义、社会主义思想，以社会主义先进文化占领了农村阵地，不满足农民日益增长的精神文化生活需要，这样，才有可能排除非无产阶级思想的干扰，从而使各种形形色色的腐朽资产阶级思想没有市场可存。只有在广大农村地区积极地开展各种思想政治教

① 马克思，恩格斯．马克思恩格斯文集（第21卷）[M]．北京：人民出版社，1965：570.

育、科学文化知识以及基本技能的传授和教育，不断地提高广大农民的民主、科学、法制意识，不断地鼓励或引导农民群众树立科学发展观，切实促进或保持乡村文化建设全面铺开顺利进行。党的十七届六中全会指出了"四个越来越成为"理论，明确强调了文化建设的地位和作用；同时，加强对老、少、边、山、穷等地区进行文化支持和帮扶，作出相关的决定或部署。"满足人民基本文化需求是社会主义文化建设的基本任务"，"加快城乡文化一体化发展"。建立以城带乡联动机制，鼓励城市对农村进行文化帮扶；扶持文化企业的连锁方式，加强基层和农村文化网点建设。党的十八大报告，立足于全面建成小康社会，实现民族伟大复兴的历史高度，把推动社会主义文化大发展大繁荣，兴起社会主义建设推向新的高潮。同时，《报告》把文化建设提到"五位一体"建设的高度，把解决好"三农"问题当作是全党工作的重中之重，把城乡发展一体化当作解决"三农"问题的根本途径。切实保障广大人民群众的基本文化权益，推进文化大发展大繁荣，全面提高人民思想道德素质和科学文化素质，不断增强中华文化国际影响力。

第四节　近代中国乡村建设思想

20 世纪 20—30 年代，中国农村经济日趋衰落，农民生活条件不断恶化。面对中国农村经济不断走向衰败与破产的局面，以梁漱溟、晏阳初、卢作孚等为代表的先进知识分子，不得不反思，于是提出了许多著名的乡村建设理论，并开展了一些尝试。诸如梁漱溟提出的拯救乡村文化，重建乡村秩序的思想，晏阳初提出的"民族再造"的思想，以及卢作孚的乡村建设思想等，他们的理论与实践对于我们在新时期进行民族地区乡村文化建设，同样具有十分重要的借鉴意义。

一、梁漱溟的乡村建设思想

梁漱溟认为，中国乡村衰落的最为严重的问题是文化失调，而解决中国的政治、经济、社会等问题，理应从乡村建设入手。他和山东乡村建设研究所在邹平县进行尝试时，积极发动和组织各乡村联合起来，建立乡农学校作为政教合一的机关，向农民进行安分守法的伦理道德教育，以维护社会安定团结的局面；组织乡村自卫团体，以加强乡村社会治安管理；组织农村合作社，培养"乡村文明""乡村都市化"的行为习惯，促进全国乡村建设运动的大联合，以达到改造中国的目的。

（一）乡村建设的主要原因与目的

首先，乡村建设的主要原因。梁漱溟认为，造成乡村破败的罪魁祸首是外来文化，他把外国文化给中国文化或中国乡村文化带来的影响或改变，比作孙悟空的"七十二变"，他说："中国人与西方洋人见面之后，中国文化便发生了变化。"① 为何西方文化给乡村文化造成破坏呢？他认为，这是中西方文化差异造成的，西方的都市文明不同于中国的农耕文明，不适合于中国国情。因此，中国乡村风气遭受严重破坏，就理应从乡村建设开始。其次，改造旧农村，创造新乡村是乡村建设的目的。梁漱溟认为，中国社会组织结构和社会风气遭受破坏了，理应从重建乡村组织和创造新的乡村文化开始，"我所主张的乡村建设，乃是想解决中国的整个问题，非是仅止于乡村问题而已。建设什么？乃是中国社会全新的组织结构（政治经济与其他一切均包括在内）……舍重新建立外，实无其他方法"。②"乡村建设的由来，实由于中国文化不得不有一大转变，因为要转变出一个新文化来，所以才有乡村建设运动。"③ 梁漱溟认为，乡村是中国社会的基础，中国的文化多半来自乡村或反映乡村方面的内容，中国衰落的根本性原因是文化失调，主要表现在乡村社会结构上的崩溃，政治上的无奈等方面。他说："中国的问题

---

① 梁漱溟．梁漱溟全集（第一卷）［M］．济南：山东人民出版社，1989：607.

② 梁漱溟．乡村建设文集［M］．邹平乡村书店，1936：32.

③ 梁漱溟．梁漱溟全集（第一卷）［M］．济南：山东人民出版社，1989：610.

并不是什么旁的问题，就是文化失调——极严重的文化失调。"①
他提出了"创造新文化，救活旧农村"的主张，并弘扬中国优秀
的传统文化，大胆吸收外来文化的精华，营造一种新的文化氛围，
拯救破败的乡村文化，创建一种新的乡村秩序。

（二）乡村建设的组织和条件

首先是组织问题。梁漱溟认为，重建社会组织理应从乡村入
手，既要组建有形的事实的乡村，又要营造理性的无形的风尚，特
别是乡村社会的道德风尚。"乡约就是提振大家的志气——亦通常
所谓道德；丹麦教育的用力亦在此。"② 即道德风尚是一种自动的
教育，是世界上最好的教育，是丹麦教育的妙处和成功之处。梁漱
溟提出在乡级设立乡学，在村级设立村学。其目的是"实现政教
富卫合一"。其次是条件问题。梁漱溟认为，农民自觉和知识分子
的参与是乡村建设成败的关键所在。农民既是乡村建设的主体，又
是被教育和被改造的客体，而知识分子是乡村建设的主导，"农民
自觉，乡村自救，乡村的事才有办法"③，"只有农村有办法，中
国才算有办法"④。对农民进行先进的农业生产技术的传授和教育，
激发农民的积极性；培养农民的集体意识、团结意识，开展乡村自
救和乡村建设活动。"乡村建设最要紧的，是要培养乡村自觉和乡
村组织。"⑤ 同时，梁漱溟认为，乡村建设仅有农民自觉是不够的，
必须还要发挥知识分子的主导作用。解决农村问题的关键，是把主

---

① 梁漱溟. 乡村文化建设理论［M］. 上海：上海人民出版社，2006：
22.

② 梁漱溟. 梁漱溟全集（第二卷）［M］. 济南：山东人民出版社，
1990：339.

③ 梁漱溟. 梁漱溟全集（第一卷）［M］. 济南：山东人民出版社，
1989：618.

④ 梁漱溟. 梁漱溟全集（第二卷）［M］. 济南：山东人民出版社，
1990：609.

⑤ 梁漱溟. 梁漱溟全集（第一卷）［M］. 济南：山东人民出版社，
1992：615.

力即农民和拥有知识技术的人即知识分子两者结合起来，才能推动乡村经各项事业持续健康的发展。

（三）乡村建设的主要内容

梁漱溟认为，乡村建设主要应重在乡村教育方面。即教育与建设不能偏废其一。在他眼里，中国问题不是暴力革命就能解决好的问题，而是一种教育方面的问题。"社会出了毛病，教育即可随时修缮补正……人类之所以有革命，就因为教育不居于领导地位。"①教育能够使人的发展趋于合理化，是社会发展更加有效化、理性化，以达到不断地改造旧社会、建设新社会。他认为，学校式教育和社会式教育两方面要同时发展。学校式教育分为村学和乡学，村学设有儿童部、妇女部和成人部；乡学主要设有升学预备部和职业训练部。职业训练部主要招收18—40岁的成年农民进行职业训练，传授科学知识基本技能，简单的农用技术与军事常规训练。高级部则重点培养乡村骨干或积极分子。梁漱溟认为，社会式教学是乡学和村学的最主要任务，教育的中心是围绕着"提出问题、商讨办法和鼓舞实行"等三件事情来展开，教育的总原则是学校式教育与社会式教育两者结合、配合、促进，"连锁如环"共同发展。这些教育内容，对推动乡村建设具有一定的促进作用。

（四）组织和教育农民理应遵循的原则

梁漱溟认为，不管是组织农民还是教育农民，都应该遵循自觉自愿的原则。绝不能采取强迫性或命令式的原则，所谓自觉自愿的原则，就是在尊重农民的基础上，发扬中国传统文化，特别是优秀的乡村传统文化精神，并结合外来文明的结晶，对农民进行引导、感化、启发、教育，以达到他心悦诚服为止。既培养农民养成学习新政治、新形势的习惯，又要对广大农民进行科普知识的推广，特别是农业技术的培训教育，使他们能够领略先进科技的魅力所在，

---

① 孙烨. 梁漱溟乡村建设思想及其对新农村文化建设的启示 [D]. 河北师范大学硕士论文，2010：10.

以达到学以致用或自觉改变落后的生产生活方式的目的。

可见，梁漱溟的乡村建设思想是立足于文化本位，分析了近代西方文明的冲击造成了中国文化严重失调的原因所在，并提出了解决一切问题的唯一办法或是途径就是进行乡村建设，而要搞好乡村建设，就必须结合传统的乡村特点、农民固有的心理特点，并以农民的自觉自愿为原则，以新的文明方式对待旧的文明，以新的文明、新的文化引导创建新的团体组织，不断推动社会全面进步，以实现中华文明的伟大复兴。①

二、晏阳初的乡村建设思想

"民族再造"思想是晏阳初②乡村建设的主要思想。他认为，中国农村问题归根到底就是人的问题，对农村的改造实际上是对平民的改造或教育，只有在农村积极开展政治、经济、自卫、卫生和礼俗等方面的建设活动，才能恢复或振兴农村景象，以达到"民族再造"或"民族自救"的目的。

(一)"民族再造"的思想

晏阳初认为，造成民族精神衰堕，民族心理涣散，民族礼俗丧失，民族政治热情不高，民族经济衰败等方面的原因，说到底就是人的原因。"中国今日的生死问题，不是别的，是民族衰老，民族堕落，民族涣散，根本是人的问题。"那如何改变这些现状和局面呢？晏阳初认为，理应培养新的生命，培育新的人格，形成新的团结，创建新的组织，即开展中国农村运动，主要目的是实现"民族再造"的使命。在河北定县进行乡村平民教育实验过程中，晏

① 周军.中国现代化与乡村文化建构［M］.北京：中国社会科学出版社，2012：66.

② 晏阳初（1890—1990），出生于四川省巴中县，中国平民教育家和乡村建设家。幼习四书五经，十几岁考入教会学堂，1918年耶鲁大学毕业以后，赴欧洲战场，成为北美基督教青年会主持的为法、英军队中的华工服务的志愿者，他的职责是代写书信，却生出教苦力识字的心愿，由此发现平民的潜力而矢志毕生献身于开发民智以达成民有、民治、民享救世目标的事业。

阳初充分发挥中华平民教育促进会的作用，积极开展以"除文盲，做新民"为中心的教育活动，把学校教育、社会教育、家庭教育三者有机结合起来，从整体上解决了中国农民普遍存在的"愚、穷、弱、私"等四病根。① 可以说这种方法和途径带有一定的针对性，对改变中国农村面貌，特别是对改造人的问题具有十分重要的意义。

（二）平民教育的思想

晏阳初认为，"以民为本，本固邦宁"是中国传统的主要特征之一，因此，平民教育理应成为乡村改造的核心。他多次强调："吾辈努力于平民教育的目的，正为培养国民元气，巩固国家基础。"他反复说明："下决心""钻农村""入民间""造就 8000 万的农民青年"的主要目的，是"叫他们来担负民族再造的使命"。② 他认为，农村人口占全国人口 80% 以上，农村还有不少中华民族的美德，特别是自古至今多为"英雄藏于乡村"或"豪杰藏于民间"。因此，贫民教育或改造，核心在农村，基础在农村，理应从基础抓起，这是根除"愚，穷，弱，私"的病根的教育，他非常崇尚环境育人的观点，强调学校、家庭、社会的三结合教育。"其目的在使整个社会尽是教育的环境，以免一曝十寒之弊害。"③ 概而言之，晏阳初的乡村教育思想，是以平民为本位的、没有阶级之分的、全民教育的思想。

全民教育运动是为了人民的利益，适应人民的需要，为全人类谋福祉的运动。由于晏阳初等知识分子只看到中国农村、农民的各种遭遇或不幸的衰败现象，而没有找到中国农村、农民衰败根本原因何在，没有找到解决农民的根本问题——土地问题，因此，他们

---

① 周军. 中国现代化与乡村文化建构［M］. 北京：中国社会科学出版社，2012：67。

② 宋恩荣. 晏阳初文集［M］. 北京：教育科学出版社，1989：22，120.

③ 宋恩荣. 晏阳初文集［M］. 北京：教育科学出版社，1989：80.

提出的农村建设思想和进行乡村建设的尝试，最终其目标无法达到实现。但在他们的乡村建设思想中，重视农村、关心农民、立足实际、立足国情或乡村特点，主张弘扬中国传统优秀文化，吸收外来文明，反对生搬硬套的外国模式，特别是重视农村教育、农民教育等方面，对新时期我们进行社会主义新农村建设，推动文化大发展大繁荣有着重要历史借鉴意义。

三、卢作孚的乡村建设思想

卢作孚出生在西南山区乡村的一个农民家庭，幼时家庭经济拮据，农村的艰苦生活让其感受颇深。后来他担任永宁道尹公署教育科科长等职务过程中，曾经在重庆北碚一带开展乡村建设实践活动，在他主持和带领下，一个偏僻的乡村北碚场发展成为中国城镇建设的典范，为推动中国乡村建设发展做出了巨大贡献。卢作孚的乡村建设思想对当今我们进行社会主义新农村建设同样具有一定的借鉴意义。

（一）把教育作为乡村建设的第一重要事业

卢作孚认为，教育是立国之本、兴国之道。要想改变落后的乡村面貌，理应首先改变乡村农民的各种封建愚昧思想。百年大计，教育先行，只有通过发展乡村教育事业，才能达到根除落后的思想，才能改变落后的面貌。他说："乡村第一重要的建设事业是教育。"① 他认为，乡村学校教育和乡村社会建设必须坚持"三同"原则：同时计划、同时展开和同时进行，以达到共同发展。在学校教育方面，他主张根据农村孩子的分布情况来设立学校，以就近入学、简单实用为原则，以满足群众、方便儿童为主旨；同时，他非常重视对教师的培养，特别是提高教师的生活待遇，提出"教师待遇要够养活一家人"的主张。在乡村社会教育方面，他主张教育普及整个乡村，包括普及各农场、农村、农户，营造一种良好的

---

① 罗中福．卢作孚文选［M］．重庆：西南师范大学出版社，1989：65.

教育环境，让每一个人无论何时何地都可以接受到或感受到文化科学知识的教育和熏陶。例如，把报纸、宣传、图片贴到各个公共场合，把扫盲学校建立到农户家中，建立在茶馆、楼所、船舶等处，利用圩日人多之机播放电影、幻灯、展览等，努力做到文化育人、环境育人。

（二）重视人才培养

人才紧缺是当时较为突出的社会问题。卢作孚认为，振兴乡村社会经济、政治、文化等方面，人才是关键。他主张，通过一些优惠政策解决一些高层人才要求的问题；同时，主张通过加强培训和招考的办法解决普通人才的需求问题。在他的组织和带领下，有法国昆虫学家傅德利、丹麦铁路工程师守尔慈等国内外专家纷纷投奔到北碚乡村建设之中；在他的带领下，先后培养出许多本地人才，为乡村建设培养出一批生力军。

（三）重视基础设施建设

卢作孚认为，乡村建设必须立足于实际，关于如何改变乡村落后的经济状况问题，他指出，首先要做好各种资源、资本、生产力等方面的调查研究，只有把握好当地的各种资源或具体情况之后，才能做出相应的具体规划。在农业方面，他主张大力发展农业基础设施，修建公共水利设施，保证农田正常灌溉面积，保障人畜饮水安全，设置气象台，做好防灾减灾设施工程；建立农事试验基地，加强技术指导和推广工作，设立农村银行，解决农民资金不足的问题。同时，他还主张发展信息和通信工程，提倡每个乡镇都要安装有话机即"传话的交通事业""一般人民以说的权利"。① 另外，他主张兴建公共文化、医疗卫生以及乡村体育运动场等方面的设施。他说："如果仍是持续不断地重视城市而不重视乡村，必更有一危险的问题，便是：促成人口集中的城市。"造成城市人口拥

---

① 罗中福．卢作孚文选 [M]．重庆：西南师范大学出版社，1987：77．

挤、环境污染、资源紧缺等欧美国家已经出现了的城市问题。① 在卢作孚及村民们的共同努力下，经过十几年的奋战，北碚乡村在铁路公路建设、河滩河道整治、水利电力工程、工厂采矿企业、银行邮政通讯、农贸市场以及科技服务等方面，都取得了巨大的成就；同时，重视文化、教育、卫生、市容市貌的建设。在接近 20 年时间里，北碚终于从一个穷乡僻壤变成了一个具有现代化雏形的城市。可见，卢作孚的乡村建设思想与实践经验，是值得考察、研究或借鉴的。

第五节 提高民族地区自我发展能力的主要理论

一、党和国家领导人关于民族地区自我发展的理论综述

我国是多民族统一的社会主义国家，党和国家领导人始终把实现民族的"两个共同"当作社会主义建设事业的一项重要内容，民族发展问题始终成为党和国家领导人心中的一件大事。

以毛泽东为代表的中国共产党人，把马克思主义基本原理与中国革命的具体实际相结合，创造出一系列的马克思主义民族理论中国化的思想，制定和实施一系列符合各民族特点的政治、经济、文化等方面的政策。特别是以"民族平等、团结、自治、发展"为核心内容的政策或措施，即以"民族区域自治"的基本形式、政策或途径来解决民族问题，以实现"民族共同团结奋斗、共同繁荣发展"这一宗旨和目标。

以邓小平为代表的中国共产党人，为巩固和发展民族区域自治做出了重大贡献。邓小平同志曾多次强调，要不断加强宪法及一般法律法规建设，改善人民代表大会制度，"要使各民族聚居的地方

---

① 常青青. 卢作孚乡村建设成就对社会主义新农村建设的启示 [J]. 重庆：重庆工商大学学报（社会科学版），2013：106.

真正实行民族区域自治"① 在政治上实现"真正平等"，在经济上"会得到改善"，在文化上"会得到提高"，"经过各民族人民的共同努力，才能真正形成中华民族美好的大家庭。"② 要支持和帮助少数民族地区发展经济、文化、教育、卫生、体育等方面的事业，使广大少数民族人民懂得党和国家制定的这些民族政策的深远意义，激发他们积极投入到中国特色社会主义的伟大实践之中。1987年 6 月 29 日，邓小平会见美国前总统卡特时说："我们帮助少数民族地区发展的政策是坚定不移的。"③ 他指出，必须加快民族教育事业的发展，深化民族地区自我发展能力。他说："任何一个民族、一个国家，都需要学习别的民族、别的国家的长处，学习人家的先进科学技术。"④ 世界上但凡是真正发达的民族，都是比较宽容和开放的民族。先进文化是人类智慧的结晶，是人类进步的阶梯，是社会文明的象征。加强先进文化技术的学习是提高民族地区自我发展能力的客观要求。

以江泽民为代表的中国共产党人，为推动民族地区经济社会文化等方面的建设提供了许多理论。1992 年 1 月，江泽民在中央民族工作会议上，重点对少数民族和民族地区经济发展、社会事业全面的发展、自我发展能力、民族区域自治法的实施以及加强民族大团结等五个方面进行了全面而深入的阐述。1993 年 11 月，江泽民在全国统战工作会议上，又重申了加强社会主义民族关系、巩固民族区域自治制度、加快民族地区的经济发展和社会进步等民族工作的三大基本方针。在党的十六大报告中，江泽民提出全面建设小康社会的奋斗目标，并强调要实现"六个更加"："经济更加发展、民主更加健全、科教更加进步、文化更加繁荣、社会更加和谐、人

① 邓小平．邓小平文选（第 2 卷）［M］．北京：人民出版社，1994：339.

② 刘先照．中国共产党主要领导人论民族问题［M］．北京：民族出版社，1994：52.

③ 邓小平．邓小平文选（第 3 卷）［M］．北京：人民出版社，1993：247.

④ 邓小平．邓小平文选（第 2 卷）［M］．北京：人民出版社，1994：91.

民生活更加殷实"。同时，对发展"重要文化遗产和优秀民间艺术"，"扶持老少边穷地区和中西部地区的文化发展"① 作出了重要的决定。在党和国家的其他重要会议上，江泽民同样强调："没有民族地区的稳定就没有全国的稳定，没有民族地区的小康就没有全国的小康。没有民族地区的现代化就不能说实现了全国的现代化。"② 这是民族的心声，时代的呼唤，是社会主义现代化建设的根本要求。

以胡锦涛为代表的中国共产党人，根据世情国情党情出现的新变化，提出了构建和谐社会和以人为本的科学发展观等一系列科学理论，为提高民族地区自我发展能力，提供了主要目标、基本原则、总体任务和战略措施。2002 年，在十六届四中、六中全会上，他又提出了"社会和谐的本质属性"的主要内容，特别强调了"坚持以科学发展观统领经济社会发展全局"，以及着力解决广大人民群众"最关心、最直接、最现实的利益问题"，不断推动经济、政治、文化、社会"三位一体"协调发展③。在 2003—2005 年的许多民族工作会议上，胡锦涛始终强调要把实现民族"共同团结奋斗，共同繁荣发展"④ 当作解决民族问题的时代主题。2009 年颁发了《国务院关于进一步繁荣发展少数民族文化事业的若干意见》，论述了少数民族文化建设的特殊重要性，对发展少数民族文化事业的指导思想、基本原则、目标任务以及具体措施作出决定。在党的十七大，胡锦涛强调"促进社会主义文化大发展大繁荣""弘扬中华文化，建设中华民族共有精神家园"是党和国家的主要工作内容；并对"加强对各民族文化的挖掘和保护""运用现

① 江泽民. 江泽民文选（第 3 卷）[M]. 北京：人民出版社，2006：561.

② 国家民族事务委员会. 中国共产党关于民族问题的基本观点和政策 [M]. 北京：民族出版社，2002.

③ 人民日报. 中共中央关于构建社会主义和谐社会若干重大问题的决定 [N]. 人民日报，2006-10-19（1）.

④ 国家民族事务委员会，中共中央文献研究室编. 民族工作文献选编（2003—2009）[M]. 北京：中央文献出版社，2010：3，73.

代科技手段开发利用民族文化丰厚资源"① 作出重要的决定。胡锦涛说："加快少数民族和民族地区经济社会发展，关键要坚持以科学发展观统领经济社会发展全局。"2011 年，党的十七届六中全会通过了《中共中央关于深化文化体制改革推动社会主义文化大发展大繁荣若干重大问题的决定》。提出了"建设优秀传统文化传承体系""开展少数民族特色文化保护工作""维护民族文化基本元素"②。2012 年，党的十八大提出了"建设社会主义文化强国"战略决策，对"繁荣发展少数民族文化事业""弘扬中华优秀传统文化"③，提高中华文化的国际影响力等方面作出一系列的部署。这些新的理论或观点，是马克思主义中国化的最新成果。其目的是为了尽快实现"两个一百年"的奋斗目标。对推进民族地区科学发展、和谐发展、跨越发展提供了一切方向和政策支撑。

二、内源式发展理论

（一）内源式发展的主要内涵

所谓内源式发展，是指"尊重文化的多样性和各国人民享有自己文化的权利；人在发展中处于中心地位，人类既是发展的动力，也是发展的目的"④ 学者叶敬忠在《创造文化的空间——农民发展创新的原动力研究》一文中说："要想实现农村社区的真正可持续发展，其动力只能是来自社区内部，来自社区的人口——农

---

① 胡锦涛．高举中国特色社会主义伟大旗帜为夺取全面建设小康社会新胜利而奋斗——在中国共产党第十七次全国代表大会上的报告［N］．人民日报，2007-10-25（1）．

② 胡锦涛．中央关于深化文化体制改革若干重大问题的决定［N］．人民日报，2011-10-25（1）．

③ 胡锦涛．坚定不移沿着中国特色社会主义道路前进为全面建成小康社会而奋斗——在中国共产党第十八次全国代表大会上的报告［N］．人民日报，2012-11-18（1）．

④ 周大鸣，刘志杨等．寻求内源式发展——中国西部的民族与文化［M］．广州：中山大学出版社，2006：15.

民。"因为"任何发展干预都是外在的，对农村社区只能起到辅助作用"。① 内源式发展理论表现为两个特征：一是主体性。即主体精神价值的实现过程，只有符合广大民意，符合主体性的内心需要，才能依靠主体性的力量，去实现自身所要达到的目标或找到实现经济社会发展的相应途径。二是自主性即内源发展的突出特征。从民族地区与非民族地区的相互关系来看，或者从比较小的范围即民族村落与外部环境的相互关系来看，民族地区本来内存的文化传统，其固有的民族性、地域性、文化性理应成为内源式发展的动力所在，正是有了这一文化传统支撑，才能使民族的自主性和主体性得到充分的发挥。可以说，内源式发展将创造出地区经济自我循环机制，建立起可持续发展的经济与经济基础。②

（二）内源发展与文化

内源发展的核心是以人、人的能力和人的创造力为中心的发展理念，它认为发展的内在动力不是以物质因素为主导，社会文化才是内在的发展主导性、决定性的因素，是发展的最终结果。在《内源式发展战略》一书中，联合国教科文组织给发展下了一个定义："发展就是转化成为文化的科学（技术，经济，环境等，总之是人类的一切活动）。"简言之，"发展即文化，文化即发展"。可见，内源发展与"以人为本"在本质上是相通的，都是寻求人与自然、人与社会、人与人之间的总体性和谐发展。

然而，坚持内源发展理念，必须反对三种片面的发展观：一是反对民族中心主义的发展观，二是反对科学中心主义的发展观，三是反对把文化仅作为发展的一个方面的观点。民族中心主义的发展观容易导致以片面追求经济生产指标为唯一目标的发展状态，或直接简化成为经济生产为唯一的发展目标。如中国过去的"大跃进"

---

① 叶敬忠．创造变化的空间——农民发展创新的原动力研究［J］．中国农村观察，2004（4）．

② 周大鸣，刘志杨等．寻求内源式发展——中国西部的民族与文化［M］．广州：中山大学出版社，2006：16.

时代就是以钢铁和粮食产量为唯一的追求目标，造成了政治、经济、文化、社会、生态等方面都遭受严重的破坏，加重人民生活负担，使贫困问题更加恶化；同时，民族中心主义是一种单向的"文化适应"机制，容易造成发达国家的文化模式输入发展中国家，由中心输入边缘，导致物质财富的回流，从而引起新的殖民化。同样，科学中心主义发展观容易导致科学与人发生分离，或者人被排斥在科技之外。如果人们过分而轻率地使用科学技术，就容易造成环境污染，使自然生态遭到严重破坏，结果又造成人类的灾难。因此，学科技术的应用理念以人与社会、人与自然协调一致为原则，其本质是一种文化导向。"科学为简单的问题提供解决方法，而一旦涉及真正重大的问题时，文化是不可能被取代的。"①科学技术可以创造巨大的物质财富，而文化可以保证物质财富存在的价值性或意义性，并为科学技提供良好的发展环境和生存空间。另外，文化是发展的全面支撑。如果把文化简单作为发展的一个方面，那是形而上学的观点，即容易造成"文化只不过是作为中心的经济进程中的一个附加因素"，或把文化简为一种美学、文学与艺术或一种精神的东西等。② 这显然是不正确的。

国内外的许多实践证明，过去在发展过程中，由于重视经济、物质、技术等方面因素，而忽视社会、人性、文化和精神等方面因素，以致造成了经济"极限增长"，社会严重失衡，环境污染生态恶化，使人类面临着许多生存危机。就我们中国而言，从学习苏联到赶超英美，从四个现代化的提出到以经济建设为中心的提出，最终到以人为本科学发展观的提出。在"实践——认识，再实践——再认识"的反复循环中，终于得出结论：以人为本的科学发展观，才能实现人与自然，人与社会，人与人之间关系的总体性和谐发展。

---

① H. 斯科林莫夫斯基. 文化的价值，科学和技术：超出了浮士德的交易 [J]. 文化，第 VI 卷（1）：126.

② 周大鸣，刘志杨，秦红增等. 寻求内源发展——中国西部的民族与文化 [M]. 广州：中山大学出版社，2006：371.

第二章　广西桂西资源富集区乡村文化建设的特殊性

第一节　桂西资源富集区地理环境与民族分布的特殊性

一、桂西资源富集区地理环境的特殊性

（一）桂西资源富集区的区划与人口状况

桂西资源富集区是指地处广西壮族自治区西部的河池、百色、崇左三市所辖的 30 个县（市、区），土地面积 8.71 万平方公里，占全区总面积 37.8%。2010 年末总人口 1017 万人，占全区总人口 19.7%，而 2010 年三市 GDP 总量为 1421.46 亿元，仅占广西全区 GDP 总值的 15%。桂西资源富集区是广西少数民族主要聚居地区，集革命老区、边疆地区、民族地区、连片特困地区、大石山区、水库库区等"六位一体"的特殊区域，是国家西部大开发"十二五"规划明确支持建设的 8 个重点能源资源富集地区之一。① 百色、崇左 2 市共有 6 个边境县（市、区）与越南接壤陆地边境线总长 893 公里，都是以壮族为主体、其他少数民族聚集居住的边境县市。因此，桂西资源富集区同样肩负着保卫祖国领土完整和边防巩固的重任，地理位置十分重要。（见图 2-1）

---

① 余益中，刘士林等．广西桂西资源富集区文化发展研究［M］．南宁：广西人民出版社，2012：3.

图 2-1　重点产业园区空间分布图

资料来源于：广西新闻网

http：//news. gxnews. com. cn/staticpages/20121019/newgx5080871e-625481
6. shtml

（二）地形与地貌的特殊性

1. 山脉纵横、山峰集聚。

桂西资源富集区自然环境是典型的山脉或山峰的聚集区，这里盘踞着大南山、天平山、大苗山、九万大山、凤凰山、都阳山、东风岭、青龙山、金钟山、岑王老山、规弄山、西大明山、十万大山及四方岭等众多山脉或山峰，广西的三大弧形山脉的多分布或集中于该区域。在百色市境内，盘踞有金钟山、秦王老山、青龙山和东风岭等山脉，是云贵高原东南边缘的一部分，地壳凸起，河流切割，高原面受到破坏，形成高山峡谷，海拔一般在 1500 米左右。其中，西部的那坡县一带是六诏山山脉西翼，海拔 1000—1300 米，最高山峰为规弄山，海拔 1681 米；西北部的西林和隆林两县境内是金钟山山脉的西翼，最高山峰是斗烘坡，海拔 1951 米；北部的林云、乐业、田林等县境内是青龙山山脉一带，最高山峰是高大坪，海拔为 1982 米；在青龙山的西南面，且与青龙山相平行的山脉叫岑王老山，最高山峰海拔为 2062 米，是广西第四大高峰，也是广西西北部的最高点。在河池市境内，喀斯特地貌最为罕见，南部或西南部的都安、大化、巴马等县地处都阳山山脉一带，最高是平顶山，海拔为 1092 米；北部的环江、罗城等县地处九万大山山脉一带，海拔多为 1200—1500 米，最高山峰是摩天岭，海拔 1938 米；西部的天鹅、南丹、金城江等县（区）有凤凰山横跨，海拔为 1000—1200 米，最高峰为大山，海拔 1382 米。在崇左市境内，西部的龙州、凭祥两县（市）一带地处大青山山脉，最高山峰海拔 1045 米；西南部的凭祥和宁明又是位于十万大山山脉的公母山东北翼，主峰的最高海拔为 1357 米；东南或东部接近上思县一带又是薯莨岭，最高山峰为 1462 米。① 总的来说，桂西资源富集区境内地表切割严重，山高谷深，交通困难，环境闭塞，正如史书载道："广西荒裔也，其地贫瘠而险僻如石田，无所用之，且多山林溪洞，瑶僮诸乡连络而居……山川益深秀，西北居夜郎牂牁之上游，山石险屹，水复湍急，控扼洞落，接乎黔中"②，"江山峻险，土壤遐僻"，"山峰明秀，境壤深僻"③，"众流逶迤，与牂牁会界于夜郎，为骆越要塞，多高山，深箐溪谷，峒宅幽而势险"④。可见，桂西资源富集区实为山脉纵横、山峰集聚之地也。

2. 石多土少、喀斯特地貌罕见。

在广西的三大弧形山脉中，东翼众多山岭或山峰的岩石结构比较复杂，多由花岗岩、变质岩、山页岩组成。从外部特征看，这些表面多为浅层土沙覆盖，我们壮话叫做"土坡"，壮语音为"坡腩"。在三大弧形山脉的西翼众多山岭，多由石灰岩组成，形成极为特别的地貌，大多岩石裸露在地表外面，壮话叫做"石山"，壮

---

① 星球地图出版社. 广西壮族自治区地图册［M］. 北京：星球地图出版社，2013（2）：109，127，99.

② 北京图书馆古籍出版编辑组编. 北京图书馆古籍珍本丛刊（41）［M］. 北京：书目文献出版社，1998：15.

③ （清）顾祖禹. 读史方舆纪要（4）［M］. 北京：中华书局，2005：109，111. 广西四·庆远府（卷一〇九）；广西六·泗城州（卷一一一）。

④ （乾隆）王锦修，吴光升纂：《柳州志》（序）。

语音为"岜岭"。据有关地质部门统计,广西境内石灰岩面积总共12.2万平方公里,占广西总面积的51.8%;喀斯特广布,占广西总面积37.8%。其中,桂西资源富集区境内裸露的石灰岩面积最为突出,是世界上比较罕见的喀斯特地貌地区。这一区域海拔较高的山间拗口,石山间有大小不等的峰丛洼地和岩溶谷地,通常有几平方公里的一块块小平地,壮族人称之为"弄场"。而较低的地方,小溪或河流两岸比较平坦的田地,一般有十几到几十平方公里的小平原,壮族人称之为"峒""垌"等(壮语音)。还有比较狭长的山谷、丘陵土坡间河谷,壮族人称之为"洛""罗""陆""雒"等(壮语音)。河池市总面积3.3508万平方公里,山区丘陵面积3.25万平方公里,占全市土地面积的95%,其中喀斯特地貌出露面积为2.1795万平方公里,占全市国土面积65.74%,占广西喀斯特地貌面积24.34%,①是广西喀斯特地貌露出最多、面积最广的地区,被称为广西的"喀斯特王国",尤其是都安县,多为"弄场""洛(陆)"之地,"峒"很少有,即大多是峰峦叠嶂、沟壑纵横、山坳连绵、山路迂回,洼地星罗棋布,被称为广西的"石头王国"。百色市总面积为3.63万平方公里,除了左右江流域形成一个小小的平原之外,周围全是山峰环抱,山区占95.4%(石山占30%,土山占65.4%),丘陵、平原仅占4.6%。②尤其是"壮民族的活化石"黑衣壮世居所居住的那坡县一带,也是以喀斯特岩溶地貌为主,"洛(陆)""峒"只占少部分面积。由于桂西资源富集区是喀斯特地貌聚集区,新时期被列入国家重点扶持的"滇桂黔石漠化片区区域发展规划"之中。

---

① 杨颖瑜.天上瑶池 地上河池——广西河池市喀斯特地貌的形成机制及其旅游开发研究[A].全国第19届旅游地学年会暨韶关市旅游发展战略研讨会论文集[C].广东:中国地质学会旅游地学与国家地质公园研究分会,2005:261.

② 广西壮族自治区百色市人民政府办公室.地理位置[EB/OL].[2013-09-09].http://www.baise.gov.cn/list.aspx?cid=341.

图 2-2　广西地形及山脉结构分布彩色图

资料来源：广西测绘局资源卫星相片资料略图 1984. 4.

(三) 河流与气候的特殊性

1. 河流众多，但分布极为不均。

广西境内的河流大多沿着地势呈倾斜面，从西北流向东南，形成了以红水河—西江为主干流的横贯广西中部以及支流分布于两侧的树枝状水系。桂西资源富集区境内属于红水河流域，主要河流有：河池市境内的红水河、龙江、柳江、刁江、环江、小环江、下枧河、四堡河等；百色市境内的南盘江、右江、驮娘江、剥隘河、澄碧河、乐里河、白东河等；崇左市境内的水口河、平而河、丽江、明江、左江等；还有经越南入北部湾的百都河流，其部分河段在桂西资源富集区境内。具有"小三峡"美称的龙滩电站就坐落在河池市天峨县，具有悠久历史的天生桥水电站、大化水电站、岩滩水电站等国家大型水电站也都坐落在河池市境内。另外，广西的地下河也主要分布在桂西资源富集区境内。据有关统计，河池市境内有 66 条地下河，其枯水流量在 0. 1~0. 95 立方米/秒；有 13 条地下河，其枯水流量在 1 立方米/秒以上。最大的是凤山县的坟心地下河，枯水流量为 4.2 立方米/秒，全长 70 公里；其次是都安县境内的地苏地下河，枯水流量为 4.1 立方米/秒，流程 57.8 公里，有支流 11 条，补给面积 1080 平方公里。① 然而，由于河流分布不均，许多大石山区就没有河流经过，虽然有地下河流经，但开发难度很大或无法开发，所以，每逢久旱天气，造成了人畜饮水困难和灌溉面积大幅度减少。对此，多年来国家也下拨了大量的资金，支援这些山区建造家庭水柜解决人畜饮水问题，建造田间地头水柜解决农田或耕地灌溉问题，以保证山区少数民族乡村基本的生产生活条件。

2. 复杂多变且灾害性气候较为频繁。

一般来说，桂西资源富集区是以南亚热带季风气候为主，由于山区地形较为复杂，立体型气候或小气候生态环境多样化。从气温上看，地处北回归线附近的乡村属于高温地带，而地处高寒山区的乡村则气温较低。如桂西的乐业、南丹、凤山、天等一带的最高气温为全区较低，而百色市区反而为全区最高；广西各地最低气温为 -8.4~2.9℃，桂西山区为 -8.4~-4.0℃；而桂西北都安县城与北海市、防城港市南部等地相似，最低气温在 0℃ 以上。从季节来看，除百色市的南、北山区春季比秋季长外，其他有的地方是秋季比春季长，有的地方还是冬短夏长。从雨量和日照来看，一般年降雨量在 1,000 毫米~2,800 毫米之间，而百色市田阳县降雨量最少为 1,100 毫米左右。从季风来看，由于季风进退失常造成降雨和气温变率大，旱涝、"两寒"、台风、冰雹等灾害性天气出现频率大。春季，每次遇到"倒春寒"天气，播下的种子因为干旱而不能正常发芽，严重影响秧苗的生长或出现烂苗现象；夏季，每年 5—8 月间都出现大风大雨的天气，经常发生洪涝灾害。如河池市都安县、百色市凌云县、崇左市天等县一带，发生洪涝灾害一般在 80% 以上；② 秋天时，受北方较强的冷空气南下的影响，几乎每年

① 肖永孜. 壮族人口 [M]. 南宁：广西人民出版社，2008：17.
② 广西壮族自治区人民政府门户网站. 气候 [EB/OL]. [2012-04-09].
http：//www.gxzf.gov.cn/zjgx/gxrw/zrdl/2012-04-09.

都出现寒露风天气和干旱现象，严重危害了晚稻的抽穗扬花，或造成人畜饮水困难，或容易发生森林火灾；冬季时，在西林西部、隆林南部和乐业西南部、南丹、天峨、环江北部等高寒山区，经常有冰雹，绝对最低温度为-3℃左右。① 这些气候严重影响了当地百姓的生产、生活，对冬夏季农作物和果木生产极为不利。可见，桂西资源富集区人居环境比较恶劣，气候比较复杂，生产生活条件较差，因此，引起了党和国家的高度重视，是有待于我们深入研究或开发的一块宝地。

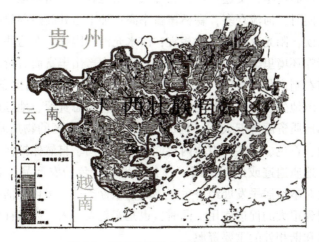

图 2-3　广西地形及山脉结构分布图

资料来源：谢之雄主编，杨仲华、莫大同副主编的《广西壮族自治区经济地理》，新华出版社 1989 年版，第 6 页。

（四）桂西资源富集区自然资源及评价

复杂多样的地理环境，孕育着丰富的自然资源，使广西桂西资源富集区成为全国物产较为丰富的资源富集区之一；同时，正因为地理环境较为独特，以及人们对自然环境缺乏正确的认识，使本地

---

① 肖永孜．壮族人口［M］．南宁：广西人民出版社，2008：12.

区蕴藏丰富的自然资源难以得到合理或科学的开发利用，阻碍了本区域社会经济文化生态等方面的发展，以致资源富集区至今还是属于欠发达后发展地区。因此，桂西资源富集区才成为国家西部大开发"十二五"规划明确支持建设的 8 个重点能源资源富集地区之一。

1. 自然环境及评价。

广西桂西资源富集区的地形地貌类型较多，主要有山地、丘陵、台地、谷地、盆地、平原等，喀斯特地貌和溶洞地貌特点最为突出，地面崎岖，交通不便，高峰低洼山地较多，山多地少，易涝易旱。同时，河流众多，森林覆盖率高；加上地处高温湿热的南亚热带气候，阳光充足，温热相宜，雨水充沛。因此，在这些复杂多变的特殊环境里孕育了丰富的生物物种，生产出丰富而有价值的土特产或农副产品，给桂西资源富集区增添了许许多多的生态内容。例如，山地生态资源、湿地生态资源、森林生态资源、地理标志农产品和地质资源等五大类，构成了桂西资源富集区的物质基础。[①]在河池、百色、崇左三市境内有许多名山大川、自然保护区、森林公园、地质遗迹或地质公园以及具有地域特色的农产品等自然资源。它对本地居民发展经济生产、优化生存条件、美化生活环境等方面起到很大的促进作用，同时，也是实现人与人、人与社会、人与自然和谐相处的重要资源。

尽管桂西资源富集区河池、百色、崇左三市的矿产资源、水能资源、文化资源、农林特产以及珍贵药材等自然资源比较丰富，但这里的自然环境还是存在许多不尽如人意或不容乐观的一面。主要表现在：一是桂西资源富集区地处云贵高原的边缘，是众多山脉或山峰聚集的地带，喀斯特地貌较为罕见，交通不便，水土流失比较严重，易涝易旱。二是灾害性气候时有发生，春季容易发生倒春寒，影响早稻育秧或造成烂秧；夏季容易造成风灾、洪涝灾；秋季容易造成干旱，容易发生火灾；冬季容易发生冻灾或冰雹。三是自

---

① 余益中，刘士林等．广西桂西资源富集区文化发展研究［M］．南宁：广西人民出版社，2012：77.

然资源开发存在一定的难度。自然资源的开发和利用需要科技支撑或科学的管理。长期以来，桂西资源富集区的许多乡村农民怀有"靠山吃山、靠水吃水"观念，还是采取传统或半传统农业生产方式，即在产业结构上以粗放型产业为主，导致许多自然资源没有得到合理科学开发利用，人均生产总值在全国全区处于相当低的位置。因此，不断探索资源开发和利用的新路子，提高资源富集区的自我发展能力，走和谐发展、科学发展的道路，理应成为重新开发的主要议题之一。

2. 矿产资源及评价。

桂西资源富集区河池、百色、崇左三市的矿产资源、水能资源、文化资源、农林资源、旅游资源、珍贵药材以及一些地理特色或独特的农产品资源，这些资源是桂西资源富集区现在以及未来社会经济、文化、生态等方面发展的物质基础。首先，桂西资源富集区境内矿产资源特别丰富，而且具有储藏量大、矿种优、分布广、品种多、种类齐等特点。根据相关资料显示，广西桂西资源富集区境内储藏的矿产资源种类接近 60 种，其中铝、锰、锡、铅、锌、锑、铟、银、镉、硫、砷等矿产储存量排在全国首位。河池市成为中国著名的"有色金属之乡"，南丹县享有中国未来"锡都"之称；百色市是我国著名的铝土矿资源富集区，平果县的铝土矿占广西铝储量的 78%以上，被誉为中国的"铝都"；崇左市储藏的锰矿、膨润土、重晶石、锌矿、金矿、银矿、稀土等矿产资源 43 种，锰矿储量占全国的四分之一，居广西首位；膨润土储量居世界第一位；崇左将成为中国的"锰都"。在桂西资源富集区境内到处都可以看到石灰石资源，对发展水泥、石灰、石料等建筑材料非常便利。同时，广西桂西资源富集区水力、火力资源比较丰富。河池市是我国著名的"水电之乡"，境内有龙滩水电站、大化水电站、天生桥水电站、岩滩水电站、白龙滩电站等多个国家级大型水电站，其他中小型的地市（县）级的水电站就很多了。百色市境内除了有平班水电站、百色水利枢纽等国家水电工程以外，还有田阳火电厂、田东火电厂等国家火电工程项目。另外，桂西资源富集区的河池、百色、崇左三市均具有世界罕见的喀斯特地貌的特色旅游资源；还有百色市的右江河谷亚热带农业资源同样具有开发前景或优势。因此，国家和广西地方政府在"十二五"规划中，明确指出了桂西资源富集区在总体战略的重要位置，以及强调实现桂西资源富集区社会经济文化跨越发展是富民兴桂的根本要求。

虽然说广西桂西资源富集区矿产资源、水能资源及其他自然资源较为丰富，但由于自然和历史条件的因素，丰富的矿产资源没有得到充分开发和利用，资源富集区的优势没有得到真正的发挥或体现，使这一地区的社会经济、文化等方面的发展仍然落后于全区，特别是与全区其他地区或我国东部发达地区相比更是相差很大。据相关统计数据显示，桂西资源富集区的经济总量占全区比重仅为14.9%，人均地区生产总值仅相当于全区平均水平的71%，相当于北部湾经济区的55%。在矿产资源开发和水能利用上，仍然存在许多问题，主要表现在：一是矿产勘查、监督和管理机制尚未健全；二是矿产资源开发格局不够科学合理，如小矿多、大矿少、不成片、不连续，缺乏规模化、集约化开发或利用。根据相关统计数据显示，2009年百色市有效期内的矿山企业有636个，小型矿山企业621个，占矿山数的97.6%。三是大多数矿产资源产品附加值低，环境治理任务艰巨。四是电力、能源供应不足，矿产企业发展成本。① 因此，如何充分利用矿产资源的优势，克服不合理、不科学的开发，这些都是广西桂西资源富集区面临的现实问题。

二、桂西资源富集区民族分布的特殊性

（一）桂西资源富集区3市的历史沿革

广西桂西资源富集区是我国西南少数民族主要聚集区之一，也是以壮族为主体民族的少数民族主要聚居区。境内有壮族、汉族、瑶族、苗族、毛南族、仫佬族、彝族、仡佬族、回族、侗族、水族

---

① 余益中，刘士林等．广西桂西资源富集区文化发展研究［M］．南宁：广西人民出版社，2012：5.

等 11 个世居民族。桂西资源富集区河池、百色、崇左三市都是先秦百越之地，是我国西南众多少数民族活动、交往、交流、对接或交融比较频繁的地区，具有悠久而灿烂的历史文化。从河池市的历史沿革看，秦属桂林郡，汉属郁林郡、牂牁郡，隋属郁林郡、始安郡，唐总章二年（669 年）设置歌良县，五代沿袭，宋朝设"庆远府"，元朝设"庆远南丹溪洞军民安抚司"，明清属"庆远府、思恩府和柳州府"；民国属"庆远、武鸣、百色行政督察区"。中华人民共和国成立后到 20 世纪 60 年代初期，分别隶属柳州、百色、南宁三个专区。1965 年 8 月，设立河池专区，统辖从广西的柳州、百色、南宁三个地区划出的 10 个县，专区驻地河池县金城江镇。1987 年，增设大化瑶族自治县，县域由都安、巴马和南宁地区马山县的部分乡镇组成。2002 年 6 月，设立地级河池市。从百色市的历史沿革看，秦始皇在岭南置三郡时，百色属象郡；汉武帝时属桂林郡增食县地。唐朝时在今百色地置羁縻添州、羁縻归乐州和武隆县地，属邕州都督府管辖；元朝时称天州。清雍正七年（1729 年）设百色厅，次年建城。光绪元年（1875 年）升百色厅为百色直隶厅。民国元年（1912 年），改百色直隶厅为百色府。1929 年 12 月 11 日百色起义胜利，建立百色县临时苏维埃政府。1949 年 12 月 5 日百色县解放，归百色地区领导（行署驻百色城）。1983 年 10 月百色县改为百色市。2002 年 6 月，设立地级百色市。从崇左市的历史沿革看，秦始皇设置三郡时，今崇左、宁明、龙州、大新、靖西 、德保等地都属象郡辖区。汉朝为临尘县，唐朝为左江镇，唐末设置左州。宋初沿袭唐制，皇祐五年（1053 年），置崇善县，隶邕州都督府辖太平寨（今新和镇一带）。元、明、清因之。民国元年（1912 年）左州改为左县。1951 年由崇善县、左县合并为崇左县。1971 年起隶属南宁地区。2002 年成立地级崇左市。纵观三市历史沿革，其悠久历史和灿烂文化跃然纸上，广西桂西资源富集区是以壮族为土著民族，大量的汉族迁入，以及少量的瑶族、苗族、仫佬族、毛南族、彝族、侗族、回族、仡佬族、水族等共 11 个民族的聚居区。

（二）民族分布的特殊性

表 2-1　　广西桂西资源富集区各县（市）人口分布表

（单位：万）①

桂西	民族比	30 个县（市区）	总人口	常住人口
河池市	在常住人口中少数民族人口比例83.89%	金城江区	30.81	33.01
		南丹县	29.14	27.84
		天峨县	15.66	15.50
		凤山县	19.57	16.15
		东兰县	29.55	21.30
		罗城仫佬族自治县	36.92	29.83
		环江毛南族自治县	36.18	27.23
		巴马瑶族自治县	26.67	22.46
		都安瑶族自治县	67.20	51.66
		大化瑶族自治县	44.62	36.08
		宜州市	62.86	55.86
		合计：11 县（市、区）	399.19	336.92
百色市	在常住人口中少数民族人口比例85.05%	右江区	32.01	37.28
		田阳县	33.83	31.33
		田东县	41.15	35.68
		平果县	47.08	43.43
		德保县	35.08	29.79
		靖西县	60.51	49.85

① 资料来源：根据《河池市 2010 年第六次全国人口普查主要数据公报》、《百色市 2010 年第六次全国人口普查主要数据公报》、《崇左市 2010 年第六次全国人口普查主要数据公报》等三市统计局公布的人口资料整理得出。

续表

桂西	民族比	30 个县（市区）	总人口	常住人口
百色市	在常住人口中少数民族人口比例 85.05%	那坡县	19.56	15.37
		凌云县	19.36	18.59
		乐业县	16.71	14.85
		田林县	24.37	22.50
		西林县	15.12	13.87
		隆林各族自治县	37.85	34.14
		合计：12 县（市、区）	382.63	346.68
崇左市	在常住人口中少数民族人口比例 88.11%	江州区	34.78	31.67
		扶绥县	43.20	37.91
		宁明县	41.23	33.71
		龙州县	26.02	22.18
		大新县	35.98	29.66
		天等县	42.92	33.08
		凭祥市	10.64	11.22
		合计：7 县（市、区）	234.77	199.43

1. 民族人口分布。

据 2010 年第六次全国人口普查结果显示，广西全区总人口为5159.46 万人，其中，汉族人口为 3201.90 万人，占全区总人口的62.06%，主要以柳州、玉林、桂林、北海、梧州、钦州、防城港、贵港等市较为密集。而各少数民族人口为 1957.56 万人，占37.94%，其中壮族人口为 1658.72 万人，占 32.15%，壮族主要分布在百色、南宁、河池、崇左、来宾、柳州 6 个市。桂西资源富集区的河池市总人口为 399.19 万人，常住人口为 336.92 万人，在全市常住人口中，汉族人口为 54.28 万人，占 16.11%；各少数民族人口为 282.64 万人，占 83.89%。百色市总人口为 382.63 万人，常住人口为 346.68 万人，在常住人口中，汉族人口为 51.84 万人，占 14.95%；各少数民族人口为 294.84 万人，占 85.05%。崇左市总人口为 234.77 万人，常住人口为 199.43 万人，在常住人口中，汉族人口为 23.71 万人，占 11.89%；各少数民族人口为 175.72 万人，占 88.11%。① 可见，在桂西资源富集区境内，少数民族常住人口始终占本区域人口总数的绝大部分，是以壮族为主体民族、各少数民族聚集区。

2. 民族分布的特殊性。

由于独特的地理环境和长期的历史演变，广西桂西资源富集区境内的民族分布大体形成了小聚居、大分散和普遍散杂的分布特点。

首先，小聚居、大分散的分布特点。广西桂西资源富集区境内有壮、汉、瑶、苗、仫佬、毛南、侗、彝、仡佬、回、水、京等 11 个世居民族，是以壮族为主体民族的少数民族聚居区，该区域地处山地、丘陵、谷地、盆地、平原等各类纵横交错之处。因独特的地理区位和人文因素，按照我国宪法相关规定，桂西资源富集区设有 6 个自治县，占广西总数 12 个的一半，同时还有凌云、西林 2 个县享受自治县待遇；设有 29 个民族乡，占广西总数 63 个的 46.3%。河池、百色、崇左 3 市是广西壮族人口最为集中之地，壮族人口各占所在地全市总人口 80% 以上。桂西资源富集区的壮族主要聚居在 3 市境内的平原、盆地等交通相对方便、田地相对平坦或土地相对肥沃的地方，尤其是沿江河两岸的宽阔地带或乡村，沿国道、省道、县道或铁道两边的小城镇。百色的靖西、德保、田阳、平果等县，以及崇左市的壮族更为集中，各占所在地全县（市）总人口接近 90%。少部分壮族分布在谷地、丘陵一带的乡村，桂西资源富集区的每个乡村或多或少都有壮族居住。汉族有一部分居住在本区域内 3 市的市政府所在地，一部分居住在天峨、南丹、凤山、田林、凌云、乐业、隆林、西林等县大石山区，即高山汉，是汉族中的"少数民族"。桂西资源富集区境内的都安、巴

---

① 参见广西壮族自治区统计局. 广西 2010 年第六次全国人口普查主要数据公报[EB/OL]. [2011]. http：//www.gxtj.gov.cn/tjsj/tjgb/rkpc/

马、大化 3 个瑶族自治县是全国瑶族的大本营，周边的所有的大石山区里均有瑶族分布居住，俗话说"岭南无山不住瑶"就是对瑶族分布格局的精辟概括。桂西资源富集区有罗城仫佬族自治县，全国 90% 的仫佬族都聚居在这里，很少部分分布在周边的宜州等地；同时，这里还有全国唯一的毛南族自治县环江毛南族自治县，少数毛南族分布在河池、南丹、宜州、都安等县市境内。环江县西部的下南、中南、上南（简称"三南"）是他们的大聚居区，素有"毛南山乡"之称，从而形成毛南族大集中、小分散的分布特点。苗族小聚居在西林县的普合苗族乡、那佐苗族乡、足别瑶族苗族乡，环江毛南族自治县驯乐苗族乡，南丹中堡苗族乡等地，少部分居住在苗族乡的县域的其他乡村，还有些分散居住在隆林、那坡等各县。同样，仡佬族、彝族也主要居住在百色的隆林、那坡等县，有些又分散居住在其他乡村。回族主要居住在百色的右江区和靖西县的城镇里，但其他地方也分布有一些。可见，不管是在一个地区之内，还是在一个县域之内，或是一个乡镇之内，也都存在小聚居的现象，而且这些小聚居形成的一个个"点"，又大分散在远近不同的地方形成一个广阔的"面"，这种既有集中又有分散的分布，也可以叫作"点面型"分布。因此，小聚居、大分散的民族分布特点与"点面型"的乡村分布特点是大同小异。

其次，普遍散杂的空间分布较为明显。在桂西资源富集区境内，民族散杂居住现象普遍存在，从来没有确明或整齐划一的区域界线，大部分是分散于各地，小聚居中又有散杂居，散杂居住区中又有相对的小聚居。从地形或生态环境来看，桂西资源富集区主要有山地、丘陵、台地、谷地、盆地、平原等六大类型的生态环境。一是平原和盆地即平地，多数是壮族的聚居地，如百色市右江流域一带壮族分布都在 80% 以上。二是丘陵、台地、谷地即山区或半山区，多为壮族、仫佬族、毛南族、苗族、彝族、水族等少数民族散杂居住的地方。三是山地即高山或山谷，一般是瑶族、苗族分散聚居之地。可以说，在高山之上、山谷之中、比较小的"弄场"多数是瑶族、苗族的聚居地；在水溪之旁、坝区之内、比较大的"峒"多数是壮族的聚居地；在城镇、圩场所在地一般是汉壮混杂居地。正如民间流传："汉族、壮族住平地，侗族住山脚，苗族住山腰，瑶族住山顶"。

可见，不管是平面分布，还是立体分布，桂西资源富集区的民族分布都存在"小聚、大散、广杂"等三位或多位相互交错在一起。因独特的地理区位，使民族分布形成既集中又分散的"点面型"特点；因地形属于立体山区地形，这种立体山区地形又形成了"立体型"的民族分布。因此，也可以说，桂西资源富集区的民族分布大体形成了"点面型"和"立体型"兼有之的民族分布特点。

第二节　桂西资源富集区乡村类别及结构的特殊性

我国行政区划一般是根据民族人口分布，并参照自然和历史等因素，按照有利生产、有利生活、有利团结、有利管理等方面的原则进行划分。广西共有 12 个自治县、63 个民族乡，其中桂西资源富集区有 6 个自治县，29 个民族乡。一般来说，一个行政村是由若干个毗连的自然村屯（片）组成；一个行政乡是由十几二十个毗连的行政村（片）组成；一个县也是由十几、二十个毗连的乡（镇）组成。由于受到地缘和人文因素的制约，乡村的分布既形成平面空间的"点面型"分布特点，又形成地理空间的"立体型"分布特点，有着明显的区域性特征，而且乡村类别、规模也各有其特点。

一、乡村类别繁多

由于独特的自然地理区位、立体型的民族分布以及各式各样的村落结构等方面的因素，造成了桂西资源富集区的县乡（村）种类多样，规模各异的特点。一是自治县数量多，且比较特殊。根据《宪法》有关规定，广西设置有 12 个自治县，其中在桂西资源富集区境内有河池市的罗城仫佬族自治县、环江毛南族自治县、巴马瑶族自治县、都安瑶族自治县、大化瑶族自治县，以及百色市的隆林各族自治县等 6 个自治县。河池市罗城仫佬族自治县是我国为数极少的仫佬族自治县，环江毛南族自治县是我国唯一的毛南族自治县。另外，广西共有 3 个县享受自治县待遇，而桂西资源富集区的凌云、西林等 2 个县被列入其中。二是民族乡镇种类多、数量多。河池市辖区共有 79 个镇、48 个乡、13 个民族乡，其中民族乡是环江毛南族自治县驯乐苗族乡，南丹县八圩瑶族乡、里湖瑶族乡、中堡苗族乡，天峨县八腊瑶族乡，凤山县平乐瑶族乡、江洲瑶族乡、金牙瑶族乡，东兰县五联瑶族乡、三弄瑶族乡、中山瑶族乡，宜州市北牙瑶族乡、福龙瑶族乡等 13 个。百色市辖区共有 58 个镇、62 个乡、16 个民族乡，其中民族乡是右江区汪甸瑶族乡，田东县作登瑶族乡，凌云县伶站瑶族乡、朝里瑶族乡、沙里瑶族乡、玉洪瑶族乡、力洪瑶族乡，西林县普合苗族乡、那佐苗族乡、足别瑶族苗族乡，田林县潞城腊族乡、利周瑶族乡、八渡瑶族乡、弄瓦瑶族乡、福达瑶族乡、八桂瑶族乡等 16 个。① 崇左市辖区共 37 个镇、39 个乡。三是边境县市较多。在广西共有 8 个边境县（市区）与越南接壤中，有 6 个县（市区）分布于桂西资源富集区。譬如百色市的那坡县、靖西县，崇左市的大新县、龙州县、凭祥市、宁明县等都是与越南边境山水相连，这里的边境县市或乡镇与其他地区乡镇又有自己的一些地域特色。可见，桂西资源富集区乡村结构或分布具有一定的复杂性、特殊性。（见表 2-2）

二、乡村结构复杂

由于特殊复杂的地理环境和民族分布因素，桂西资源富集区境内村落存在许多不同的结构或类型。在海拔较高的山间有一块块小平地，通常有几平方公里，且"环褚皆山也"，当地人称之为"弄场"。而地势较低的地方，有比较平坦的田地，小溪流淌其中，一般有十几到几十平方公里的小平原，当地人称之为"峒（垌）"。还有比较狭长的山谷、土坡间河谷，当地人称之为"洛（陆）"。

---

① 本书编写组编 . 民族区域自治与广西经济社会发展 [M] . 南宁：广西人民出版社，2008：128，130.

表2-2 广西桂西资源富集区自治县、民族乡和
边境县（市区）分布表

地区	自治县 6/自治待遇 2	民族乡 29	边境县/市 6
河池市	罗城仫佬族自治县、环江毛南族自治县、巴马瑶族自治县、都安瑶族自治县、大化瑶族自治县	驯乐苗族乡，八圩瑶族乡、里湖瑶族乡、中堡苗族乡，八腊瑶族乡、平乐瑶族乡、江洲瑶族乡、金牙瑶族乡、五联瑶族乡、三弄瑶族乡、中山瑶族乡，北牙瑶族乡、福龙瑶族乡	
百色市	隆林各族自治县，凌云县（自治待遇）、西林县（自治待遇）	汪甸瑶族乡，作登瑶族乡，伶站瑶族乡、朝里瑶族乡、沙里瑶族乡、玉洪瑶族乡、力洪瑶族乡，普合苗族乡、那佐苗族乡、足别瑶族苗族乡，潞城腊族乡、利周瑶族乡、八渡瑶族乡、弄瓦瑶族乡、福达瑶族乡、八桂瑶族乡	那坡县 靖西县
崇左市			大新县、龙州县 凭祥市、宁明县

居住在"峒""洛（陆）"那里的一个个山寨或村庄，壮话叫作"板"。山寨、村庄之中的一排排、一个个房屋或家，壮族人叫"栏"。一般来说，壮族人多聚居在这样一个相互毗连的"峒（峒）""洛"的地理单元内。壮族人选"峒"立村建寨，一般都是根据天时、地利、人的生存三结合的原则，因为"峒"地质结构稳定，有丰富的水源，有充足平坦或肥沃的耕地，顺应自然环境，防止干旱，有利于发展农耕，有利于本族的生存发展，既方便交

往、交流或生产生活上的互相照顾，又方便集中起来抵抗外来猛兽或其他敌人的侵犯。在面积较大的"峒（峝）"，尤其是沿江河、沿公路铁路两边相对广阔的地方，一般都是几百个人的中等村或1000人以上的大村，主要是壮族人的聚居地。而远离江河、公路、铁路的"峒"或"弄场"，一般是160人以下的小集村比较多，主要是瑶族、苗族、彝族等其他少数民族的聚居地。

按地域来看，有山区村（弄场）、丘陵村（洛、陆）、盆地村（板）、平原村（峒）等；按民族来分，有壮族村、瑶族村、苗族村、仫佬村、毛南村、杂居村等；按姓氏来看，主要有一家族一姓村、多姓村、以某姓为主兼散杂少数异姓的村、杂姓村、多族杂居村等。其中，按姓氏分布或聚居的村庄，在以壮族为主体的桂西资源富集区境内较为普遍。

第三节　桂西资源富集区乡村文化内容、特点及成因

一、桂西资源富集区乡村文化内容

广西桂西资源富集区少数民族乡村文化，是各民族在数千年的生产生活实践中，经过不断积淀、积累起来的生活习俗、道德观念、行为规范、宗教信仰、语言文字、文学艺术、生产技术、民居建筑等方面的总和。根据其表现形式可以归纳为物质文化、精神文化、制度文化或行为文化三大类。

（一）传统的物质文化

1. 多种民族语言或方言。

在广西桂西资源富集区境内，不同地域的乡村居民使用的语言或方言不同，同一地域的乡村而不同民族使用的语言不同；不同地域的乡村或民族内部一般都有约定俗成的称谓系统。主要有壮语、汉语、瑶语、苗语、仫佬族语、毛南语、彝语、仡佬族语等许多个

少数民族语言或方言。如壮族，有黑壮和白壮之分，或南壮和北壮之别，其中百色市那坡县的黑壮就具有自己独特的壮族方言。又如瑶族语言分为勉语、布努语、拉珈语、夹汉方言等四大语言。据调查，河池境内说勉语的瑶族主要分布在环江、宜州、罗城、凤山、巴马等县；讲布努语的瑶族主要分布在都安、宜州、南丹、河池、大化、巴马、东兰、凤山、天峨等地；而说拉珈语和说夹汉方言的瑶族却就很少听到。可见，同一个民族同居一个县或乡都有可能说两种语言的现象；同样，同一个民族在不同的地方就会产生不同的方言。

2. 丰富的食物或食品。

俗话说："一方水土养一方人。"在广西桂西资源富集区境内，特别是右江流域、红水河流域的平原地带，土地肥沃、雨水充沛、阳光充足、自然条件较好，是桂西资源富集区主要粮食生产基地之一，而且这里农副产品极为丰富。在桂西资源富集区境内，山多林茂，水源丰富，珍稀奇特的动植物较多，如蟒蛇、红蝙蝠、孔雀、果子狸、猫头鹰、金丝猴、蛤蚧、娃娃鱼、蜂蛹、蚂蚁、乌龟、山蛙、野鸡、野鸭、野猪、山猫等各种稀奇的野生动物都很多。这样独特的自然环境，决定了居住在这里的人们可以利用良好的自然环境发展农业生产，发展林业、渔业、牧业等各种副业水产，改变人们的生活条件。譬如，长期居住在相对平坦地形的壮族，形成了"以'那'为本的生产方式模式的'那文化'体系"，即以大米为主食，其他杂粮为副食，以禽畜、水产、蔬菜为佐食的基本饮食格局。据相关考察证明，到明清朝时期，壮族地区的稻谷品种已达240余种。壮族较有特色的食品有五色米饭、黄花饭、南瓜饭、彩蛋、白切鸡、米粉、五角粽子、灰水粽、糍粑、米糕、汤圆……可谓五花八门、包罗万象。其中，以五色饭最为特色，它又叫乌米饭或青粳饭，色彩艳丽、香气袭人。壮族依山傍水而居，物产丰富，鱼、虾、螃蟹等各种水产都很丰富，自然形成一种喜欢吃生猛鲜活的河鲜、海鲜的习惯。由于这里山多林茂、水源丰富，珍稀奇特的动植物较多，因而居住在山区的少数民族，如壮族、瑶族等民族同时养成一种热衷于猎食野生动物的习惯，喜欢把珍稀奇特的动植物当作佳肴或名菜来看待。

3. 多彩多姿的民族服饰。

广西桂西资源富集区是我国西南少数民族主要聚集区之一。居住在这里的壮、瑶、苗、毛南等少数民族，都有特色的传统服饰。苗族妇女头上戴的银器装饰尤为贵重、奇特或美丽，有银饰头圈、银冠、项圈、手镯、银花、银链、银簪、银牌、戒指、针筒、凤尾头钗、脚圈、银耳环等，除了融水县苗族以外，还有罗城县的苗族、南丹县的苗族、隆林县的苗族等，他们的服饰都很有特色的。瑶族各分支系都有自己特色服饰，如盘瑶、茶山瑶、坳瑶、花篮瑶、山子瑶、白裤瑶、板瑶等都各具特色，其中以花篮瑶的服饰比较出名。壮族的壮锦是一种十分精致的织物。据史书记载，"壮天质粗焊，露项跣足，花衣短裙"，"男子者短衫，名为黎桶，腰前后两幅掩不至膝，两腿俱露，支其臂。缀耳以银环，推额前，用牛骨拴之，饰以鸡毛。妇女每著黎桶，下围花鳗，垂后，刺混口腮为纹""服色尚青，蜡点花斑，式颇华，但领袖用五色绒线绣花于上"。① 毛南族服饰也是具有十分鲜明的民族特色，主要以毛南族妇女最喜欢戴的"竹笠极细密"的花竹帽为最有特色的服饰象征。可以说，广西桂西资源富集区不仅是广西各少数民族主要的聚集区，也是广西最为多姿多彩的民族服饰自然展演区。

4. 各具特色的建筑物。

首先，壮族的干栏式建筑尤为独特。据《魏书·僚传》记载："依树积木，以居其上，名曰干栏。干栏大小，随其家口之数。"《旧唐书》卷197记载："人并楼居，登梯而上，号为干栏。"宋《岭外代答》卷10记载："民编苦茅为两重，上以自处，下居鸡豚，谓之麻栏。"② 这种干栏式建筑一般是在山脚近水附近，面向开阔阳光处，住居周围有林木。这是由于桂西地处南亚热带季风气

---

① 张照. 广西壮族传统文化与当代壮族发展研究［D］. 广西师范大学硕士论文，2002.

② 张照. 广西壮族传统文化与当代壮族发展研究［D］. 广西师范大学硕士论文，2002.

候，人们考虑到了要避免湿地生态环境对人身体可能造成的不利影响。干栏式建筑既可以消除湿热，保持通风干燥，又可以避免人与家禽家畜同住而产生不卫生的状态；既可以起到预防毒蛇害虫猛兽的干扰或袭侵，又可以保持住房得到充分的阳光或日照，营造冬暖夏凉宜居环境。加上由于山区受到人地关系环境制约，干栏式建筑一般是依山而建，既可以节约用地，又可以挡住逛风和寒风横扫。其次，侗族的鼓楼、风雨桥等建筑也十分有特色。在侗族聚居的地方，一般侗族聚落具有明确的中心——鼓楼、戏台及鼓楼坪等，住房普遍达到 3—4 层，这类建筑既可以使干栏空间得到充分利用，又可以起到遮雨避风的作用，重檐与披檐具有典型民族特点。苗瑶的干栏建筑受壮族和侗族的影响较大，呈现"近壮则壮""近侗则侗"的特点。桂西山区少数民族乡村的所有建筑很少用上铁钉、铁线等铁制之类的材料，完全用中国传统的榫卯结构，用各种木条横穿直套互相插合而成，历经数百年而不倒，其中内含的建筑技术和艺术是值得后人去总结或研究的。

（二）传统的精神文化

1. 传统的教育内容和方式。

广西桂西资源富集区传统乡村教育文化，主要表现在教育内容和教育方式上。教育包括学校教育、家庭教育和社会教育。每个人的一生都始终离不开教育，教育是一个人获得知识、德育、技能以及为社会服务的能力。简言之，教育就是让人知道如何待人接物、为人处世等认知的过程，即做人的道理；教育就是让人知道如何掌握或具有为他人、集体、国家、社会做出贡献的基本知识和基本技能的过程，即做事的道理。由于特殊的地理环境和历史的原因，桂西资源富集区的学校教育远远落后于桂东、桂北的"汉化区"和"互化区"，但桂西资源富集区少数民族传统的社会教育很有特色、很有创造，很值得我们今天的借鉴、批判和继承。

广西桂西资源富集区各少数民族都有数千年的社会公德教育和家庭美德教育的优秀传统。极为艰苦的生产生活条件始终没有影响他们的社会教育和家庭教育，反而更加突出了社会公德教育和家庭美德教育在社会发展或民族发展的重要地位。

首先，壮族传统教育的社会化功能极为明显。在长期生产生活中，壮族形成了一个"据'那'而作，凭'那'而居，赖'那'而食，靠'那'而穿，依'那'而乐，以'那'为本的生产方式模式及'那文化'体系"①。壮族传统教育的社会功能主要体现在社会化、社会控制、选择或分配、吸收或同化等四个方面的功能。壮族传统教育，既在家庭生活实践中进行，又在集体生产劳动中进行。他们主要通过民歌或歌圩、神话故事、节日生活、乡规民约、狩猎、捕鱼、工匠生产等活动去完成。在壮族家庭中，一般长辈具有绝对的权威，他不仅在身强力壮的时候自觉担当起抚养未成年晚辈的义务，而且对晚辈始终具有教育的义务。在日常生活中，一般的家务事都要请示家长或长辈，否则是一种不尊重的行为，或者如果家中其他成员在未获得家长的同意或授权下，私下与其他人交往或签订任何协议，其结果将被视为无效。在家庭的日常生活中，家长或长辈特别注重尊老爱幼的教育。每当吃饭时，鼓励儿孙为长辈打饭，为老人夹好菜，吃完以后，要收检碗筷和抹桌子；早晚洗脸洗脚时，鼓励儿孙为老人端盆打水、倒水；平时，鼓励儿孙学会扫地、洗衣服或帮助老人洗衣服，千方百计培养儿孙尊老爱幼的品质。尤其是在兄弟分家或涉及财产继承权等重大问题，老人或长辈的话就如"金口玉牙"。凡是家族中出现较大事情，都需要长者出面主持全家或全族老小会议，主要内容是围绕"兄弟情同手足""家和万事兴""团结就是力量"等方面来进行家庭伦理道德的教育。在待人接物方面，作为长者或父母也是非常重视对晚辈或儿孙的培养教育，时常鼓励晚辈或儿女积极参加社会交往活动。每当家中来了客人，长辈们都鼓励晚辈或儿女主动热情地为客人张罗洗漱、食宿等事宜；当晚辈或儿女处于幼小时期，长辈或父母时常领着他们去走亲访友；或者家中请客时，长辈也根据不同的情况叫晚辈代替去邀请；当他们进入小学和中学时期，长辈或父母又经常叮

———
① 覃圣敏.壮泰传统文化比较研究（第一卷）[M].南宁：广西人民出版社，2003：总序（8）.

嘱他们要择其诤友而交往；当他们带着同学或伙伴来到家里游玩时，为父母者也很热情招待，让他们都一起高兴；当他们成年以后，父母为他们能够参加社交活动提供方便，使他们开阔视野，学到社会知识，认识到了遵守社会公德，遵守公共秩序以及热情好客、文明礼貌的重要性。同时，在以家庭为单位的生产劳动中，长辈或父母也非常耐心地把相关的劳动技能和经验传授给晚辈或下一代。壮族青少年在家庭的各种教育下，学会了许多做人做事的道理，从而不断地推动自己走向社会，具有适应社会发展需要的人格。

壮族的很多神话和故事都是可以用来进行民族历史和爱国主义教育的好材料。壮族文化中有关姆六甲、布洛陀、布伯、莫一大王、岑逊王、刘三姐、侬智高、瓦氏夫人、班夫人、甘王、冯三界等人物及其故事；还有，壮族大量吸收了神农、皇帝、炎帝、尧、舜、禹等汉族的历史人物及其神话故事，使这些地区的神话和民间故事更加丰富多彩，更加具有生命力和吸引力。加上在中国近代史上，曾经在壮族地区发生以及与壮族有密切关系的历史事件如侬智高、太平天国运动、抗法战争、孙中山、黄兴多次领导的镇南关起义；大革命时期，邓小平、张云逸李明瑞、韦拔群等革命前辈组织和领导发动百色起义，创立了左右江革命根据，建立了苏维埃人民政府；抗日战争时期和解放战争时期，桂西人民不畏艰险、奋勇当先、可歌可泣的先进事迹。可以说，壮族人民的民歌、神话故事、民间传说以及有关历史典故等文化形式，不仅是丰富当地居民的文化精神生活的基本形式之一，也是传授了社会基本知识的基本途径之一，更是灌输爱家乡、爱民族、爱人民、爱祖国等思想政治教育的有效途径之一，因此，对进行青少年社会化教育起到很大的作用。

其次，瑶族传统教育是难能可贵的。世居于桂西地区的瑶族很重视对下一代的教育，从小孩开始父母就用民族的历史和情况进行教育，民间经常流传这样一句话："养子不教如养驴""养子不教父之过"等。凡是子女发生行为不端的现象，父母必先是自责，然后再处罚自己的子女。桂西的瑶族，在社会成员之间的教育内容主要有几方面：爱护集体荣誉和维护集体利益；礼貌待人，说话和气；忠诚于婚姻家庭，讲究道德准则；勤劳勇敢，忠诚老实，禁偷禁赌。传统的社会教育一般都与家庭、家族教育相结合，一般是在生产生活中进行家庭、家族教育，或者在祭拜祖宗过程中进行本族教育。在小家庭内，老人或长辈经常进行尊老爱幼、尊亲敬客、团结和睦、勤俭节约等方面的教育。由于瑶族传统教育形式历史久远，结合生产生活或其他社会实践对社会成员进行教育，使瑶族同胞养成了勤劳勇敢、忠诚老实、礼貌待人、节俭善良、互助团结、爱护集体、忠诚亲属等许多美德，对瑶族在过去极其艰苦的自然环境和阶级压迫下保持社会稳定和民族发展，加强群体团结，创造瑶族特有的传统文化起到很大作用。

再次，苗族传统伦理道德教育是值得我们推崇的。桂西资源富集区的苗族传统教育主要围绕：崇尚勤劳，鄙视懒惰；团结互助，共同协作；重情仗义，真诚守信；尊老爱幼等四个方面的内容来进行教育。苗族人民崇敬热爱劳动、勤劳勇敢的人。在长期艰苦的生活过程，他们的意识形成了一种以勤劳为荣的热爱劳动的美德。在苗族聚居的乡村，经常听到这样谚语："勤劳钱粮足，懒汉肚皮空""要想穿好勤纺织，要想吃好勤耕种"。我国著名社会学家费孝通深入苗族聚居的乡村去考察或调研时，在《勤劳的苗家，悠久的历史》一文中写道："一到苗族地区，我感受最深的是劳动，我常和同志们说，要学习劳动观念的，最好到这里来上一课。……在苗族中，几乎找不到吃闲饭的，就是孩子也往往参加劳动……苗家男女都热爱劳动，视劳动为光荣"。①

另外，毛南族重教助学的优良传统也是值得发扬的。由于地理和历史的原因，孕育出毛南族子弟们为了自己、为了本民族、为了看世界而奋发向上的精神，形成了不甘糟糠、刻苦自励、神驰于学、全体重学的优良传统。在毛南族聚居的乡村，大人们非常重视培育晚辈们读书。据史书记载，到民国初期，"晨读"已经成为毛南族的风俗习惯，当时思恩县一位外地来的汉族县长曾经称赞说：

---

① 石朝江. 中国苗学［M］. 贵阳：贵州人民出版社，1999：452.

"三南文风颇盛。"① 在毛南族乡村里，凡是有学生考上高一级学校的，父母都不惜一切代价，挣钱给子女上学。同时，乡亲父老们也都纷纷解囊相助。

同时，仫佬族、彝族、水族等各民族同胞们也是具有十分优良传统教育内容和方式。同样特别重视家庭道德教育和社会公德教育。正是各民族都具有重视教育的传统，因此，在历史的长河中，才能够保存自己并有机会融入于社会群体之中，才能使自己本民族得到不断地发展壮大。

2. 传统的婚姻家庭。

广西桂西资源富集区的各少数民族，历史以来他们都是推崇或强调一夫一妻制，只有少数富人家庭才出现一夫多妻的现象。传统的礼、义、廉、耻、忠、孝、节等都成为家庭的伦理，家族祠堂等宗法组织也很普遍。虽然家长制和宗法制有悖于当今社会的发展需要，但婚姻家庭中的尊老爱幼、邻里互助、礼节往来、团结和谐、孝顺父母、抚养子女、勤俭持家、热爱家乡等传统美德，是值得继承和发扬的。在桂西资源富集区各少数民族传统婚姻家庭中，男女青年之间的交往和婚姻相对于其他地区来说，较为自由得多了，封建礼教传统也不那么多。如壮族的以歌择偶、转房制、不落夫家、入赘婚或上门女婿婚等好多的传统婚姻，其中以歌择偶、入赘婚最能体现男女自由平等的婚姻家庭。从壮族歌圩的内容和形式上看，壮族男女青年的恋爱过程是比较自由的，从壮族的许多民歌歌词就可以看出来，譬如，刘三姐的一首名曲《藤缠树》唱到："山中只见藤缠树，世上哪见树缠藤；青藤若是不缠树，枉过一春又一春。竹子当收你不收，笋子当留你不留；绣球当捡你不捡，空留两手捡忧愁。连就连，我俩结交订百年，哪个九十七岁死，奈何桥上等三年！"可见，感人的歌声是多么打动男女青年的心啊！感人的歌声留给人记忆是长远的！它反映出男女之间矢志不渝的爱情婚姻。还有，壮族的入赘婚也引起了其他少数民族的效仿或学习，在桂西山

---

① 朱从兵，钱宗范. 民族传统文化与当代民族发展研究——以广西壮族自治区为例 [M]. 合肥：合肥大学出版社，2008：438.

区入赘婚是一种普遍婚姻，并得到本族或当地居民的认可，与其他婚姻基本上一样，享有男女平等的权利。这种入赘婚，一是可以解决有女无子家庭传宗接代的问题，以缓解男女性别失衡的社会问题；或是可以解决女多子小的家庭，赡养年老的父母，更好地发展家庭经济生产，维护民族地区社会和谐稳定。二是可以解决男多女少或多男无女且经济相对困难的家庭，解决经济、住房、男光棍等方面的实际困难。一般来说，有几个男娃的家庭，因结婚需要一定钱财，在几年内几个兄弟都要结婚，因而容易造成严重的经济负担，相反，上门女婿不需很多钱财就可以解决了一生的婚姻大事，何乐而不为呢？另外，有几个男娃的家庭，在住房或婚房上一般多存在困难，而上门女婿不但可以解决男方家庭的住房紧张或困难问题，又可以解决女方家庭的实际需要，从而达到两全其美。在少数民族居住的山区，入赘婚应该是利大于弊或非常有利于家庭和社会发展需要的一种婚姻家庭。它既有利于激发男女双方发展生产或发家致富的积极性，又有利于女方血统的承续，对构建和谐家庭，维护和谐社会具有一定积极意义。又如，在瑶族、苗族等其他少数民族婚姻家庭中，流传着："兄弟各路，情同手足""打虎不如亲兄弟，看病不如足下妻"等俗语，对化解兄弟矛盾、夫妻吵架起到一定作用。这些优良的传统习俗对我们今天构建和谐社会，创造美好生活具有积极意义的一面。

3. 传统的丧礼习俗和宗教思想。

深受中华几千年儒家文化中的厚丧重丧的传统影响，广西桂西资源富集区虽然经济条件不是很好，但厚丧重丧的习俗依然流传，具有耗时、耗费、耗地等"三耗"以上的特点。当老人去世以后，以前举办丧事即守灵一般都长达七天七夜之久，现在守灵大多还是三天三夜的时间，以都安、大化一带的壮瑶等民族举办的丧事最为明显，因为老人去世以后，要做几天几夜的道场，全村人和自己的亲戚都来帮忙，也就是说全村老小聚集来吃饭，浪费了许多钱财，给日后造成了一定的经济困难，同时，也严重影响了生产。可以说，这是迷信和浪费的表现。但是，这种习俗也有积极的一面。在桂西资源富集区境内，乡村分散，有些村落人口不多，一家办丧事，全族全村都来协助，出钱出力，甚至连素不相识的人都主动来帮忙，为死者家庭解决了许多急需解决的实际困难。特别是当今的许多村庄，由于外出打工的青年较多，家中的老人或其他人因突发事情造成人员伤亡，这种邻里互助的良好习俗就发挥很大的作用，因此，对当今社会依然很有很大的积极意义。

广西桂西资源富集区自然地理环境复杂多变，民族成分较多，加上汉族和各少数民族相互影响，各民族宗教崇拜纷纭繁杂。主要有祖先崇拜及其他各种神灵崇拜，如瑶族除了崇拜盘王等十几个神灵以外，还有崇拜陈宏谋等传说中或神话中的人物；苗族、侗族等其他少数民族把自然界的山、川、雷、风、雨、鸟、兽、石头、林木、古屋、桥梁等都认为是某一神灵，并对其产生一种崇拜，即产生了多神崇拜的现象；据相关史书记载，壮族宗教文化中一共有100多个神灵。可以说，多神崇拜的特点在桂西资源富集区少数民族中普遍存在而且特别突出。但这种多神崇拜并不是相互对立、排斥，而是相互兼容并进、借鉴或吸收。因而形成了多姿多彩的各种宗教文化。

广西桂西资源富集区少数民族宗教崇拜多样性，除了内涵某些迷信之外，还是存在一定的积极意义的。自然崇拜可以增加人们敬畏自然、敬畏生命、保护生态的意识。例如，保护水资源，注意修建水井、水柜、水库等各种人畜饮水工程，特别是注意对本地乡村、村落人畜日常饮用的泉水、小溪、河流等水资源的保护；注意植树造林，净化环境；封山育林，保护水源林，特别是非常注意保护乡村周围的山林、古树、大树或风景树，以求得人与自然的和谐相处。祖宗崇拜、多神崇拜可以增强聚宗合族、邻里互助、村民友好、和平相处等意识；青蛙崇拜可以使人们认识到青蛙及各种益虫是保护庄稼的好朋友，是农业取得丰收的一个自然因素之一。面对生态问题比较突出的当今时代，自然崇拜中蕴藏的某些积极方面，或者说对构建中国特色社会主义具有积极一面，我们应该予以继承和发扬。

4. 传统的节日文化。

广西桂西资源富集区少数民族的节日文化丰富多彩，除了受到汉族传统文化的影响，并与汉族一样有春节、元宵节、清明节、端午节、中秋节、重阳节等重大节日以外，各少数民族还有自己的民族传统节日。譬如壮族的农历三月初三即"三月三"或对歌节，刘三姐是壮族人民最崇拜的女歌仙，壮族地区的"歌圩"是因刘三姐的传歌而形成，壮族的歌谣大多是刘三姐的歌。壮族传统文化是一种稻作文化，即据"那"而作，以"那"而乐，以"那"为本的生产模式，农历三月是稻作农业相对轻松的时节，又恰逢每年的春季，气候宜人，山花烂漫，是自然风景非常美丽的时节，因此每年农历三月初三，人们便自觉地集中到某一相对广阔的地方开始对歌，分有集体对歌、小组对歌、两人对歌等各种形式，场景其乐融融，非常热闹。瑶族的盘王节是纪念祖先盘瓠的盛大传统节日，一般是时隔三五年进行一次大庆祝活动。瑶族的农历五月二十九日的达努节（祝著节、祖娘节）庆祝活动内容也很丰富，实为瑶族子孙为报祖娘养育之恩，是瑶族人民隆重的节日之一。节日当天，人们自觉穿上鲜艳的民族服饰，敲起铜鼓，吹奏着唢呐，集中在一个平地或晒坪上，唱歌、点大炮、射弩、打陀螺、斗鸟、斗鸡，以及舞动着最有趣的、最能体现瑶族文化的铜鼓舞、猴鼓舞、藤拐舞、开山舞、猎兽舞、牛角舞……舞罢，青年男女则唱起缠绵的情歌谱写浪漫的恋曲，老人则集体唱起密洛陀颂歌。可见，各个少数民族的节日文化都反映出其宗教性、民族性、地域性、原生性和精神性，人们通过各种民族节庆或艺术表现形式，传承着人们最真挚、最淳朴的生活情感，充满了浓厚的生活气息。

还有，毛南族的分龙节，仫佬族的花婆节、依饭节、走坡节等都是很有特色的节日。这些节日大多体现"三农"精神，主要内容是反映乡村农民祈求风调雨顺、五谷丰登、六畜兴旺等。其中，仫佬族的依饭节已被国家列为非物质文化遗产保护名录之一。

5. 传统的文学艺术。

长期居住在桂西资源富集区的各族人民，经过多年的生产生活实践，创造了许多非同一般的文学艺术，即具有突出的民族特色、鲜明的地域色彩、深厚的文化底蕴的文学艺术，在文学方面，壮族的《布洛陀经诗》和刘三姐歌会，堪称为广西少数民族文化中之皇冠，这些文化流传时间长、流传范围广，它记载着壮族人民的生产、生活及其历史发展过程中所留下的重要痕迹，是壮族人民思想发展变化的真实写照，尤其是以刘三姐歌谣为主要内容的歌会，更是展示了壮族人民以歌会友、以歌达意、以歌传情、以歌育德、以歌传技、以歌授艺、寓教于乐的一种重要而特殊的生产、生活和交往的手段；还有，壮族的"姆六甲传说""莫一大王传说"等民族民间文学也较为有名。自古以来被赞誉为中国"铜鼓之乡"的河池市，铜鼓的制造技艺非常精巧、高超，铜鼓的鼓面和鼓身多画着或刻有日、云、雷、风、雨、青蛙、鸟、鱼、马、人物、犁、船、干栏式建筑等各种图案或花纹，这种艺术既起源于壮族的"那"文化，又远远超出"那"文化；既体现了古代少数民族人民热爱农业、以农为本的生活写照，又体现了古代少数民族人民热爱生活、向往和平、追求幸福的强烈愿望。至今保存在百色市境内的左江流域以及其支流即崇左市宁明县境内的沿江两岸的崖壁画，画中出现有羽人椎髻、铜鼓、羊角钮、铜钟、舟（船）、扁茎短剑、环首刀等许多图像，这是骆越文化的主要特征，它见证了广西桂西少数民族人民的历史生活状况和人们的内心信仰，成为世界闻名的古代崖壁画艺术的宝典之一。

瑶族、苗族、侗族等其他少数民族也都有自己民族的歌谣，民歌也是他们述古叙今、传经授艺、家教德教等表达情感的重要工具。毛南族民间口录文学也很有民族特色，如《灶王的故事》《李海进智斗皇帝》和《毛人传奇》等故事，反映了在旧社会里毛南族人民热爱家乡、不畏权贵、敢于斗争的精神。

6. 传统的思想道德。

中国是四大文明古国之一，中华民族是一个礼仪之邦。虽然桂西资源富集区长期受到封建社会的土司制度专制统治的影响，宗法制、家长制或宗族制相对较为突出，但是作为中华民族不可分割的组成部分的桂西各民族人民，同样具有许多优秀传统的思想道德。

壮族人民具有淳朴善良、勤劳勇敢、刻苦耐劳、热情好客、尊师敬老、礼让包容、团结互助等许多中华传统美德，而且表现极为突出，壮族山区民间广泛流传的谚语："好话三冬暖，恶语六月寒""言语相包容，相聚乐融融"。据史书记载，明代末年（1637年）著名的地理学家、旅行家徐霞客到大新县考察，因人生地不熟而迷路，曾经得到壮族老大爷的带路，并邀请到壮家做客、吃饭、留宿，第二天踏上新路途时还"煮蛋献浆"；后来到了天等县同样得到了当地官员及民众们的热情款待，"一见如故，遂欢饮十日"。桂西山区壮族的那种热情待客的传统风气很浓厚，清代人闵叙在《粤述》中这样记载："（客人）至，则鸡黍礼待甚殷"。可见，壮族人民热情好客的优秀传统已经具有悠久的历史。

长期居住在崇山峻岭之中的瑶族同胞，同样具有自己许多独特的传统美德：一是公而忘私，表现为上山打猎见者有份等方面；二是不偷不盗、拾金不昧，主要表现为一般在瑶族居住地方很少发生偷盗、抢劫行为，拾到的东西都主动归还失主；三是平等交往、诚实守信，主要表现为凡是在山岭中遇到诸如蜜蜂窝、鸟窝等动物栖息或繁殖的窝点，或者是金银花藤、山药藤及其他药材集中生长的窝点，只要有人在旁边折下一树枝或一些草藤做个简单标记，表示这里已经有人发现或保护了，那后来发现者也就不敢乱动或破坏了，正因为类似这种朴实的生产生活习惯，培养出瑶族同胞在其他方面也是主张平等交往或诚实守信的性格特征；四是互相帮助、乐于助人，每逢红白喜事瑶族都主动帮忙做事，特别是建房的时候，一般全村人都主动来帮工；五是主张男女平等，特别是平等地对待入赘婚姻，这是难能可贵的；六是勤劳俭朴、热情好客。虽然瑶族居住的自然条件很艰苦，但他们非常热情好客，过去在瑶族地区流传有句俗语："养猪是为了过年，养羊是为了待客。"可见，瑶族同胞在自然环境极为艰苦条件下生产生活，同样养成并保存了许多优秀的传统美德。

在桂西资源富集区境内的苗族，虽然不像其他地方的苗族那么集中，但是他们同样具有自己优秀的传统美德。譬如，居住在南丹县、隆林县、西林县、田林县、乐业县、罗城县、环江县等地的苗族，他们都具有平等或平均分配的思想，都具有友好互助、礼貌待人、热情大方、热爱群体、自由婚恋等很好的传统。还有居住在桂西资源富集区境内诸如毛南、仫佬、京、水等相关民族都有自己优秀的传统文化，他们都善于吸收或学习汉族先进的思想文化，因此，他们的文化生活水平比桂西地区的其他少数民族略高一些。

（三）传统的制度文化

清代以前，桂西地区大部分乡村一直处于土司制度统治，这种制度实为中央政府任命少数民族地区的宗族首领负责管辖本地区的军政事务的一种组织形式，这是国家行政权和地方族权或宗法相结合的一种组织形式。土司制度统治比其他封建制度统治又相对严重一些，土司土官都是实行世袭继承制，土官族内部又分有宗族组织、地方组织、衙门组织。土司土官对土民的严重迫害和压迫，以及土司土官之间的相互纷争，对桂西地区的经济、文化、社会等方面的发展极为不利，因此，土司制度早在雍正皇帝时期就已经被废除。然而，各少数民族的宗族组织还依然存在，还是利用祠堂、族规、族谱、族产等作为组织工具，长期运用于壮族山区社会生产生活之中。除了土司土官制度普遍存在之外，在少数民族组织中最常见的组织还有都老制或寨老制。辩证唯物主义认为，任何事物之所以能够长期存在，就在于它具有一定的合理性。桂西地区宗族组织之所以能够长期存在，除了其封建专制性的糟粕以外，还有是具有一定的积极因素的，正如宗族组织严格要求人们具有忠于祖国、忠于事业、热爱群体、热爱乡土、爱护家庭、孝顺父母等精神，宗法家规都是崇尚宗族成员之间要团结友爱、互相帮助、尊老爱幼、正义守信等品格，鼓励或表扬族人积极参与集资办学、架桥铺路、保护山林、保护水源等行为，对我们当今维护民族地区和谐稳定具有某些积极的因素。

此外，桂西地区还有一些特殊的社会组织。譬如，瑶族的石牌组织、油锅组织、社老组织、庙老组织、村老组织、密诺组织、瑶长组织等，这些都是山区瑶族社会或家族管理的一种制度；苗族的鼓社、埋岩制等，都体现了苗族传统社会的组织制度；仫佬族的"冬""会款""土岭公约"等，这些具有直接的控制作用和间接的训导作用，对仫佬族的生存和发展起过相当大的作用；毛南族的"隆款"制度，主要通过乡规民约或村规民约的形式进行当地或本族社会管理；京族的翁村—嘎古，以及侗族的款等，这种组织及其所采取的制度，实为宗族或家族与地方行政组织结合的一种本地乡村的组织制度。

广西桂西资源富集区各民族传统的乡村组织和制度，一般多是由族长或寨老召集各个家族或家族成员进行讨论、协议，制定出各种公约、民约或族规等，并公之于众让人人知道，以便自觉遵守或接受监督。当时的这些组织和制度，对维护各族或当地社会生产生活秩序，保卫地方治安，化解社会矛盾，增加人民的团结，保障一地人民的利益，防御外来侵犯等方面起到一定的积极作用。对我们当今建设社会主义新农村所倡导的村民自治建设，必将起到一定的借鉴作用。

二、桂西资源富集区乡村文化的特点

（一）"原始原生"的民族文化

1、"原始原生"的乡村文化。

由于广西桂西资源富集区地理环境独特，少数民族繁多而且形成小聚居、大分散或交错杂居的分布特点，加上长期受到土司制度严重影响，在多方面的客观因素共同作用下，每个民族都有自己的文化传统、民族风情、民族风格以及民族的表现形式。[①] 于是汇成了广西桂西资源富集区各种特色文化传统。其特点主要表现在文化归属上的原始性、文化变迁上原生性、以及文化价值上的精神性等方面。

首先，"原始性"，即巫祝色彩比较浓。所谓"原始性"，是指广西桂西资源富集区的乡村文化在文化发展的归属上，以原始文化传承为主要内容，并具有十分浓厚的巫祝色彩。其具有十分浓郁的乡土气息，正如我国著名人类学家费孝通在《乡村社会》中所言的那种"乡土性"。它是随着传统乡村农业生产的季节活动来定

---

① 黄筱娜. 广西少数民族传统文化的现代转型——文化转型与广西少数民族地区文化建设研究报告之一 ［J］. 广西社会科学，2003（6）：31.

的，具有明显的农耕文化空间的或时间的特征；同时，这种传统文化的内容与原始文化有密切联系。在桂西资源富集区最为流行的传统文化中有壮族布洛陀文化、铜鼓文化、麼文化、花山岩画、蚂拐节等；瑶族的密洛陀文化、达努节等；以及其他各少数民族的鬼神崇拜、图腾崇拜或其他自然崇拜，等等，都是与原始农耕文化有密切的关系。譬如，壮族的蚂拐节，在桂西红水河流域最为流行，壮族人一般喜欢依山傍水而居，因为河畔两边有一片片"那"，决定了他们的生产方式是以稻作为主。早在远古时代，生产力低下，旱灾、洪涝灾以及虫灾等自然灾害时常困扰着壮族先民。一是蚂拐可以吃掉"那"里的害虫，使庄稼免遭虫害、茁壮成长，保持来年农田获取大丰收；二是人们可以根据蚂拐的叫声或活动状态来判断干旱、洪涝，乃至地震等相关的自然灾害的发生。通过"青蛙夸夸叫，雷雨将要到"来推测青蛙与雷雨之间的神秘关系；通过"青蛙低声吟，旱情就来临"等各种现象来推测青蛙与干旱的内在关系。于是人们便把青蛙当作天上的雷神之子、庄稼的保护神来看待。① 在河池市的东兰、巴马、凤山等地，从正月初一到三十日，通过"请蛙婆"、"唱蛙婆"、"孝蛙婆"、"葬蛙婆"等四个阶段来敬祝蚂拐节。古代人们对青蛙的图腾崇拜就是如此产生，以致留传下来的。由于壮族人把青蛙叫做"蚂拐"，所以祭拜青蛙的节日叫"蚂拐节"，又称为"蛙婆节""青蛙节"。蚂拐节的主要内容是通过祭拜青蛙，祈求风调雨顺，使"那"获得大丰收，这种因"那"形成的民俗文化内容丰富、种类繁多，而且颇具"原始性"或地域特色。由于许多传统文化具有极为突出的民族性，因此，在全国"非遗"评审中，仅仅河池市就有刘三姐歌谣、瑶族祝著节、瑶族服饰、壮族铜鼓习俗、毛南族肥套、仫佬族依饭节、壮族蚂拐节等8项被列为国家级非物质文化遗产名录，数量居广西之首。在广西壮族自治区级非物质文化遗产名录中，桂西资源富集区一共就有16项被列为国家级非物质文化遗产名录。有关桂西资源富集区少

---

① 朱从兵，钱宗范. 民族传统文化与当代民族发展研究——以广西壮族自治区为例 [M]. 合肥：合肥大学出版社，2008：88.

数民族文化、技艺的内容就占有相当大的比例，这些文化展现了桂西资源富集区非物质文化遗产独特的民族风采。

其次，"原生性"，即文化原生性特征明显。所谓"原生性"，是指广西桂西资源富集区的乡村文化在文化变迁上，始终保持比较稳定的发展状态。在漫长的社会发展过程中，传统的自给自足自然经济占了主导地位，正如马克思指出，中国传统社会的生产方式主要是"亚细亚的生产方式"。本质上说，中国传统文化是乡土文化，而乡土文化具有明显的封闭性和静态性，某些文化特质经历几十年、上百年乃是数千年以后都很难改变。在桂西资源富集区的乡村文化变迁过程中，这种封闭性和静态性特点尤为凸显。河池市背靠中国的大西南，面向东南亚，是西南走向珠三角和东盟的咽喉要塞，这里历来是桂西北民族交往和融合的主要区域，她不仅是桂西"矿产资源富集区"，也是"民族文化资源富集区"。历史以来河池市境内都是西南少数民族活动或交往相对频繁的地方之一，以致现世居于河池市的还有壮、汉、瑶、苗、仫佬、毛南、水、侗等 8 个民族，而且民族成分极多。由于民族语言或方言不同，生产方式和生活方式各异，加上各民族风俗习惯、宗教信仰存在差别，形成了各种不同的文化特点，构成了河池市非物质文化遗产浓郁的民族特色。譬如，瑶族语言分为勉语、布努语、拉珈语、夹汉方言等四大语言。据调查，河池境内说勉语的瑶族主要分布在环江、宜州、罗城、凤山、巴马等县；讲布努语的瑶族主要分布在都安、宜州、南丹、河池、大化、巴马、东兰、凤山、天峨等地；① 而说拉珈语和说夹汉方言的瑶族却很少。可见，同一个民族同居一个县或乡都有可能说两种语言；同样，同一个民族在不同的地方就会产生不同的方言。也就是说，桂西资源富集区民族方言原始原生特别明显。另外，在桂西资源富集区的左江、右江、红水河两岸的区域，自古以来为壮族聚居区。然而在漫长的历史长河中，一是由于从政、从军、从商，或因犯罪流放等原因，导致一些汉人进入壮族地区而形

① 朱从兵，钱宗范 . 民族传统文化与当代民族发展研究——以广西壮族自治区为例 [M] . 合肥：合肥大学出版社，2008：158.

成了至少两种以上的民族之间互动、交往、交流或融合的局面，这是历史的必然之一，因此，有些汉人也是被壮族同化了；二是清代初期，以李定国、何腾蛟等为代表的十多万南明军队，为了抗击清军，都分布在桂林、柳州及桂西或桂北一带。当抗清失败以后，这一大批汉兵就流散到桂西山区的各州县，于是这些人又有部分被壮族同化了；三是清军南下时，山东、河南、广东、四川、湖南、江西等省的汉族老百姓也逃到桂西山区定居，后来被称为"高山汉族"。如河池市的南丹、天峨、东兰、凤山等县的汉族，百色市的隆林、西林、凌云、乐业等县的汉族，大多数为清初迁入桂西山区的"高山汉族"，他们基本保持自己原形的文化特点。① 由此可见，广西桂西资源富集区乡村文化具有明显的原生性特点。

（二）精神性较强的民族文化

精神性即文化价值上的指向。广西桂西资源富集区乡村传统文化，在文化价值上，大多表现为乡村文化对物质满足的需求并不很强烈，而是偏重于精神性。历史以来，由于土司制度对桂西地区造成的深刻影响，使本区域的传统文化归属源于原始文化，并相对保存着文化本身的仪式性与精神性。② 例如，壮族的歌圩文化，以歌代言、以歌传情、以歌交友、以歌择偶、以歌抒情等各种现象都有。在桂西资源富集区的广大乡村，每逢红白喜事，一般都举行一些仪式，其目的主要是通过一些仪式以求得一种精神上的寄托或安慰。虽然壮汉杂居了数千年的历史，但是壮族的这些文化至今仍然保持着自己民族特色，尤其是以刘三姐为主要内容的歌圩文化永盛不衰。可以说，在各种文化的对话、交流、交往、接触或融合过程中，乡村文化始终体现其很大的包容性、忍耐性、真实性，让人感觉到"人情味"比较浓，换言之，是一种朴实的"人性文化"即中华民族多元一体的"人文精神"。这种人文精神是构建中国特色

---

① 张震声. 壮族通史（下）［M］. 北京：民族出版社，1996：817.
② 余益中，刘士林等. 广西桂西资源富集区文化发展研究［M］. 南宁：广西人民出版社，2012：26.

社会主义和谐社会不可缺少的重要精神。

桂西资源富集区"原始原生"的乡村文化,又表现出其多样性的特点。在文化的表现上,不管是原始性文化还是原生性文化,不管是内容或形式,还是类别或形态,始终具有多样性。由于地理环境复杂多变,少数民族人口众多,"立体型"的民族分布比较突出,正如人们常说:"五里不同风,十里不同俗。"从而形成了多样性的乡村文化格局。然而,面对当今人口众多、"千城一面"大都市的困惑,城市文化更谈不上多样性。

乡村文化的变化发展决定于乡村文化的基本规定性及其内涵特征。随着农民文化素质的不断提高,农村经济的不断发展,乡村面貌在不断地发生新变化,人们的物质文化需要和精神文化需求也在不断地提高,同时,乡村文化也在不断地发生演变或走向现代化。中国五千年的文明史在某种程度上可以说是中国农耕文化的演变或发展的历史。在城市化还没有形成之前,或者说当城市文化还没占主导地位之前,社会存在的基本文化形态还是属于乡村文化、乡土文化或农村文化。因此,在其历时性上说,乡村文化是文化发展的一个阶段即是一种活态发展;在其共时性上说,乡村文化是文化的一种形态,是人类文化的重要组成部分。随着全球化、现代化、城镇化的浪潮席卷过来,乡村文化难免出现一些现代都市文化的特点,这是社会的进步表现,也是人类社会不断走向文明的象征。

(三) 多元一体的民族文化

广西桂西资源富集区独特的地理区位构成民族分布的点面结合特点,加上该区域具有山多地少、喀斯特地貌罕见的地形地貌特点,构成了桂西资源富集区立体型的地形地貌特点,这种立体型的地形地貌特点又形成了立体型的民族分布。这种点面结合及立体型的民族分布的特点又形成了乡村文化多元一体的格局。

1. "元"或"整体"

从文化资源类型来看,不管是物质文化资源,还是精神文化资源,或是制度文化资源;不管是自然遗产资源,还是物质文化遗产资源,或是非物质文化遗产资源;不管是历史文化资源,还是民族文化遗产资源，或是宗教文化资源；也不管是转型中内含着都市文化的传统文化部分，还是大众文化部分，等等，都是直接或间接地反映出与"三农"有关的思想。从民族传统文化的精神实质来看，各民族传统文化都具有相同或相似的共性，主要表现在：各民族都具有互助融合、彼此依存、不可分开的性格；各民族都具有爱祖国、爱和平、护统一、反压迫、反侵略的精神；各民族都具有学习先进、相互吸收、摒弃落后、不断进步的思想；各民族都具有勤劳守信、聪明智慧、守土为安、建设美好家园的品格。因此说，乡村文化是广西桂西资源富集区社会基本文化形态中的主体部分。

2. "多元"

广西桂西资源富集区是一个以壮族为主体的多个少数民族聚居地，境内居住有壮族、汉族、瑶族、苗族、毛南族、仫佬族、彝族、仡佬族、水族、回族、黎族、布依族、满族、侗族、高山族、白族、京族等20多个民族。世代生活在以岩溶山地、台地、丘陵为主的特殊的自然地理环境中的各族人民，在长期的生产和生活实践中，不仅创造了有形的物质文化，而且创造了多姿多彩的非物质文化。虽然各个少数民族文化都或多或少存在着汉化的痕迹，但由于桂西资源富集区独特的地理环境和历史的因素，各民族传统文化始终还保持着自己独特民族风味。这些文化既具有浓厚的民族色彩，又具有独特的地方特色。

从民族文化构成来看，桂西资源富集区的11世居民族，至少就存在11种民族传统文化。只要民族存在，文化一定会存在。壮族、汉族、瑶族、苗族、仫佬族、毛南族、彝族、侗族、回族、水族、仡佬族等11世居民族的传统文化，各民族在方言、饮食、建筑、民俗、风俗、节庆、思维方式或价值观念等方面，都有自己的特点。换言之，现世居在桂西资源富集区境内的各少数民族，虽然他们的文化留有许多汉化的痕迹，但是他们基本上能保持着自己本族某些传统文化的特色。

从文化资源类型来看，桂西资源富集区的文化资源特色更为鲜明。一是自然遗产资源，包括山地生态资源、湿地生态资源、森林生态资源、地理标志农产品和地质资源等五大类；二是历史文化资源，从旧石器时代开始一直到近现代，每个时期或朝代都有各种文化遗址或遗存，特别是铜鼓文化、花山岩画、红色文化遗址等；三是民族文化遗产特别多，迄今为止，在中国非物质文化遗产名录数据库中，广西已有46项列入国家级名录，其中，河池市有刘三姐歌谣、瑶族祝著节、瑶族服饰、壮族铜鼓习俗、毛南族肥套、仫佬族依饭节、壮族蚂拐节等9项被列为国家级非物质文化遗产名录，数量居广西之首。百色市有那坡彝族跳弓节、田林瑶族铜鼓舞、壮族春牛舞、壮族嘹歌、靖西壮族端午药市、壮族织锦技艺、那坡壮族民歌、布洛陀等7个被列为国家级非物质文化遗产名录。在广西公布了四批一共307项自治区级非物质文化遗产名录中，广西桂西资源富集区河池、百色、崇左三市占有154项，占全区"非遗"名录的50%。四是宗教文化资源。从宗教传说方面看，有壮族的布洛陀传说、姆六甲传说、莫一大王传说，以及瑶族的密洛陀传说等等，许多传说还有典籍留存至今，文化价值很高；从宗教仪式方面看，有河池古调、祭鬼王舞、壮族师公戏、铜鼓舞等；从宗教艺术方面看，有花山岩画、饮食习惯、居住习惯等；五是红色文化资源。在广西桂西资源富集区，邓小平、张云逸、李明瑞、雷经天、韦拔群等老一辈革命家发动和领导了百色起义。援越抗法、援越抗美、南疆战役的前线也在百色。据统计，有70多处红色文化资源分布在百色市境内。在河池市境内的东兰、巴马、凤山等县，也留下了红七军等许多革命活动的旧址。六是诗性文化资源。八桂大地是歌的海洋，壮族人民具有爱唱山歌特点，歌圩散布了整个壮族山区。可以说，桂西资源富集区美丽的自然环境，特别是风景如画山山水水，养育出居住在这里的各民族都能够运用自己本民族语言、歌声或文字去赞美大自然，特别壮族人以歌代言、以歌传情、以歌达意等，"嬉笑怒骂皆成歌"，这种诗性的生活形成了诗性文化，在其他地方是很难见到的。

现世居在桂西资源富集区的广大少数民族居民是乡村文化建设的主力军，也是传承少数民族文化的主要力量。桂西资源富集区乡村文化的人文精神在广大居民中表现得最为强烈；桂西资源富集区的非物质文化遗产一般都是与"三农"有关，譬如在稻作文化区，壮族居民形成的一个"据'那'而作，凭'那'而居，赖'那'而食，靠'那'而穿，依'那'而乐，以'那'为本的生产方式模式及'那文化'体系。"① 其中，干栏文化、铜鼓文化等都是"那"文化的重要表现形式；在山地文化区，又形成了一系列的诸如瑶族服饰、瑶族习俗、苗族服饰、仫佬族刺绣、毛南族花竹帽编织等各具特色的山地文化。在桂西资源富集区的非物质文化遗产的保护与传承中，现有的传承人多为农民出身或仍居住农村社会之中。因此，传承与发展桂西地区少数民族文化，一定要将工作的重点放在乡村文化建设方面，加强广大少数民族农民在文化建设中的主体地位，充分发挥其积极性与能动性，为创建生态广西、文化广西、和谐广西、幸福广西、美丽广西打下牢固的基础。

三、桂西资源富集区乡村文化的成因

（一）山水文明是民族文化形成的物质基础

广西桂西资源富集区河流众多，纵横交错，地表水资源极为丰富。如河池市境内的红水河、龙江、刁江、环江、澄江、下枧河、四堡河等；百色市境内的右江、南盘江、驮娘江、剥隘河、澄碧河、乐里河、白东河等；崇左市境内的左江、水口河、平而河、丽江、明江等。这些江河两岸，有的是土地肥沃的小平原，如右江平原，是桂西资源富集区主要盛产粮食和甘蔗的基地，素有"桂西明珠"之美称；有的是风景秀丽的喀斯特地貌自然风光，加上有傍水而居的壮族小聚居的村庄或各少数民族混杂聚居的小城镇，形成了"小桥流水人家"或景色迷人的河流景观。譬如，宜州市下枧村，那一条幽幽清秀的下枧河、那一座座俊美奇异的山峰、那一个个怪石嶙峋的溶洞、那一块块形象美丽的石头，那一片片充满生机的田野，在河畔上那炊烟袅袅的小山村，据说是壮族歌仙刘三姐的故乡。正是这"山奇、水秀、洞幽、石美"的自然环境孕育出

---

① 覃圣敏.壮泰传统文化比较研究（第一卷）[M].南宁：广西人民出版社，2003：总序（8）.

了这位美丽的歌仙。不仅符合人们常说的"宜山宜水又宜人"的道理，而且更加体现了中国传统的山水文化的内涵所在。还有，澄江河发源于都安大兴乡九顿村，流经大兴、高岭、澄江、安阳等4个乡镇以后流入红水河；右江正源驮娘江，流经百色的西林、田林、田阳、田东、平果等地的许多乡村或小城镇。居住在这里的各族人民，为了利用自然、美化自然，创造新生活，他们拦河筑坝，治理河提、河滩、河道，修建水利、水库、湖泊，解决了人畜饮水问题和农田灌溉问题。许多水库、湖泊经过多年的美化建设，形成了自然生态和人文景观相互映衬的画面，已经成为游客们向往的湿地型自然风景旅游区。此外，由于桂西资源富集区水力资源丰富，自古以来，居住在这里的人们发挥自己的聪明才智，创造了诸如水车、水碾等各种半传统半现代的生产工具，后来发展到微型或小型发电站，一直到今天的大型发电站。素有"小三峡"美称的龙滩电站，历史悠久的天生桥水电站、大化水电站、岩滩水电站等国家大型水电站都坐落在河池市境内，百色市境内还有平班水电站、百色水利枢纽等国家水电工程。正是因为有了这些资源和工程，对推动广西乃至全国的经济、政治、文化、社会、生态等方面的建设发挥了巨大作用，桂西资源富集区才被誉为中国的"水电之乡"。

同时，桂西资源富集区自然环境是典型的山脉或山峰的聚集区，这里盘踞着大南山、天平山、大苗山、九万大山、凤凰山、都阳山、东风岭、青龙山、金钟山、岑王老山、规弄山、西大明山、十万大山及四方岭等众多山脉或山峰，广西的三大弧形山脉大多分布或集中于该区域，喀斯特地貌和溶洞地貌特点最为突出。加上这里属于南亚热带气候，阳光充足、温热相宜、雨水充沛、森林覆盖率高。在这些复杂多变的特殊环境里孕育了丰富的生物物种，生产出丰富而有价值的土特产或农副产品，给桂西资源富集区增添了许许多多的生态内容，被誉为"土产仓库"。还有许多名山大川、自然保护区、森林公园、地质遗迹或地质公园等生态观光旅游资源，对本地居民发展经济生产、优化生存条件、美化生活环境等方面起到很大的促进作用，也是实现人与人、人与社会、人与自然和谐相处的重要资源。

　　常言道："一方水土养一方人，一方人造就一方文化。"长期生产生活在红水河流域和左右江沿岸，许多民俗活动多是围绕"三农"来开展，并衍生出各具特色的民族民俗文化。譬如，壮族人一般喜欢依山傍水而居，那河畔两边有一片片"那"，决定了他们的生产方式是以稻作为主，于是形成了一个"据'那'而作，凭'那'而居，赖'那'而食，靠'那'而穿，依'那'而乐，以'那'为本的生产方式模式及'那文化'体系。"① 其中，壮族铜鼓习俗、蚂拐节、壮族歌圩、壮锦等，都是与稻作农业有关。尤其是壮族的蚂拐节，早在远古时代，生产力低下，旱灾、洪涝灾以及虫灾等自然灾害时常困扰着壮族先民。蚂拐可以吃掉"那"里的害虫，使庄稼免遭虫害，给农田带来大丰收；同时人们可以根据"青蛙夸夸叫"的声音或活动状态来判断干旱、洪涝、乃是地震等相关的自然灾害的发生。于是人们便把青蛙当作天上的雷神之子、庄稼的保护神来看待。② 每年正月初一到三十日，壮族人通过"请蛙婆""唱蛙婆""孝蛙婆""葬蛙婆"等四个阶段来敬祝蚂拐节。蚂拐节的主要内容是通过祭拜青蛙，祈求风调雨顺，使"那"获得大丰收。这种因"那"形成的民俗文化内容丰富、种类繁多，而且颇具民族文化特色。又如河池市巴马县之所以成为世界第五大"长寿之乡"，是因为该区域空气清新、山水秀丽、草木葱郁、物产丰富等各种生态自然极为宜人，尤其是该地区内空气中含有大量有益于人体健康的阴离子，即人与自然基本达到和谐的境地，于是形成了独特的长寿文化。可见，天时地利人和，即"山青、水秀、树绿、花红、人美"等方面的有机结合，才能产生先进的文化，形成人类的文明成果。

（二）多源聚杂居是多元文化形成的主要条件

　　广西一共有 12 个世居民族，其中桂西资源富集区主要有 11

---

　　① 覃圣敏. 壮泰传统文化比较研究（第一卷）[M]. 南宁：广西人民出版社，2003：总序（8）.

　　② 朱从兵，钱宗范. 民族传统文化与当代民族发展研究——以广西壮族自治区为例 [M]. 合肥：合肥大学出版社，2008：88.

个，他们是壮、汉、瑶、苗、仫佬、毛南、侗、彝、仡佬、水、回等民族，他们大多都是从区内外不同地方迁入桂西，并长期定居在桂西而成为广西的世居民族，加上由于自然地理环境和历史的因素，各民族分布大体形成小聚居、大分散和混杂居住的特点，更确切说，形成了点面结合分布和立体型分布兼有的民族分布特点。他们各自都带来的本民族文化，并保持着一定的相对独立性；同时在漫长的历史长河中，各族人民在桂西这块广袤的土地上劳动、生息、繁衍，以自己的双手和智慧共同开发桂西这块富饶美丽的宝地，创造了悠久的历史和灿烂的文化。

壮族，是广西的土著民族，也是桂西资源富集区的土著民族，壮族具有悠久的历史和灿烂的文化。在漫长的历史长河中，壮族先民们与其他各族人民共同开发桂西这片土地，既创造出丰富的物质文化，又创造出多姿多彩的非物质文化。如壮族刘三姐文化、壮族歌圩、壮族铜鼓习俗、壮族蚂拐节、壮锦织绣技艺、壮族布洛陀文化、壮族社会化教育、壮族赘婿婚俗、壮族节庆习俗、壮族的宗教文化、壮族的历史人物或英雄人物的先进事迹、壮族反帝反封的事迹，尤其是，这里是邓小平、张云逸、李明瑞、韦拔群等老一辈革命家曾经领导和战斗过地方，优秀传统的红色文化染红了全广西乃至整个中国。（前文已有壮族文化的相关论述，这里不再赘述）。

汉族，秦汉开始迁入广西，唐宋以后迁入桂西，明末清初时期，他们为逃避战乱灾难从川、黔、湘、鄂等迁移到桂西北大石山区，居住在天峨、南丹、凤山、田林、凌云、乐业、隆林、西林等县大石山区的高山汉，是汉族中的"少数民族"，使用汉文，讲西南官语，已繁衍了十几代。居住桂西资源富集区的汉族依然保持汉民族的共有心理特征和习俗特征。高山汉在长期的社会生产生活过程中，继承了汉民族固有的传统习惯，同时也创造了丰富多彩的民俗文化，尤其在民间文学方面具有独特的表现形式和价值。

瑶族，宋明时期从湖南、贵州等地迁入桂西，主要居住在巴马、都安、大化、南丹、隆林、田林、凌云等大石山区。瑶族历史悠久，与古代的"荆蛮""莫瑶"等有渊源关系。瑶族频繁迁徙的游耕游猎生活，形成了不同支系，瑶族有蓝靛瑶、盘古瑶、布努

121

瑶、背篓瑶、木柄瑶等支系，支系间语言、习俗差异较大。悠久的历史铸造瑶族优秀的传统文化，盘王节、达努节（祝著节）是瑶族隆重的传统节日，色彩斑斓的瑶族服装银饰和刺绣工艺，独特的瑶族丧礼习俗，以及瑶族分架、密洛陀、猴鼓舞等，都是令人感叹。

苗族，清初起陆续从云南、贵州等省迁入桂西。主要分布在环江、南丹、天峨、隆林、西林、那坡等县。苗族是我国古老民族之一，与古代的"尤""三苗"等有渊源关系，桂西资源富集区的苗族有偏苗、红头苗、清水苗、花苗、素苗、白苗等 6 个支系。支系间语言、习俗差异较大。苗族的传统文化丰富多彩，跳坡节是苗族隆重的传统节日。苗族的蜡染、刺绣工艺精美，服饰银饰做工精致，民间音乐舞蹈独具特色。

毛南族，是我国一个具有悠久历史和独特文化的少数民族，主要聚居在广西桂西资源富集区的环江毛南族自治县，少数居住在河池、南丹、宜州、都安等县市境内。环江县西部的下南、中南、上南（简称"三南"）是他们的大聚居区，素有"毛南山乡"之称，从而形成毛南族大集中、小分散的分布特点。在历代史籍中，曾有"毛滩""茆滩""茅难""冒南""毛难""毛南"等不同写法。分龙节是毛南族自己独特的节日。毛南族的肥套习俗或滩文化极为独特，毛南族花竹帽编织工艺非常精美，毛南族的木雕石雕技艺也很精湛逼真，具有浓厚民族特色。他们的好多传统文化被列入国家或自治区级非物质文化遗产重点保护名录之中。

仫佬族，是中华民族大家庭中具有悠久历史的一员，主要居住在广西桂西资源富集区的罗成仫佬族自治县及其附近的宜山等地。勤劳、智慧的仫佬族人民在漫长的历史过程中创造了自己灿烂的文化。仫佬族的依饭节、舞草龙、走坡节是仫佬族人民最为喜欢的节日，其中仫佬族依饭节是仫佬族民族节庆中最为特色的名录；仫佬族古歌也很有特色；仫佬族的五色糯米饭、狗舌糍粑、枕式粽以及重阳酒等饮食文化非常具有南方民族风味；仫佬族的杨梅竹帽、麦秆帽等编织工艺也很精致；多姿多彩的仫佬族山乡风情，悠扬动听的民族歌曲，飘逸柔美的民族舞剧，风趣十足的民间竞技与体育活动等，都是各民族喜欢的民族文化。

彝族，明朝时期从云南、贵州等省迁入桂西。主要居住在百色的隆林、那坡等县。彝语属汉藏语系缅语族彝语支，彝族是西南古老民族，与古代"昆明""臾""及""乌蛮"等有渊源关系，桂西彝族有黑彝、白彝、红彝等3个支系，支系间语言、习俗不尽相同。彝族有着悠久的传统文化，火把节、跳弓节是彝族盛大的传统节日。彝族的服饰制作精美，色彩质朴，民间乐器"五笙"具有浓厚的地方特色。

仡佬族，是我国西南古老民族，其先民是古夜郎的主体民族之一，史称"葛僚"、"革僚"等。清初由贵州迁入桂西百色，主要居住在隆林、西林等县。它与汉藏语系有广泛的共同性。仡佬族民族传统文化丰富，"拜树节"是仡佬族最重大的传统节日，其民间文学和民间音乐各具特色。

回族，广西回族是我国回族的一部分。唐代以来，历经宋元明清各时期对外交往和民族交融的不断发展，才形成了回族遍中国的格局。明末以后，回族陆续从其他省区迁入广西或桂西，主要分布在桂西的右江区和靖西县的城镇里，桂西资源富集区的现代回族多使用汉语和汉文。回族信仰伊斯兰教，其社会文化生活具有浓郁的伊斯兰文化色彩。

侗族，在桂西资源富集区境内的侗族人口不多，主要聚居在罗城仫佬族自治县的龙岸乡，其余分布在河池、宜州、环江、天峨、南丹等县市。居住在这里侗族与广西三江、融水、龙胜3个自治县的聚居侗族的民族文化没有明显区别，他们的服饰极为精美，饮食尤为独特，建筑文化诸如侗寨、"栏杆式"吊脚楼、鼓楼、风雨桥等都很有艺术欣赏价值和建筑技术考究价值。

水族，是我国人口比较少的民族。分布在广西的水族人口不多，居住在桂西资源富集区的水族人口更少，他们主要散布在南丹县的六寨镇、宜州市的龙头乡和环江毛南族自治县的驯乐苗族乡等地。水族人数虽然很少，其文化也没有其他外省的典型，但和桂西各族人民和睦相处，在共同劳动和斗争中对桂西地区的开发建设也作出了贡献。

可见，十几个不同民族的族源聚杂居在一个区域，从本源上说，就已经存在十几个不同的"文化元"，而且每个"文化元"又保存着自己相对的独立性；从文化发展上看，在漫长的历史长河中各民族共同劳动、相互学习，在不断丰富和发展自己本民族文化的同时，又创造了新的更加灿烂的文化，于是就形成了多元文化共生共荣的发展格局。

（三）历史演化是形成多元一体的结果

"任何一种独具特色的地域文化的形成，都离不开当地种族在特定历史阶段的文化创造。"① 桂西资源富集区之所以形成多元一体的文化格局，与本区域是壮族为主体、多源的少数民族聚居地分不开，与当地独特的自然环境因素分不开，与各民族在长期的历史长河中共同劳动、相互学习、互通有无、团结协作、积极上进、开拓创新等实践精神分不开，这是历史的演变结果。

桂西资源富集区是一个以壮族为主体的少数民族聚居地。广西共有壮、汉、瑶、苗、仫佬、毛南、侗、彝、仡佬、回、水、京等12世居民族，除了京族以外桂西资源富集区共有11个世居民族，据相关人口调查显示，目前居住在这一区域境内有近30多个民族。按照我国宪法相关规定，广西共设有12个自治县、有63个民族乡，其中桂西资源富集区有6个自治县，29个民族乡，还有凌云、西林2个县享受自治县待遇。广西是12个自治县交往、交流、融合的资源富集区。2010年全国第六次人口普查结果显示，广西全区总人口为5159.46万人，其中，汉族人口为3201.90万人，占全区总人口的62.06%，少数民族人口为1957.56万人，占37.94%，其中壮族人口为1658.72万人，占32.15%，② 河池、百色、崇左3市是壮族人口最为集中之地，壮族人口占全市总人口80%以上，

---

① 余益中，刘士林等．广西桂西资源富集区文化发展研究［M］．南宁：广西人民出版社，2012：13.

② 广西壮族自治区统计局．广西2010年第六次全国人口普查主要数据公报［EB/OL］．［2011］．http：//www.gxtj.gov.cn/tjsj/tjgb/rkpc/.

尤其是百色的靖西、德保、田阳、苹果等县，以及崇左市的壮族更为集中，占全县（市）总人口接近 90%。桂西资源富集区还是全国瑶族的大本营，境内有都安、巴马、大化 3 个瑶族自治县，周边的大石山区里也有瑶族分布居住，由于瑶族频繁迁徙的游耕游猎生活，形成了不同支系，瑶族有蓝靛瑶、盘古瑶、布努瑶、背篓瑶、木柄瑶等支系，支系间语言、习俗差异较大。加上这一地区有罗城仫佬族自治县，全国 90% 的仫佬族都聚居在这里；有全国唯一的毛南族自治县环江毛南族自治县。还有从川、滇、黔等地迁入的水族、彝族、仡佬族等也长期定居在这里并成为广西的世居民族。世居民族与区内外迁入的汉、瑶、苗、彝、仡佬、水等各民族，为了保持、发展和壮大自己本民族，势必要与外界发生联系，与比邻其他民族发生交往。首先是表现在生产生活方面的互通有无。譬如，汉族把先进的生产工具诸如铁耙、铁犁等带入桂西以后，被相对落后的壮族采用和推广；而习惯于中原地区以旱禾耕作的汉族人，为了更好地生产生活，不得不入乡随俗改学壮族地区的稻作耕种方法。壮、汉等民族多居住在盛产大米、甘蔗的平原地带，但缺乏木头、石料修建房子；而瑶、苗等民族则多居住在森林、石料和中草药比较丰富的山区丘陵地带，于是，居住在平原的壮、汉等民族为了建房、医治疾病或其他需要，就不得不与居住在山区里的瑶、苗等民族进行物质交换；而居住在山区里的瑶、苗等民族为了解决大米、食糖等相关食物问题，也就不得不与居住在平原的壮、汉等民族进行交换或交往。其次是表现在各民族间互相通婚方面。为了繁衍后代，不断创大本民族，比邻的民族多数都存在相互通婚的习惯。再是表现在各民族共同应对巨大的自然界灾害或外界强大的敌人上。山区乡村经常发生洪涝、干旱等各种自然灾害，每当遇到这种灾害时，需要当地的各民族相互帮助、团结一致、众志成城、共同战胜灾害；每当遇到外界强大的敌人，如英、法、日的入侵以及其他帝国主义、封建主义、官僚资本主义的压迫和剥削，为了反对压迫反对侵略、保卫祖国、保卫家乡，争取民族解放自由，需要各民族团结起来，同心同德、同仇敌忾，共同战胜一切强敌。各民族经过几千年的共同劳动、相互学习、相互尊重、相互促进的发展历程，终于形成了多元一体的文化格局。

桂西资源富集区的乡村文化始终表现出多种多样的内容和形式。每个民族或每一种文化都具有自己的特色；同时经过多年的历史发展以后，每一种民族文化都或多或少含有其他不同民族的文化成分，任何一种民族文化都表现出一个共同的文化特质，即形成了多元一体的文化格局。因此，在开展乡村文化建设中，理应重视少数民族多元一体的文化格局，既要看到"元"或"整体"，又要关注到"多元"中的每"一元"。也就是说，在开展桂西资源富集区乡村文化建设的过程中，既要重视以人口较多的壮族为主体的文化建设，又要重视人口较少的瑶、苗、仫佬、毛南、水、回等其他少数民族文化建设。否则，一方面将会严重削弱桂西资源富集区乡村文化的多样性和吸引力，另一方面将会产生畸形发展、不均衡不科学的发展，对保护和发展少数民族特色文化十分不利。

第四节 转型期桂西资源富集区乡村文化的个性及存在问题

一、顺其自然的物质文化

顺其自然的物质文化就是指广西桂西资源富集区文化传统内涵，在文化归属上，以原始文化传承为主要内容；在文化变迁上，保持相对稳态的发展，文化原生性较为突出，任其自然发展的一种态势。具体来说，人们在社会生产、生活实践中表现为比较顺其自然、亲敬自然、利用自然或依附于自然，根据自然环境的不同特点，做出各种不同设计或规划以实现自己的目的。广西桂西资源富集区各少数民族就是在这样理念的影响或指导下，经过长期的生产实践，形成了喜欢"生态"的饮食文化、顺其自然的居住文化以及善于利用自然或改造自然的生产文化。

(一) 喜欢"生态"饮食

常言道：民以食为天。而饮食又取决于生产。广西桂西资源富集区特殊的地形地貌以及复杂多变的气候环境，使该区域以稻作、旱地或山地作物的生产为主，兼有一些水产、畜牧、狩猎等其他补助的生产方式并存，加上存在一些历史的原因，在饮食方面，一般都顺应于自然环境、气候状况以及食物本性，以致各少数民族饮食文化都具有民族性或地方性特色。广西桂西资源富集区的各少数民族虽然过去生活水平不高，但在生活实践中能够以粮食制品的植物性食品为主，适当结合动物性食物，做出了丰富多彩的食品，并总结出了许多健康的饮食之道和养生方法。

首先，壮族的“生态”饮食。壮族人性情好，胃口好，几乎不忌食。羊肉、狗肉、牛肉、马肉、鸡肉、鸭肉，糯米、黄豆、花生、玉米，什么都吃。就是红薯叶、南瓜苗、南瓜花、豌豆苗，以及山上能吃的植物都是他们的家常菜，可谓五花八门，包罗万象。壮族的“生态”饮食表现在：一是壮族以大米为主食，并能运用糯米来加工出原生态的色、香、味俱全的糯米食品。譬如五色米饭、黄花饭、南瓜饭、彩蛋、白切鸡、米粉、五角粽子、灰水粽、糍粑、米糕、汤圆等，其中五色饭以色彩艳丽，香气袭人最为独特。二是壮族喜欢吃生猛鲜活的河鲜、海鲜。譬如他们把吃鱼生当作较好佳肴。三是喜食珍稀奇特的动植物。广西桂西资源富集区山多林茂，水源丰富，山珍野味较多，这里的居民把珍稀奇特的动植物当作佳肴或名菜来看待。自古至今，他们多喜欢把蟒蛇、红蝙蝠、孔雀、果子狸、猫头鹰、金丝猴、蛤蚧、娃娃鱼、蜂蛹、蚂蚁、乌龟、青蛙等动物当作食物。今天在山区里最流行的名菜是“猪（羊）活血”、“羊酱”、“鱼生”、“龙凤虎”，其中，“龙凤虎”是最为名贵的菜谱。“蛇”代“龙”，以“土鸡”代“野鸡”或“山鸡”，以“野猫”或“家猫”代“老虎”，三者配合一起煮就是“龙凤虎”。四是壮族喜欢饮酒，且酒风独特。壮族山区有一句俗语：无鸡无酒不成宴。壮族喜欢饮酒与湿地生态环境有密切关系，因为饮酒可以御瘴。山区的壮族老人，一般都知道诸如“一百二根草”、“野蓖菜”等十多种植物配制加工做成原生态的酒曲，并懂得如何酿造出醇香可口的优质酒水。古代的那些诸如鼻饮或打甏等热情好客的欠文明的酒风，今天已经变得文明多了。“互喂”

的敬酒习俗当今比较常见，凡是来到桂西地区做客的朋友一定会看到。每逢宴席时，一般是男女互相分桌而坐，男人扎堆尽兴喝酒，女人结伴夹菜吃饭。原汁原味的壮家酒场规矩是这样的：男主人在桌子的中央摆放一大海碗的农家米酒，碗里还搁上数只公用的汤匙。来赴宴的男人们在主人的劝导及带领下，每人用汤匙从碗里舀取酒水，向同桌及邻桌酒友互相递喂，以示"亲密无间"，象征"同甘共苦"。这套集体喝酒的程式，被戏称为"人人喂我，我喂人人"。还有"互喂"的"酒舞"，即用汤匙舀酒单独自喝的叫"撑艇"；两人贴身两手互相环扣，各饮自己匙中的酒叫"环杯"；将彼此匙中的酒，互相敬喂叫"交杯"；各人一律同邻座的酒友互相递喂酒水叫"串杯"等，各种不同饮酒"舞术"，闹得开开心心、红红火火！这份其乐融融、真诚和睦的情景，常常使得在场的宾主们皆大欢喜，赞不绝口。五是壮族注重饮食的保健功能。山区湿地生态环境有个问题是容易产生瘟疫或风湿病，缩短人的寿命，为了抵御疾病对人体的侵害，壮族人民在长期的生产生活实践中，制造出许多保健食品。例如，"蝙蝠，服之寿万岁"。蛤蚧酒、蛇酒、蛇胆等能治支气管炎、咳嗽痰喘、风湿或类风湿性关节炎。这里，特别值得一提的是，广西桂西资源富集区河池市巴马县是世界著名的长寿乡之一，这里的居民们以素食为主，终生参加劳动，保持自然环境的洁净和健康向上、乐观开怀、行善助人、和谐友好的美德。巴马县人健康长寿的经验和规律，是广西桂西资源富集区人民献给中华的家庭的一份文化瑰宝，非常值得总结或推广。

其次，瑶族的饮食文化。"靠山吃山"是瑶族传统饮食文化的真实写照，山中生产的粟、山芋、豆类、薯类就自然成为他们的主要粮食，还有山上的马蹄根、野荠菜、蕨根、竹根也是瑶族的充饥食品。随着社会经济的不断发展，各种优质农作物品种开始在山区得到使用，瑶族食物种类开始增多，瑶族食物已经变成以玉米、大米、红薯等为主，芋、粟等为辅助；瑶族非常嗜酒，以前有"逢酒必喝，喝酒必醉"的酒风，大多是自酿酒，随着社会的发展，瑶族的酒风有所改变了，而且也喝现代的商品酒。以前有一些爱吃生食的不利于健康的饮食习惯，现在也开始淡化了；特别是"上山打猎见者有份"的集体饮食的旧习俗，也逐步淡化了。

另外，苗族、侗族、水族、仫佬族、毛南族等其他少数民族也各有自己独特的饮食文化。如苗族饮食文化。苗族喜欢糯食、甜品、酸菜和鱼类；苗族以大米为主食，而且烹饪方法既简单，又讲究；苗族也喜欢饮酒，而且在待客接物时酒风礼节特别多。

可见，广西桂西资源富集区少数民族饮食文化各有其特色和风味，不是大米为主食，就是以玉米为主食，并以豆类、薯类、小米等其他杂粮为辅助，而喜欢饮酒是山区居民的一个共同爱好。随着社会的发展，山区的许多原生态的饮食方式或方法一定会得到不断的更进、推广，或将成为南方地区有名的菜谱，成为游客们喜欢的原生态的食品或小吃，同时，在少数民族的饮食中，诸如喝生水、吃半生或全生的肉食、吃冷食、猎食野味等一些不良习惯理应革除，应树立科学的食品卫生观念，注意科学的饮食、加工、烹调食物，不断地实现饮食现代化。特别值得批判的是，许多少数民族依然存在"靠山吃山靠水吃水"的传统观念，大量捕猎野生动物，大量挖取野生植物，以造成大量的动植物濒临灭绝，这行为应该依法禁止或取缔。

（二）形式多样的民居建筑

建筑的形成受到自然因素和文化因素双方面的影响。它不仅体现出人类群居的社会生活，而且体现出自然地理环境与人文环境之间的关系，是人与自然之间所存在的文化生活，即"人的生物属性"①。正如陈建宪学者所说："建筑也是人类消费文化的重要组成部分，它反映了各个时期建筑技术与艺术的水平，凝聚了不同国家民族历史文化的精华。"② 桂西资源富集区的河池、百色、崇左等三市境内的乡村建筑绝大部分属于百越干栏建筑文化区。譬如壮

---

① 熊伟. 广西传统乡土建筑文化研究［D］. 华南理工大学博士论文，2012.

② 苟安经. 巴蜀地区农村文化建设研究［D］. 西北农林科技大学博士论文，2011：22.

族的干栏式建筑，房屋用木头加起，上层住人，下层养家禽家畜。

广西桂西资源富集区各少数民族十分重视自然环境。根据地势、地形、地貌特点，做到"人—自然（山水环境）—艺术"三结合。他们的住居很讲究地理风水，一讲到地理，老人们马上脱口而出："前有案台山，后有靠背山""不求龙来远，但求门前开""左有青龙山，右有白虎山"等一大串的风水顺口溜。风水就是龙脉，龙是保护神，即道教"四方四神"：左青龙、右白虎、前朱雀、后玄武，龙为首选保护神。因此，如皇帝龙椅的"龙椅型"地形，是人们首选的宅基地。在建筑取材方面，他们也因地制宜。在大石山区的那些"弄"，一般多建石头房子，或者下面一层是石头、上面一层是木瓦结构。在丘陵、平坝地区的那些"陆"，多建多泥瓦结构房。在地势相对平坦一些的那些"峒"，大多改建为砖瓦结构或钢混结构的平房。在建筑风格上，平面布局灵活，空间变化有序，充满自然情趣，展现了一幅幅人工建筑与自然环境相映增辉的奇观画卷。

随着城镇化建设的突飞猛进，山区的拆迁或移民搬迁等新农村建设工作，使不少乡村建筑受到严重破坏，除了某些乡村建筑列为物质文化遗产保护名录而给以保存以外，桂西山区乡村传统民居建筑文化正在消失。

（三）逐步走向生态农业生产

首先，农业水利工程和人畜饮水工程得到有效的发展。水是生命之源、生产之根、生态之基。兴水利、除水害，是事关人类生存、经济发展、社会进步的大事。水利水电问题一直是广西经济社会发展的一个基础性约束。靠天吃饭是广西桂西资源富集区许多山区传统农业生产的典型特征，山区的老农们常说："得种，就得春；得耘，就得卖。"意思就是说，如果雨水少或遇到干旱天气，那一年的收成就很少有希望了；如果雨水充足或风调雨顺，那一年的收成一定是丰收在望。为了解决靠天吃饭的传统农业，中华人民共和国成立以后，20世纪50—70年代，广西开展了大规模的水利建设，并取得惊人的好成绩。截至1977年底，共建成库容量1亿立方米以上的大型水库 22 个，建成中小型水库及塘坝蓄水工程 88650 处，合计有效库容量 103 亿立方米；建成了电力排灌站 9403 处，水轮泵站 9 253 处，水利干、支渠 12077 条，共长 44233 公里，总共建成的大大小小水利工程 28 万处。①据统计，新中国成立以后，河池市建成了水利水电工程设施 192497 处。② 近几年来，河池市共建成了家庭水柜 64009 个、大水池 6380 个，解决 53.4 万人和 53.03 万头牲畜的饮水困难；建成地头水柜 87114 个，解决 1.57 万公顷地改田浇灌任务。③ 有效解决了"碗一块、瓢一块，一顶草帽盖一块"的石缝地和半山上的望天田的灌溉问题，以及每年春秋两季干旱或 2-3 年出现一次旱灾，甚至闹水荒等问题。这些建设工程是农业现代化的重要内容。

其次，产业结构调整得到重视。历史以来，广西桂西地区经济发展都比较落后，从解放初到改革开放前，桂西地区乡村基本上是属于传统的农耕生产方式，或者说完全是粗放型的生产方式；改革开放以后的十几二十年间，开始从传统农业向半传统农业的生产方式转变；随着党和国家颁布关于"三农"问题的各种优惠政策，并不断得到实施或落实以后，广西桂西地区乡村落后的农业生产方式才不断发生改变。2002—2009 年，广西全区 GDP 从 2523.73 亿元上升至 7759.16 亿元，实际年均增长速度达 17.4%。2009 年，广西全区地区生产总值为 7759.1 亿元，比上年增长 10.5%，人均 GDP 突破 15000 元，达到 15237.8 元，其中，第一产业与上年基本持平，实现增加值 1458.5 亿元，比上年增长 0.3%；第二产业增长较快，实现增加值 3381.5 亿元，比上年增长 11.3%；第三产业增长最快，实现增加值 2919.1 亿元，比上年增长 15.4%；产业结构为"二三一"型，三次产业增加值比例为 18.8：43.6：37.6。桂

---

① 褟推鸽. 当代广西水利建设评述 ［D］. 广西师范大学硕士论文，2006.

② 陈健，韦志远. 对河池水利水电发展的几点思考 ［C］. 南宁：广西水利厅厅庆征文选集（1），2004（6）.

③ 陈健，韦志远. 对河池水利水电发展的几点思考 ［C］. 南宁：广西水利厅厅庆征文选集（1），2004（6）.

西资源富集区人均 GDP 偏低，仅为 10857.1 元，产业结构为"二三一"型，三次产业增加值比例为 22.8：43.8：33.4。① 可见，广西桂西资源富集区开始意识到物质文化资源的重要性。

广西桂西资源富集区的农业在物质生产条件方面开始出现一些生态农业或现代农业的苗头，这是从传统或半传统农业向生态农业或现代农业转变的过程，然而，要真正实现这一转变还是需要相当长的日子，因此，需要我们不断地去探讨或研究。

二、包容和谐的精神文化

（一）广西桂西资源富集区精神文化探微

精神文化属于文化内容的抽象性部分，具有一定稳定性。不同民族所具有的自己独特的民族精神，是维持其民族生存和发展的文化精髓；不同地域所表现出的鲜明的地域精神，是维持和促进地域经济社会发展的文化精髓，这是自然环境的差异性与人文环境的差异性在长期的历史发展过程中，经过相互对接、交流、磨合或共同作用的产物，它既具有一定的民族性特点，又具有一定区域特征。

关于广西桂西资源富集区乡村文化的精神实质或特点，已经有不少人进行过探讨，对居住在这里的壮、汉、瑶、苗、仫佬、毛南等各民族的基本特征都进行过近似的分析或比较，只是具体表述不同。20 世纪 80 年代，人们在开展贫困山区扶贫工作大调查大讨论时，指出了广西桂西资源富集区的乡村文化，表现为严重的落后、贫困、封闭、保守或顽固性等特点；20 世纪 90 年代，人们在开展贫困山区扶贫工作回头看或验收检查时，即在"十年扶贫攻坚战"的工作总结时，指出了广西桂西资源富集区的乡村文化，表现为贫困、保守、视野狭窄、不思进取、小富则安等特点。近年来，又指出了广西桂西资源富集区的乡村文化资源枯竭或匮乏，乡村文化活动难以开展等各种严辞。然而，如果仅仅用一种什么意识来概括广

---

① 李杰. 广西"两带一区"域经济差异研究［D］. 广西大学硕士论文，2011.

西桂西资源富集区的乡村文化精神，那显然是不够的或是严重陷入了以偏概全的死胡同。广西桂西资源富集区是集革命老区、边疆地区、民族地区、连片特困地区、大石山区和水库库区等"六位一体"的非同一般区域，这一区域的文化精神或各少数民族的精神特质是长期的历史积淀，是多元一体的文化精神，它可以在文化的各个结构层次上体现出来。

1. 从地域自然环境的角度来阐释桂西资源富集区乡村文化的精神。

一是主动性。由于桂西地区山多险峻、交通不便、信息闭塞等独特的自然环境的影响，同时该区域受汉文化影响比桂东较晚，而且经常发生反抗中央王朝封建压迫的起义，其民族意识或自我意识较强，一旦受到相对先进文化的影响，其主动性将更加明显。正如著名的壮学专家张震声先生说："（桂西）这个地区的壮族对本民族传统文化的自我意识即主体现念较强，但对汉族文化不仅表现出积极的开放、包容意识，而且有善于吸收、融化和自我创造的精神"。① 可想而知，以壮族为主体的其他少数民族同样具有相似的特点。不管是哪个民族或族群，长期聚居或杂居在同一个区域范围内，如果这个民族缺乏开放、包容的意识，缺乏善于吸收、融化其他民族的优秀文化，缺乏自我创造的精神，那么这个民族就不可能长期存在，也不可能得到很好的发展，甚至在很短的历史时期内一定会自然消亡。广西桂西资源富集区各民族之所以能够生存并发展到今天，并将继续繁荣和发展下去，就是因为各民族具有主动性的文化特点。二是原生性。从古代到近代的每个时期都有许多汉人因从军、从政、从商、开垦、逃难、流放等原因迁入广西桂西资源富集区，但至今许多县乡仍然保持着占当地人口总数的95%以上的壮族，如靖西县、德保县的壮族人口分别为99.4%，97%，说明了这些迁入的汉人绝大部分已经融入到了壮族之中。张震声先生说："在桂西，有少部分汉人长期与越人杂处，融入越人中，这在中国

---

① 张震声. 壮族历史文化与《壮学丛书》[J]. 广西民族研究，2003（1）：47.

汉族与少数民族融合中是少有的现象。"①② 可见，广西桂西资源富集区乡村文化传统又具有明显的原生性。

2. 从历史的维度来阐释桂西资源富集区乡村文化的精神。

一是多元性。桂西资源富集区是少数民族聚集区，现世居在这里 11 个民族，他们各自迁入广西或桂地区的时间不同，各民族带来的不同文化，经过长期与壮、汉文化互相交融发展，由于受复杂多变的自然地理环境的影响，加上各族语言不同，风俗各异，就形成了各种不同的峒场文化，③ 即多元性文化。二是宗教文化的差异性。广西桂西资源富集区各少数民族都有自己的宗教信仰，他们信仰的鬼神种类多、数量多，没有形成统一的宗教信仰。在壮族《布洛陀经诗》中，仅布洛陀统辖下的神就有 130 多种；聚居在该区域的毛南族虽然人口总数才 7 万多，但他们信仰神就多达 90 个以上。三是开放性。广西桂西资源富集区乡村文化一般都具有开放性，譬如壮族刘三姐歌谣和歌圩，不仅遍布整个桂西地区，而且遍布整个广西，整个中国大地，真可谓是"大地飞歌"；仫佬族的"走破节"展现青年男女们恋爱自由、非常开放的形式，并吸引了其他民族的积极参与；瑶族虽然深居高寒山区，但瑶族热情好客、喜交朋友的性格让人敬佩三分；随着社会的发展山区各族人民之间相互通婚已经成为习以为常的事情了。四是包容性。山区各族人民语言或方言差异很大，宗教信仰各不相同，既存在稻作文化与山地文化之分，又存在民族传统文化之别，但长期的聚居或杂居在一起，相互学习、相互吸收，形成了"你中有我，我中有你"的不可分割的整体。譬如，铜鼓文化最早发源于壮族地区，但它不是壮族的"专利"，而是汉、瑶、侗、苗、水等各族群众的"专利"；壮族刘三姐歌谣成为各族群众所喜欢的歌谣；壮族的花炮节、牛魂

① 张震声. 壮族历史文化与《壮学丛书》 [J]. 广西民族研究，2003 (1)：48.

② 余益中，刘士林等. 广西桂西资源富集区文化发展研究 [M]. 南宁：广西人民出版社，2012：26.

③ 黄筱娜. 广西少数民族传统文化的现代转型——文化转型与广西少数民族地区文化建设研究报告之一 [J]. 广西社会科学，2003 (6)：31.

节等节日，同样也是汉、瑶、仫佬等其他民族的节日；壮族的麽文化、瑶族的巫术文化与汉族的道教文化等三者的宗教文化，在内涵上都有一定的共同点或存在一定的交集点。爬竿比赛，本是隆林德峨苗族在"跳坡"时的活动内容之一，后来变成了苗、彝、壮、汉、仫佬等民族共同喜爱的体育活动。①

3. 从民族革命精神角度来解释桂西资源富集区乡村文化精神。

一是反压迫的精神。从秦始皇统一岭南到民国时期，2000 多年的人类发展史，以壮族为主体的其他少数民族聚集的广西桂西资源富集区人民，对统治阶级的民族压迫和阶级压迫的斗争从未间断，譬如，广西桂西资源富集区各族人民，唐代时参加黄乾曜起义，宋代时参加依智高起义，明代参加瓦氏夫人反倭寇、参加韦银豹起义，清代参加太平天国起义等各种起义，都是表现广西桂西资源富集区各族人民具有反抗封建统治和阶级压迫的精神。二是追求自由幸福的精神。桂西各族人民对自由幸福的生活具有强大的愿望，他们积极参加孙中山领导的镇南关起义等多次起义，特别是他们积极投入中国共产党领导的土地革命、抗日战争和解放战争，参加邓小平、张云逸、韦拔群等领导的百色起义，为中国革命做出了许许多多的贡献。② 新中国成立后，这里还是援越抗法、援越抗美、南疆战役的前线。据统计，广西桂西资源富集区境内共有 70 多处红色文化遗迹。所有这些都体现了广西桂西资源富集区各族人民的革命精神，是推动人类历史发展的强大动力。

（二）广西桂西资源富集区的群体性格

广西桂西资源富集区的河池、百色、崇左三市所辖的 30 个县（市、区），土地面积 8.71 万平方公里，占全区总面积 37.8%。聚居在广西桂西资源富集区的各族少数民族群体，不同民族有不同的

---

① 赵静. 广西民族文化资源的保护与开发探微——文化转型与广西少数民族地区文化建设研究报告之三 [J]. 广西社会科学，2003（6）：38.

② 覃德清. 壮族文化的传统特征与现代构建 [M]. 南宁：广西人民出版社，2006：总序（25）.

语言，不同地域有不同的方言，即使是同一个民族也不同的方言，他们在性格上既具有区域的共性又具有自己民族的个性。例如瑶族语言可以分为勉语、布努语、拉珈语、夹汉方言等四大语言；壮族语言有南壮北壮之分。加上各民族的宗教信仰各有差异，正如人们常说："十里不同风，五里不同俗"。可见，各地或各族文化也存在一定的差异。右江流域和红水河流域，由于地形相对平坦，或平原，或平原兼丘陵，土地肥沃、雨水充沛、阳光充足、温热适宜，是自然条件比较好地方，人们的生活水平相对高一点，一般属于稻作文化区即形成"以'那'为本的生产方式模式及'那文化'体系"，这里的居民一般具有机智勇敢、热情大方、自由开朗、能歌善舞、崇尚耕读、喜欢交往、邻里和睦、开拓进取、自强不息、爱家爱国等性格特征。而居住在丘陵或喀斯特地貌比较多的山区，土地贫瘠，旱地较多，人均耕地面积较少，而且交通极为不便的区域，一般属于山地文化区，这里的居民一般具有刻苦勤劳、热情好客、正直淳朴、友爱诚信、团结互助、平等和谐、维护统一等性格。这是稻作文化区与山地文化区居民的主要性格特征。

从民族群体的性格看，各族都具有自己独特的性格特征。壮族是广西桂西资源富集区的主体民族，壮族人民具有勤劳勇敢、爱唱山歌、喜欢交往、热情好客、向往自由、开拓进取、自强不息等精神，壮族人民创造并留下了诸如花山崖壁画、铜鼓、民歌等许多古代艺术瑰宝，涌现出瓦氏夫人、肖朝贵、韦拔群等一批反侵略、反压迫、保卫祖国、维护统一的民族英雄和革命领袖，这些精神财富对推动广西桂西资源富集区社会经济、政治、文化、生态等"五位一体"建设，具有十分重要的意义。

瑶族是世界上最著名的山地民族，"岭南高山都是瑶"，面对恶劣的自然环境和残酷的阶级压迫等双重或多重困难的煎熬，造就了瑶族同胞具有勤劳勇敢、忠诚老实、以礼待人、刻苦节俭、淳朴善良、团结互助、爱护集体、忠诚亲属等性格特征，为构建社会主义和谐的民族山区做出了很大的贡献。

苗族几乎都是居住在大苗山区，宋代从湘西和黔东迁入今广西融水一带；明末清初，有的又迁入今河池市南丹县中保乡一带，有的迁入今百色市隆林县德峨乡一带。苗族的传统文化具有原始古朴性、成熟性、多样性和兼容性等特点。苗族人民特别向往美好生活，喜欢穿金戴银，喜欢交友，热情好客，喜欢芦笙曲调和芦笙舞，喜欢蜡染和织锦工艺。苗族服饰被列入广西壮族自治区级非物质文化遗产保护名录。

仫佬族是一个具有博采、自由、创新性格的民族，开放性是仫佬族传统文化中一个非常显著的特点。仫佬族人民爱好广泛，喜欢学习或吸收外来有益的新文化；他们崇尚自由文明，青年男女喜欢自由恋爱，"走坡"这一传统的交往方式就可以证明这点，以前在桂西地区曾经流传一句俗语："爱玩爱耍，罗城四把。"这就反映了罗成仫佬族人民崇尚自由生活的精神。另外，他们具有紧跟时代步伐，反对故步自封或墨守成规的精神。因此，在广西桂西资源富集区境内仫佬族可算是一个比较先进的民族，而生活水平也比其他少数民族略高一些。

毛南族也是一个热情开放的民族，毛南人具有重视耕读或重教助学传统，具有尊老爱幼、邻里互助、热情好客的美德；毛南族又是一个多教信仰的民族，他们的祖先崇拜和自然崇拜的思想，对弘扬尊老爱幼和保护生态环境具有积极意义。

还有水族、彝族、仡佬族、回族等少数民族，虽然他们居住在广西桂西资源富集区的人数不多，他们的文化形态或群体性格也没有外省的那么典型，但是他们与广西桂西资源富集区的各族人民和睦相处、友好往来、相互通婚、共同劳动，共同创造出许多美丽富饶的物质文化和多姿多彩的精神文化，对广西桂西资源富集区的开发建设也做出了贡献。

（三）转型期桂西资源富集区精神文化发展特征

1. 宗教观念的弱化和现代文明观念的强化。

宗教文化是少数民族最具特色的传统文化。宗教活动与民族生活紧密联系，凡是提到少数民族传统文化就自然联想到宗教文化，民族文化与宗教文化存在一定敏感因素。然而，在广西的少数民族中却不尽如此。广西桂西资源富集区是少数民族聚集区，居住在这里的少数民族一共 20 多个族种，他们都存在着多神信仰习俗，其包容性或开放性比较明显，因此在社会变迁中也比较容易转型。由于宗教观念逐步弱化了，那么与其有密切联系的宗族观念也在弱化。前几年，都安瑶族自治县下坳镇龙关小学在改造学校危房建设过程中，由于资金紧缺，无钱买木头做门窗门框和桌椅，经过召开村民大会，大家同意把留在岩洞里的那些旧的棺材木拿来加工和使用。在乡村文化建设中，为了解决活动场地的问题，许多乡村召开村民会议，在会议上大家都一致同意把原来计划建造祠堂的空地改为建造村落文化活动室，并纷纷解囊捐资捐物，以致大部分乡村都建立了乡村文化活动室，使乡村文化活动得以顺利开展。

2. 生活方式的改变与人口素质的提高。

生活方式上，原来山区农村的那种"日出而作、日入而息"生产方式或现象已经很少见到了，农闲时村民们开始有了自己丰富的乡村文化生活。电视机、影碟机等现代音响遍布绝大部分山区农村。乡村或村寨文体活动开始频繁起来了，于是，村民们的其他消费观念也得到了不断的更新，消费领域不断扩大，消费质量不断提高。2012 年广西桂西资源富集区河池市农村恩格尔系数为 36%，百色市农村恩格尔系数为 45.8%，崇左市农村恩格尔系数为 40.15%。① 由于生活方式的改变，一些少数民族的生育观念也发生新的改变。20 世纪 50—70 年代期间，少数民族的生育观就是能生多少个就要多少个或养多少个。改革开放以后，随着计划生育政策在少数民族地区得到全面的贯彻落实，现在山区乡村的村民们优生优育的生育观念基本上深入人心，乡村计划生育工作人员的服务态度和服务质量相对比较好了，各种妇幼保健的技术和设备都比较先进，人口素质有了明显的提高。同时，由于实行优生优育的政策，生育率得到控制，乡村适龄儿童入学率明显提高，并得到良好的学校教育，加上党和政府的大力扶持，广西桂西资源富集区的教育有了很大的发展。

___

① 广西壮族自治区统计局 . 2012 年广西壮族自治区国民经济和社会发展统计公报［M］. 北京：中国统计出版社，2013.

3. 科学观念的形成和国际视野的打开。

随着工业化、城镇化的步伐不断走进广西桂西资源富集区少数民族乡村，在现代文明理念或科学文化思想的影响或导向作用下，广大村民们的科学观念逐步形成。先进的科学技术的突飞猛进，交通、通讯、电信、信息技术等各种硬件的开发，为少数民族了解世界、走向世界提供了许多方便。而电视、手机、电脑等各种网络的广泛使用使山区的各族村民们可以直接了解到外面的精彩世界，并获得大量的农业科技信息或其他信息。在壮族聚居的百色市田阳县头塘镇，每天都有许多农民聚集在电脑信息服务部里上网查询资料；在那毕乡，有一位村民学会了使用电脑的知识，开辟了"农业服务信息网页"，当上"网络经纪人"，由于生意红火，很快成了"白领农民"。①

乡村生态旅游的兴起，也是广西桂西资源富集区少数民族乡村直接与外面世界相互连接的一个良好途径。目前，广西桂西资源富集区已经建立了不少生态旅游示范区，河池市初步打造出巴马"世界长寿之乡"生态养生旅游区，在东兰、凤山、巴马、都安、大化县等县建立"世界铜鼓之乡"生态旅游区，在宜州市建立"壮族歌仙刘三姐故乡"生态旅游区，在南丹县建立"南丹白裤瑶族村"旅游示范村等许多别具特色的旅游景点。一些村民自办家庭旅馆或"农家乐"餐馆，不仅摆脱山区贫困的生活状态，同时，每天都有机会与中外游客交流，又可以从中了解到或学习到外面世界的许多真实的东西。

三、"稳中求新"的制度文化

（一）城乡二元结构

传统农业社会向生态农业社会或现代工业社会转变是社会发展

---

① 黄筱娜. 广西少数民族传统文化的现代转型——文化转型与广西少数民族地区文化建设研究报告之一 [J]. 广西社会科学，2003 (6)：33.

的必然趋势，大力推进工业化、城镇化建设步伐是实现现代化的根本途径。城乡二元结构是社会生产力发展的阶段性产物，随着社会生产力的不断发展二元矛盾也逐步得到消除。之所以产生巨大的城乡差距，决不能完全归因于客观的自然环境和历史因素，而是我国利用国家的某些制度设计强化了城乡二元结构的存在，即体制或机制是人为的主要因素。如果我们从农业产值的比重、农村人口的比重、农村人口的收入水平等三个方面去分析，可以看出城乡二元结构的具体状况以及农村经济社会发展的历史方位和发展阶段。

1. 工农业产值。

从工农业产值看，一是河池市。1950年河池地区人口总数为121.26万人，全部工业总产值仅为0.08亿元，农林牧渔业总产值为0.37亿元，农业总产值相当于工业总产值的4.6倍，工业总产值占的比重很少。到1978年，河池地区人口总数为292.15万人，全部工业总产值仅为3.77亿元，农林牧渔业总产值为3.68亿元，工业总产值首次超过了农业总产值。1990年全部工业总产值仅为15.54亿元，农林牧渔业总产值为16.53亿元。1978年到1990年二十几年间，工业总产值与农业总产值之间上下波动变化不大，或基本保持平衡。2000年全部工业总产值仅为118.49亿元，农林牧渔业总产值为67.75亿元，工业总产值超过农业总产值接近一倍。2008年全部工业总产值仅为320.66亿元，农林牧渔业总产值为131.19亿元，工业总产值超过农业总产值一倍多，接近三分之二。二是百色。1950年百色地区人口总数为165.25万人，全部工业总产值仅为0.08亿元，农林牧渔业总产值为1.10亿元，农业总产值相当于工业总产值的10倍多，工业总产值占的比重极少。到1978年百色人口总数为288.90万人，全部工业总产值仅为2.43亿元，农林牧渔业总产值为5.40亿元，农业总产值相当于工业总产值的两倍多。1990年全部工业总产值仅为10.63亿元，农林牧渔业总产值为16.73亿元。1978年到1990年二十几年间，工业总产值始终没有超过农业总产值。2000年全部工业总产值仅为97.98亿元，农林牧渔业总产值为73.63亿元，工业总产值终于超过农业总产值。2008年全部工业总产值仅为464.45亿元，农林牧渔业总产值为 143.34 亿元,工业总产值超过农业总产值四倍多。① 可见,改革开放以前,广西桂西地区农业产值占 GDP 比重很大。改革开放以后的 20 多年间,明确地说,在没有重点调整或优化产业结构之前,工业总产值与农业总产值的比重差不多,或是农业总产值占 GDP 的比例仍然很大。2000 年以来,经过不断加大产业结构调整力度或优化升级以后,广西桂西资源富集区工业化有了很大发展,农业总产值占 GDP 的比重才大幅度下降。但从总体上看,广西桂西资源富集区的工业化或城镇化水平还是低于全区的平均水平。见表 2-3。

表 2-3　**2012 年广西桂西资源富集区产业与城乡人口结构比较**

(单位:%)

项目与区域	广　西	河　池	百　色	崇　左
第一产业	16.7	25.36	18.5	27.08
第二产业	48.6	35.8	55.5	40.95
第三产业	34.7	38.8	26.0	31.97
人口城镇化率	43.53	30.2	29.8	32.9
城乡人均收入比	3.6:1	3.9:1	4.1:1	3.1:1

资料来源:根据 2013 年广西统计年鉴相关数据整理。

2. 社会人口构成。

从社会人口构成看,改革开放以前,广西桂西资源富集区的河池、百色、崇左等地几乎都是农业人口,农村人口占总人口的比重极大,例如,1980 年百色总人口为 299.74 万人,其中农业人口多达 276.59 万人,城镇人口仅仅为 23.15 万人,说明新中国成立后到改革开放前这一段时期农村人口的非农化进程几乎处于停滞状

---

①　广西壮族自治区统计局,国家统计局广西调查总队编.八桂辉煌:广西 60 年经济社会发展成就 [M]. 北京:中国统计出版社,2009:390~391;362~263.

态。改革开放以来，桂西资源富集区与全国一样都出现农村人口不断流入城镇的现象，但与桂东、桂北或其他发达地区相比，桂西资源富集区的城镇化建设的进程还是跟不上，而且远远落后于工业化进程，即城镇化与工业化两者并没有达到同步发展或均衡发展，以致农业人口总数远远超过非农业人口总数。根据《2013 年广西年鉴》公布的相关数据来看，2012 年广西常住人口总数是 4682 万人，其中农村常住人口总数是 2644 万人，占常住人口总数 56.5%。而广西桂西资源富集区的河池市、百色市、崇左市农村常住人口总数占本市的常住人口总数的比例分别为 69.8%、70.2%、67.1%，其中最低是崇左市。可见，广西桂西资源富集区的城镇化道路还是任重道远。

3. 城乡收入差距。

从城乡收入差距看，城乡二元结构在广西桂西资源富集区表现更为明显。近年来，城乡人均收入差距依然很大，2012 年广西全区农村居民人均可支配收入是 5514 元，广西桂西资源富集区河池、百色、崇左三市的农村居民人均可支配收入分别是 4620 元、4774元、6263 元，只有崇左市的农村居民人均可支配收入高于全区农村居民人均可支配收入 749 元；2012 年，河池、百色、崇左三市城乡人均收入比分别为 3.9：1、4.1：1、3.1：1；可见，广西桂西资源富集区城乡收入差距的现象比较明显。

上述几个方面直接反映了广西桂西资源富集区农村经济发展程度不仅在整体上低于全国平均水平，而且在区域上也低于桂东、桂南、桂中等地的平均水平。由于广西桂西资源富集区农村人口基数较大，农村人均占有耕地面积极少，2011 年，河池市耕地总面积为 374.21 千公顷，有效灌溉面积占耕地总面积 26%，人均占有耕地面积为 0.9 亩；百色市耕地总面积为 449.54 千公顷，有效灌溉面积占耕地总面积 24%，人均占有耕地面积为 1.2 亩；崇左市耕地总面积为 349.52 千公顷，有效灌溉面积占耕地总面积 22%，人均占有耕地面积为 1.4 亩。可见广西桂西资源富集区农村剩余劳动力向非农转移的难度相当大。此外，广西桂西资源富集区的城乡二元结构，还造成县域之间的发展失衡问题。除了市政府所在地的区域以外，其他县域的山区农村经济社会发展还是不尽如人意，城镇化率一般在 15% 左右。当然，在某些偏远山区诸如南丹县、平果县等地基于开发自然矿产资源产生了增长极点，由于资源开发的补偿机制不健全，产生的融合度不高、辐射力不强，对本县的许多农村或周围县域的经济没有产生有效影响力或带动力，从局部上说，这也是一种微观的经济社会的二元结构。因此，要加大推动城镇化建设的动力，尽快消除二元结构，那么势必要考虑到广西桂西资源富集区独特的区位地理优势、丰富的自然资源，以及多姿多彩的民族文化资源等各方面特殊的因素，于此，发挥"城市核心活力带"优势，创建"特色生活城市"模式将成为本区域开发最佳的选择。

（二）乡村治理结构

改革开放以后，或者更加明确地说在实行农村家庭联产承包责任制以后，我国各个地区采取的乡村治理模式一般都是统一的，即县（市、区）、乡（镇）、行政村、村民小组等三级乡村管理结构模式。在市级首府所在地，一般根据所管辖的乡镇数目和人口数目等情况，又设有一个或几个相当于县级一样的区一级的派出机构，其管辖权与县委、县政府的权力基本属于同类级别。

广西桂西资源富集区有 6 个自治县和 2 个享受自治待遇的县，即相当于有 8 个具有自治权的大县，有 69 个民族乡。近年来，随着改革开放的不断深入，乡村治理结构发生了一定的变化，主要表现在：一是取消农业税费以后，乡村治理在内容与运行机制方面发生了很大变化；二是"扩权强县"的改革试点实施以后，乡村治理的内容与运行机制又发生了一定的变化。可见，广西桂西资源富集区乡村治理的内容与运行机制又存在一定差异性。

在农业税费废除之前，乡村所征收的粮食税费、农林渔牧特产税以及教育费附加等项目，成为县乡村两级或三级主要来源的公用经费。农业税费废除以后，乡（镇）村两级的公用经费主要依靠上级财政拨款支付。乡村干部的工资补贴全部由自治区或县（市）财政依照农村类别按月发放，广西桂西资源富集区村级主要干部一个月能领到 800—1200 元的补贴，与在家干活的农民相当，但远不如外出打工的农民。尽管乡村干部的工资补贴不算很高，但每月能按时发放远比以前年终算账打白条的情况好得多了，村干部的积极性也得到一定的激发，农村里一般性的基础设施建设需要通过"一事一议"的程序进行，并且有一定数额的限制；中央或地方财政拨款一般都严格按照财经制度或财政预算来实行，超支的几率很低或几乎为零。于是，乡村干部再也不敢像以前那样随意签单或买账，随意拍板或随意开支的财政混账得到了有效遏制。彻底的农业税费改革，克服了以前的那种"只收不放"或"多收少放"，"预算乱涨"或"财政混账"等现象，促使政府包括基层农村组织向服务型政府或组织转轨，即以提供农村公共服务为主要工作内容，对加强或改善农村党群关系、干群关系，具有非常重要的意义；对维护农村社会安定团结，促进广大农民安居乐业起到很大的作用。除了个别地方因征地、拆迁、环境污染、"打白条"等坑农因素引起的群体性事件外，广西桂西资源富集区境内的农村社会基本保持各民族共同发展的繁荣良好势态。

广西桂西资源富集区的河池市共辖 11 个县（市/区），174 个乡（镇），1620 个村（居）委会；百色市共辖 12 个县（市/区），183 个乡镇；崇左市共辖 7 个县（市/区），76 个乡（镇）。广西在推行"扩权强县"的深化改革中，参照浙江等省的做法，采取不经过试点，一步到位全面铺开的举措，共下放 721 项权限。这种"扩权强县"，对推动广西桂西资源富集区经济、社会、文化、生态等方面的建设发挥了很大的作用，这种"扩权强县"的改革得到社会多数人员一致的肯定，但其未来的发展方向和具体实施方案有待于我们去继续深入开展研究。

至于乡村治理方面。"精简机构"的政策从颁发到实施已经历了好长时间，也取得一定相应的成效，随着改革开放的不断深入，基层社会公共服务体系的内容和项目越来越多，而且不同地域的乡镇出现不同的情况，有的乡镇限定人员数额偏少，有的偏多，并非不合理。但在职能管理还没有明细化条件下，单纯以人数来论显然是不科学的，乡镇所设置的机构诸如"五站"等分支职能机构从以农税征收为主要工作内容的职能，转变为以提供社会公共服务为主要内容的职能，许多条条框框的管理或规定始终没有理顺。乡镇的分支机构如农业技术推广站、计生站、畜牧兽医站、农机站、林业站等"五站"，土管所、电管所、派出所、邮电所、财政所、法律服务所等"六所"，他们有的财政工资和人事权都在县局并由县局直接管辖；有的工资财政、人事权都在乡镇并接受党委政府管辖；有的是人事权、工资财权分开，或在乡镇，或在县局。这种管理不一、条块分割的矛盾，在一定程度上，对增强他们的公共服务意识和提高他们的服务能力，将会带来一定的影响。另外，广西桂西资源富集区大多属于经济欠发达的乡镇，尤其是边远贫困的山区，基层工作压力大、待遇差、吸引力不强，现有的人才纷纷往县局跑，难留住。近年来，不少签约的"大学生村官"或"特岗教师"服务期还未满就有一大批人离开了。可见，乡镇基层人才培养和使用的现状不容乐观，需要我们不断地去深入探索或研究。

（三）村民自治

广西桂西资源富集区过去长期受到土司土官制度、宗法制度严重影响，或长期受到少数民族乡村传统的寨老制、族王制等各种民间组织和制度的影响，又经过长期的历史演变，积淀了许多优秀传统的制度文化。改革开放的春风吹遍大江南北，使少数民族优秀的传统文化与改革开放的先进时代发生了有效碰撞，产生了村民自治制度的火花。被誉为"中国村民自治第一村"的合寨村就是产生于广西桂西资源富集区宜州市境内。村民自治就是村民们通过"小票箱"的选举、"小人大"的议事、"小宪法"的村规民约、"小纪委"的监督，即通过"民主选举、民主决策、民主管理、民主监督"的途径，创建了"自己管理自己"乡村治理模式，解决了实行农村家庭联产承包制度以后所产生的一些不良问题，改善了农村治理的状况，使村民们获得了"看得见，摸得着"的利益。村民自治制度既是首先在广西桂西资源富集区得以诞生，又是在广西桂西资源富集区得以广泛实行或推广，这不仅是改革开放的直接产物，也是广西桂西资源富集区少数民族传统的制度文化发生演变的历史必然性，换言之，优秀传统的制度文化与改革开放先进时代的有机结合，是村民自治制度得以形成和发展的主要原因。据统计，1981 年底，宜山各公社的村民自发组织的村委会共 150 多个；罗城全县 8 个公社已建立村委会共 912 个；巴马全县 9 个公社中已建立村民委员会共 154 个；都安全县 8 个公社已建立村委会共 658 个；南丹县已建立的村民委共 21 个。① 到 1983 年广西全区已建立村民委共达 5423 个。河池市在培育和推行村民自治方面做出了突出的贡献，截至 2005 年，河池市 11 县（市/区）、164 个乡（镇）、1498 个村委会、146 个社区、13913 个村民小组，已建立了示范村 601 个，占 40.2%。其中市级示范村 253 个，示范乡镇 29 个；县级示范村 348 个，示范乡镇 33 个。全市 1498 个村建立了村务公开民主管理制度，占村总数的 100%，群众满意率达 85% 以上。② 随后，广西区人民政府多次召开全区乡村民主管理工作现场经验交流会，以推广河池的经验和做法；同时，在国家及有关部门的考察、肯定、宣传或推广下，从合寨到整个桂西地区，乃至中国的许多农村，村民自治的治理模式都被效仿或使用，并随着中国特色社会主义现代化建设的步伐走进了中国的所有乡村，从而推动了中国乡村民主政治的改革与发展。

　　然而，随着工业化、城镇化的不断深入，广西桂西资源富集区乡村村民自治势必要坚持以马克思主义、毛泽东思想和中国特色社会主义理论体系为指导，发扬优秀的传统文化；在内容上势必要体现社会主义核心价值观的本质要求；在行动上，势必要在中国特色社会主义的政策体系和法律体系所规定的范围内去开展活动；同时，村民自治的方式、方法或途径势必要多样化、常态化、时代化、现代化或高效化。总之，不管是内容还是形式，始终要坚持以人为本或村民为本的科学发展观，始终把广大村民的根本利益放在

---

　　① 郭亮. 桂西北村寨治理与法秩序变迁研究——以合寨村为个案 [D].西南政法大学博士论文，2011：85.

　　② 中国改革论坛. 广西河池市村民自治与农村和谐社会建设研究 [EB/OL]. [2010-07-08]. http：//www. chinareform. org. cn/area/west/Report/201007/t20100708_33213. htm

第一位，只有这样，才能保持村民自治持续健康地发展。

（四）家庭结构与家庭关系

家庭是社会的最小结构单位或细胞。乡村地区是乡村文化的主要载体，其中家庭又是乡村文化载体中的主要载体之一，在乡村文化内容中扮演重要角色。在广西桂西资源富集区境内各少数民族家庭中，家庭观念和家庭组织制度都具有独特的民族色彩和鲜明的地域特色。从历年的人口抽样调查资料来看，尤其是全国共六次人口普查公布数据来看，广西桂西资源富集区的河池、百色、崇左等三市在改革开放以前，或更明确地说，在未经过全面贯彻落实国家计划生育政策之前，少数民族地区特别是边远山区的乡村一般一对夫妇最少生育 4~5 个孩子，平均每户人口都是 6~7 人以上。通过全面贯彻落实党和国家的计划生育政策，提倡一对夫妇只生育 1~2 个孩子，这样家庭人口数就明显减少了好多。在广西桂西资源富集区境内各少数民族家庭，不管是一对夫妇生育有多少个孩子，一旦结婚生了一个孩子以后一般都分家或另立门户，三四代同堂的家庭（户）出现不多，即普遍保持传统的小规模家庭结构。2010 年全国人口普查资料显示，广西桂西资源富集区河池、百色、崇左三市的乡村家庭户规模，按 4 人以下（含 4 人）家庭户计算，分别占总户数的比重约达 76%、73%、75%。① 基本上与广西壮族自治区人口与计划生育政策之规定相符合，一对夫妇生育 1~2 个孩子，属于小规模的核心家庭。广西桂西资源富集区各少数民族普遍存在"树大分丫，子大分家"的习俗，即使实行计划生育政策以后，虽然只有一两个孩子，但孩子成人结婚生育以后还是要与父母或弟兄分家，所以，现在很难见到不分家的四五代同堂的大户家庭。这种分家的习俗，既是与广西桂西资源富集区人多地少、人均耕地面积较少的自然环境有关，又与山区少数民族传统家庭文化的演变有关。这种小家庭体现了社会分工的细节化，有利于家庭生产生活，

---

① 广西壮族自治区统计局 . 广西壮族自治区 2010 年人口普查资料 [M] . 中国统计出版社，2012.

特别是方便家庭经营；有利于发挥家庭成员自觉参加生产劳动的积极性，尤其是激发年轻力壮的夫妇为尽快实现发家致富的梦想而努力劳动的积极性。社会上普遍出现这种小户单位或小家庭的结构，客观上弱化了传统的宗族势力和宗族组织力量，使其不能发展成为强大的地方保护主义或地方势力，有利于国家的法律法规的普及和实施，有利于党和国家颁布的各项路线、方针、政策的宣传、贯彻和落实。

转型期广西桂西资源富集区乡村婚姻家庭关系都发生了历史性新变化。随着经济全球化、文化多元化的不断加深，以及我国社会主义市场经济的建立，广西桂西资源富集区各族人民的爱情观和人生观有了很大的进步，包办婚姻、买卖婚姻基本上得到根除，新型的社会主义婚姻家庭关系得到了广泛的普及，山区各族人民真正享有了恋爱自由、结婚自由和离婚自由的权利。广大少数民族妇女同胞不仅在政治、经济、文化生活上享有同男子平等的权利，而且在婚姻家庭关系上也是享有同男子平等权利。"男尊女卑"的旧思想旧观念从根本上得到摒弃。"赘婿婚"符合我国法律法规以及计划生育政策，是优秀的传统文化，是人类进步的标志而被保留下来。"赘婿婚"的传统从属观念被废除了，它既体现了尊重夫妻感情和男女平等的社会主义新型的婚姻关系，也体现了男女双方共同赡养老人，共同扶助弟妹等社会主义精神文明建设根本要求；它有助于维护社会的安定团结，对构建中国特色社会主义和谐社会具有十分重要的意义。

第三章 广西桂西资源富集区 乡村文化建设的历史 传承及经验借鉴

第一节 桂西资源富集区乡村文化 建设的历史传承

一、近代桂西地区文化教育的变革

鸦片战争以后，广西壮族地区的政治、经济、文化上逐步发生了变化。政治上，因列强入侵导致广东或其他外省破产的农民、手工业者和小商贩等人员大量流入，社会矛盾不断复杂化；尤其是中法战争以后，广西壮族地区成为法国的势力范围，法、英直接干涉广西内政。经济上，开放口岸，鸦片输入，白银外流，农民破产；加上洋货不断充斥，土产矿产大量被掠夺，固有的自然经济从桂东到桂西渐渐瓦解。文化上，列强取得传教的特权。这一时期，广西的资本主义经济开始萌芽并缓慢发展。当然，桂西地区的经济文化同样得到一定的发展。

（一）民族聚散杂居

明末清初，中原地区连年战乱或灾荒；清代中期以后又继续大规模的屯田屯军，或实行改土归流政策，移民不断增多，民族杂居或交往越来越频繁，开始形成大分散、小聚居的分布局面。根据史书资料介绍，清代以后桂东、桂北或江河平地的壮族，有大部分已经被外来汉族同化，有少部分离开了平原西移山区。桂东、桂北地区汉族人口逐步增多，壮、瑶族人口逐步减少，且多居山地丘陵之间。如平乐县"凡六里，民村一百二十五。瑶村七十一，壮村一百零四"，"时承明季，兵燹之后，户口尚属廖寥"，康熙以后，采取休养生息政策，"其民村之星罗棋布于六里间，周围且密，即诸夷种类，亦多渐染，华风大变"，清末时"所谓瑶村、僮村者，今无几焉"。至民国时代，桂东、桂北壮、汉、瑶杂居的地方都已经汉化了，如"古营乡，上启善村僮族约三百人，下启善村僮族约四百人，莲塘村僮族约四百人。……但固与汉族同化已久者，自忘其为瑶族、僮族外，人亦几难于分辨"。清代中期以后，桂东、桂北地区人口，汉族约占十之七八，壮瑶占十之二三。而桂中、桂南、桂西等地仍是壮族的大聚居区。"柳州一府二州十县，东西八百里，南北九百里、重山迭峰，僮七民三"；庆远府属之河池县"瑶、僮十居八九"，宜山县"民居其三，水、佯、伶、侗、瑶、僮六种苗蛮，居其七八。""南丹民族，僮人居十之七。"左右两江流域"僮人村落，星罗棋布"。①

桂西的左江、右江和红水河流域，自古以来为壮族聚居区，宋代至明代，因从政、从军、从商或因犯罪流放等少数汉人进入桂西，后多为壮族所同化。至清初，南明政权为了反清复明，在桂林、柳州以西各地布置了十几万人军队，抗清失败后，大批汉兵流散到桂西各地。同时，清军南下时，四川、湖广一带的汉族平民也纷纷逃往桂西山区"安营扎寨"，今天的南丹、天峨、东兰、凤山、隆林、西林、凌云、乐业等地之"高山汉族"多为清朝以后迁入，他们基本保持着原有的文化特征。由于各民族杂居交织在一起，民族之间的交往或交流越来越频繁；加上明清以后一方面实行"改土归流"，一方面大力兴建各级各类学校，对促进桂西地区的政治、经济、文化发展及民族融合具有十分重要的意义。

民国时期，桂系集团并没有把壮族当作一个民族看待，他们认为"壮族在广西已汉化了"。② 但实际上壮族不仅客观存在，而且

---

① 张震声. 壮族通史（下）[M]. 北京：民族出版社，1997：814~816.
② 张震声. 壮族通史（下）[M]. 北京：民族出版社，1997：938.

人数众多。它主要分布于桂西或桂西北、滇东南、黔东南、粤西南或粤西北、湘南等地区。而原本的旧桂系就产生于壮族主要聚居地左、右江地区，包括陆荣廷等首领在内的旧桂系官兵，大多来自壮族。在左、右江地区，壮族占人口总数的百分之九十左右。由于统治者们缺乏科学的民族观，时常把僮族归为汉族，或归为瑶族或苗族等；同时又继续推行"改土归流"政策，并重新划分行政区划。从1912年到1949年，桂西统治下的壮族地区经历了两个阶段的行政区划：一是清灭亡后，取消旧建制改立新区划；二是国民党南京政府统治时期即20世纪30—40年代实行的行政区划。因此，有关壮族地区的各种统计数据都不是很准确，但总的来说，民国期间，广西桂西历来是地广人稀、人口密度不大的地区，如宁明、凭祥、左县等县人口均在5万人以下；南丹、河池、风山、田阳等县均在10万人左右；20万人以上的有靖西、宜山、都安等。壮族人口多分布在农村，城镇人口极少。壮族聚居的县，农户所占的比重一般大于汉族居住的县，如东兰县农户占总户数的83.94%，靖西占91.60%。从商者多为汉人，壮人商人极少。①

广西行政区定编为8个区，1市1设治局如旧。具体情况如下：

第一区：治所设于八步。辖平乐、怀集、信都、货县、钟山、富川、昭平、恭城、蒙山、荔浦、修仁等11个县。

第二区：治所设于柳州。辖柳江、来宾、迁江、忻城、宜山、河池、南丹、思恩、宜北、天河、罗城、融县、三江、榴江、中渡、雒容、柳城、象县、天峨等19个县和金秀设治局。

第三区，治所设于梧州。辖苍梧、藤县、岑溪、容县、平南、桂平、武宣、贵县、兴业、玉林、北流、陆川、博白等13个县。

第四区：治所设于南宁。辖邕宁、永淳、横县、宾阳、上林、武鸣、隆山、那马、都安、平治、果德、隆安、同正、扶南、绥禄、上思等16个县。

第五区；治所设于百色。辖百色、田阳、田东、万岗、东兰、

---

① 张震声. 壮族通史（下）[M]. 北京：民族出版社，1997：962.

凤山、乐业、凌云、田西、西林、西隆等 11 个县。

第六区：治所设于靖西。辖天保、镇结、向都、龙茗、敬德、靖西、镇边等 7 个县。

第七区：治所设于龙州。辖龙津、上金、凭祥、宁明、明江、思乐、崇善、左县、万承、养利、雷平等 11 个县。

第八区：治所设于兴安。辖临桂、阳朔、水稻、百寿、义宁、灵川、兴安、龙胜、资源、全县、灌阳等 11 个县。

（二）乡村建设总动员

在一定现代文明理念的导向作用下，以李宗仁、白崇禧为首的新桂系集团提出了"建设广西，复兴中国""改造旧农村""建设新农村"等口号。在 20 世纪 30 年代，对广西乡村进行了一系列的改革，推行各项乡村建设。虽然有些理念或实践缺乏一定的合理性、科学性，但在客观上对促进桂西地区社会经济文化的发展具有一定的积极意义。

1. 重视乡村风俗的"开化"教育。

由于桂系集团没有科学的民族观，因此所实施的民族政策也是不科学或模糊不清的。以陆荣廷为首的旧桂系，在反对"满虏"的残暴和汉族"民贼"的统治时，提出了"桂人办桂事"的主张，实为一种地方主义观念的表现。1912 年 2 月，下令取缔"大人""老爷"等称呼，停止刑讯，解放疍户、惰民。但又提出按黄帝纪元来推算年月。新桂系执政以后，1931 年颁布的《广西各市县取缔婚丧生寿及陋俗规则》中规定，"歌圩""不落夫家""抢花炮""送红蛋"等"陋俗"均属有"伤风纪，应禁绝之"[1]。1936 年又颁布《广西省改良风俗规则》规定，对壮族地区"不落夫家者"或"家长纵容者"，"凡麇集歌圩唱淫邪歌曲，妨害善良风俗或引起斗争者"，不穿"国货"者，"穿奇装异服者"等各种"陋俗"，

---

[1] 广西壮族自治区地方志编纂委员会 . 广西通志·民俗选 [M] . 南宁：广西人民出版社，1992：428.

处于各种罚金，甚至拘留。①

2. 强制推行"特种教育"。

1930 年起，每年都派遣几个毕业生到大瑶山区去担任小学教师，从事"化瑶"工作；同时，把边远山区的壮族乡村也列为"开化"区。1934 年 1 月，制定《广西苗瑶教育实施方案》，对桂西地区或其他山区的壮、瑶、苗等少数民族强迫推行"特种教育"。给桂西的东兰、凤山、西隆等山区县拨发"特种教育基金"，并在养利、天保、田阳、百色、凌云、南丹、河池、左县等壮、瑶、苗、侗少数民族聚居县建立师范学校，培养"特种教育"师资。这些举措对推动桂西少数民族文化教育的发展具有十分重要的意义，只是其强迫手段不值得赞同罢了。1939 年，新桂系的民族政策有些新变化。在他们发布的训令中，明确指出"我国民族文化血统混合，已久不能强为分析"，以前使用的"猺、猓、獞"等称谓含有民族歧视的因素，不利于民族平等团结，一律改为"瑶、倮、僮"等称呼；以前使用的"边疆同胞"的称谓，一律改称"边县人民"②。新桂西颁布的这些文件，禁止使用许多不利于民族团结的称谓，对消除民族歧视具有一定的积极意义。

3. 发展乡村经济。

首先是注重农业生产及产业结构调整。1925 年新桂系执政以后，提出了"桂人治桂"，"建设广西，复兴中国"等口号，并制订《广西建设纲领》，成立"广西建设研究会"，确定其"经济建设之指导原则为民生主义"，"革新旧农业，振兴工业，使农工业互相促进，以达到工业化为目的"。1929 年，成立广西农务局，开办柳江、田南、南宁、镇南林垦区；之后，又在桂西地区的庆远设立造林事务所，在龙州、百色等地开办林场；接着在龙州、百色、天保等地开设农林试验场。大力推行科学种养方法，精选优良品种，改善生产技术，发展新式机械耕作。特别是，提出了"改造

① 张震声. 壮族通史（下）[M]. 北京：民族出版社，1997：941.
② 广西壮族自治区地方志编纂委员会. 广西通志·民俗选 [M]. 南宁：广西人民出版社，1992：431.

旧农村"、"建设新农村"的口号，并在广大农村以建"公仓"，设"公店"，办农民"借贷处"等办法，激发广大农民自觉投入农业生产的积极性。1943 年，广西省当局公布了《广西推行各县乡小型农田水利实施办法》，鼓励各地兴修小型水利工程，解决当地农田灌溉问题，保持粮食的丰收。其次，注重发展工矿业。当时桂西地区仍然处在农业和手工业相结合的阶段，自然经济占主导地位，手工业多表现为造纸、榨油、纺织、瓷器制造等行业。民国初，桂西地区的都安、隆山、那马等地，都有不少家有造纸槽口 1~2 个。在都安的高岭，大化的贡川、六也等乡村，村民们充分利用本地丰富的野沙皮来从事手工造纸工艺，据相关记载，当时有造纸槽口 1000~2000 个，著名的都安"贡川"纸、都安书画纸，一直以来，都远销国内外。桐油也是桂西山区的主要特产之一。1927 年前后，广西油榨坊主要分布在桂西地区各乡村，30 年代广西年产桐油约 5 万担，为出口之大宗。新桂系统治时期，广西山区大种油桐，甚至以桐花为省花。八角油多产于左、右江壮族地区，为广西特产。蒸制八角油在壮族农村很普遍，产品远销国外。左、右江"侬人"地区以麻为原料所织染的土布"侬人青"，织工精细，经九染九洗，色泽光亮。靖西、天保等地的织锦业，民国时期也很发达，其手工艺很精巧，锦的图案精美灿烂，成为广西著名的文物之一。在机械工业方面，桂系重视发展民营工厂。在桂西的百色市镇兴建有碾米、切烟、锯木等加工厂，如田阳、那坡等县有切姻厂，总共 20~30 家，资本约 100 万银元，工人共约 1000 人；在龙州等地兴建了微型发电厂。同时，注重加强矿业管理，并确定把开发矿产作为"发展广西经济之图要"。先后在桂西的南丹、大厂、河池、宜山、罗成、田阳、天保、靖西等地设有矿务管理处或办事处。1934 年全广西有锡矿商营公司 16 个，领矿场 27 个，主要集中在河池、南丹。①

此外，民国时期，桂系集团在商业方面，注重开发乡村市场，激发乡村市场经济，如在百色、龙州等各县镇开设中心交易市场，

---

① 张震声. 壮族通史（下）[M]. 北京：民族出版社，1997：944~947.

并设立工商局负责管理。由于桂西地区特产丰富，又地处黔桂滇边，以致左、右江沿岸的特货市场十分活跃，慕名而来的交易者络绎不绝。在交通方面，注重开发水路、公路、铁路、空运等交通网，桂西山区有了多条交通，并能够直接通达外面各省市，对促进山区社会的发展起到很大的作用。在金融方面，注重开发农村信用合作社业务，发放农业贷款，提高乡村经济。总之，民国时期桂西地区的经济建设，尚属商品经济的起步阶段。由于历史、交通等条件的限制，县市城区的社会经济文化发展相对较快，边远山区的乡村则显得很落后，发展很不平衡。

（三）新民主主义时期桂西社会取得了长足发展

中国共产党自1921年7月成立以后，中国革命焕然一新，1925年10月，广西省建立了中国共产党的地方组织。这样，在中国共产党的领导下，桂西各族人民在大革命、土地革命战争、抗日战争和解放战争时期，创造了许多辉煌的业绩，在中国革命史上留下光辉的一页。

1. 大革命时期，马克思主义的传播在广西的传播和中国共产党地方组织的建立。

1926年春，中共南宁支部成立；同年夏，中共南宁地委成立，负责南宁及左、右江地区党的工作。1926年8月，右江地区中共田南支部成立；同年冬，中共东兰县支部成立。在投身于大革命的洪流中，桂西地区涌现出一大批先进青年，他们接受了马列主义的教育，先后加入了中国共产党，成为壮族最早的一批共产主义战士。其中，高孤雁（龙州人）、陈洪涛和韦拔群（东兰人）是在壮族地区最早传播马列主义的突出代表。1925年9月15日，韦拔群、陈伯民在东兰武篆区的北帝岩（今列宁岩）开办了东兰第一届农民运动讲习所，韦拔群任主任。来自东兰、凤山、百色、凌云、奉议、恩隆、思林、果德、都安、河池、南丹等县的壮、汉族农运骨干和青年学生共276人参加了学习；随后，韦拔群还在武篆育才小学举办两届农民运动讲习所，为右江地区培训农民骨干320多人，其中妇女40多人，大大推动了东兰和右江农民运动的发展。

据资料统计，到1926年底，东兰县"共有区农会11个，乡农会134个，男会员75660人，女会员2685人，农民自卫军有500余人"①。1926年10月，参加"东兰农案调查善后委员会"的黄若珊，在向国民党省党部汇报情况时说："东兰妇女已大觉悟，团结力极强，革命性极雄，一切工作与男子均等……已组织妇女运动团体，名为东兰县妇女解放协会，会员3585人"②。在共产党的领导和东兰农民运动的影响和推动下，右江、左江及红水河流域一带，农民运动风起云涌。1927年春，广西60多个县市全部设有农会组织，有25个县级农民协会，30多个县级农会办事处，农会会员达20余万人。除东兰外，还有凤山、百色、思隆、奉议、思林、向都、果德、镇结、隆安、龙州、邕宁等县都成立了县级农民协会和农会办事处。河池的东巴凤成了当时广西农运中心地区之一。此外，桂西龙州的农运发展也很快，1925年8月，龙州县有11个行业工会，并成立了县总工会，会员达1500人。1926年10月，中共党员陈霁、易挽澜到龙州加强对总工会的领导，组织工学检查团，举办工人夜校，推动了工人运动进一步发展。工农运动的迅速发展和积极斗争，有力回击了土豪劣绅和国民党反动派惨无人道的统治，为以后百色、龙州起义和左、右江革命根据地的建立奠定了坚实基础。

2. 土地革命时期，在中国共产党的领导下，建立了左、右江革命根据地。

（1）右江革命根据地的建立。

1929年10月22日，邓小平、张云逸等率领部队到桂西的百色，与韦拔群领导的右江地区农民运动结合，筹划武装起义，成立地方党组织。决定一方面加强部队扩大建设，一方面广泛宣传、发动和武装群众，公开宣传共产党的政治主张，帮助各地开展反对豪绅地主的斗争。12月11日，中共广西省委在百色镇东门广场召开

---

① 陈勉恕. 广西东兰农民运动之实际情况［J］. 农民运动，1927（4）：22，23.

② 张震声. 壮族通史（下）［M］. 北京：民族出版社，1997：973.

群众大会，数千各族工人、农民、战士和市民参加了大会，大会宣布百色起义胜利举行和中国工农红军第七军、右江苏维埃政府正式诞生。第二天，在红七军帮助下，东兰、风山、百色、奉议、恩隆、思林、果德（今平果）、隆安、向都（今天等）、凌云、那马（今马山）、都安、那地（今天峨和南丹）、河池等 16 个县先后成立了苏维埃政府或革命委员会，其中有 13 个县的第一任主席是壮族干部；同时，在天保（今德保）等部分县也建立了革命政权。百色起义创建了拥有 100 万人口的右江革命根据地。于是，以土地革命为中心的经济、军事、党政、文化教育等方面的建设，即把武装斗争、土地革命和根据地建设三者紧密结合成为党根据地建设的主要内容。1930 年 10 月，右江根据地正规红军有 7000 多人，其中一半是壮族青年，脱产的农民赤卫军约 1 万人左右。[1]

（2）左江根据地建立。

在共产党的领导下，1929 年 10 月中旬，李明瑞、俞作豫等率领部队以龙州为中心进行武装起义和准备建立革命根据地。当时邓小平从右江地区调何世昌、严敏等一批党员干部到龙州工作，由何世昌任中共左江军委书记。他们一边整改和扩建部队，一边组织和发动群众，大力宣传共产党的路线、政策。1930 年 2 月 1 日，中共左江军委在龙州县城召开万人群众大会，宣布龙州起义胜利举行和中国工农红军第八军及左江革命委员会正式成立，俞作豫任红八军军长，邓小平兼任军政委，何世昌兼任军政治部主任，宛旦平任参谋长，李明瑞任红七军、红八军总指挥，王逸任左江革命委员会主席。左江革命委员共 13 名，其中有 6 名是壮族。随后，龙州、上金（今龙州）、凭样、崇善（今宁明）、龙若（今天等）等 5 个县成立了革命委员会，其中 3 个县的主任是壮族人。左县（今崇左）、雷平（今大新）、养利（今大新）、宁明、明江（今宁明）、思乐（今宁明）、万承（今大新）等县为游击区。于是，拥有约 70 万人口的左江革命根据地建立了。

（3）根据地的土地革命。

---

[1]　张震声. 壮族通史（下）[M]. 北京：民族出版社，1997：979~980.

第一阶段：宣传发动和试点阶段（1929 年 12 月至 1930 年 4月）。1929 年 12 月，在根据地颁布了《中国红军第七军目前实施政纲》《中国红军第七军司令部政治部布告》等文件明确提出，打倒地主豪绅，实行"土地归农民"。1929 年 12 月 18《右江日报》发表评论文章宣传土地革命的好处。此外，专门编印《土地革命》《我们的主张》等小册子或传单，并派出部队干部到各县大力宣传土地革命的意义和政策。如凤山县委于 1930 年 2 月组织了 6 个宣传队分布下到各乡村进行宣传。这是为分田分地做出了舆论导向。1930 年 4—5 月，邓小平从上海回来，又深入东兰县与韦拔群、雷经天等同志进行土地革命的调查研究和试点工作。宣传革命思想，培养党员干部，进行农民教育。于是，东兰的武篆、太平等区首先开展了土地运动，并尝试组办了共耕社。第二阶段：土地革命逐步铺开的阶段（1930 年 5 月至 10 月）。1930 年 5 月 1 日，右江苏维埃政府根据《井冈山土地法》和《兴国土地法》，结合右江地区的实际，正式颁布了《土地法暂行条例》；5 月 15 日又颁布了《共耕条例》，这些条例成为当时右江地区进行土地革命的依据和准则。紧接着，邓小平在百色、田州、平马等地举办党政干部培训班，亲自介绍井冈山、东兰武篆的做法和经验；同时又到桂西的德保、恩隆、果德、思林等去指导。于是出现了"家家有谷收，人人心欢喜，粮食吃不完，团结更增产"的良好局面。据统计，1930 年 8月，东兰、凤山两县农民自愿加入红军的人数达 6000 余人。①

同时，左右江苏维埃政府非常关心根据地经济建设。百色起义和龙川起义以后，地方各级苏维埃政府设立财政委员会，主管财政经济工作，研究制定财政经济政策，如实行工商统一累进税，废除苛捐杂税，打土豪筹饷和向群众筹集款项的政策，努力做到"取之于敌"和"用之于民"两者的有效结合。另外，积极恢复和发展工农业生产，如制定《土地法暂行条例》《土地问题决议大纲》等事件，按一定标准把土地分配给农民耕种，并发放土地使用证等。这些政策，虽然实行的时间不算很久，就被国民党反动派

---

① 张震声. 壮族通史（下）[M]. 北京：民族出版社，1997：992.

"围剿",而使革命处于低潮,但共产党的政策深入民心,影响极大,对后期革命的继续发展起到很大的作用。

3. 抗日战争时期,桂西各族人民参加抗日救亡运动。

1937 年 7 月 7 日抗日战争爆发,8 月中共东兰中心县委书记黄举平在万冈县西山水洞召开所属各县党员骨干会议,参会人员共 90 余人,大多是壮族等少数民族。会议决定广泛建立抗日救国组织,派党员深入到各乡村开展统战工作,推动乡村抗战。会后还印发各种抗日救国资料,大力宣传;举办党员培训班,各乡村组织救国会或抗日同盟会;成立抗日文化团体,以墙报、歌咏、话剧等形式宣传抗日救亡。在桂西北的河池地区,抗日游击队遍及各乡村,如宜山县永定、马泗等 2 个抗日游击队,河池县光隆抗日游击队,柳庆区抗日游击队以及都安拉烈、内甲、九渡等地抗日自卫队。

4. 解放战争时期,桂西各族人民积极参加革命斗争。

1945 年 8 月 15 日,日本宣布投降后,桂系集团却忠实执行蒋介石的内战政策,在省内横征暴敛。加上当时桂西地区遭受各种自然灾害,广大百姓生活极度困难。1946 年桂西的万岗、龙川等地群众开展反征粮,反高利贷,强行开仓借粮,以及驱赶或袭击征粮征税人员等斗争。河池县的群众以散发传单、游行、请愿等方式,要求撤换贪赃枉法的反动县长陆荣光,迫使上级将其调离。左右江各族人民积极开展反征兵、征粮、征税等"反三征"斗争。到 1947 年夏,左右江地区参加各种革命组织达 22000 多人,中共地下武装达 5200 余人。1947 年 3 月 8 日,中共中央发出《关于在蒋管区发动农民武装斗争问题的指示》,4 月中共广西省委召开各地党组织干部会议,提出"实行境内汉、苗、瑶、壮、侗各民族一律平等"①的口号,决定"桂西区是全省武装斗争的中心"。② 于是,桂西百色、河池、崇左等地各县成立了革命武装,很快就控制

---

① 中共广西壮族自治区党史资料征集委员编. 全国解放战争时期的广西武装斗争 (上卷)[M]. 中共党史出版社,1992:320.

② 中共广西壮族自治区党史资料征集委员编. 全国解放战争时期的广西武装斗争 (上卷)[M]. 中共党史出版社,1992:320.

了桂西大部分地区，并创建了桂滇黔边区根据地，桂西地区各乡村成了人民武装的"堡垒村""掩蔽部"。据统计，1949年初，仅左江游击区就有28个县，15个游击大队，共3200余人。为了解放广西，解放桂西，各族人民英勇奋战，其中有许多优秀的少数民族干部先后壮烈牺牲。

（四）社会文化变化与发展

随着土司制度的逐步消亡瓦解，封建农奴严重的依附关系慢慢淡化，民族交往比以前更加频繁，民族同化和融合的步伐更快，范围更广，社会文化趋向一致。加上经过鸦片战争，太平天国革命，中法战争，辛亥革命和新民主主义革命，桂西的社会文化受到外来文化的影响和冲击，从而也推动了桂西地区文化的发展。鸦片战争以后，桂西的龙川等地开放了通商口岸，各种"洋货"不断进入，随之天主教、基督教，以及自由、平等、科学的思想也相继传入桂西地区。"外来资本主义文化的冲击，就像是大海上的波涛巨浪，时而向前，时而后退，相互作用，形成滚滚漩流。这是近代壮族社会文化发达的重要特点。其中最为科学的思想是马克思列宁主义，这时在壮族中的传播已开始，成为指导壮族人民推翻剥削阶级制度的革命以求得解放的新思想、新文化。20世纪20年代，桂西地区涌现出诸如高孤雁、韦拔群、陈洪涛等人物，他们接受马克思主义，结合桂西地区的社会实际，以各种形式广泛传播，组织共产党员，带领桂西各族人民展开反帝反封斗争，从而使马克思主义成为指导桂西壮族人民开展斗争的新文化。尤其是在文学艺术方面，革命文人文学层出不穷。譬如，太平天国翼王石达开，以他的《奉天付胡檄》等革命诗文，动员桂西人民起来反对清王朝，今宜川市城区内的白龙洞还保存有他的题诗，即《宜山白龙洞堤壁诗》；太平天国将领黄十领兵驻扎在东兰凤山一带时，留下名诗三首，这些诗反映了革命者的豪迈感，又对革命起了鼓舞作用。这时，土司制度开始崩溃，改土归流也到了后期阶段，桂西地区的学校、书院开始增多，少数民族的文人文学也开始增多；民间文学如民间故事歌谣的内容也丰富起来了；美术、戏剧、曲艺等艺术也得到了发展，如当时天等县人龙廷霸是知名画家之一。桂西的"师公戏"、广戏、木偶戏也开始流传。

（五）近现代桂西地区的教育

社会性质决定教育性质。近现代桂西地区同样也是经历了从封建教育过渡到半殖民地半封建教育的过程。清末时，清政府在各族人民起义的打击下，在改良派和革命派的推动下，废科举办新学，各类新式学堂蓬勃兴起，并开始影响桂西教育。民国时期，桂特别是新桂系集团统治时期，提出"建设广西、复兴中国"的口号，设立教育行政机构，制订教育方针和规则，发展具有资本主义性质和内容的教育。大力推行国民基础教育；在桂西少数民族聚集区，举办特种教育。在客观上对发展民族文化，培养少数民族人才，推动桂西地区的发展进步，起到了一定的促进作用。

1. 清末时期桂西地区的教育。

首先是设学堂，开办新学。光绪三十一年（1905年）七月，清廷诏废除科举后，广西桂西各类学堂开始发展起来。据统计，仅当时的龙州、归顺（今靖西）两县举办的学堂，就超过一些汉族聚居的州县，龙州、归顺分别有两等小学堂"1所"，"8所"，学生分别是129人，639人；初等小学堂分别为"17所"，"9所"，学生分别为547人和467人。① 此外，在龙州还建立有广西边将弁学堂、陆军讲武堂，龙州初级师范学堂，龙州师范讲习所等。归顺的壮族学者曾汝璟及其门生曾彦、张炳朝留学回国，回到家乡后，积极兴校办学，增设小学、中学，后又另设师范班等创办各种新式教育，使归顺学风大振，以致被誉为"边疆模范"。桂西的其他县也开始建立了各类学校。如宜山、崇善、河池、百色等14个县相继建立了小学堂。同时，私塾仍是广大农村地区最有影响的教育场所。其次，桂西的百色、庆远等州府已开始建立或扩大中学办学规模，1906年在百色开办桂西最早的中学堂"泗色中学堂"，1908年改名为"泗镇色中学堂"，当时主要招收桂西各县的少数民族学

---

① 张震声. 壮族通史（下）[M]. 北京：民族出版社，1997：1047.

生。后来，其他府也相继开办了中学，并扩招附近县少数民族学生，如武缘（今武鸣）建立思恩府官立中学堂，就招今都安、大化等地学生。另外，扩大桂林、南宁师范学堂招生规模，使桂西的许多民族学生有机会入学就读，对解决师资的紧缺起了一定作用。于是桂西地区也开始出现了预科生、本科生、留学生。据统计，清末广西留学生共245人，其中桂西的龙川有15人，宁明有10人，归顺有13人。①

2. 旧桂系时期桂西地区的教育。

从1911年至1925年以陆荣廷为首的旧桂系集团统治时期。由于社会斗争很复杂，学校教育也难以有大的发展，但由于广西大批留学生带回的富国强兵等思想，促使振兴教育成了当时的社会潮流。于是1915年2月广西教育厅出台了具有法规性质的《县知事办学考试条例》等文件，对各县长提出了办学要求和奖惩规定。在小学教育方面，据相关资料反映，清末时桂西奉议县仅有15所小学堂，到1920年便发展到94所，学生达5563人；河池县清末有小学堂5所，至1918年增到90余所，学生超过了3000人。西林、天保等边远县份虽有学校，但为数不多。在中学教育及其他教育方面，当时桂西有百色第五中、崇善第六中、龙川第七中、宜山第十一中等有4所省立中学，连靖西县立中学，一共有5所中学。旧桂系统治时期，学款大多被挪用于军费开支，各类校舍极为简陋，尤其是小学多数借用民房或祠庙上课，学生入学不多，有些科目难以开课。可见，不管是纵向比较还是横向比较，桂西始终都远远落后于桂东、桂北、桂南及其他省的教育。②

3. 新桂系时期，桂西地区的教育有了一定发展。

首先，在教育方针方面，1924年后的几年，广西相继出台了《筹施广西全省义务教育程序案》《广西省施行义务教育大纲》《广西省执行义务教育标准》《广西省今后教育改进方案》等许多文

---

① 张震声. 壮族通史（下）[M]. 北京：民族出版社，1997：1049.

② 张震声. 壮族通史（下）[M]. 北京：民族出版社，1997：1055～1058.

件，分别对教育方针、原则、组织、领导机构、奖惩、经费使用等方面内容做出了具体规定，以保证各类学校教育教学正常开展。比如规定教育经费投入，省最低每年 20%，各县市最低为 35%，若不足则由当时政府设法弥补，或收取教育税以补充。由于实行全盘一般化，经济较为落后的桂西地区，教育发展受到制约，如百色的西林等县 10 多所小学，入学率不到 20%，只有宜山、都安、靖西等县有规模很小的初中。1931—1937 年是新桂系推进教育的新时期，1933 年 5 月发布《广西教育全稿》，内容包括对各级各类教育以及瑶苗教育等方面做了具体规定，被称为是"广西计划教育之开端"；同年 9 月又颁布《广西普及国民基础教育五年计划》，次年 10 月修订为《六年计划大纲》；同时成立了"广西普及国民基础教育研究院"，广西省政府主席黄旭初颁布了广西《普及国民基础教育令》《广西实施强迫教育办法》，并对少数民族聚杂地区实行《广西省特种教育实施方案》。抗战初期，在前来广西的陈望道、千家驹、邹韬奋、费孝通等学者的推动下，新桂系又开始重视职业技术教育，先后颁布了《广西省推进农工职业教育实施办法》《职业教育改进办法》等法规，如当时百色天保等地都办有省立高级护士助产学校、高级农业职业学校。抗战时期，提出了"抗战建国"主张。1937 年 10 月公布了《广西省各级学校员生战时服务团实施纲要》《战时各县教育设施要项及考核标准》，次年底又公布了《战时广西各县基础教育实施办法》等，作为战时国民基础教育实施的主要法规。同时，加强以抗战为主的成人教育，并公布了《广西省成人教育年实施方案》。抗战胜利后，由于新桂系同蒋介石一起发动内战，采取反共反人民的政策和行为，广大人民群众及青年学生纷纷起来声讨、罢市罢课、游行或进行武装斗争，以推翻反动统治制度。

其次，学校教育状况。1933 年到 1940 年间，广西大力普及国民基础教育，桂西地区的中小学教育有很大发展；1940 年后小学复纳入全国教育轨道，到 1949 年新中国成立前夕，大体维持乡镇办中心小学、村街办国民学校的办学形式。由于新桂系在桂西少数民族杂繁区实施强迫教育和特种教育等政策，1938 年至 1943 年包括桂西在内的全广西省学校增多，学生增多。据说，当时各县强迫教育成绩最高者占学龄儿童90%以上，最低者仅30%。在校学生每年均有150万人以上，为广西教育史上最多的时期。可是到了抗战和内战时期，中小学校舍、设备受到了严重破坏，特别是内战时期，教学经费紧张，学校设备简陋，教师生活艰苦，小学在校学生人数下降。据1948年7月28日《广西日报》报道：万承县失学率70%；果往县80%以上；西隆县总人口9万多，受教育者仅为3.7%；宜山失学率60%；南丹县失学率66%。1949年百色地区每万人仅有小学在校生45人左右。[①] 当时广西的中学主要分布于东部地区，桂西地区省办或县办的中学很少。1931年全广西94个县，没有中学的57个县，占61.7%，主要是桂西县份。1936年颁布了《广西国民中学办法大纲》，规定凡未办有中学县，必须尽快创办国民中学1所，桂西才开始创办各类中学，1938年全省划为11个民团区，桂西的百色、天保、龙州3个民团区共辖28个县，只办有中学10所，占36%，而未办中学的有18个县，占64%。当时桂西的百色、天保、龙州、都安等学生上高中只能步行3—4天到南宁去上学；河池、宜山的子弟有的是上桂林去读高中。1946年桂西省立中学有庆远、百色、靖西、龙州、都安5所；县立初中有15所，每所学校一般仅有100—200人；师范教育在桂西地区就很少了。1938年颁布了《广西国民基础教育师资培养方案》，提出了"先就边区设置"的原则，桂西的百色、天保、龙州、柳庆等地办起了师范；同时，东兰、养利、田东也办起了简易师范学校。小学、中学、师范学校开始发展，留学生也开始出现，1934年，广西公费、私费留学生达400多人，其中桂西的龙州、靖西、宁明、扶南、西林、宜山等地，每个地方至少也有2—3个。

（六）左右江革命根据地的教育

1929年12月到1930年初，百色起义和龙州起义后，左右江革命根据地创建了起来。苏维埃政府及时制定了根据地的教育方针

[①]　张震声. 壮族通史（下）[M]. 北京：民族出版社，1997：1065.

政策，积极发展普通教育，开展党政军和平民教育活动。虽然时间不长，但成绩显著。在教育方针政策方面，始终面向劳苦大众，为土地革命战争服务。如教育方针是："推翻旧礼教，创造好风俗""教育劳动化"，① 提高士兵劳动青年、瑶民等群众的知识教育，提高劳动儿童教育。采取的政策是：免收工农子弟、劳动青年一切教育费用，"瑶民在经济、政治、教育、工资上与其他人一律平等"，"实行男女共同教育"，并创设劳动人民通俗的阅报室、图书室、夜校、儿童幼稚院等；同时，设立文化委员会及其负责人，指导各县、区、乡文化教育工作；此外，实行"政治上一视同仁""经济上一律平等""工作上依靠"等政策，体现了"新民主主义的性质"，具有社会主义的因素，特别"教育劳动化"的提出，意义极为深远，这些教育方针政策对于左右江革命根据地的政权建设产生了很大的积极意义。

在普通教育方面，工农民主政府把文化教育事业当作政权建设的重要组成部分。1929 年 10 月底东兰革委会颁布《最低政策纲领（草案）》中，提出"提高劳动人民儿童教育；创设劳动人民学校"等内容，次年初又提出县、区、乡都要创办劳动小学，规定统一使用工农民主政府编印的《工农兵识字课本》，实行贫苦农民子弟免费入学，瑶族地区教师由县工农民主政府派出，并提供全部经费。东兰县劳动小学在当时名气很大，主要开设政治、军事、文化、劳动等 4 门课程。强调边学习、边实践，不断培养学生的劳动观点和树立为劳苦大众谋利益的思想。还有韦拔群利用红军师部生产合作社的资金办的西山弄京劳动小学，左江革委会办的龙州县劳动第一完全小学校等劳动小学，都是影响较大的学校；后来各乡也先后办起了初级劳动小学，同时，还建立新型的小学，1929 年 12 月，将百色省立第五中改为"广西劳动第一小学"，取消国民党反动派的《党义》课，增设革命理论课、体育训练课。邓小平、张云逸多次到学校作报告，宣传革命道理，号召学生拥护革命，参加革命。

① 张震声. 壮族通史（下）[M]. 北京：民族出版社，1997：1077.

在干部教育及平民教育方面，1929 年 12 月 20 日，红七军颁布了《关于党组织工作》，指出了加强干部教育、红军教育的重要性，随后在百色、东兰、龙州等近 10 多个县的乡镇（屯）举办了有关党政干部、党员、党务、土改等各种训练班。邓小平、雷经天、陈洪涛、韦拔群等党政领导分别给学员讲课。邓小平还亲自动手编写了《苏维埃的组织与工作》《土地革命的政策口号》《党的问题》等教材，并刻写油印，装订成册发给学员。党和苏维埃政府在发展干部教育的同时，特别重视对少数民族干部的政治素质和文化素质的培训工作。如举办瑶族训练班，学习党的民族政策，土地革命的政策、意义和口号，识字、军事常识和革命宣传方法，培养了不少的瑶族干部。另外，依靠红军教导队，提高基层干部及指挥员的素质；各级苏维埃政府都提出了"实行平民教育，发展识字运动"的口号，并利用乡村庙堂或让群众腾出空屋，自制黑板、课桌，开办农民文化夜校，发展农民教育。左右江根据地建立不到两个月，凡是建有苏维埃政策权的乡村，村村都有农民文化夜校或平民夜校。仅恩隆县、向都县北区、奉议县（今田东）等县乡，就有平民夜校 160 多所，农民既接受到土地革命思想教育，又接受共产主义理想教育。

二、新中国成立后民族区域自治的社会主义文化建设

（一）扫清文化发展障碍

1. 剿匪斗争，巩固政权。

剿匪斗争配合中国人民解放军消灭反革命势力残余武装，打破了国民党反动派以边疆民族地区为所谓"根据地"进行反攻的企图，巩固了人民政权。解放初期，桂西地区及一些山区是土匪的主要活动区，因而成为剿匪斗争的主战场。当时以陈与参为首股匪 1.6 万多人，活动于桂黔边区及河池的大部分地区；以吴中坚为首的股匪近万人，活动于百色地区，这些土匪大量捕杀政府工作人员、进步人士及无辜群众，无恶不作。据不完全统计，在宜山专区，土匪控制 730 多个村庄，占全专区村庄的 50%，而解放军只控

制 416 个村庄，占 31%，其他地方为双方争夺之地。1950 年在宜山县，一年内被土匪杀害的区乡干部、工作人员、农民积极分子、进步人士以及党员干部家属共 775 人，抢粮食 45 万斤，抢耕牛 2430 头、猪 543 头，烧民房 75 间；在百色专区被杀害的干部和群众 500 多人，烧民房 8000 多间，抢牛马 2 万头（匹）。桂西的扶绥等其他县同样也遭受了土匪的杀害。1950 年 11 月毛泽东电示广西省委和广西军区领导，要求广西必须于 1951 年 5 月 1 日前完成消灭全省股匪任务；同时派陶铸和叶剑英等同志到广西协助剿匪工作，以致剿匪消匪工作按期顺利结束。据说，当时桂西河池、宜山、都安等地方干部民兵积极配合解放军指战员，多次打退黔桂边土匪的进攻，最后取得了剿匪的胜利，巩固了人民政权，为实行土地改革等一系列社会主义改造扫清了道路。

2. 土地改革，分配土地。

1952 年夏至 1953 年春，是土地改革运动的时期，第一批是壮族聚居区，与汉族地区土改同时进行，第二批是民族杂居区，这部分壮族则与这些少数民族地区一起进行土改。通过清匪反霸，减租退押，完成了全面分配土地，消灭地主阶级，土地改革复查等三个大阶段。如 1953 年 11 月，在瑶、壮、汉、苗杂居的都安县 57 个乡进行土改试点成功以后，在全区少数民族散杂居区全面推广。广大党员干部深入农村贯彻政策，放手发动群众，发扬党的优良传统作风，深入群众访贫问苦，与群众"同吃、同住、同劳动"，增进了党群干群的情谊，使土地改革顺利完成，废除了地主土地所有制，实现了农民土地所有制，解放了生产力，消除了民族隔阂，增进了民族团结，使桂西地区的社会风气焕然一新。

3. 社会主义改造。

首先是农业的社会主义改造。农业的社会主义改造是循着互助组、初期社、高级社三个相互衔接的由低级到高级的步骤。1953 年省委提出了"每个乡村搞好一个常年互助组"和"搞好爱国增产，开展互助合作运动"要求，并指示各级党委做到"积极领导、稳步前进"。是年底桂西参加互助组农户达 40%，至 1954 年达到高潮为 60.65%，部分还加入农业合作社。互助组发挥其优越性，粮食产量一般都比单干户增产 15% 左右。1953 年下半年试办第一个农业合作社，次年春发展到 300 个；6 月，广西省委分给桂西区直属各县建社指标为 2100 个，宜山专区 1600 个，百色专区 7500个，1955 年春，桂西区农业合作社发展到 7104 个，入社农户达90%，互助组达 67%，78% 的地方都建立了农业合作社。1959 年 8月广西省委传达毛泽东主席《关于农业合作化问题》的报告和中共中央《关于农业合作化问题的决议》，会后，广西又掀起了大办农业合作社的第二次高潮。9 月百色专区有 2000 年互助组要求转社；11 月桂西区有 28833 个农业合作社。到 1956 年 1 月中旬，宜山专区有 95% 农户加入合作社，桂西基本上完成了建立社会主义性质的农业合作社任务。随着农业合作社的步伐不断加快，在生产方面，各地乡村大力兴建水利，造林，培植果园，发展畜牧业，种植经济作物，发展淡水养鱼等等，为了适应生产的进一步发展，初级社开始向县有社会主义性质的高级社发展。当时桂西区将近 3 万个初级社扩并升为 5937 个高级社。1956 年 3 月，经中央及文本省委同意，把桂西壮族自治区改为桂西壮族自治州。当年全州修了大中小型水利 2.6 万多处，可灌溉面积 145 万多亩，并使 27 万亩地灌溉面积得到改善，灌溉面积超过前年的 1 倍以上，水稻种植面积扩大了 173 万亩，比前年增加 86.3%；同时各种新型农具不断增添，生产条件不断改善，粮食不断增产。虽然 1956 年桂西地区遭受数十年罕见的大旱灾，85% 以上耕种面积受害，但由于农业社组织集体力量积极抗旱，粮食产量增加 30% 以上。①

　　其次是手工业的社会主义改造，新中国成立前桂西地区手工业主要有打铁、木工、车缝、纺织、染布、编织等行业，而且多数没有从农业中分化出来，1950 年至 1954 年第一阶段，为试办合作社时期。据不完全统计，在桂西区 15 个直属县，1954 年前手工业有22 个主要行业，11997 户，从业人员 21423 人，仅有合作社 1 个，供销合作社 3 个，合作小组 240 个。1954 年 6 月至 1956 年 6 月为

---

① 张震声. 壮族通史（下）[M]. 北京：民族出版社，1997：1117～1120.

第二阶段，即高潮时期，据资料显示，1955 年，桂西壮族自治区共建手工业合作社 1032 个，社员 16130 个占从业人员 30.22%，到 1956 年 4 月，手工业合作社或小组达 1059 个，从业人员 32601 人，占全部手工业从业人数的 91.23%。1956 年桂西壮族自治州生产总值达 14522 万元，比解放初期增长 84%，其中桂西手工业较为发达的是百色、田阳等县。

最后是资本主义工商业的社会主义发造。在党中央的统一领导下，桂西认真贯彻执行"利用、限制、发行"的方针，开展增产节约运动，建立新的劳资关系；组织物资交流会，活跃城乡经济；人民银行扩大对私营工商业的贷款，解决了资金周转困难；调整市场，缩小了零售业务等措施，繁荣乡村市场经济。1955 年底，桂西的宜山再兴锅厂等 12 个私营工厂实行了公私合营，有 4836 户经销和代销，114 个合作商店，私营商业总户数 26.06%，各级车营商业机构 869 个，供销合作社 409 个，零售网扩大到 2952 处。桂西的社会主义工商业有了很大发展。

（二）民族区域自治政策的贯彻落实

首先是统一族称。关于壮族族称问题，历史以来从未有过统一，在红水河、龙江河流域，包括宜州、南丹、金城江、都安等地的壮人多自称"布越""布雅依""布衣"，在百色或左右江一带有的自称"布土""布侬"，在龙州等地自称为"布傣"，此外还有自称"布曼""布沙""布崇""布陇""布偏""布僚""布斑""布诺"等等，共 20 多种，壮语壮语中"布"是人的意思，自称都离不开"布"这个总称呼。"布土"即为"土人"，"布侬"即为"山林中的人"，"布曼"即为住在村子里的人或乡下人，所有的自称多与自然环境和生活习惯等有关。新中国成立以后，党和国家开展民族调查，民族识别，刚开始时有不少壮族人不知道或不敢承认自己是壮族，通过大力宣传民族平等团结互助合作的政策以后，许多人才改变了看法，要求承认自己为壮族。1965 年在周恩来总理的倡议下，把"僮族"改称为"壮族"，"壮"为健壮、茁壮的意思，意义好，符合壮族人民的心愿，更有利增强民族自信心和各民族的团结。

其次是建立桂西壮族自治区（州）。1951 年 6 月，以李德全为团长、费孝通（广西分团负责人）等为副团长的中央民族访问团，深入广西时各族人民进行亲切慰问。广西各级党政机也组织民族工作队深入人民地区进行亲切慰问，宣传党的民族政策，调查少数民族地区的政治、经济、文化状况，帮助少数民族发展生产，开展生活救济，经过广泛深入地宣传党的民族区域自治政策以后，才基本消除民族间的隔阂思想或顾虑。1952 年 12 月 10 日，桂西壮族自治区人民政府主席覃应机发布了《桂西壮族自治区人民政府成立宣告》，宣布自治区人民政府成立。当时桂西区下辖宜山、邕宁、百色 3 个专区，34 个县，西北界贵州，西界云南，西南与越南接壤，总面积约 11.17 万平方公里，共 11 个民族聚杂居。除了忻城、三江、大苗山、马山、武鸣、隆安、上林、止思、邕宁等 9 个县以外，其他 25 个县分部在今桂西资源富集区境内。同时，建有巴马瑶族自治县、都安瑶族自治县等 5 个民族自治县；此外，还建立了一批民族乡。根据 1954 年宪法之规定，1956 年 3 月国务院做出了关于将桂西壮族自治区改为桂西壮族自治州，并将原宜山、百色两专署改为桂西壮族自治州宜山地区工作委员会及百色地区工作委员会的决定。1958 年 1 月 31 日广西省人民委员发出《关于撤销桂西壮族自治州建制的通知》，1958 年 3 月 15 日，广西壮族自治区成立，桂西地区行政区划又有一些变动，广西共分为 6 个区，79 个县（市），今桂西资源富集区的扶绥、崇左、大新、天等、龙州、宁明、都安、凭祥等 8 个县（市）归属南宁专区，宜山、罗城、环江等 3 个县归柳州专区；百色专区共辖 18 个县（市）都属于今桂西富集区境内的县（市）。从此，在中央及广西区党委政府的统一领导下，在全国各族人民的支持和帮助下，桂西地区的经济、政治、文化、社会、生态等方面都紧跟全区的步伐，并相互协调发展。

（三）桂西乡村文化的发展

1949 年 12 月至 1966 年 5 月，这一时期是广西当代文化初创和初步发展的时期。

（1）文化艺术事业的行政管理机构得到完善和加强。

1949 年 12 月以后，广西省军事管制委员会文教部接管文化艺术工作。34 个民间职业剧团，1200 多从业人员，14 家私营电影院，2 家电影公共图书馆，1 家博物馆；1950 年 3 月省人民政府文教厅成立，厅内设文化处，具体负责文化艺术工作；1952 年 11 月，省文化事业管理局成立，1955 年 1 月改名为省文化局，1958 年 3 月改称自治区文化局，管辖包括自治区农村文化工作队等 29 个直属单位。这个时期，各专署各县均分别设立文教科，管理教育，文化工作。特别是 1951 年 5 月 5 日政务院公布《关于戏曲改革工作的指示》，推行"百花齐放，推陈出新"的方针及"改人、改戏、改制"的政策以后，桂西的各种文化人才及文化作品就越来越多了。①

（2）乡村民间艺术遗产得到弘扬。

桂西各民族在生活风俗、习惯、语言、文化心理上，都有各自不同的特点，他们在长期生产实践中，创造了和保存着丰富的优秀民间艺术遗产，这些艺术具有独特的民族性、地域性和深厚的文化底蕴。新中国成立前，各民族民间艺术得不到统治者的重视，各地各族间的文化艺术，没有得到互相观察，互相学习，互相交流的机会，各自都陷于"闭关自守"的境况，谈不上发展和提高；新中国成立后，党和政府对各族民间艺术遗产给予极大重视。从 50 年代初期开始，就采取多方式，有计划地进行大规模的系统的挖掘整理和改革发展民间艺术遗产活动。1953 年、1957 年、1959 年曾举行了 3 届民间艺术观察会演大会，多次组织专业人员深入各县（市）乡村采风，调查了解民间艺术及民间艺人情况，收集民间艺术的原始材料，多次召开老艺人座谈会和传统剧目鉴定会议，用演出的形式挖掘传统剧目，出版经整理、改编过的传统剧目丛刊，如第一届民间文艺会演包括山歌、采茶、跳神、师公戏、文场玩子、

---

① 广西壮族自治区文化厅编印．广西文化事业发展历程（1949.12—1978.12）[G].《中国共产党广西历史》第二专题资料，2007：1~2.

文场古剧、渔鼓、零零落、侗戏、牛戏、木头戏、芦笙歌、长鼓舞、舞春牛、唱麒麟、对子调、排子鼓、打碟子、板凳舞、瑶舞、讲古，共22种，84个节目，其中有不少是桂西河池、百色、崇左3市选送的节目或内容。第二、三届所表演的各种节目中，也有许多改编，创作节目多是桂西地区选送的艺术作品。1954年9月，省族歌舞团组成4个组，历时1个月，到达18个县22个区38个乡及3个镇，向179名民间艺人探寻调查到54种文艺形式，其中绝大部分是属于河池、百色、崇左境内的县乡村民间艺人。他们通过上山下乡演出进行采风和向民间学习，搜集到舞蹈素材、彩调片断表演素材、民间歌曲、彩调唱腔、记录曲牌、民间故事、壮族长歌《盘古论》449行等许多宝贵的艺术遗产。

（3）以乡村为题材的作品大量涌现，演出市场极为繁荣。

如戏剧创作中荣获国家级奖的有桂剧《拾玉镯》《抢伞》，邕剧《拦马》、壮戏《宝葫芦》、铜戏《秦娘梅》、调子戏《龙女与汉鹏》《王三打鸟》、独幕话剧《水》《扩社的时候》等传统、现代、改编的都有。1960年1月24日，中共广西区委发出《关于举行（刘三组）文艺会演的决定》，各地县（市）级组成了文艺队进行宣传排练，同年4月《刘三姐》文艺会演在南宁举行，汇集了全区各路人才，广泛吸收精华进行艺术加工，使民间歌舞剧《刘三姐》在艺术创作上获得了巨大成功；7月上京表演，继又巡回23个省市演出，历时一年多，演出500场，产生了前所未有的轰动效应。影响到日本、东南亚等许多国家，广西出名了，刘三姐的故乡桂西宜州也出名了。

（4）音乐舞蹈等艺术创作得到了繁荣。

1950—1966年以前，各地县乡（村）普遍建立了以音乐舞蹈为主的表演团体，创作了各种题材和形式的音乐作品，热情洋溢地歌颂党，歌颂领袖，歌唱社会主义祖国，从各个方面反映桂西地区社会主义革命和建设的新风貌，而且许多作品都具有浓郁的民族风格和地方特色，塑造了生动的艺术形象。如《壮人永跟毛泽东》《山南山北一家人》《壮族人民歌唱毛主席》《瑶家心向毛主席》《青山里流出一条红水河》《红水河有三十三道湾》《团结渠边团结歌》《红水河畔阳春早》《歌唱韦拔群》等。舞蹈的有《捞虾舞》《撑船舞》《扁担舞》《横鼓舞》《瑶族婚礼舞》《社家小社员》等，此外，还有杂技、曲艺等方面的创作也是不胜枚举。

在各种艺术创作的同时，大量地展开汇报演出。通过剧场、巡回或上山下乡的形式开展各种演出活动，如汇报演出、节庆演出、纪念性演出、宣传性或募捐演出等。据1963年统计，广西全区48个专业剧团、文艺演出13302场，其中在农村演出5545场，占总演出场数41.6%。①

（5）兴办各级群众文化事业机构，促进群众文化事业蓬勃发展。

1950年8月19日，省人民政府通过了《广西省建立人民文化馆站暂行办法》，要求"各市、各专署所在地较大之县城与个别区、乡、街、镇应有重点、有计划的建立人民文化馆和人民文化站，吸收经验，以便将来普遍建立人民文化馆站"②。于是桂西各县、乡开始建立起文化馆站，并出现了许多民间业余剧团。1953年2月21日至3月5日在南宁举行了广西省第一届民间文艺会演，宜山、百色等专区代表队，包括壮、汉、瑶、苗、侗艺人代表都有参加；1955年1月3—10日桂西州举行民间文艺观察会演，各县乡代表都参加了演出；同年2月22日—3月1日，在南宁举行全省群众业余音乐舞蹈选拔演出会，经过专家评选，选出了德保县的壮族舞蹈《捞虾舞》，都安县的壮族舞蹈《扁担舞》以及德保县的壮戏《宝葫芦》，宜山的调子戏《十月花》《龙女与汉鹏》等5个节目，20多位演员被选送赴京全国演出会；1964年4月，广西农村文化工作队成立以后，深入县以下农村基层开展活动，协助县文化馆、县剧团、电影放映队、县图书馆、新华书店等文化艺术单位改进和开展农村文化工作，并对农村俱乐部、业务剧团等业余文化

---

① 广西壮族自治区文化厅编印.广西文化事业发展历程（1949.12—1978.12）[G].《中国共产党广西历史》第二专题资料，2007：14.

② 广西壮族自治区文化厅编印.广西文化事业发展历程（1949.12—1978.12）[G].《中国共产党广西历史》第二专题资料，2007：14.

组织进行辅导。他们通过小戏剧、曲艺、杂技、独唱、小组唱等一批短小的文艺节目，以及开展放映电影、幻灯、图书借阅、图片展览等活动，向农民进行社会主义思想教育，同时，农村还自行组织俱乐部（文化室）业务剧团、图书室、业余文艺创作组、幻灯组、政治文化夜校等群众文化组织，通过各种各样的方式方法或途径开展乡村文化教育活动。1958年农村俱乐部在各乡村都普遍存在，并发展到高潮；因历史原因，1960年以后许多民办的俱乐部、文化馆站停止了活动，甚至解散了组织，1963年在开展农村社会主义教育运动中，又一次掀起兴办农村俱乐部热潮。1964年7月上旬，《广西日报》以"大办农村俱乐部，活跃群众文化生活"为通栏标题，连续4天，每天一整版，登载各地农村俱乐部活动经验文章，并发表社论，为大办农村俱乐部制造了强烈的社会舆论。据1965年底统计，全区共有农村俱乐部18797个，其中桂西地区东兰县马学俱乐部等不少农村俱乐部办得比较好。①

此外，这一时期，公共图书馆事业得到稳步发展，图书馆管理和服务水平得到不断提高，如1955年崇左县率先建立图书馆；文物保护及相关研究得到加强，如长达200多公里的70处岩画，近5000个图像的"花山岩画"，逐一进行登记；电影发行的体制逐步完善，如1965年自治区电影公司拨专款维修了西林、天峨、田东、田阳、宜山、罗城、田林、德保、环江等县的电影院，还大修机器设备，改善职工住房。当时出现有个体、集体、文化传统、工会、厂矿等多种形式的电影队。到1978年基本是每个公社有一个电影队，而且百色、都安、巴马、龙州等许多县都建立了配音点，进行录制配音和拷贝。

这一时期，文化发展的一个最突出的特点是多渠道、多门类、多层次培训文化艺术人才。譬如，参加省、市（县）选拔或推荐相关艺人参加职业教育，在职进修教育，开办桂剧训练班、彩调训练班、干部培训班、图馆人员培训班、编导培训班、放映人员训练

---

① 广西壮族自治区文化厅编印．广西文化事业发展历程（1949.12—1978.12）[G].《中国共产党广西历史》第二专题资料，2007：17.

班等；选送或到广西艺术学校（学院）、广西戏曲学校进修学习。有的在学生中招收，有的从社会招收，通过各种渠道或层次培养出一大批各类艺术人才，对推动乡村文化建设的发展，起到很大的作用。

总之，新中国成立后的这段历史时期，桂西地区乡村文化发展很快，文化市场出现了前所未有的繁荣景象，但好景不长，与全国一样受到"大跃进"和"文化大革命"的严重影响，桂西地区经济社会发展遭遇了几次破坏，一是1958年至1960年"大跃进"浮夸风使乡村那淳朴的科学的民族的大众的文化遭受严重破坏，如各县乡（村）都有自己"跃进"的目标，出现了诸如"粮食亩产十三万斤"等各种浮夸现象，造成了桂西地区的许多老百姓都活活饿死的局面。二是"四清运动"中，夸大阶级斗争的形势，错误地处分了一批乡村积极骨干分子或基层干部，挫伤了群众的积极性。三是"破四旧"运动中，各乡村发生了搜家焚古书、毁古迹、砸古物、斗文人等事件，民间珍藏的许多历史文物都被洗劫一空，四是"文化大革命"是打着"教育"和"文化建设"的旗号做违背文化建设基本规律的事情，严重违背了社会主义核心价值观的基本要求，这是中国历史的沉痛教训，我们应当以史为鉴，坚决避免类似"事件"的发生

三、新时期乡村文化建设突飞猛进

党的十一届三中全会以后，桂西各族群众与全国各族人民一起，积极投入农村经济体制改革和政治体制改革的深入探索之中，创建了家庭联产承包制的生产模式和村级民主治理模式，打破了新中国成立以来农村经济体制的那种僵死状态和党政一体化的农村政治生活模式，为社会主义文化建设营造了良好的环境，从而推动了乡村文化建设不断向前发展，并取得了伟大的新成就。

（一）家庭联产承包制的实施及村级民主治理模式建立

新时期中国乡村社会发生了两次举世瞩目、意义深远的历史性变革。一是发生于安徽小岗村率先实行的家庭联产承包责任制，一

是发生于广西桂西宜州合寨村率先创建村民自治的村组民主治模式。即一个是经济领域，一个是政治领域，两者都是农民创造出来的，结果都得到国家法律、法规认可并在全国各地得以效仿和推广。1978年初冬，小岗村10户人家冒着入狱的风险，实行"分田到户"，随之全国各地都效仿实行生产责任制，广西桂西各乡村也不例外，当听到外地兴起"分田到户"时，也效仿实行"分田到户"责任制，大大激发了广大村民的生产积极性，包产到户打破了原有的乡村利益格局，生产队、生产大队、人民公社趋于瓦解。在这社会转型时期，旧的社会规范和标准被破坏，新的又没有完全建立起来，这样，诸如社会治安混乱、偷盗现象严重等一些亟待解决的问题增多，正如涂尔干所说，这是一种社会"失范"。就在这"失范"的背景下，广西桂西宜州市合寨村创建了"村民民主自治"模式的历史先河，随之，桂西河池、百色、崇左等县市的所有乡村也进行效仿或推行，于是整个广西乃至全国都借鉴并推广实施。实践证明，不管是"分田到户"的联产承包责任制，还是"村民民主自治"模式，都符合广大人民群众的心愿，都是实现广大乡村群众根本利益的主要途径之一，也是提高和解放社会生产力的主要途径之一。这两大改革使桂西地区的经济、政治、文化、社会、生态等方面建设，实现了跨越式的发展。

从统一经营、统一核算、统一分配的人民公社、生产队的形式，到分户经营、集体统一核算和分配的"包产到户"形式，再到分户经营、自负盈亏的"包干到户"形式；从"15年不变"到"30年不变"，再到"长久不变"的提出，表面看来是农村经济核算体制的变化，但实际上推动这种变化，是农村集体土地经营体制的变化，与其说是党的整个农村政策的变化，不如说是一种先进文化的导向结果。

(二) 乡村基础设施建设成就卓然，城乡面貌日新月异

新中国成立以来，特别是改革开放以来，针对桂西地区基础设施薄弱的特点，中央、自治区和地方给予大力支持，特别是"十一五"期间，国家、广西以及河池、百色、崇左三市的地方政府

投入了大量的资金，有效地改善了基础设施，使之成为经济快速增长的主要动力之一，使城乡面貌焕然一新。例如，河池市1950年全市固定资产总额仅为0.0041亿元，1978年为1.43亿元，2008年达211.03亿元，投资规模前28年平均每年增长23.24%，后30年平均每年增长18.12%。在交通方面，先后建成都安至南宁53.28公里（河池市境内）高等级公路，金城江至宜州66.91公里一级公路；六寨至河池市，南丹至天峨，宜州至罗城，德胜至大沙城，水任至都安，都安至大化，五圩至东兰，巴马、阳田及巴马至凤山共长883公里的二级公路，县乡公路建设进展很快，实现了乡乡通柏油路，村村通公路的目标，到2008年末，全市公路通车里程达7317.81公里，比1978年的4801公里增加了2516.81公里，比1950年增加7023.81公里。近几年，不仅加大加长全市境内的高等级、二级公路的网络建设，而且对乡村屯级公路进行扩大、修建、硬化等工程建设，方便乡村群众交往、交流等活动；在邮电、通讯方面，2008年全年完成邮电业务总量36.96亿元，比上年增长23.00%，年末固定电话用户达到51.40万户。① 百色市的基础设施建设也是突飞猛进，2008年全社会固定资产投资325.45亿元，比1978年增长560倍，1978—2008年累计完成投资1514亿元，是1950—1977年的197倍；固定资产投资由2002年撤地建市的55.63亿元增长到2008年的325.45亿元，年均增长34.2%。全市通过不断拓展融资渠道，努力扩大投入规模，开展基础设施建设大会，建成了一大批重大交通、水利、能源、通信、城建等投资项目。2008年全市公路通车里程为12644公里，是1950年的22.5倍。其中高速公路179公里。邮电业务总量36.42亿元，比2002年增长5.7倍，年均增长37.36%。本地电话用户57.3万户，比2002年增长15.6倍，年均增长59.73%，移动电话用户136万户，

---

① 广西壮族自治区统计局、国家统计局广西调查总队编. 八桂辉煌：广西60年经济社会发展成就［M］. 北京：中国统计出版社，2009：385～386.

比 2002 年增长 7.76 倍，年均增长 43.56%。① 同样，崇左市的基础设施建设的成就更加突出。2008 年，全社会固定资产投资达到 128.49 亿元，比 1962 年增长 2419 倍，1963—2008 年均增长 14.1%，比 1978 年增长 262 倍，1979—2008 年人均增长 20.4%，比 2003 年增长 3 倍，2003—2008 年累计完成全社会资产投资超过 400 亿元，达到 440.73 亿元，年均增长 33.2%。围绕对接东盟，承接西南，开通出海，紧连首府构建"大十字交通"和"一小时交通经济圈"的发展目标，以抓交通基础设施建设为重点，大力推进交通建设，促进经济腾飞，交通基础设施建设累计完成投资 70 亿元。2008 年来，公路通车里程达 6487 公里，比 1949 年增长 4.5 倍，比 1978 年增长 2 倍，比 2003 年增长 39.9%，2003—2008 年均增长 5.7%，其中高速公路从无到有，2008 年通车里程达到 160 公里。② 可见，广西桂西资源富集区的基础设施建设的发展，对推动乡村经济文化的发展起到非常重要的作用。

（三）大力发展文化教育事业

河池市于 1950 年在校学生 3.99 万人，其中小学生 15.21 万人，普遍中学 0.42 万人，到了 1978 年，中等职业教育学校有 15 所，小学教育有 1355 所，在校学生数为 60.35 万人，其中普通高等学校学生 732 人，中等学校在校生 3025 人，小学在校生 43.3 万人，到了 2008 年，全市在校生 52.43 万人，其中普遍高等（高专）院校 1 所，招生 0.20 万人，在校生 0.49 万人，毕业生 998 人；普通中等专业学校 15 所，招生 0.46 万人，在校生 0.93 万人，普通中学 225 所，在校生 16.60 万人，毕业生 6.65 万人，在校生 34.42 万人，毕业生 5.44 万人。此外，民族教育、

① 广西壮族自治区统计局、国家统计局广西调查总队编.八桂辉煌：广西 60 年经济社会发展成就［M］.北京：中国统计出版社，2009：358~360.

② 广西壮族自治区统计局、国家统计局广西调查总队编.八桂辉煌：广西 60 年经济社会发展成就［M］.北京：中国统计出版社，2009：420.

幼儿教育和特殊教育也得到较快发展。2008 年特殊教育学校 7 所，招生 142 人，在校生 1237 人，毕业生 116 人。2008 年河池市电视人口覆盖率为 84.08%，广播综合人口覆盖率 71.17%，全市共有县级以上图书馆 11 个，图书总藏书量达 744 千册。① 近几年来，河池大力发展生态旅游产业，改善农村文化条件，乡乡都创造了文化站，各村都设有文化室，娱乐活动室，甚至许多村屯也创建了农家书屋，屯级运动场、娱乐活动室等公共文化设施。据统计，目前全市文化及相关产业法人单位约 1500 多个，从业人员 5000 多人，全县文化及相关产业增加值近 5 亿元，成为河池经济最具活力和潜力的增长点之一。

百色市新农村建设初显成效，全市围绕农民增收的目标，以产业发展为突破口，初步形成特色鲜明的"一村一品"的发展模式，全市新农村建设逐步形成了点线面整体推进的格局，2008 年，全市 58 个市级和面上新农村试点共投入建设资金 6533 万元，完成新建房屋 780 户，旧房改造 1368 户，建成沼气池 1054 座，建成一批体育场所、卫生室、文化图书室等公共设施；农村公共事业服务功能增强，90% 以上的试点村设立了"农事村办"服务站，解决村民生产、生活中遇到的问题和困难，促进了农业农村经济持续发展。在教育文化卫生等方面也取得较大的发展。通过加大对教育的投入力度，义务教育全面落实"两免一补"，建立了比较完备的国民教育体系，2008 年小学适龄儿童入学率 99.56%；初中阶段入学率 96.66%。年末全市普通中学 209 所，小学 1530 所；广播综合人口覆盖率为 83.5%，电视综合人口覆盖率为 89.3%。全市卫生机构从 1950 年的 13 个增长到 2008 年的 210 个，年均增长 4.9%。卫生技术人员从 1950 年的 134 人增长到 2008 年的 10378 人，年均增长 7.8%，同时，大力推广农村沼气池建设，从 2002 年 17.09 万座增长到 2008 年的 37.17 万座，增长了近 1.17 倍，年均增长

① 广西壮族自治区统计局、国家统计局广西调查总队编.八桂辉煌：广西 60 年经济社会发展成就 [M].北京：中国统计出版社，2009：388.

13.8%，农村沼气池入户率从 2005 年的 38.52%增长到 2008 年的 50.6%，提高了 11.1 个百分点。全市森林覆盖率从 2002 年的 55% 提高到 2008 年的 58.5%，提高了 3.5 个百分点。①

崇左市大力发展文化教育，旅游事业，不断推进乡村各项事业协调发展，在文化方面，2008 年全市艺术表演团体 7 个，文化馆 8 个，博物馆 3 个，公共图书馆 7 个，每万人拥有公共文化机构数为 0.41 个，出版报纸 1152 万份。2008 年来广播综合人口覆盖率 89.68%，比 2003 年提高 3.43 个百分点；电视综合人口覆盖率 90.73%，比 2003 年提高 15.11 个百分点。在教育方面，2007 年所有县（市区）都实现 100%完成"两基"攻坚任务。2008 年全市普通高校 4 所，比 2003 年增加 3 所，高校在校生 2.11 万人，比 2003 年增长 3.13 倍。2008 年小学适龄儿童入学率 99.6%，初中阶段入学率 95.97%。在旅游方面，充分发掘和利用旅游文化资源，打造了花山文化、德天瀑布、左江山水文化、左江红色旅游、壮乡民族风情边疆文化旅游，连城百年军事要塞"遗址名胜古迹旅游和得天独厚的旅游事业品牌，创造了整洁平安的旅游环境，2008 年全市接待入境旅游者达 15.86 万人次，比 2003 年增长 2.4 倍，收入 2.41 亿元，比 2003 年增长 9.7 倍。同时大力开展城乡清洁工程"活动，并取得显著成效，2008 年全市森林面积 86.34 万公顷，森林覆盖率 49.78%，造林面积 0.5175 万公顷。② 多元化的乡村文化教育体系，使广西桂西资源富集区的城镇化、信息化、工业化等方面的建设有了强有力的内在支撑体系，同时也促进了广西桂西资源富集区经济、政治、社会、文化、生态等"五位一体"建设持续健康的发展。

---

① 广西壮族自治区统计局、国家统计局广西调查总队编．八桂辉煌：广西 60 年经济社会发展成就［M］．北京：中国统计出版社，2009：361.
② 广西壮族自治区统计局、国家统计局广西调查总队编．八桂辉煌：广西 60 年经济社会发展成就［M］．北京：中国统计出版社，2009：422～423.

第二节　桂西资源富集区乡村文化
建设的经验借鉴

先进文化是人类文明的结晶，是社会发展的内在动力。费孝通先生把传统经验当作宝贵的文化精神，"文化本来是一种传统……但是在乡土社会中，传统的重要性比现代社会更甚。那是因为在乡土社会里传统的效力更大"。① 乡村文化建设的主要目的之一就是继承和发展优秀传统文化，并随之丰富和发展先进文化。古人云："以史为鉴，可知兴替。"历史的经验教训是一种宝贵财富。从桂西地区乡村文化建设发展的历程可以看出，桂西少数民族聚居区同样具有悠久的历史和灿烂的文化。特别是多姿多彩的少数民族文化，在这独特的地理环境中形成或传播，每发展一步都是很艰辛的。

一、坚持以马克思主义基本原理为指导是改革成功的根本

首先，解放思想是前提。在封建社会，虽然不存在"马克思主义"这一概念，但不少决策者还是不自觉地存有解放思想的精神和勇气。不管是郡县制、羁縻制，还是土司制、"改土归流"，凡是乡村社会经济文化教育等方面取得发展进步的，都是与开明的君王有关，与地方官员先进的思想有关。在革命时期，不管是哪个阶段、哪个区域，凡是领导者或决策者始终坚持以马克思主义基本原理为指导，发扬解放思想、实事求是的精神，那个阶段、那个区域的革命浪潮就越高涨，而社会经济文化教育等方面的发展也就越快，社会风气也比其他地方更好。譬如，大革命时期，以邓小平、张云逸、韦拔群等为首的革命前辈坚持以马克思主义基本原理为指导，解放思想、实事求是，放手发动群众，开展革命斗争与生产劳动相结合，使左右江革命根据地建设开展得红红火火。正如毛泽东

---

① 费孝通. 乡土中国 [M]. 北京：三联书店，1981：50~51.

称赞韦拔群说："读了半本马列主义，红了半个中国"。建国以后，马克思主义理论得到不断加强，特别是改革开放以后，无论是"家庭承包制"，还是"基层民主自治组织"，或是出现大量的"农民工潮"，都是与领导者或领导集体能够解放思想有关，正因为决策者突破了社会主义经济模式的传统认识，与时俱进地进行各项政策的调整，才能从根本上改变城乡之间的利益格局，使乡村面貌焕然一新。这是正确路线方针政策的导向结果，更是先进思想文化的导向结果。

其次，尊重人民群众的首创精神。在自给自足自然经济制度下，桂西少数民族地区很少有专门的学校教育，但各族人民通过"村规民约"的方式来对各乡村成员进行约束或教育，实行长老负责制，族长负责制或家长负责制，大人对小孩严管严教，从而形成了良好的家风，乡村社会风气也相对较好。各少数民族在与自然或其他不良行为作斗争的过程中，形成了团结互助、热爱集体的精神，以致在抗法、抗日、清匪反霸等斗争中，做出了伟大贡献。在改革开放初期，桂西各族人民在党的领导下，开创了"村民民主自治"模式的历史先河；在新农村建设中，又创造出许多具有地方民族特色的文化建设活动，例如发挥传统的"尊师重教，爱校助学"优良传统，积极捐资助学，集资办校，为少数民族乡村的"双基"教育做出了巨大的贡献。可以说，乡村各族群众是乡村改革的获益者和当事人，他们对乡村改革最有发言权，因为他们创造的许多做法，是直接从实践中产生的，即发明权也属于乡村农民。实践证明，中国的农村改革制度或理论都是从乡村农民实践中总结出来，并上升成为一科学理论的指导。

最后，坚持实事求是、与时俱进的原则。桂西资源富集区是集"老、少、边、山、穷、库"等"六位一体"的特殊地区，这里不仅具有丰富的物质文化遗产，而且具有多姿多彩的非物质文化遗产，在进行乡村文化建设中，决不能采取"一刀切"或"以偏概全"的方法，更不能学桂系统治时期，不分民族，对壮、瑶、苗等少数民族实行强迫性的教育，也不能像在改革初期某些地方领导提出"强迫农民致富"的口号，避免"浮夸风""冒报风"出现，必须坚持实践观、群众观，坚持实事求是、与时俱进的原则。因为某些方法或模式在一定的时期或阶段内是有限的，在另一个时期或阶段却有可能再次被创造出来；某些方法适合这个区域或这个乡村，但不适合其他区域或乡村，不同县域或乡村可能有不同的特殊情况，应该采取不同的方法或措施。在不具备必要条件下，盲目推进改革，即使改革本身是必要的，目标是正确的，也有很大的遇到反对和抵制的风险，使改革无果而终或流于形式。因为中国乡村改革既可能具有"帕里托改进"空间，又可能有"卡尔多—乔克斯改进"空间。① 现实证明，扶贫攻坚几十年，农村面貌发生了翻天覆地的变化，然而许多老百姓还是端着碗吃肉，放下筷子就骂娘或发牢骚。其中原因之一就是我们某些地方领导在进行乡村改革中，没有顺民意，理民心，察民情，一句话：没有坚持走群众路线的发展道路，没有按照一切从实际出发，实事求是、与时俱进等马克思主义基本原理的根本要求，以致出现了群众不领情、吃力不讨好的遗憾状态或尴尬的局面。正如邓小平总结说："实事求是是马克思主义的精髓。要提倡这个，不要提倡本本。我们改革开放的成功，不是靠本本，而是靠实践，靠实事求是"。②

二、不断夯实经济基础是文化发展的根本

一定的思想文化是一定的社会生产方式或经济基础的反映，汉朝司马迁在写《史记·货殖列传》时引用了管仲的一句话："实而知礼节，衣食足而知荣辱。"桂西文化发展历程告诉我们：经济发展是推动文化教育发展的基础和前提。"民以食为天"，生存问题和温饱问题是最大的问题，历代封建王朝统治者都认为，粮多人多，人多兵多。常言道："无食则饥，无粮则荒""未成用兵，粮草先行。"因此，但凡有见识统治者，在其统治期间，都很重视"三农"建设，并在长期的生产生活中，形成了一种农耕文化。

---

① 蔡昉，王德文，都阳. 中国农村改革与变迁：30 年历程和经验分析[M]. 上海：格致出版社，2008：13.

② 邓小平. 邓小平文选（3）[M]. 北京：人民出版社，1993：352.

在古代，发展农业生产主要有三大要素：一是土地制度；二是自然条件或水利灌溉条件；三是耕作技术。土地制度一般比较稳定，不能随意变革，正如所谓的"天下之大，莫非王土"之意；先进的农耕技术是从先进民族或先进地区传播过来的，由于自然地理因素，古代桂西地区处于比较封闭状态，先进的农耕技术很难普及，以致大瑶山区里长期使用"刀耕火种"传统耕作技术，只有那些居住在地形平坦、肥沃的左右江流域、红水河流域一带的广大百姓，能够充分发挥自己的聪明才智，利用水资源，改造生产生活环境，正如人们常说："一方水土养一方人，一方人创造一方文化"。古代桂西地区，特别是平原、盆地、丘陵或半丘陵地区，经常有拦河筑坝引水灌溉工程、水车引水工程，最为简便的引水灌溉方法是用芭蕉树皮或竹子破节以后用来架接灌溉。新中国成立以后，水利就成为农业的命脉，各乡村都掀起了兴修水利高潮，大大提高了农田灌溉面积。桂西资源富集区气候复杂多变，一般时隔三五年不出现旱灾就出现洪涝灾，因此，这一区域兴建水库也特别多，对解决丘陵或半丘陵地区的"望天田"灌溉问题，提高粮食生产起到很大作用；同时，对维护生态平衡，解决人畜饮水问题也具有十分重要的意义。但改革开放以后，"分田到户"的农村经营方式，使农田水利公共设施管理体制跟不上，农村水利建设处于"低温时期"。近几年来，新农村建设提出以后，"三农"问题越来越得到重视，山区乡村家家户户都建立了自己的家庭水柜，有"望天田"的地方都建立了田间地头水柜，从而解决了山区乡村农民人畜饮水困难的问题和农田灌溉问题，人们的生产生活条件得到了不断的改善，生活水平也不断地提高。

交通本身是一种重要的物质文化。在桂西地区，交通对促进区域经济文化的发展具有非常重要的意义。从地理位置来说，桂西地区与周边文化中心距离甚远，特别是与桂东、广东及其他经济文化发达的大城市的距离较远，只有开辟或拓宽交通网络，才能使经济文化不断发展起来，而且实践已经证明："要想富，先修路"是正确的，在改革开放以后几十年的扶贫攻坚战中，大力发展交通事业，从省级公路到县级公路，再到乡级村级公路，一直到现在的屯级公路，都得到了前所未有的改变或发展，实现了道路乡乡通、村村通、乃至屯屯通的交通网络，彻底打破了过去那种"老死不相往来"的封闭状态，城乡之间的空间距离缩短了，各民族之间的交往不断频繁，会说汉语的壮、瑶、苗等少数民族越来越多了，经济文化得到迅速的发展，但与桂东或沿海地区相比，桂西资源富集区的交通还是影响经济社会发展的主要因素之一，还需加大力度发展交通网络建设。

三、坚持以社会主义核心价值观为统领是发展文化多样性的根本

价值观是文化的核心，是实践活动的总方向、总目标的体现。① 文化即以文化人之作用，通过运用占社会统治地位的统治阶级意识形态去教化被统治阶级，使之驯服，以达到维护社会稳定的作用，这是历代王朝统治者们的一种最常见的统治方法或途径。明清至民国时期，由于大量推行"屯军""屯田""改土归流"政策，以及桂西地区州县官员或绅士重视文教德化，加上各民族交往、迁移、杂居增多，书院、私学、私塾、游学等各种学校教育或民间教育也不断增多，于是桂西地区的汉化范围就不断扩大，汉化程度就不断加深，以致在桂系集团统治时期就出现了"壮族人全部汉化"的错觉。说明了桂西少数民族聚居区对儒家文化的推崇和向往，同时，也说明了桂西各少数民族所具有的传统文化需要汉文化来充实，才能更加丰富多彩，促进民族文化发展繁荣。

桂西资源富集区历来都是属于宗教文化"原始原生"的主要地区之一。古往今来，不管是道教还是佛教，不管是巫神文化还是其他宗教文化，只能是社会主流文化的陪衬罢了。历代王朝统治者都不允许借宗教文化干扰社会统治秩序，即不管是古代社会还是现代社会，历来都倡导忠孝、礼义、仁悌、诚信等价值观。中国共产党领导中国革命取得了伟大的胜利，并非抛弃了中华优秀传统文

---

① 赵甲明，吴倬，刘敬东. 马克思主义基本原理专题研究 [M]. 北京：社会科学文献出版社，2009：148.

化，而是继承和发展中华优秀传统文化。特别是改革开放以后，党始终加强对广大劳动人民进行先进意识形态的宣传教育，积极培育和践行社会主义核心价值观，利用"现代性""公共性"价值来开展文化建设，以巩固和掌握文化领导权，走群众路线发展道路，大力发展科学的、民族的、大众的文化，不断论证中国共产党执政地位的合法性，增强党的团结，提高党的凝聚力和战斗力。可以肯定地说，中华文化核心价值体系一直存在于人们的心中，为了更好地适应世情、国情、党情的新变化，不断发展繁荣中华民族文化多样性，党在十六届三中全会中首次提出了"建设社会主义核心价值体系"这一命题，十七大再次强调并进行全面阐述，十八大从实现"两个一百年"战略高度首次提出了"三个倡导"的社会主义核心价值观。其目的是坚持以社会主义核心价值观为统领，扎实推进文化大发展大繁荣，以实现文化强国的最终目标。

四、善于吸收先进文化是文化快速发展的基本条件

善于吸收区域内外的先进文化，勇于抵制各种不良的思想和行为是文化快速发展的基本条件。桂西资源富集区虽然是各少数民族聚杂居住区，自然环境较为封闭，但始终没有明显排外文化的思想，各族人民对外面的人和事都存有一种热情的态度，尤其是对先进文化的渴望之心更是强烈至极。因此，不管是宗教文化还是风俗习惯，甚至是诸如古壮字等少数民族语言文字，都或多或少地留下汉文化的痕迹。譬如，洪秀全在广西宣传广东等地的一些先进思想，发动了太平天国起义，得到了桂西各族人民的拥护和支持；孙中山、黄兴等革命先驱积极宣传革命思想，在桂西的镇南关一带多次发动起义，多次得到桂西各族人民的拥护和支持；以邓小平、张运逸为首的中国共产党人到桂西左右江一带，宣传马克思主义先进文化思想，纷纷得到桂西各族人民的拥护和支持，并积极投身革命队伍当中，最后取得了百色起义的胜利。此外，鸦片战争时期，桂西各族人民积极抗英、抗法斗争的先进事迹；尤其是抗日战争时期，在中国共产党的领导下，桂西各族人民积极参加抗日，为抗战

的胜利做出了巨大的贡献；在解放初的清匪反霸斗争中，桂西各族人民表现出坚决与共产党一起将革命进行到底的决心，使国民党反动派无处可逃，无处可藏，粉碎了国民党反动派企图以桂西地区建立所谓的"根据地"的妄想，从而为社会主义改造和社会主义文化教育的发展扫清了障碍。

自秦汉以来，封建王朝在岭南地区设置郡县制以后，中原文化开始成为各族文化的主流，尤其是唐宋以后，各封建王朝实行羁縻制、土司制、"改土归流"，先进的农业技术、社会管理制度、文学艺术、生活技艺等各种文化渐渐传入桂西地区，形成了一体多元的中华文化体系格局。中原文化在桂西地区的传播渠道，或者说桂西各族群众吸收中原文化的主要渠道有：一是官方的有意识有计划的推广；二是文化精英到桂西的许多州县进行自觉或不自觉的文化传播，包括地方文官所采取的措施；三是多次的人口迁入，或各民族杂聚居住，对桂西文化造成一种潜移默化的作用，虽然桂西地区具有自然环境的特殊性和民族成分的复杂性，但各族群众对区域以外的先进接纳吸收表现更为积极。正是因为桂西各少数民族具有开放性、包容性和善于学习本区域以外的先进文化，所以各族人民长期居住在极为恶劣的自然环境中能保存自己，发展自己，并融入到中华大家庭之中，为祖国的发展做出自己的贡献。

新中国成立以后，在党中央的领导下，各省（区）县（市）专门派出工作队（组）深入乡村基层，大力宣传毛泽东思想，大力普及学校教育和成人教育，掀起了社会主义建设的新高潮，不断提高少数民族地区人口素质和科学文化素质。但由于受到"大跃进"和"文革"的严重影响，桂西地区经济社会文化发展遭遇了几次严重破坏。改革开放以后，少数民族地区通过"走出去，引进来"等各种方式方法，积极学习区内外乃至国内外先进文化思想，不断提高民族地区自我发展能力，打破了新中国成立以来农村经济体制的那种僵死状态和党政一体化的农村政治生活模式，为社会主义文化建设营造了良好的环境，从而推动了乡村文化建设不断向前发展，并取得了伟大的新成就。

五、机制构建是保障文化建设顺利开展的主要条件

在文化的存在形式中，有两种趋势：一方面是文化具有一定的稳定性，另一方面是文化具有一定可变性即发展变迁，而且变迁是文化发展的必然结果。但是，文化的发展是在原有的特质中展开和进步的。只有按照文化内在具有的一定规律发生和进行的变迁，才算是文化发展进步，或比以前更加先进文明的，才算是文化有了新发展。否则，变迁就成为一种停滞不前，甚至历史的倒退。譬如，新中国成立前的那些动乱时期和新中国成立后的"文化大革命"时期，实为文化的停滞和倒退现象。因为它在动荡的社会里变迁，容易造成社会结构、文化组织、观念形态的全面耗散和瓦解。

机制构建是保障乡村文化建设顺利开展的必然要求。不管是古代还是现代社会，在文化建设方面，都存在一定机制，盲动的文化教育活动是不存在的，只是在机制的具体内容或操作存在差异罢了。在以私有制为基础的阶级社会，只有统治阶级的文化，广大劳动人民只能学习或掌握一些农业耕作技术，其他先进文化因受到统治阶级的严格控制而无法学习。古代封建社会一般都是实行愚民政治，统治阶级本身就不想让广大老百姓掌握太多的文化。他们只希望老百姓规规矩矩按朝廷的律令做事，或按当地地方官员的施令去办事。正如孟子所说："劳心者治人，劳力者治于人"。在社会规范方面，古代传统社会提倡"为政以德"主张，官为民之师，官员是老百姓学习的模范。在选官用人方面，坚持以"德为先"和"忠为先"，因为"无德""无忠"的人容易犯上作乱，更不能做到"为人师表"。为官一任或为官一生理应造福一方百姓，振兴一方经济，繁荣一方文化，相反，如果鱼肉百姓、祸及乡里、臭名远扬，则会败坏或带坏一方的社会风气。

桂西资源富集区多是土司制度统治下的乡村社会，长老或都老治理最为突出，而长老制一般是以封建礼教为主要内容。在封建社会里，不管是壮乡还是瑶苗乡，或其他民族乡，一般都有三老，其中一老负责专管教化，在大的家族里，族长承担管理教化的职权，国家法律很少涉及这些。县官也很少深入乡村体察民情，可谓是

"自古皇权不下乡"。因此，乡村的民族宗法或族规有时比国法还要管用。

自新中国成立以来，尤其是改革开放以后，"长老制""瑶王制""苗王制"等各种封建管理制都被彻底清除了，根据中华人民共和国宪法的相关规定，广大劳动人民群众对国家的行政管理事务、社会管理事务等国家日常生活活动，均享有参与权、监督权，并受到法律的保护，以致实现了"上情下达"或"下情上传"，保持了中央—地方［省、县（市）、乡村、组户］的一条"直通线"。随着改革开放的不断深入，文化内涵的不断扩大，文化的功能和地位不断提高，特别是"文化强国"建设的提出，文化在社会生产力发展中的地位越来越凸显，"五位一体"建设正在进行中。因此，构建文化建设的有效、长效机制今非昔比，科学的民族的大众的中国特色社会主义先进文化在实践中不断地深入人心，形成了道路自信，理论自信，制度自信，为推动中国特色社会主义不断向前发展提供了先进文化导向和文化体系支撑。

第四章 广西桂西资源富集区 乡村文化建设的时代价值

　　价值观是文化的核心部分，也是个性心理结构的核心因素之一。价值观是最高层次的价值意识，是价值意识的核心；它是人们面对社会生活实践根本问题时的基本态度和立场，它是实践活动的总方向、总目标的体现。① 价值观内含有价值目标和价值原则，以及实现的方式方法、途径的选择等价值取向范围。新时期开展乡村文化建设，理应构建一种科学的价值观并以之为先导，即构建一种符合先进文化发展方向的核心价值体系。正如博士生导师袁祖社教授所说："文化担负着塑造国家形象和国家信仰，接续民族精神血脉等多重大使命"。② 只有担当起这样使命的文化，才能成为一种现代公共性，成为社会共同体的公共价值观，换言之，现代公共性的构建过程实际上也是社会核心价值观的构建过程。而作为公共性的价值取向体系必须是清晰明确的，正如党的十八大从国家层面、社会层面、公民个人层面高度概括为"三个倡导"社会主义核心价值观，更加突显了社会主义核心价值观的目标和指向，其层次清晰，内容博大精深，既容易让人理解把握，又有很强的可操作性，它为我们进行乡村文化建设指明了目标和方面。

---

　　① 赵甲明，吴倬，刘敬东，王峰明等. 马克思主义基本原理专题研究[M]. 北京：社会科学文献出版社，2009：148.
　　② 袁祖社. 文化本质的"伦理理证成"使命与精神生活的道德价值逻辑[J]. 道德与文明，2011（4）.

第一节　以社会主义核心价值观
引领乡村文化建设

一、社会主义核心价值观的主要内涵

社会主义核心价值观是人们对社会主义性质的一种最高层次的价值意识，是人们对社会主义国家、社会、个人三个方面的总看法，是实现国家目标、社会目标、个人目标的总方向、总目标或一切行动指南。社会主义核心价值观是社会主义先进文化的核心部分或集中体现，它具有强大的感召力、凝聚力。"文化的力量之所以在很大程度上表现为民族凝聚力，原因就在于这种凝聚力主要来自人们对社会核心价值的认同。"① 中华文化核心价值体系一直存在于人们的心中，但真正首次明确地提出"建设社会主义核心价值体系"这一命题，是在党的十六届三中全会上，党的十七大再次作出强调和阐述，党的十八大从实现"两个一百年"的文化强国战略高度首次对社会主义核心价值观作出了更为科学的概括：倡导富强、民主、文明、和谐，倡导自由、平等、公正、法治，倡导爱国、敬业、诚信、友善等12词。

二、社会主义核心价值观与乡村文化建设的内在关系

首先，社会主义核心价值观是乡村文化建设的先进导向。社会主义核心价值观是中国共产党与时俱进地对世情、国情、党情的新认识，是马克思主义中国化的最新成果。它丰富和发展了马克思主义价值哲学，更加凸显出其崇高的时代感和价值精神，具有强大的凝聚力和感召力。它是中华优秀传统文化与当代马克思主义中国化有机结合的产物，是时代的共同召唤，是广大人民群众的共同心声，体现了社会主义最基本、最核心、最重要的价值理念。"三

---

① 荀安经．巴蜀地区农村文化建设研究［D］．西北农林科技大学博士论文，2011：53.

农"地位的提高,"三农"的路线、方针、政策的制定和实施,都是以中国特色社会主义理论体系为指导,是推进社会主义新农村建设的理论依据,比如家庭联产承包制度的理论、提高农民思想文化素质理论、发展农村经济的理论、基层群众自治组织建设理论、发展农村教育的理论、改变城乡二元结构的理论、建立新型城乡关系的理论、乡村城镇化的理论,等等,都是马克思主义中国化指导下的中国特色社会主义理论的最新成果。"三农"领域的生动实践,又丰富和发展了马克思主义的乡村建设理论。在新的历史阶段,我们必须坚持运用马克思主义中国化的理论成果,特别是运用中国特色社会主义理论体系,武装全党,教育人民,让广大群众认清马克思主义的精神实质,认清中国特色社会主义的本质,并激发他们积极投入经济建设、政治建设、文化建设、社会建设、生态建设等"五位一体"建设之中,为早日实现"两个一百年"的伟大目标而共同奋斗。

其次,国家目标也是广大乡村农民的共同目标。从国家目标层面上看,"倡导富强、民主、文明、和谐",是人心所向,众望所归。十一届三中全会以后,在经济上,广大农村实行家庭联产承包制,废除了两千多年历史的农业税,允许并鼓励广大农民进城进厂投资打工,改变生活条件,弥补农村经济的不足,大大激发广大农民群众的生产积极性;在政治上,实行村民自治组织建设,发挥了民主管理、民主监督,民主选举的基层群众自治的职能,激发了广大农民群众的政治参与热情;在医疗卫生方面,逐步建立了农村社会保障体系;在文化教育方面,广大农村都实行"两免一补"的九年义务教育,达到了国家"两基"验收的基本标准。建设社会主义新农村,建立城乡一体化新格局,大大改善了农民的生活条件,提高了农民的生活水平,使农村面貌焕然一新。这些实实在在的东西,使广大农民亲身感受到实现国家富强、人民富裕、社会和谐的好处。但在实践中我们也看到,随着物质生活越来越富裕,却出现诸如"端起碗吃肉,放下筷子骂娘"的一种欠正常的现象。这些不满的"欠正常"的行为或现象,有的与经济发展水平、人们的收入状况相联系,有的则是非物质的要求与追求精神上满足的表达，随着社会的不断进步，后者会越来越突出。任何执政党都必须正视现实，人们对执政党的支持不是一成不变的，不是无条件的，执政党的执政过程并非自始至终都具有永恒不变的合法性，在某些问题或某一领域上得到民众的认同并不意味着在所有问题或所有领域上都会得到民众的认可。换言之，过去不等于现在，现在不等于未来。因此，加强理想信念教育，消除小富即安，不思进取，坐吃山空，使他们认识到：只有国家的目标实现了，个人的目标才能实现，即"有国才有家"或"若无国家，你什么都不是"的道理。并时刻关注民众诉求，不断解决社会发展中出现的各种各样的新问题。有了共同的理想信念，才能巩固党的执政基础，才能使我们党始终立于不败之地。

再次，构建和谐社会是广大人民群众的追求目标。所谓和谐社会，就是党的十八大报告提出的"自由、平等、公正、法治"等内容，这些内容是社会共享的公共性文化价值规范，是以全体社会成员共生存、共创建、共规范、共受用为基础的，支撑和维护个人、组织和社会整体的在秩序和规范的环境中发展的总体性和根本性准则，是道德价值、文化价值、物质价值、政治价值、生态价值等各种价值的整合，是人类文明、社会进步的根本标志，是公共知识和价值理念的一种共享价值。它是现代社会资本的基本构成要素，是引领社会资本合理分布的内源性动力。①

改革开放以来，中国城乡面貌发生了翻天覆地的变化，不管是物质生活还是精神生活或文化生活，都出现了一定程度的分化或转变，面对社会转型时期，以往的共享价值逐渐失去凝聚力，新的共享价值尚未形成或未成熟，于是社会的共享价值出现了"真空"，人们对是与非，真与伪，美与丑，合理与不合理等方面的界限难以分清，造成了社会价值导向出现了危机，社会各阶层或各利益集团没有统一的共享价值来协调或导向，以致社会陷入广泛的文化冲突或摩擦碰撞之中，于此，党中央根据世情国情党情，从社会层面提

---

① 袁祖社．试论社会主义核心价值体系建设问题［J］．南开学报（哲学社会科学版），2009（1）．

出了"倡导自由、平等、公正、法治"等核心价值观的基本内容，这是社会的呐喊，广大人民群众的心声，是构建和谐社会的共享价值准则和指针。

最后，培养公民文化是实现国家目标和社会目标的必要条件。国家、社会是由广大民众组成的，没有人就无所谓国家或社会。正如马克思所说，"人就是人的世界，就是国家，社会"。① 党的十八大提出"倡导爱国、敬业、诚信、友善"等公民文化内容，这是中华民族文化价值理性自觉的鲜明标志，这一公民文化是对"臣民文化"和"市民文化"的升华和时代超越，是中国特色社会主义文化和中华民族文化发展的必要前提或最基础的文化工程。这是中华民族对中华传统文化的"自知之明"，正如费孝通先生所说的"文化自觉"之意。② 文化自觉是人的自觉、理性的自觉，是一种文化活动，是人类文明进步的象征，要实现国家和社会的目标，公民文化素质是基础和前提，每个公民都是一个国家和社会的一个分子或细胞，只有每个细胞都保持积极向上、健康活跃的状态，整个国家和社会才能始终充满生机活力，与时俱进，与时俱荣，"倡导爱国、敬业、诚信、友善"等内容，是社会主义公民理应具备的最基本、最起码的社会意识或做人意识，它不仅是构建中国特色社会主义和谐小康社会理应倡导的公民性意识，也是实现人的全面发展的最基本素质要求。

可见，以"三个倡导"为主要内容的社会主义核心价值观，不仅是党和国家向社会各阶层、各团体、各利益主体以及广大民众所提出的最基本、最重要、最核心的价值理想，而且是党和国家、社会团体公民都必须实践的具体的社会公共性价值目标，中国革命和建设充分证明，社会主义核心价值体系是中华民族精神文化的灵魂所系，是建成社会主义和谐社会，实现人全面发展的共产主义社

---

① 马克思，恩格斯．马克思选集（第 1 卷）［M］．北京：人民出版社，1995：1.

② 费孝通．费孝通文集（第 14 卷）［M］．北京：群言出版社，1999：197.

会过程中广大普通民众所必须具有的思想和行为准则。培育和践行社会主义核心价值观，是一个具有长期性、艰巨性、复杂性和系统性的工程，其核心是通过创造性作为，促进并切实保障核心价值观顺利有效转化为广大社会民众的信仰和行为规范。

三、在唱响主旋律中发展乡村文化多样性

新时期，我们倡导坚持以社会主义核心价值观为指导的文化建设，并非是否定中华文化的多样性，而是强调在弘扬主旋律中繁荣和发展文化多样化。党的许多重要会议都强调文化建设的主旋律问题，因为主旋律是先进文化发展方向，是广大人民在长期的生活实践中形成的符合人民利益的精神产品，是人类文明的标志，是社会进步的阶梯，坚持以社会主义核心价值观统领乡村文化建设，方能解决人民群众的精神文化生活问题。同时，人们的社会生活是丰富多彩的，群众的精神文化需要是多方面多层次的，表现在文化风格形式，体裁和品种等方面的差异，因此，在乡村文化建设中，特别是在广西桂西资源富集区的乡村文化建设中，更应该注重主旋律与多样化的有机统一，思想性和艺术性、民族性与地域性等方面的统一。

在广西桂西资源富集区乡村文化建设中，主旋律与多样化是辩证统一的。在民族文化的多样性、丰富性、地域性、文化性内涵中有一个共性，而这个共性与主旋律是相通的。即共性之中有个性，没有个性就没有共性，没有共性，个性也不能得到很好的发展，因此，大力弘扬主旋律，并非抹煞或否定各少数民族在长期的生产生活实践中形成的文化多样化；同时，提倡发展和繁荣少数民族文化，也不是说要削弱主旋律的导向力量，更不能否定主旋律的方向性。在经济全球化、文化多元化的当今，文化的"引进来"与"走出去"的交往频率越来越高，强势文化历来却站在优势的地位，以致一些弱小的文化面临消亡，因此，提倡与保护文化多样化，越来越受到世界各国的重视，"越是民族的，才越是世界的"。只有保持文化多样性，才能体现文化的丰富性；只有繁荣和发展文化多样性，才能不断彰显文化的精彩或魅力。中华文化之所以不断

彰显其强大的生命力，就是因为她由五十六个民族的文化组成，由东西南北中等许多个性鲜明的区域文化组成，而这些民族文化或区域文化内容丰富，品种和类型繁多，表现异彩纷呈，它不仅吸引了外国文化、外国民族，而且在国内的不同民族、不同区域之间也产生相互吸引、相互学习的作用，文化的多样性、丰富性，文化资源的选择，文化需求的满足方式，文化发展的条件和路径等方面，都具有多种可能性。在广西桂西资源富集区的乡村文化建设中，不仅要注重文化建设的民族性，也要注重文化建设的区域性或地方性，决不能"一刀切"，必须防止人为强制或强迫地推行文化的同一、统一或同化，这也是文化自觉、文化自信以及文化科学发展观的基本要求。前文所述，广西桂西资源富集区由于独特的自然环境和人文因素，虽经几千年的历史演变，但仍然保持了自己的个性。随着城镇化的步伐不断加快，桂西资源富集区的各族乡村文化，因城市文化和外来文化的强势侵入，其文化的民族性与地域性，在传承与发展中面临巨大困难，即文化多样性存在逐步丢失的趋势，这是广西桂西资源富集区乡村文化建设中值得考虑和探索的一个重要课题。

改革创新是文化发展的源动力。文化建设中的改革创新是按照毛泽东提出的"百花齐放，百家争鸣"方针，不断营造文化自信、文化自觉的良好氛围。社会主义核心价值体系是文化的主旋律，是主要骨架，文化多样化是文化发展的血与肉。城市文化与乡村文化，精英文化和大众文化，主流文化与非主流文化，汉文化与各少数民族文化等，都是"多元一体"文化格局的组成部分。民族文化传承的关键在于人们对本民族优秀文化的自识、自重、自尊意识的加强，当文化自觉转变为文化自信，根植于肥沃生活土壤中的民族文化，就能得以发展与延续。

第二节　催生文化农民

近百年的乡村文化建设历史，其经验教训是极为深刻的。从"再造农民"到"农民再造乡村"的转型过程已经具有近百年的发展史。前者是从改造农民入手，以塑造理想农民来构建理想乡村；后者是通过激发农民的主动性和创造性，来促进或推动乡村可持续发展。无论哪种乡村建设，始终都离不开农民文化教育。可见，催生文化农民是民族地区乡村文化建设的主要任务。

一、催生文化农民是乡村建设的前提和基础

从"再造农民的乡村建设"实践来看，催生文化农民是乡村建设的前提和基础。20世纪30年代初，以梁漱溟、晏阳初等为代表的近代乡村建设派，都非常重视对农民的教育，他们从各自所设定的乡村建设理想出发把农民当成改造对象，进行理想型的农民再造，如梁漱溟在山东邹平成立乡村发展研究院并进行试验，这些"旧派"认为，解决中国农村经济衰败、减退的现状问题，必须对农民进行教育，启发农民的智慧，催生农民的自觉；晏阳初在河北定县等地成立改良实验基础，这些"新派"认为，"愚、穷、弱、私"是中国乡村的"病根"，只有通过文艺教育、生计教育、卫生教育和公民教育等"四大教育"，才能根治这些"病根"，才能完成"民族再造"的使命。① 同样，卢作孚在重庆北碚等地开展的乡村建设实践运动，始终把农村文化教育当作农村建设的主要内容之一，在短短的时间内就使北碚等地的山区农村发生了很大的变化。

然而，不管是旧派、新派还是实践派的乡村建设，都不如"革命派"的乡村建设，所谓革命派就是指中国共产党领导下的乡村建设运动，以推翻帝国主义的侵略和铲除封建残余势力的统治为目标，在土地制度、政权建设等方面，实现了其乡村社会理想。中国现代史的发展及1949年新中国的成立，充分证明了"革命派"关于中国乡村建设发展的主张或方案是比较正确的。虽然中国共产党领导的乡村建设，受到"一大二公""十年文化大革命"的严重影响或破坏，但党在关键时刻，或关键的历史时期，能够保持清醒的头脑，做到"有错必纠"，并认真总结历史经验教训，始终把

---

① 郑大华. 民国乡村建设运动［M］. 北京：社会科学文献出版社，2000：141~145.

"农民问题""教育问题"放在突出位置，不断探索乡村建设的新思路。如党的十届三中全会前夕，提出了拨乱反正的口号，并开展思想解放、实事求是的"真理"大讨论；十一届三中全会重新确立了解放思想、实事求是的思想路线，确定把党和国家的工作重点转移到社会主义现代化建设上来，大会根据党的历史经验教训，决定健全党的民主集中制，"坚决实行按经济规律办事，重视价值规律的作用，注意把思想政治工作和经济手段结合起来，充分调动干部和劳动者的生产积极性"等内容。①

二、催生文化农民是乡村建设的主要任务之一

从"农民再造"的乡村建设实践看，催生文化农民是乡村文化建设的主要内容和中心任务，因为"三农"的关键在于农民即农民的文化素质。改革开放以来，政府或非政府组织在乡村建设方面付出了巨大的努力，也取得了良好的成效，实现了由传统的"再造农民"向现代的"农民再造"的过渡，充分发挥农民在新农村建设中的积极性、主动性和创造性，如 1979 年安徽省凤阳县小岗村的"包产到户"和 1980 年广西宜山三岔合寨村成立的"村民委员会"等乡村建设新理论新实践的产生。

随着改革开放的不断深入，特别是"三农"问题的不断凸显，许多学者提出了"内源式发展"或"参与式发展"的乡村自我发展理论。内源式发展理论认为，以前我们的农村发展大多是在外在干预或外力的推动下进行的，而实践证明，要突现农村好又快的健康发展，关键于乡村内部，关键在于农村人口的文化素质，因为只有提高农民的文化素质，让农民个个成为"文化农民"，农村内部才能显示出其强大的内生能动性，才能实现内源式发展。内源式发展观主张，通过"以文化人"即催生文化农民的途径，发挥村民的主体性、创造性和积极性，使大量的人力资源变成自我发展的人力资本，只有农民文化素质提高了并达到一定的水平才能实现，

---

① 中共中文献研究室. 中国特色社会主义理论体系形成与发展大事记 (一九七八—二〇〇八年)[M]. 北京：中央文献出版社，2008：3~4.

换言之，农民的文化素质越高，其积极性就越高，创造性就越强，农村的内源发展动力就越大。于是，农村贫困地区自我发展能力就越强。因此，提高农民的文化素质是促进建立农村可持续发展的前提和内在基础。

同时，有部分学者总结并提出了"参与式发展理论"，这一理论认为，乡村发展实践是一个自下而上的"赋权"过程，理应重视农村当地具体实际情况，激发当地村民包括穷人和妇女即弱势群体在内的发言权和决策权，尽可能地扩大当地村民在发展中的参与性，主动性和创造力。①

不管是"再造农民"还是"农民再造"，都离不开文化的内在导向功能。在乡村建设中，对农民进行文化的灌输和农民对文化的自我学习或吸收方面又存在一个关键问题，即农民的定位问题。"当把农民定位为落后、保守的话，那么农民只能处在被改造的地位；反之，当把农民定位在拥有特定乡土知识和现代技能，有着自我发展能力的话，农民自然就成为乡村的再选者。"② 如果从人的发展规律与文化的发展规律来看，即从村民自我能力和文化自觉的层面上说，最终目的是培养"文化农民"。同时，培养文化农民也是"倡导爱国，敬业，诚信，友善"等公民文化的根本要求。

三、"文化农民"是社会主义新农村建设的关键

催生文化农民是桂西资源富集区乡村建设的关键。一是"文化农民"体现我国文化建设的根本目标要求。培养有"有理想，有道德，有文化，有纪律"的"四有"新人，是我国文化建设的根本目标。乡村文化建设就是充分利用文化的力量去感化农民，教育农民，塑造农民，提高农民的综合素质，即成为"文化农民"。二是"文化农民"体现了人类学和主体性地位或原则要求。民族

---

① 李小云. 参与式发展概论：理论·方法·工具［M］. 北京：中国农业大学出版社，2000：55.

② 秦红增. 乡土变迁与重塑——文化农民与民族地区和谐乡村建设研究［M］. 北京：商务印书馆，2012（6）：56.

地区的农村发展离不开广大的当地或本土农民，即广大农民既是乡村文化的建设者，又是乡村文化发展的受益者，乡村建设能否保持又好又快并长期而健康发展，取决于乡村农民这一主体。"再好的发展干预也只是外因。"因此，给农民充分表达自己意见、建议以及展现创造性提供了机会。三是文化农民体现文化自觉的精神要求。文化自觉要求文化的主体性和平等性。历史证明，过分强调精英与大众的区别，就容易陷入中心论或中心主义的"病灶"。以"文化农民"来定位作为培养的目标不仅是文化发展的需要，也是乡村文化建设理应遵循的基本要求。四是"文化农民"是对每个乡村人在乡村发展中所起作用的充分肯定。实践证明，推动乡村文化发展的是广大乡村群众，而并非是少数精英。我们培植乡村精英，目的是让其带动乡村的每个农民都转变过来，而不是让其成为乡村社会的实际操作者。催生文化农民就是要相信农民有能力来表达自己的意见或建议，有资本、有能力借助发展干预来谋求发展，建设好自己的乡村。近年来，许多发达地区通过文化自觉或文化建设，让农民能够将发展干预与自身的条件有机结合起来，无论是接受现代科技知识和技能，还是参与项目，外出打工，都有着自己的决断力或创新性，因而乡村发展也逐步走上了正常轨道。正如美国学者舒尔茨说："改变穷人福利的决定性生产要素不是空间、能源和耕地，而是人口质量的改善和知识的增进。"①

四、"文化农民"是民族地区自我发展的"现实"需要

提高农民文化素质，催生文化农民是民族地区的"现实"需要。"实现是马克思主义唯物史观考察的唯一前提和基础，对现实无产阶级以及广大劳动人民的倾情关怀是马克思主义理论与实践的旨趣。"② 文化农民的群体特征是有经济头脑，会计划，脑子活，

---

① 【美】西奥多·舒尔茨. 论人力资源投资 [M]. 北京：对外经济学院出版社，1990.

② 韦顺国. 论早期西方马克思主义唯物史观的合理性因素 [M]. 常州大学学报（社会科学版），2014（1）：14.

会变通，知识面广，思维能力宽，有技术，对新事物，新科技的理解和接受能力强，不但勤劳、正直，而且有较高的判断力，不容易上当受骗等特征。简言之，"培育有文化，懂技术，会经营的新型农民"。但从广西桂西资源富集区乡村人口的现状来看，培育新型农民或催生文化农民的形成，这个任务还是十分艰巨的。

从表4-1，表4-2可以清楚看出，在广西桂西资源富集区乡村人口中，文盲人口占15岁及以上的人口比重都远远高出全广西的平均比重；小学文化程度的人口基本上属于主体部分，初中文化程度除崇左市与全广西平均数接近外，百色，河池两市的初中文化人口数都低于全区平均数。

表4-1　**2010年桂西富集区乡村15岁及以上文盲人口情况**

单位：人、%

地市	15岁及以上人口	文盲人口	文盲人口占15岁及以上人口比重
广西	20910195	976685	4.47
百色	1985717	188502	9.49
河池	1887790	146870	7.78
崇左	1152621	71109	6.17

资料来源：2010年第六次全国人口普查统计材料整理得出。

表4-2　**2010年桂西富集区6岁及以上人口受教育程度情况**

单位：人、%

地市	6岁及以上总数	未上过学比例	小学比例	初中比例	高中（含高、专、本、硕、博）以上
广西	33122703	3.9	38.3	49.4	8.4
百色	2915747	7.7	47.5	37.9	6.9
河池	2955324	6.3	45.2	40.5	8.0
崇左	1731632	4.9	35.1	52	8.0

资料来源：2010年第六次全国人口普查统计材料整理得出。

　　不管是从历史的经验看，还是从现实状况看，或是从未来社会发展势态看，催生文化农民是构建社会主义新农村的关键所在。马克思主义认为，劳动者是生产力三要素中最能动、最积极、最活跃的因素，具有一定生产技能的劳动者则是生产力中最具决定性的力量。毛泽东说："没有文化的军队是愚蠢的军队。"同理，没有文化的农民是落伍的农民。因为没有一定的文化基础，要想学好和掌握好现代农业技术就是一件极不容易的事情。没有文化就很难产生经济头脑，也不会有合理的科学的计划。在市场经济的浪潮中，没有文化的农民就不会钻研科研，不会分析市场或行情，不敢闯，不敢投资，只会死记硬背，下死力气罢了。有文化的人学什么都容易，学什么都快。目前，乡村文化建设的重点是催生文化农民，使多数农民有文化和懂技术，特别是"普九"以后，要加强农业技术教育培训的普及工作。从"一个村庄培养一个大学生"到"一个家庭培养一个明白人"，这样就基本上解决"传、帮、带"的技术入户问题。正如一些民族地区提出这样的标语："办好一所学校振兴一方经济，教好一个孩子幸福一个家庭。"通过这种理念和途径，可以避免把农村所有的劳动力都一齐拉来参加农业技术培训，即避免"文革"式的或"农业学大寨"式的某些盲目运动，避免影响农业生产和村民的正常生活。

第三节　推动桂西资源富集区经济社会跨越发展

　　先进文化是推动经济社会发展的原动力。马克思主义认为，知识经济时代，促进社会经济发展的主要推动力量，已经不是传统经济学认为的土地、劳动量的增加，而更多的是依靠科学技术的进步，依赖于劳动者对科技的掌握程度来实现。乡村文化建设是推动乡村经济社会跨越发展的一项重大举措，坚持以社会主义核心价值观为主要内容的文化建设，把培育和践行社会主义核心价值观融入经济建设、政治建设、社会建设、文化建设、生态建设等"五位一体"建设之中，努力做到相互促进、协调发展、科学发展，以更好地发挥社会主义核心价值观的引领作用，发挥文化对经济发展的推动作用。

一、乡村文化建设是促进现代农业持续发展的有力保障

中国特色社会主义新农村建设的首要任务之一就是发展现代农业。连续十年的中共中央 1 号文件都提出发展现代农业的主张，譬如，2007 年 1 号文件指出，用培养新型农民发展现代农业；2013 年的 1 号文件强调，夯实现代农业物质基础，加强科技驱动力度。加快发展现代农业离不开先进的科学技术文化的驱动力量。先进的科学技术文化为农业科技创新体系建设，提供了技术保障，为构建农业集约化的新型农业经营体系提供了技术支持。同时，为培育现代农业经营主体，加快农民转移就业培训，加快发展农村社会事业，提高农村公共服务人员能力等提供了保障。

农业的发展离不开现代科技的推进。目前，广西桂西资源富集区的农业科技创新方面还存在着基础农业科技服务条件较差，手段较为落后，推进农机农艺融合困难较大，农业科技投入偏少等困难，以致该区域与其他地区相比还存在着较大的差距。主要表现在：第一，农业科技对经济增长的贡献率低。发达国家或地区农业科技对农业产值增长的贡献率都在 20%—80%，2013 年我国农业科技进步对农业增长贡献率只有 53.5%。近几年来，广西农业科技对农业增长贡献率仅达 40%左右，桂西资源富集区除了崇左市的大部分县区，河池的南丹、宜川，百色的田阳、平果等县（市）略高于全区平均线以外，其他县（区）都低于广西全区平均线。第二，地区生产总值与农民人均纯收入差距较大。从广西区内看，三个经济区即"一带两区"的经济社会发展极不平衡。据统计，2012 年，西江经济带的地区生产总值为 6827.98 亿元，北部湾经济区的地区生产总值为 4268.59 亿元，而桂西资源富集区的地区生产总值仅为 1778.46 亿元。农民人均纯收入分别为 6921.2 元，6998 元，5062 元。最高值与最低值相差较大，甚至有许多山区农村，还是国家或自治区重点扶贫的贫困村，而不少的农民还没有解

决温饱问题。第三，农业科技成果转化率低。发达国家或地区的农业科技成果转化率平均为 65%—85%，2008 年我国只有 30%—40%，仅相当于发达国家的 1/2 左右，2008 年我国农业科技成果能够得到大面积、跨地区推广的仅有 15% 左右，形成产业化的尚不足 5%。① 特别是广西桂西资源富集区境内的农业科技成果转化成为产业化，更是少之又少。（详见表 4-3）

表 4-3　　　　2012 年广西"一带两区"经济发展
及农民纯收入比较

区　域	地区生产总值（亿元）	第一产业（亿元）	第二产业（亿元）	第三产业（亿元）	农民人均纯收入（元）
西江经济带	6827.98	114.39	3545.34	2168.25	6921.2
北部湾经济区	4218.59	678.30	1787.21	1803.08	6998
桂西资源富集区	1778.46	406.43	805.51	566.51	5062

资料来源：根据 2013 年广西壮族自治区统计年鉴整理得出。

二、乡村文化建设是乡村经济发展的新动力

随着改革开放的不断深入，城镇化建设的步伐越来越快，乡村文化也越来越吸引外来者，逐步成为文化旅游资源，并直接给当地村民带来许多收入，甚至发展成为旅游产业，是振兴当地的经济发展主要支柱之一。乡村文化活动和产品是农村文化工作者在宣传党和国家的方法政策，传播普及推广科学技术、开展文艺、游艺等文化活动中产生的劳动成果，具有很高的经济价值，广西桂西资源富

---

① 方亮. 新农村文化建设与管理 [M]. 北京：中国社会出版社，2010 (2)：74.

集区新农村建设面临的困难较比其他普通农村面临的困难严重。河池市 1627 个行政村中有 903 个贫困村；百色市的 1841 个行政村有 1015 个贫困村；崇左市的 835 个行政村中也有少部分贫困村，三市一共 2000 多个贫困村，近 103 个的村民小组。如果仅仅以改善农村基础设施建设为扶贫重点，采取搬迁或新村庄建设的办法改变村庄外观形象，那么国家投入再大的扶贫资金也是微不足道的，其根本问题也是不能解决的，即使是外观工程也不能在很短的时间内得到全部解决。如果从文化建设的视角去思考，把乡村文化建设当作乡村经济发展的动力源泉，那么，广西桂西资源富集区所有的独特丰富的文化资源，包括农村的历史变迁、历史人物、民间故事、民间工艺、民俗风情、风味餐饮、生活智慧等，保存着中国西南少数民族农业文明的文化因子，展现出极具少数民族传统文化特色的文化价值和文化魅力，将具有极大的开发价值。这些承载数千年的历史文化积淀的乡村文化，蕴藏着无比诱人的文化韵味，与现代城市文化形成了强烈的反差和对比，这也正是乡村文化吸引城市市民和异地游客的亮点。因此，以发展乡村旅游业为主要内容之一的乡村文化建设，是农民增收的一条新的潜力巨大的途径。

三、乡村文化建设是深化农村各项制度改革的有力保障

先进文化是先进制度和先进政策之母。乡村文化建设的主要目的是发展先进文化。制度是在一定价值观指导和历史条件下形成，要求所属的社会成员共同遵守的规范性文化。解放思想、解放生产力主要是通过制度创新去改革或排除那些阻碍经济发展的各种政治、经济制度以及由此引起的那些条条框框、墨守成规的封建思想。党的十八大提出"倡导自由、平等、公正、法治"社会制度，充分体现当今我国各阶层、各团体、各利益主体的意志和要求，从而形成了强大的号召力和整合力。这也是制度创新、理论创新、道路创新的根本表现，这"三个创新"既来自于"三个自信"，又增强了"三个自信"，也是文化自信、文化自觉的根本体现。30 多年的改革开放，农村经济发展取得了巨大的

成就，农村变得焕然一新，农村的社会管理制度、经营制度、合作组织制度等都得到了不断的发展。因此，乡村文化建设对农村制度文化的影响不可小视。

首先，乡村文化建设有利于深化农村管理制度改革。文化建设包括农村制度文化建设，而制度文化的发展能够提高县级、乡（镇）级、村级等基层组织的服务意识，提高他们的执政能力、组织能力和管理水平，促进农村九年义务教育工作顺利开展，保证党和国家颁布的各种强农惠民政策得以顺利地落实到位；保证国家扶贫资金和地方财政拨款得以充分的利用，并发挥较好的作用。

其次，乡村文化建设有利于推进农村经营制度改革。农村制度文化的发展对农村土地的开发和利用，包括农村土地的所有权、承包权、经营权，以及土地、山林、水利等方面的征用、流转活动过程，都起到一定规范作用。有利于消除地方民族主义、宗族主义或宗派主义等各种封建残余思想，具有十分重要的作用。

另外，乡村文化建设有利于农民专业合作组织发展。以农村制度文化建设为主要内容之一的乡村文化建设，可以促进农民专业合作社法的贯彻与落实，对农民专业合作社发展实施细则，具体登记办法，财会制度、经营内容，活动范围等方面之规定都产生先导作用。

总之，目前广西的农村发展状况整体上落后于全国平均发展水平，而桂西资源富集区的农村发展状况整体上又落后于广西全区的平均发展水平。乡村文化建设滞后或文化发展不平衡，以致经济发展不科学，生活方式难以改变，"美丽乡村，清洁乡村"工程难以开展，"民主监督，民主管理"流于形式。虽然每个乡村都建设有文化站、图书室、活动室，但很多都是虚设的，根本没有发挥应有的作用。我们并非完全否认上级号召一年搞几次文化科技卫生下乡活动的作用，但从乡村文化建设的全局来看，这是远远不够的，正如不少农民所说："这是给村民们看热闹"，"是一种作秀罢了"的文化建设，真正让文化发挥其内在的动力和智力支撑的强大功能，就理应把文化渗透到经济建设、政治建设、社会建设、生态建设之中，即"五位一体"有机结合的建设之中。努力营造一个既符合农民特点，又符合农村社会特点，既保留"旧时的世外桃花源"的特点，又体现"当今的桃花源"的新形象，这才算是中国特色的社会主义新农村，才算是农民朋友的精神家园，才能吸引广大城市市民和外地朋友前来做客，否则，本地的主人都"外流"完了，哪里还有远方的客人呢？因此，开展乡村文化建设，对推动广西桂西资源富集区经济社会跨越发展具有极为重要的时代价值。

第四节　加快农转非及城镇化建设步伐

一、桂西资源富集区乡村城镇化发展现状

随着改革开放的不断深入，社会生产力的不断发展，城乡二元结构逐步得到破解，我国广大农村拥出数以亿计的富余劳动力，他们当中有部分因进城打工多年，拥有了一定资金，先后在城镇里买了房子，成为市民的一部分或乡村人口非农化群体。经济越发达，城镇化率就越高，乡村人口非农化群体就越多。然而在广西桂西资源富集区的河池、百色、崇左三市依然存在着大量的富余劳动力，大量的乡村人口。2010 年全国人口普查结果显示，在各地区分性别的农业户口，非农业户口人口（乡村）中，百色市农业户口人口为 2453633 人，非农业户口人口为 61627 人，非农业户口人口占总人口比重为 2.45%，河池市农业户口人口为 2366978 人，非农业户口人口为 54762 人，非农业户口人口占总人口比重为 2.26%；崇左市农业户口人口为 1360810 人，非农业户口人口为 48421 人，非农业户口人口占总人口比重为 3.44%。2011 年全国城镇化率为 51.2%，广西为 42%，落后全国近 10 个百分点；百色市，河池市，崇左市均排在全区 14 个地级市的末位，落后全国平均水平近 20 个百分点。2012 年百色、河池二市城镇化率也仅为 36.4%、35.2%，而且城镇化质量很低，也是排在全国末排。（详见表 4-4）

表 4-4　　　　近年桂西资源富集区城镇化率及
乡村人口占总人口数的比例

年度/地区	百色市	河池市	崇左市	广西	全国
2008 年	31.1%	30%	31.5%	38.2%	46.99%
2012 年	36.4%	35.2%	37%	43.6%	52.57%
2012 年乡村人口数（万人）	246.9	237.9	135.44	2644	64222
2012 年乡村人口占总人口数比	70.2%	69.6%	67.1%	56.5%	47.43%

资料来源：根据《广西壮族自治区统计年鉴 2013》《中国统计年鉴 2013》
相关数据整理得出。

二、城镇化是实现农转非的重要途径

城镇化是实现农村人口转为城镇人口的一条重要渠道。广西桂西资源富集区拥有大量的农村富余劳动力，这一区域山多地少，人均耕地面积不到一亩，人地关系矛盾十分尖锐，如果不能向城镇或其他发达地区转移这些富余劳动力，那民族地区贫困乡村的发展将面临更加严重的问题。因此，城镇化建设一方面需要广大农村富余劳动力或村民的积极参与，不断发展繁荣本区域内各小城镇，以解决更多的乡村农民转为非农化；另一方面，可以有效解决贫困乡村富余劳动力的就业问题，解决他们个人及家庭的生活问题，特别是可以解决较为边远地区农村孩子上学难、就医难的有关问题。然而，解决农村富余劳动力转移就业问题又取决于文化素质的高低。现在的劳动力市场并非如改革开放初期的那个行情了，以前只要能吃苦耐劳和头脑稍微灵活一点，文化素质稍微低点没关系，同样可以在比较低端的劳务市场上大显身手。现在可大不一样了，现代化、产业化、信息化越来越发达，城市化程度也越来越高，于是劳动力市场对劳动者或农民工的要求也就越来越高，仅有吃苦耐劳的精神还不够，更重要的是必须要具备一定的科学文化素质。近几年出现的几次农民返乡回潮，充分说明了提高劳动力文化素质的重要性，催生文化农民的重要性和紧迫性。因此，积极开展乡村文化建设，是促进农村人口的非农化的长计发展策略，也是加速城镇化建设步伐的必然选择之一。

三、乡村文化建设是实现农民市民化的关键一步

乡村文化建设是促进城镇农民转为市民化的关键一步。广大村民依靠自己走出农村，来到城镇买房定居生活，成为城市农民，但如何真正地融入城市，享受城市的幸福生活，其中还有一个关键的问题即实现农民市民化的问题。以前曾经有许多老人到城市里跟随工作在城里的自己的孩子居住，不到一两周或一两个月就闹着孩子送他们回农村老家生活，这是为什么呢？主要是因素就是城乡文化差异太大，老人不适应城镇文化生活。特别是有许多农民虽然心里想去城镇居住生活，但由于受到相关体制和各种各样的观念阻碍，又不得不打消了进城的念头。乡村文化建设的主要任务之一就是要铲除这些观念干扰和排除相关体制的不良影响，以"三个倡导"为主要内容的社会主义核心价值观引领乡村文化建设，为缩小城乡之间差别以及实现城镇化目标创造了有利条件。当我国科技进步对农业生产的贡献率与发达国家一样达到70%—80%时，城乡人口流动成结构才趋于相对稳定状态。所以，在"双百年"到来之际，实现小康社会的宏伟目标，就必须按照党的十八大统一要求和部署，站在文化强国这一战略高度，认真开展乡村文化建设，积极开展职业技术教育活动，破除"农民永远是农民"的落后思想，创造条件，激发和鼓励贫困地区的村民们学好文化，掌握好技术，培养敢闯、敢干的精神，把自己塑造成为文化农民，为实现农民市民化开创一切有利条件。

第五节　提升广西桂西资源富集区文化竞争力

在《文化的重要作用——价值观如何影响人类进步》① 中，

---

① 【美】塞缪尔·亨廷顿，劳伦斯·哈里森. 文化的重要作用——价值观如何影响人类进步［M］. 程克雄，等译. 北京：新华出版社，2010.

共有 24 位撰稿人，他们当中有哲学家、经济学家、历史学家、政治学家、人类学家等，且都是在相关领域负有盛名的世界级专家。他们认为"文化"一词在不同的学科中和不同背景之下有着多重的含义，常常用来指社会的"高文化"，也指一个社会的全部生活方式，包括价值观、习俗、象征、体制及人际关系等。他们有的从文化与经济发展，有的从文化与政治发展，有的从文化与性别，有的从文化与美国少数民族，有的从亚洲和促进变革等几个方面论证，并阐述了文化广泛而深刻的影响，回答了文化价值观是如何影响人类进步的。正如丹尼尔·帕特里克莫伊尼汉指出："保守地说，真理的中心在于，对一个社会的成功起决定作用的是文化，而不是政治。开明地说，真理的中心在于，政治可以改变文化，使文化免于沉沦。"① 佛朗西斯·福山认为，文化是一种社会资本或财产在促进民主体制方面起到关键作用。罗纳德英格尔哈特强调，各民族的文化价值观与政治表现、经济表现之间存在强有力的联系。甚至在他们当中有许多人认为当今人类的进步，即"经济繁荣"和"政治民主"，实有赖于先进文化价值观。换言之，先进文化价值观是一种文化软实力，是一个国家、民族可持续发展的支撑能力和世界的影响力。而乡村文化建设是培育和践行社会主义核心价值观，是提高国家或一个地区的软实力。

一、传承与发扬少数民族文化的优秀传统

在经济全球化和文化多元化的今天，有一句走红的话："越是民族的，就越是世界的"。广西桂西资源富集区少数民族文化内容丰富，类型多样，民族特色较为突出，地域特色极为鲜明，文化底蕴极为深厚，生活气息颇为浓厚，这些文化既包括有形的物质文化，又包括多姿多彩的非物质文化。这些文化不仅生动记录或反映了各少数民族的历史，而且为我们后代留下了非常宝贵的文化遗产。正因为这些独特的民族风情和浓郁的地方特色，传承着桂西各族人民

① 【美】塞缪尔·亨廷顿，劳伦斯·哈里森. 文化的重要作用——价值观如何影响人类进步［M］. 程克雄，等译. 北京：新华出版社，2010：8.

独特的精神价值，思维方式和文化意识，对促进民族平等互助维护民族共同团结奋斗，共同繁荣发展进步，曾经发挥过重要的历史作用。因此，如何保护和利用好这些物质文化和非物质文化遗产对于传承和发扬民族优秀文化传统，增进民族间的友谊，增强民族自信心和凝聚力，推进中华文化大发展大繁荣都具有重要而深远的意义。

古往今来，广西桂西资源富集区一直是我国西南各少数民族活动、交往和融合的广大舞台。具有悠久的历史和灿烂的文化，而且文化底蕴还是颇为深厚的。随着改革开放的不断深入，世代生活在以岩溶山地，丘陵为主的特殊的自然地理环境中的各族人民，在长期的生产和生活实践中所创造出来那些优秀文化遗产或文化资源，也正在自觉或不自觉地消灭、变异。对这些优秀传统文化的传承和保护，确保各少数民族文化的脉络不中断，是我们中华民族发展繁衍历史中的任何一代都理应承担的责任和义务。特别是在当今时代，要繁荣和发展中华民族文化，提升国家或地区文化软实力，就更应该重视少数民族文化的传承，重视少数民族文化的保护，同时这也是文化自觉的根本要求。乡村文化建设的首要任务是传承和保护优秀传统文化资源，离开了优异传统文化去谈乡村文化建设，那就是犯"无源之水，无本之木"的大错误。保护是发扬的前提和基础，传承是为了更好的保护，做到有效保护和合理利用相结合，把文化资源潜在的经济价值充分发挥出来，让其成为经济发展的增长点，把文化的影响力，亲和力凸显出来，让其成为社会和谐的粘合剂，把文化的魅力体现于社会生活之中，让其成为人民生活的幸福花。这就是传承和发扬本区域优秀文化传统和文化资源的一个重要价值取向和任务所在，也是传承和发扬优秀文化传统的一种有效的生产性保护途径。"传统文化是保存先人的成就，并使继起的后代适应社会的一种既定存在形态；若没有传统文化，现代人决不会比类人猿更高明。……只有传统文化的世代承袭才使我们成为真正的人。"① 传统文化是现代人赖以生存和发展的理性工具，继承和

---

① 张小荣，雷根虎，易宏军. 中国传统文化及其现代价值［M］. 西安：西安出版社，2010：29.

发扬优秀传统文化使人类走向更加进步文明的最高点。

二、融入民族文化强区建设战略

党的十六大以来，党中央始终把发展社会主义先进文化当作中国特色社会主义现代化建设的主要内容来抓，提出了诸如"解放和发展文化生产力""提高国家文化软实力""兴起社会主义文化建设新高潮""扎实推进社会主义文化大发展大繁荣""实施文化强国战略"等许多新思想、新观点、新策略、新行动。特别是党的十七届六中全会和党的十八大，立足于实现"两个一百年"的宏伟目标，对实施文化强国的战略目标、主要任务、内容、原则和相关措施做出了统一部署。为了全面贯彻落实党的十七、十八大的精神，全国大多数省、市、区相继提出"文化强省（市、区）"的建设目标，根据党和国家指导性文件出台了自己本省（市、区）文化建设的相关政策，并取得了一系列的成就。① 2010—2012年，广西区相继出台了《广西壮族自治区人民政府关于加快文化产业发展的实施意见》《广西壮族自治区文化产业发展"十二五"规划》《广西壮族自治区建设民族文化强区实施纲要》等许多文化发展文件，为创造"文化广西""文化强区"提供了有力保障。

"十二五"期间，广西提出了自己的文化发展方向和目标，决定发展包括与旅游业紧密结合的六大重点文化产业或新兴文化产业，大力实施八大文化建设重点工程（详见表4-5），努力推进一百个重大文化建设项目。

据统计，"2010年全国各地区文化软实力综合评价结果"显示，广西区域文化基础力为87.37，文化保障力为77.02，文化生产力为84.09，文化传播力为76.77，文化创新力为77.78，文化竞争力为97.47，文化吸引力为92.93，文化消费力为80.81，文化潜在力为79.04，综合总分为83.70，综合排名在17位。各项指标排在前十名的地区有东部地区的浙江、广东、江苏、上海、山东等，

---

① 张国祚.中国文化软实力发展报告（2012）[M].北京：北京大学出版社，2013：125.

相反，西部地区的贵州、甘肃、新疆、西藏、宁夏、青海等则名列后十名，而属于西部地区的广西，其区域文化竞争力和吸引力在全国名列第二，说明其区域文化软实力不可小视。①

表 4-5　**2012—2020 年《广西建设民族文化强区实施纲要》**
要点概括

项目	六大重点文化产业	八大文化建设重点工程
主要内容	（1）文化娱乐演艺和美术工艺产品； （2）新闻出版产业； （3）广播电视和动漫产业； （4）文博和会展节庆产业； （5）创意设计和广告产业； （6）网络和休闲软件游戏	（1）社会主义核心价值体系建设工程； （2）文化精品工程； （3）公共文化服务体系建设工程； （4）文化产业倍增工程； （5）文化遗产保护利用工程； （6）文化改革创新工程； （7）文化传播交流工程； （8）文化人才交流工程

　　在党和国家及广西区党委政府的领导下，桂西资源富集区的河池、百色、崇左三市的地方领导，积极组织和发动群众，征求广大市民和农村村民的意见，结合本地区（市、县）情况，积极开展乡村文化建设活动。首先，我们看百色市的文化建设情况，2011年百色市共设有市、县级文化行政管理机构 13 个，专业艺术表现团体 14 个，公共图书馆 12 个，群众艺术馆 1 个，文化馆 12 个，博物馆（纪念馆）14 个，文物管理站（所）4 个，文化执法机构 13 个，非物质文化遗产保护中心 12 个。全市网吧 473 家，KTV 娱乐厅 139 家，电子游玩 83 家，全年产值 13169 万元；全市共有图书发行业 187 家，其中新华书店 12 家（单位），图书发行收入 7771 万元，个体和银行企业 175 家，年收入 56103 元；全市共有

---

① 张国祚．中国文化软实力发展报告（2012）［M］．北京：北京大学出版社，2013：140.

229 印刷业，其中印刷企业 73 家，"三印"企业有 156 家，年产值大 573 万元。其次，我们河池市的文化建设情况。2011 年，河池市围绕打造生态民族文化名城，提出了"促进文化事业大繁荣，让群众共享文化艺术成果""构建黔桂走廊文化产业带和红水河文化产业带，推动文化产业大发展""打造地域特色文化品牌，增强河池文化影响力"的改革发展思路，加快建设"精神家园"，打造民族特色文化，彰显河池文化资源潜在的魅力。最后，我们看崇左市的文化建设。2011 年崇左市拥有群众艺术馆 1 所，县文化馆 7 所，图书馆 6 所，文博馆（所）6 所，文化站 76 个。全市 76 个乡镇均设文化（广播）站，452 个行政村设有文化室，有 297 支业余文艺队。他们全市开展狠抓学习、抓基础、抓特色"三抓"文化建设活动，在公共文化设施，艺术创作节庆活动等方面都取得了新的成绩。总之，广西桂西资源富集区河池、百色、崇左三市把乡村文化建设融入"文化广西"建设战略或融入"民族文化强区"战略以后，至 2011 年末，三市"五个一"工程建设已经基本完成①。不言而喻，不管是广西区的文化发展战略，还是桂西资源富集区河池、百色、崇左三市的文化发展战略，其中都蕴含着提升区域软实力的用途和追求。乡村文化建设是国家文化建设或区域文化建设中极为重要的一部分，是文化强国或文化强区的题中之义，对桂西资源富集区来说尤为重要，因为从严格意义上说，河池市、百色市、崇左市三个城市基本上还是属于农业城市，于此，把乡村文化建设融入"文化强区"或"文化强市"战略，理应成为这一区域文化建设的主战场，从而不断提升区域竞争力或影响力。否则，缺乏文化支撑的经济是好景不长的经济，缺乏核心价值观引领的社会是容易混乱的。因此，传承与发扬少数民族优秀传统文化，大力推进民族文化强区（市）的战略步伐，既是体现了文化自觉、文化自信的发展需要，又是增强区域竞争力的必然选择，是一举多得的举措或取向。

---

① 广西壮族自治区文化厅编. 广西文化年鉴 2012 [M]. 海口：南海出版公司，2013：469，473.

三、构建和谐乡村的生态观

改革开放以来，广西桂西资源富集区与全国其他地区一样，在发展经济的同时，也给生态环境带来了严重威胁。一方面，广西桂西资源富集区自然环境恶劣，喀斯特地貌分布范围较广，山多地少，人均耕地较少，人地关系紧张，只有"左右两江溪峒"和红水河流域的那些"峒"较大一些，其他地方都是小"峒"。据统计，在广西大石山区有"峒"达15000多个，绝大部分分布在桂西地区。① 水土流失严重，耕地面积越来越少；另一方面，由于长期实行粗放型经济，甚至有些大石山区还习惯于刀耕火种的生产方式，如种小米、烧木炭及其他乱砍滥伐行为时常发生，或者还存在"火不烧山地不肥"的原始思想，对山区石漠化的治理带来了难度；加上乱挖、乱采、乱扔、乱毒等不科学不合理的开发，环境遭受不同程度的污染；村庄环境脏、乱、差现象很严重。要建设"美丽广西·清洁乡村"，早日实现小康社会的目标，那就必须构建和谐生态观。

构建和谐乡村的生态观是弘扬和传承优秀传统文化精神的主要途径。"天人合一"是中国传统文化的一大特征。从《周易》《道德经》《易传文言》到宋代张载第一个明确地提出的"天人合一"的命题，以及后来许多著名学者关于"天、地、人"之间的关系论述，都是强调"天人合一"的思想，即主张人与自然的和谐统一，人不能违背自然，不能征服自然、破坏自然，只能热爱自然、敬畏自然、顺应自然、利用自然。自然是人的认识对象、生活对象、道德对象、审美对象，两者和谐相处、合二为一，共同达到物我同一、天道与人道合一的境界。桂西资源富集区少数民族的民族传统文化中，"天人合一"的生态思想也是极为丰富的。如壮族的蚂拐节、铜鼓文化，毛南族的肥套滩文化等，都是体现少数民族以祈求风调雨顺、天人合一为主的思想。各少数民族都有自然图腾崇

---

① 刘祥学. 壮族地区人地关系过程中的环境适应研究 [D]. 上海：复旦大学博士论文，2008：16.

拜的习俗，如崇拜大树、森林、泉水、江河、大山或大石、岩洞等各种植物，崇拜牛、马、狗、青蛙、老鹰等各种动物。从各少数民族服饰及民间美术图案来看，如壮族服饰或壮锦、瑶族服饰、苗族服饰等，它们的各种设计图案都体现"天人合一"的思想。中国古代"天人合一"的思想对于解决当今世界由于工业化和无限制地开发自然、掠夺自然、破坏自然所带来的环境恶化和生态破坏，无疑是一剂生态"良药"。因此，构建和谐生态观是乡村文化建设的主要内容之一。

第五章　广西桂西资源富集区
"文化农民"的培育

第一节　"文化农民"的基本内涵及核心要素

　　"文化农民"与"新型农民"是同义异语的两个概念。"文化农民"的内涵与中央提出的"新型农民"的内涵基本一样，都包含"有文化、懂技术、会经营"三要素。然而，文化农民更加突出时代化、大众化的特征，秦红增教授认为，"文化农民"的提出不仅是对近些年来农民在生产、生活方式及观念等方面的变革或发展趋势的总概括，而且是对农民的肯定。只有这种肯定才可以充分激发、调动农民的创造性，中国农村才能真正步入可持续发展的路子，才能真正给予农民以"国民待遇"，[①]才能体现文化自觉、文化自信的要求，也是走文化强国道路的根本要求之一。

　　有关文化农民或新型农民的内涵标准，许多专家学者根据"三要素"新型农民作出了具体解释，中国农业大学朱启臻教授在《新农村：乡风文明》一书中提出新型农民应该具备的八大素质或能力：现代思想观念；现代科学文化知识技能；法律意识；民主参与意识；能够自我发展；善于经营管理；勇于开拓创新；不断提高生活质量的能力。[②]还有学者路艳娇认为，社会主义新农村的农民

---

　　① 秦红增. 乡土变迁与重塑——文化农民与民族地区和谐乡村建设研究［M］. 北京：商务印书馆，2012：59.

　　② 朱启臻. 新农村：乡风文明［M］. 北京：中国农业大学出版社，2007：22.

理应具备七大标准：知识化、能力化、组织化、创新性、富裕化、人性化、民主化。广西桂西资源富集区农民群体综合素质偏低，尤其是因文化素质偏低严重影响了其他素质的提高，造成有部分乡村农民"年年扶贫，年年穷"的怪现象发生，甚至有部分农民还出现返贫现象。"扶贫先扶志，治贫先治愚"，没有文化就是"愚"。文化科技素质偏低是农民综合素质偏低的总根子，也是造成贫穷的总根子。可见，催生文化农民是贫困乡村文化建设的关键一步。

　　然而，以"三要素"为新型农民的标准是方向性或目标性，是社会主义新农村建设的战略高度，是相对全国的农民整体而言的，而不是对某个地区或某个单独农民而言的。在贫困地区，要使每个农民或大部分农民都同时具备"有文化、懂技术、会经营"三要素，这样的期望和要求未免是过高或有些苛刻。换言之，在短期内是不完全符合贫困地区的实际的，是无法实现的目标。因为在比较发达的国家或地区，许多知识精英阶层有知识、有技术，但不懂得或不善于经营；在实际生产与生活中，因分工不同或地区不同侧重点也不同，并不需要每个农民都直接从事经营，而且经营或经商也不是一件容易之事，常言道："生意子难生，生意经难学。"尤其是在桂西资源富集区乡村，历史以来农业生产都是自给自足的小农经济占了主导地位，加上自然环境的恶劣性和复杂性，实现和谐小康社会的途径方法理应一切从实际出发，实事求是，根据不同的地区或民族，探索切实有效的扶贫方式、方法，让广大农民真正享受到惠民政策的好处。从文化强国的高度看，文化建设的主要任务是培养和践行"三个倡导"的社会主义核心价值观，从公民层面上说是"倡导爱国、敬业、诚信、友善"等做人做事的基本道理。党的十八大把不断增强文化软实力，培育社会主义核心价值体系，提高公民文明素质和社会文明程度，丰富文化产品当作文化强国的主要目标。① 从民族地区贫困乡村农民发展角度看，学文化受年纪的限制，结婚成家或中年以后，很少有机会重新进行系统的学

---

　　① 韦顺国. 论培育和践行"三个倡导"的关键所在［J］. 祖国，2013：28.

习了，学技术受文化的制约，学经营需要一定的文化知识、思维能力或变通能力，难度更大一些。"有文化、懂技术、会经营"三要素之间难度依次加大。有文化是前提和基础，通过有效普及农村九年义务教育这一途径或举措就有可能实现。懂技术，需要在民族地区开设各种职业技术学校和经常（定期或不定期）深入贫困乡村开展职业技术培训班活动。所谓技术培训，其内容不应只局限于农业技术，而且应该包括农业以外其他领域的实用技术。只有通过这样的途径，才能让更多的农民掌握到农业技术及其他非农技术，或让某一技术成为自己的谋生手段。会经营，需要不断地引导和历练。说实话，许多基层领导干部也不会经营，他们的指导实际上是"外行来指导内行"。历经30多年的"三农"改革，在发展农业方面，尤其是在基层政府行为指令下开展的种植项目，绝大多数是劳民伤财的项目，比如，十几年前，河池市某县号召并发动全县乡村农民把所有的平地都种植甘蔗，沿线公路的丘陵旱地全部种植柚子、红桃等果树，所有的荒山全部播种"银合欢"树种，所有的山地都种植披麻和葡萄等，其结果呢？甘蔗收成"打白条"，甚至3—5年的甘蔗款都到不了农民的手里，柚子树只开花不结果，红桃成熟无销路，"银合欢"树种播种下去完全不见发芽生长，披麻、葡萄无人管，类似伤农的事情屡见不鲜，以致许多农民根本不相信基层政府能够掌握市场的发展动向。我们在采访或调查中，有一定文化素养的农民总结说："凡是政府发动农民种植的，最好不要大规模种植，否则种多了必定卖不掉"。而文化素质较低的农民干脆说："基层政府的指令（号召）是瞎指挥，不值得相信"。从政府的职能来看，理应在文化技术方面下功夫，努力创设一切有利环境，创造一切有利条件让农民"有文化、懂技术"；在"会经营"方面，理应积极收集并提供有关信息，引导农民们去了解，去获取更多信息，不断优化市场环境，鼓励农民们去尝试。这一切的活动或工作内容，都始终离不开文化知识，因此，文化和技术这对孪生兄弟才是文化农民的得力助手，即文化农民的核心要素。

于是文化农民的群体特征理应包涵三个方面：一是素养，如勤劳、有经济头脑、会变通，接受新生事物能力强等；二是知识，包括现代的技术知识和乡土的经验积累;三是技能,能够拥有现代农业技能或农用技术。从内在关系上说,三个方面紧密联系,相互影响或相互促进;从结构层次上说,素养和知识是基层,技能是核心。转型中的农业、农村、农民始终都离不开文化知识或科技的支撑,民族地区贫困乡村的农民之所以多年来没有脱贫致富,最根本的原因就是没有掌握现代农业技能。没有现代农业技能的农民,就谈不上自我发展。换言之,文化农民生成的关键在于现代农业技能的习得。①

第二节 转型期乡村农民群体素质存在的问题

2001—2010 年连续十年时间,有许多人对广西贫困乡村进行专门的田野调查,并提出相关的建议或主张。2002—2004 年,中山大学周大鸣教授和广西民族大学的秦红增教授主持开展"世界银行在中国西部民族地区的发展援助项目"系列社会评估调研活动。尤其是秦红增教授为从事博士论文写作及《桂村科技:科技下乡中的乡村社会研究》一书的田野调查和写作,以及为了完成 2007 年 7 月申请获得国家哲学社会科学基金项目立项(西部项目)的"文化农民与民族地区和谐乡村建设研究"等课题,而进行为期一年的广西贫困乡村调查研究。② 2006 年,国务院发展研究中心"推进社会主义新农村建设研究"课题组就新农村建设现状在全国范围内进行了调查,其中,广西 108 个乡村被他们选定作调查样本。③ 另外广西大学、广西师范大学、广西民族大学以及桂西部的河池学院、百色学院等高校利用假期时间组织学生参加社会实践活动或深入各乡村进行田野调查活动。所有的调查表明,广西贫困

① 秦红增. 乡土变迁与重塑——文化农民与民族地区和谐乡村建设研究 [M]. 北京:商务印书馆,2012:69.

② 秦红增. 乡土变迁与重塑——文化农民与民族地区和谐乡村建设研究 [M]. 北京:商务印书馆,2012:21~22.

③ 李剑阁. 中国新农村建设调查[M]. 上海:远东出版社,2007:19.

乡村，尤其是桂西资源富集区的贫困农民普遍存在八大问题：一是文化科技素质偏低；二是思想观念滞后，创新意识不强；三是重农轻商的价值思维或价值观依然存在；四是守土恋土的思想依然严重；五是小富即安，缺乏远大理想或正确的人生目标；六是管理或经营水平低下；七是平均主义思想依然很严重；八是社会主义公德意识和法律意识淡薄。这八个方面的特征，实为落后的传统文化影响下的农民精神家园的基本写照，其鲜明的特征正是旧中国数千年历史的农业文化留在这些贫困乡村农民身上的历史痕迹。而现代农业要求必须有现代农民与之相适应，即只有实现人（农民）的现代化，才能实现农业现代化。同时，许多调查结果也认为，现代农业科学技术不仅在乡村建设中起着推动或引领作用，而且对改变乡村落后面貌，促进乡风文明的形成，推动乡村社会的发展或转型同样起到极为重要的作用。

一、农民文化素质明显偏低

广西桂西资源富集区农民文化素质明显低于全国和全区的整体水平。2007 年 10—11 月，广西师范大学硕士研究生戚杰强、谭燕瑜等几位同学分别对桂西地区的贫困乡村进行专题调研，调查结果表明，广西山区少数民族农民文化素质普遍偏低，初中或初中以下学历人数占样本总数的 86.4%，高中学历人数仅占样本总数的13.5%。他们的这些实地调研结果，与笔者长期生活、学习、工作在河池市都安县下坳乡、龙福乡等地的情况基本一致。2010 年全国第六次人口普查结果显示，在乡村户籍人口中，全国文盲人口占15 岁及以上人口比重为 3.56%，桂西的百色市为 7.74%，河池市为 6.05%，崇左市为 4.80%，这三市的文盲比重大大高于全国平均数，而百色、河池高于全国平均数近一倍以上。全区小学和初中文化人口占全国 6 岁及以上人口的 87.6%以上，百色、河池、崇左三市的小学和初中文化人口数占所在该市 6 岁及以上人口数分别为85.4%、85.7%、87%；高中以上的人口数所占该市人口数比例很低。这些情况与社会主义新农村建设的要求相差很远，因此，提高农民文化素质，培育文化农民是建设社会主义新农村的根本需要。

二、农民科技素质有待加强

在科技素质方面，桂西资源富集区传统农业技术占主要地位，高科技农业技术没有掌握。相关调查表明，大部分农民都熟练各种农活，都了解农作物的生长规律，并能掌握如何杀虫、施肥、给水、排水、灌溉等田间管理基本知识和技能。然而，大部分农民朋友没有真正掌握一门谋生的技术，例如，如何进行农畜产品的加工，如何科学地进行果树嫁接，如何进行反季节的水果、蔬菜等的培育技术，如何对大量的蔬菜、水果进行保鲜贮藏（贮存）或包装运输等技术；对农机的基本维修技术只有少数人掌握，建筑设计图纸、符号认知等方面也只有少数人能看懂。在接纳新鲜事物或新技术方面，大多数农民持怀疑态度，不敢率先尝试，缺乏创新意识和胆量，只有亲自看到他人成功以后才敢尝试。甚至还有少数农民从来不敢尝试新技术或新成果。我们在调查 145 个对象中，发现河池市巴马县凤凰乡有 51.1% 的农民"很乐于最先尝试新技术或新成果"，但是又有 31.9% 的农民"从来不敢尝试"；百色市隆林德峨乡有 49% 的农民"很乐于最先尝试"新技术或新成果，有39.2%的农民是"看到他人尝试成果再决定接纳或尝试"，只有11.8%的农民存有"从来不敢尝试"的思想或行为。① 可见，在尝试新的农业生产技术方面存在显著的差异性。

三、农民经营管理素质不容乐观

在经营管理素质方面，桂西资源富集区乡村农民单打独斗较多，缺乏合作生产与经营的新理念。广西桂西资源富集区贫困乡村的农民经营管理素质较低，市场意识不强。据许多乡干部说："贫困乡村山多地少，自然环境恶劣，绝大多数农户在生产中各干各的现象比较多，近年来在地方党委政府的号召下，平原和丘陵乡村才统一大面积种植甘蔗，在收割甘蔗的季节，才出现家庭互助合作的

---

① 韦顺国. 新农村建设中广西山区少数民族农民思想政治研究 [D]. 西南交通大学硕士论文, 2010.

现象。"我们在问卷调查中也发现大多数农民都认为只有把农作物种得比别人好、比别人多、获得丰收才是提高自己产品的市场竞争力的途径。然而在选择市场销路方面却不在农民的考虑范围之内。另外，性别、民族、地区、年龄、文化程度、政治面貌等方面因素与经营管理办法有很大的关系，除了地理因素影响最大以外，受教育程度即文化因素对经营管理办法有显著影响作用。

在农业生态旅游开发或民族特色文化旅游开发方面，大部分农民不了解，例如，在调查的145名少数民族农民中，只有37.2%的农民听说过"农家乐"休闲旅游，而其余农民都没有听说过"农家乐"休闲旅游。① 可见，农民的经营管理意识不强，贫困山区贮藏丰富的民族文化旅游资源，没有得到充分开发和利用，从而阻碍了乡村文化旅游的开发建设。

四、农民思想政治素质的层次性和落后性

在思想政治素质方面，桂西资源富集区乡村农民出现了显著的层次性和落后性。首先，我们看思想政治的多层次性。由于独特的自然地理环境和人文历史因素，桂西资源富集区境内各乡各族的思想政治呈现多元性和多层次的特点。这种特点，一是反映了"多元一体"格局比较稳定，有利于民族间相互交往、交流、和谐相处、共生共荣；一是反映了因独特的自然环境和人文环境造成了各民族之间的差异性和关系的复杂性。马克思主义认为，人的心理或思想素质受自然地理环境的制约，受历史条件的制约，受自己本民族传统文化的制约。因此，在政治、思想、组织等方面表现为多层次性特点，主要表现在选举和公益事业方面。贫困乡村的农民对乡村"两委"的换届选举不太关心或参与程度不高。大部分农民不了解乡村"两委"的选择程序，都希望自己所居住的村落能够有人成为候选人，笔者在多年（次）参加的乡村"两委"选择工作中发现，大多数候选人都是上级领导意图导向，真正按照"民主

---

① 戚杰强. 新农村建设中广西山区少数民族农民素质提高的方式与途径研究 [D]. 广西师范大学硕士论文，2008，6.

评议、民主选举、民主监督、民主管理"的要求选举的不是很多，以致有许多农民说："选与不选一个样，上级想要哪个，那个就可以选上"。同时，许多农民不积极参加村（社）集体事务管理，不愿意为集体办实事好事。一般来说，比较关心集体，积极参与公益性活动的是那些具有一定文化的农民党员、共青团员或积极分子等。由于历史变革的跨越性，各民族在意识形态方面又表现为多样性特点。虽然社会主义意识形态在广大乡村农民心目中已经占主导地位，但封建制、奴隶制、原始平均制等几个社会形态的"毒瘤"还没有根除，还在"神经末梢"发作，强烈地影响和束缚着人们，从而造成各民族思想的差异性或层次性。据某乡镇派出所所长介绍，在人口数只有300多的一个自然屯了解案情，发现这个屯竟然出现几个派别的思想，受害一方的亲戚或宗族积极检举揭发；嫌疑人一方的亲戚或家族极力包庇或护短；大多数为中间派，知道案情也不说，一概是"不知道"或故意回避调查员，给调查取证带来了许多麻烦。据一项抽样调查显示，145人中有52.1%的农民"不沾黄、赌、毒"①。其余农民或多或少都参加一些小赌博，不过在他们心目中不算是赌博，而是一种娱乐。

其次是思想落后性。在桂西资源富集区境内，每逢圩日，乡镇的集贸市场上卖六合彩资料的摊点极为热闹，围观者或抢购者大多是中老年人；逢年过节或红白喜事都大操大办，有的每月初一或十五都弄神弄鬼等。另外，多数农民都相信命运、祖坟、风水。这里的麼道师、巫师、风水师较为"诱人"，而且这些人的收入颇高，当地人经常笑称："以县长职位换他们都不做"。更为严重的是，少数乡村干部或教师退休以后也转入巫师、风水师等行业；"等、靠、要"的思想依然很严重。在计划生育方面，多数农民能够自觉遵守国家计划生育政策，但多子多福、养儿防老、男尊女卑等各种不良思想或行为尚存，超生现象依然严重。②

① 韦顺国. 新农村建设中广西山区少数民族农民思想政治研究［D］. 西南交通大学硕士论文，2010：19~21.

② 韦顺国. 新农村建设中广西山区少数民族农民思想政治研究［D］. 西南交通大学硕士论文，2010：19~21.

五、农民现代意识和消费观念有待提高

在现代意识方面，桂西资源富集区农民现代意识不强，消费观念有待提高。许多乡村调查反映，桂西资源富集区境内的农民大多缺乏现代意识。首先，表现在解决纠纷和矛盾的方法、途径方面。村民在处理严重利益纠纷和争吵时，第一是忍让或寻找时机报复，第二是找亲朋好友出谋划策帮忙处理，第三是找村干部帮忙处理，只有在忍无可忍的情况下才去寻找政府部门即乡司法所帮忙解决。居住在比较边远山区的农民遇到利益纠纷时，总是找宗族长辈或"村老""都老"等本地有威望的人来帮助解决。其次，表现在为人处世方面。大部分农民始终保持团结互助、尊老爱幼等许多传统美德；同时大部分农民集体意识淡化，环保意识不强；还有许多人不敢同违法犯罪或其他不良行为作斗争，"明哲保身"现象较为严重。再次，表现在消费行为方面，现代人在购物方面，既注重商品质量和价格，又注重商品的品牌与款式。桂西资源富集区境内乡村农民在选择购物时，偏注重质量和价格，特别是在购买衣服时表现最为明显，据调查资料显示，在145名少数民族农民中，有58.3%的农民注重质量、价格，只有25.0%注重实用，13.2%兼重款式，6.3%兼重名牌。① 可见，贫困乡村的农民在现代意识和消费理念上需要加强或提升。

六、思维方式和生活方式的民族性、滞后性

首先，顽固保守思维方式较为突出。主要表现在：一是独特的地理环境使少数民族农民多表现为封闭型思维；二是人文环境或历史因素造成了少数民族多表现为直观型思维、经验型思维。这种落后的思维方式严重阻碍着新农村经济建设的发展。

其次，农民的生活方式的落后性。改革开放的30多年，为了改变贫困乡村的落后面貌，促进农民改变传统落后的生活方式，党和

① 韦顺国. 新农村建设中广西山区少数民族农民思想政治研究［D］. 西南交通大学硕士论文，2010.

国家不仅在政策上给予特殊优惠，而且在人力、物力、财力等方面给予了极大的扶持，使桂西地区贫困乡村发生了翻天覆地的变化，尤其是平原、盆地或公路沿线地带到处都是欣欣向荣的景象。然而，相对于山区少数民族农民来说，其生活方式还没有明显改变。主要表现在：部分山寨仍然保持着传统农耕生产方式；保持着喜欢吃生食物，如吃生鱼、吃猪活血等不太卫生的饮食方式；人畜同居、同饮的现象还存在；村寨内外或周边的脏、乱、差等不良行为或现象普遍存在。目前，虽然公路沿线的乡村基本上设有垃圾池，但人们还是没有主动或自觉把垃圾搬往指定地点去倒的习惯；河边、塘边和田间地头到处是废袋、空瓶等污染物；夏天苍蝇、蚊子到处都是。平时农闲时，村民们除了看电视以外，就没有其他文化娱乐活动内容了，许多男女青年、老人为寻找刺激，只好参加到各种赌博活动之中。同时，由于男女性别失衡，加上有些男青年不敢外出打工，不善于交往，于是乡村的大龄单身青年也逐步增多了。

七、宗教习俗的多样性

桂西资源富集区是少数民族聚集区，世居民族有 11 个，信奉多位鬼神是该区域民族宗教信仰的最突出的特点。这种特点就是表现在任何一个民族没有形成统一的宗教。据《岭表纪蛮》记载，壮族信奉的鬼神共有 100 多个。据说人口不多的毛南族信奉鬼神达 90 多个。加上该地区形成了小聚居、大分散和普遍散杂的民族分布特点，于是出现了"五里不同风，十里不同俗"的多样性，正是因为这种宗教文化多样性的存在，宗教始终没有形成强大的凝聚力，因此，桂西资源富集区民族和谐度比我国其他少数民族地区的民族和谐度相对要高得多。（前面已经有相关论述）

第三节　培育"文化农民"的路径选择

一、缩小城乡基础教育差距

振兴民族的希望在于教育。邓小平指出："一个地区，一个部门,如果只抓经济,不抓教育,那里的工作重点就是没有转移好,或者说转移得不完全。忽视教育的领导者,是缺乏远见的、不成熟的领导者,就领导不了现代化建设。"① 从短期来看,狠抓农村基础教育与催生文化农民关系不大,但从长远的发展来看,搞好农村基础教育,特别是大力推行农村九年义务教育,这是从源头上或根本上去催生文化农民。教育可以消除文盲,要提高国民素质,促进人的全面发展归根结底是发展教育。由于自然地理环境与历史因素的影响,桂西资源富集区贫困乡村的基础教育远远落后于城市教育,造成了教育的不公平现象,因此,教育问题是桂西资源富集区贫困乡村急需解决的重大问题,也是社会主义农村建设中的重大民生问题。

教育给人以知识,知识给人以力量,科学技术是第一生产力。教育对促进农村社会的发展其力量是不可估算的,因为:一是农村学校教育水平直接决定了农村孩子社会化教育的水平。当今的农村,由于父母外出打工较多,自己的小孩留在家里给老人看管,这样就出现了大量的留守儿童,以致这些孩子的家庭教育和社会教育严重缺失,于是学校教育就自然成为他们唯一的教育。二是教育对推动农村人口流动或促进农业人口非农化创造了一个内在基础和前提。教育并非能使所有的农民子弟如愿以偿地实现"朝为读书郎,暮登天子堂"的理想。但在知识爆炸的当今,一个人没有受到一定的教育,没有具备一定的文化知识,在个人成长或发展的道路上,或多或少都要吃"没文化"的亏。三是由一个村落或村庄发展成为一个乡镇,即推进城镇化建设的发展道路,教育始终都是优先发展,换言之,没有优质的教育或先进文化的导向,就不可能实现城镇化。

虽然在全国范围内都已经基本普及了九年义务教育,但由于历史和自然环境的影响,桂西资源富集区农村教育改革发展仍然落后于东部地区或其他发达地区。据统计,在桂西资源富集区河池、百色、崇左三市农业从业人员中,小学文化程度仍然是主体,在全国

① 邓小平. 邓小平文选(3)[M]. 北京:人民出版社,1993:121.

和东部地区，初中文化程度是主体，而且三市的文盲比例都远远高过全国和东部地区的平均水平。（见下表 5-1）

表 5-1　　　　**2010 年桂西资源富集区人口文化程度比较**　（单位：%）

文化程度	百色市	河池市	崇左市	广西东部地区
文盲	7.74	6.05	4.80	3.56
小学	47.5	45.2	35.1	38.3
初中	37.9	40.5	51.9	49.3
高中	5.4	6.1	6.6	6.8
大专以上	1.4	1.98	1.56	1.65

农村基础教育的滞后主要表现在三方面：一是学前教育的滞后最为突出。幼儿园教育又称启蒙教育，这一阶段的教育不可小视，启蒙教育对幼儿身心健康、习惯养成、智力启迪等方面，都有重要作用。目前，在城市里民办幼儿园有很多所，而在农村地区，一般只有在乡镇政府所在地才有 1—2 所民办幼儿园，而且条件十分简陋，任课或看管老师都是由没经过任何专门培训的人员来担当，即无证上岗的人员居多，教学质量堪忧。而乡（镇）政府所在地以外的村庄，一般都没有开设幼儿园教育。因此，在广西桂西资源富集区的广大农村，依然存在 "入园难，入园贵" 的严重社会问题。根据几次全国人口普查结果数据显示，每次都反映农村人口比城市人口实际少了 5—6 年或 7—8 年的学校教育。可想而知，民族地区贫困乡村的人口素质如何能与城市人口素质相提并论呢？二是学校办学条件明显落后。2010—2013 年两年期间，笔者利用暑寒假时间，一共走访了 98 个乡（镇）初级中学，150 个村完小（校点），老师和家长们反映最为强烈的问题是：学校的住房不足，特别是老师的住房严重紧缺；有不少乡村中学 3—4 个老师共住一小间，如都安瑶族自治县隆福中学由于校舍紧张，没有专门的物理实验室和化学实验室及其他学科实验室，教师住房紧张，有几位老师不得不把教师宿舍楼的一头分层的楼梯间栏围起来当作自己的宿舍和办公

室。有许多学校没有学生集体食堂、学生洗澡房，也没有一个像样的厕所。许多村校没有专门的教学仪器室或实验室，没有少先队活动室，党（团）活动室等硬件设施。虽然许多地方政府部门都标榜"普九"已经顺利验收过关，但理论与现实相差还是很远。作为辩证唯物主义者，我们理应以"现实"为依据，现实的办学条件那么艰苦，贫困地区儿童的文化素养难以与城市儿童相比较。三是教学质量差距较大。多年来，农村学校的优秀教师和学生不断挤往城市，使本来就占天时地利优势的城市远远超过了农村，不断加重了优质教育资源在城乡和区域间的配置失衡，以致造成城市越来越强，农村越来越弱的恶性循环。在教学内容方面，城市学校都开齐各门学科教学，即政治、语文、数学、英语、物理、化学、生物、体育、美术、音乐、书法（写字）等国家规定的教学内容都开设，并认真按照教学大纲去进行教学，努力使每个城市的学生在德、智、体、美、劳全面发展。而乡村学校教学，由于师资紧缺或专业教师不足，在中学阶段，凡是中考没有被列为主考科目的，一般也很少开设或得不到重视；凡是高考没有被列为主考科目的，一般都不开设或很少开设。在小学阶段，除了语文、数学（乡镇完小开设英语）之外，其他诸如音乐、体育、美术、写字、思想品德、社会等国家规定的相关科目就形同虚设。人们往往以为农村孩子的身材不好或嗓音不行，因而不会打各种球类或不会唱歌跳舞。真正原因何在？很明确，是由于农村教育跟不上，师资和设备跟不上，从而造成城乡教育质量的严重差距。近几年，通过大量实施校舍修建工程，解决了许多燃眉之急；通过招聘特岗教师，缓解了一些乡村存在师资紧缺的严重问题，但由于自然环境恶劣、交通极不便、教师住房紧张、教师工资偏低等原因，使许多村校（校点）招不到教师，甚至有不少新招聘来的年轻教师到了乡村中小学工作不到1—2年就辞职走人了。还有部分乡村中小学教师通过各种关系调往县城学校任教，以致乡村学校始终都是处于教育资源紧缺或不足状态，如此实施的教育均衡发展，与城市的教育相比，不过是一种"骑牛追马"的做法罢了。

社会主义核心价值观的养成离不开教育，培养全面发展的人格也离不开教育。党和国家领导人历来都很重视农村教育，正如邓小平说："搞好教育和科学工作，我看这是关键"①"抓科技必须同时抓教育"②。2010年7月中共中央颁布了《国家中长期教育改革和发展规划纲要（2010—2020）》，对全国农村地区，特别是类似于桂西资源富集区贫困乡村的教育事业来说，是一件特大的喜事。先进文化是先进制度或政策之母，先进的制度或政策又可以指导文化教育。但不管是如何好的政策、制度或法律，最关键的问题是在于落实，因此，作为基础教育阶段第一责任主管部门的县级政府，理应不断强化"教育兴国""教育兴省（区）""教育兴县（市、乡）"的责任意识，不断发挥地方政府职能，合理运用或支配上级拨下的各项教育经费，合理利用社会各界贤达人士为学校捐资助学的款项。作为地级市政府理应主动关心或高度重视所辖区中那些经济实力较为薄弱的县域，将基础教育办学责任主体上移到地级市政府一级，以便在更广范围内推进基础教育的均衡发展与和谐发展。同时，也防止个别县因财政困难或其他原因造成拖欠教职工工资等各种悲剧的发生。其实，近年来，桂西资源富集区河池、百色、崇左三市的不少县（乡），都在不断探索统筹本县（乡镇）内教育资源有效合理配套的新路子，其基本思路就是城乡教育一体化发展新理念在一定的范围内的具体运用，主要措施是在本县（区）范围内，开展城乡学校结对子活动；在本乡（镇）范围内，沿线公路或平原村完小的教师轮流到比较贫困的山区完小进行支教即"轮教"制度；在教师入编录用考试或人才招聘方面，首先在贫困山区学校（点）设置岗位，优先照顾贫困农村学校。努力在本县（乡镇）范围内营造一个优质教育资源共享和互动（互补）的良好环境，尽量消除或缩短本县或本乡（镇）范围内的教育质量差距，逐步让贫困乡村的少数民族学生"进的来、留得住、学得进"，从而加强了农村学校学生的巩固率，减少或控制了学生的辍学率，提高了民族地区中小学生的毕业率，为高一级学校输送了一批批优秀

① 邓小平.邓小平文选（3）[M].北京：人民出版社，1993：9.
② 邓小平.邓小平文选（2）[M].北京：人民出版社，1994：40.

的新生，为社会主义新农村建设培养了一批又一批文化农民。

另外，适当延长义务教育年限也是一种有效可行的良策。九年义务教育标准从 20 世纪 80 年代开始颁布和实施，至今已是 20—30 年时间，改革开放的不断深入，科学技术的不断进步，人力资源竞争越来越激烈，面对城乡或区域差距，理应在民族地区贫困乡村逐步增加义务教育的年限，即提前开设学前教育（前延）和后延高中阶段年限等前后两种延伸方式。两头延伸义务教育年限，虽然增加了政府的财政收入，加重了政府的负担，使政府的责任更加重大。但从发展前景来看，一是在硬性的时间上增加少数民族地区乡村人口受学校教育平均年限；客观上缩短了城乡人口接受学校教育年限平均数的严重差距；二是在教育质量上，有利于提高民族地区贫困乡村学校的教育教学质量。由于贫困乡村学校办学条件比较差，在统一有限时间内，无法享受统一或相应的教育资源，而适当地延长学校教育的年限，是教育资源共享或补偿的一种措施。从目前现状来看，农村幼小儿童"入园难、入园贵"的问题非常突出，群众意见较大。急需政府加大投入并以法律、法规的形式把农乡学前教育纳入义务教育体系之中。这也是市场经济对贫困农村学前教育无法实现教育资源自行调配，而必须政府行政调配的一种手段。因为农村教育市场或教育资源长期以来都是处于不景气状态，如果不采取政府行为，没有为农村教育免费提供相应的教育教学公共设施、产品以及优质的教育资源服务，那么要实现城乡教育的均衡发展，只能是停留在纸上或嘴巴上。政府可以根据农村实际需要直接在各乡村办幼儿园，或在广大农村小学校里增设幼儿班，或直接补贴扶持农村的民办幼儿园，也可以推广公办民营的乡村幼儿园，为合格的民办幼儿园教师提供转正、录取等机会。民族地区的高中教育阶段，可根据需要适当延长 1—2 年，即 4—5 制。目前有些自治县已开始尝试高中阶段 4 年制，并取得了很好的效果。主要表现在：贫困地区高中 4 年制的学生在参加全国高考的总体平均成绩与城市高中 3 年制的学生高考的总体平均成绩，相差不像以前那么大了。可见，延长高中阶段教育年限，成本低、见效快，即使学生考不上大学，把他们培养成文化农民那也是一件比较容易的事情了。

特别是鼓励一些高考落榜生转读职业技术学校，参加职业技术培训班。通过这些途径以后，我们相信，不久"有经验、有知识、懂技术、会经营"的文化农民就出现了。这是为现代农业生产或农村劳动力市场提供了"多出人才、快出人才、出好人才"的重要举措之一。

二、加强现代农业技能的习得

现代农业技能习得是催生文化农民的关键。在《资本论》中，马克思论述受过教育和训练的劳动者与未受过教育和训练的劳动者之间的差异，前者在工作能力、技术水平、劳动熟练程度以及对新技术的适应性方面，都比后者有更大提高，创造出的社会物质财富更多。那么如何加强现代农业技能习得教育呢？一是培养农民的学习自觉；二是借助乡村发展干预，即借助乡村发展项目、农业产业化、科技下乡等，对农民进行现代农业技能教育。内因与外因是辩证统一的，都是表现为如何使农民拥有更多的、符合现代农业发展需求的技能。正如马克思说：人们"行动的一切动力，都一定要通过他的头脑，一定要转变为他的意志的动机，才能使他行动起来。"①

（一）要重视培养农民学习的自觉性

"耕读思想"在广西壮族地区早已广泛流传，在"耕读思想"的影响下，聚散杂居的壮族、瑶族、苗族、毛南族、仫佬族、彝族、侗族、水族等少数民族也接纳了这种传统思想。虽然各少数民族整体文化素质不高，但他们都一致认同文化的重要性：没有文化就没有发展，没有文化做什么都不行或很不顺。因此，在桂西地区出现少数先致富的农民，他们都是有爱读书，善于积累经验，勤钻研，乐于接受新产业、新科技，学习自觉等良好习惯。因此，我们必须重视学习的自觉性或习惯性的培养。

---

①　马克思，恩格斯．马克思恩格斯选集（4）[M]．北京：人民出版社，1995：251.

【案例一】

善于积累经验的"房地产专家"

韦老板，50多岁，高中文化，当过几年的乡村民办教师，因生活所迫而辞职，后独自一人赶着马车到城郊的建筑工地去帮助别人拉土石、水泥等一些建筑材料或其他废方。因为他是一个有心人、勤快人，在劳动中善于观察摸索，学习各种技能和经验，不几年他就开始承包他人建房的土方或石方。再过几年，他就承包了整幢楼的建筑工程，先是承包个人建房，后来他申请拿到相关资格的许可证以后，就开始承揽单位的建筑工程，最后发展成为房地产开发商老板。现在他全家老少四口人，早就已经搬迁到城市去居住了。乡亲们有的说他是靠有文化发财，有的说他是命运好，而他自己总结说："文化是基础，没有文化就无法看懂建筑图纸，无法预算（估算）出造价；同时，要善于观察摸索、总结各种技能和经验，否则你也不敢承包大建筑，或投资搞房地产生意。"（板旺村调查）

【案例二】

灵活变通的木材老板覃某

覃某是下坳镇数一数二的木材老板，富裕户，当他被问到有关做木材生意的经验时，他说："一是要守法，木材生意不好做，因为涉及到国家法律、法规的相关问题，只有在法律法规及相关政策许可的情况下，去搞木材生意才能持久、赚钱，否则，你被罚钱或没收就惨了；二是要灵活，要会变通。在手续齐全的基础上，哪里价钱高就往哪里运，即使是外省，除了误工费、运费和过路费等开支外，只要比在本地卖的价格还高，那就可以多做。同时，要了解人家购买木材最终是拿去加工做什么材料或产品，即具体用途是什么。如果人家需要大批的木材方条，我们就在本地或把锯器机械往山里搬，就地加工成方条，然后晾干打包好，再运往外地拍卖。这样既方便买

233

方，又利于我们降低生产成本，获得的利润更高。特别是充分利用大量的木糠、树枝及残留部分，就把木糠加工成木糠炭，或把这些树枝及残留部分加工成半成品，然后拍卖给造纸厂加工成压缩板。这样，一棵树木，算是基本上得到充分利用，既不浪费资源，又增加利润，何乐而不为呢？总的来说，获取信息，瞄准商机，善于分析，勤于钻研，就能抢在市场前面，生意就好做，这是发财的关键环节。"（下坳镇调查）

（二）乡村发展干预对催生文化农民起到一定的推动作用

改革开放以来，随着政府的"以工促农""以城带乡"或"反哺农业"等强农惠农政策的普及，农业产业化不断推进。从"公司（企业）+农户"到"公司+基地+农户"，再到"公司+基地+协会+农户"模式的发展过程，以及城镇化步伐的加快发展，乡村发展干预在农民习得现代农业技能和文化农民的塑造方面发挥了强大的推动作用。

城市对催生文化农民起到积极作用。从农民工进城务工与返乡就业的互动过程中可知道，农民工进城务工以后从封闭的农村走向开放的城市亲身体验到城市文明和现代生活方式，客观上提高了农民的现代性，促进了农民的观念和生活方式的更新，即他们从封闭走向开放，从经验走向科学，从同质性走向异质性，从熟人社会走向市场社会。换言之，从根本上改变了他们原有的建立在血缘、地缘基础上的乡村秩序和以"差序格局"为特点的乡村人际关系。居住在城市这种环境，他们不得不去学习掌握非农产业技术，学会市场营销，加强竞争开放意识和社交能力，努力把自己培养成为新一代农民。当农民工返乡就业时，乡村就成为他们施展新技能的大好舞台，从而增强了农村建设的活力，加快了农村生计与社会文化的转型。然而，他们在超越村落、超越乡土，以实现社会资本的扩展过程中，就出现了强弱之分的不均衡性，进而影响到乡村整体协调发展。于此，为了增强他们的自我发展能力，又使乡村养老、妇女发展、返乡农民工、留守儿童等群体的根本利益不受侵犯，以及乡村社会和谐发展需要，乡村发展干预项目也就应运而生。

　　发展干预项目对农村的塑造起到不可小视的作用。所谓发展干预项目，就是指中央地方各级政府或非政府组织如世界银行、联合国开发计划署、绿色和平组织等各式各样的民间团体在乡村实施的扶贫与发展项目。① 就项目本身的目标而言，主要是推动了乡村硬件快速发展，然而项目的实施是需要广大农民参与完成的，因而势必对广大农民进行现代农业技术培训，即项目技能培训过程也是文化农民的塑造环节之一。例如，百色市在田东、田阳等地开设芒果、甘蔗、八角种植技术培训班；河池市在东兰、都安等县的乡村分别开设甘蔗、板栗、核桃、红桃、葡萄等水果种植培训班；还有各县深入各乡村开设母猪、母牛、桑蚕、网箱养殖等各种技术培训班。所有的技术培训班虽然说是重在实用型的技术，但技术与文化联系密切，农民在掌握技术的同时也提高了文化水平。

　　龙头企业在催生文化农民的过程中起到积极作用。随着改革的不断深入，许多涉农企业、科研单位开始走向农村，他们采取"企业+基地+协会+农产"的形式，与"三农"形成一体化，即企业负责提供技术和销售，农户负责提供土地和劳动力，农民成为"农业工人"。在实施工程中，为了不断地提高生产效率，增加农民收入，企业总是需要对自己的"农业工人"进行技术更新培训或指导，试图让"农业工人"掌握最前沿的技术；而"农业工人"看到了产值、得到了实惠、尝到了甜头，自己本身也学到更多东西，于是在内外相互作用下，一批又一批的新型农民就随之出现了。

　　虽然广西桂西资源富集区，农民的整体文化水平不高，但受传统的"耕读"思想影响，广大农民始终认同文化的重要性。在社会转型时期，依然有不少农民有爱读书、善于积累经验、勤钻研、乐于接受新科技等自觉习得现代农业技能的良好习惯。由于贫困乡村农民在现代农业技能知识创造、传播、推广、应用及资金等方面

---

　　① 秦红增. 乡土变迁与重塑——文化农民与民族地区和谐乡村建设研究［M］. 北京：商务印书馆，2012：73.

始终都处于不利地位,乡村发展干预在现代农业技能教育和文化农民的培育方面,始终出于主导地位。特别是,近年来,随着"三农"问题的不断凸显,乡村发展干预也愈来愈强烈,而且将继续干预。多年的实践证明,乡村发展干预对推动现代农业技能的广泛传播,发挥了积极作用,对催生文化农民的形成有十分重要的意义。但美中不足的是,乡村发展干预重项目的外在技能传播,轻农民自身内在的不可或缺的实际需要;单方面强调现代农业技能的重要性,而忽略了农民所具有的乡土知识。在项目的实施过程中,农民没有话语权或少有话语权,以致许多发展项目收获甚微或劳民伤财导致党群干群关系紧张,使政府的信任度在人民群众心目中大打折扣。

总之,随着强农惠农的各种政策的深入落实,乡村发展干预势必会越来越强。要做到持续发展、和谐发展,理应注重农民的话语权,不断加强农民主体性,最大限度地激活农民的创新性。同时,从乡村实际出发,兼顾到妇女、儿童,少数民族、发展缓慢的农户等不同群体的利益格局,做出符合实际的扶持规划,真正做到"发展为了人民、发展依靠人民、发展成果惠及人民"的良好势态,不断催生文化农民,推动少数民族乡村和谐发展、跨越发展。

三、加强传统农业技能与现代农业技能相互对接

在经济全球化和文化多元化的今天,贫困乡村农民在现代化农业技能习得方面处于薄弱地位,现代的农业生产知识和农村生活知识的教育,在乡村教育中处于核心的地位,许多优秀传统的乡土知识被边缘化了或全都消失了,优秀传统农业技能与现代农业技能始终没有很好对接,以致乡村的许多建设项目都事倍功半,不尽如人意。那么,如何实现传统农业技能与现代农业技能良好对接呢?除了重视科技人员现身说教,运用电视、网络等现代传媒科技下乡的日常工作外,理应特别注重优秀的乡土知识,即地方知识的运用。

(一) 地方知识蕴藏着丰富的农业技能

中国是四大文明古国之一,农业生产发展历史悠久。科学研究

表明,在早期社会中,科学与技术是分开发展的,即从事脑力劳动者如哲学家、科学家等人是继承人类的精神传统;直接从事生产的劳动者如工匠等人是继承技术传统。从 18—20 世纪连续三次的世界技术革命之后,科技与技术就成为一个密不可分的整体。随着社会的发展,现代技术总是与现代知识伴随。先进文化是先进技术的导向,先进技术可以引起知识的变革或更新。目前,由于受"现代化"或"西方化"的影响,中国大地从城市到乡村,生态、文化遭受严重的破坏,即生态危机和文化安全问题日益突出,而多姿多彩的文化则逐渐消失。为了有效地解决或遏制这些问题的恶化,人类学家便把目标转移向地方性知识体系,以求得解决问题的答案。① 从内源式发展理论看,更应该重视地方性知识或优秀的乡土知识。许多研究表明,地方性知识或优秀的乡土知识是提高少数民族乡村自我发展能力的不可缺少的文化资源。因此,在农民现代农业技能教育中,要充分发挥地方性知识或优秀传统的乡土知识的作用,做到两种知识体系的互补性。

(二) 改进现代农业技能教育,充分发挥地方性知识的积极作用

现代农业技能教育借助乡村科技推广项目,取得了一定的成效,但在实施项目或教育过程中,没有从具体的实际出发,科技服务不到位,造成了好心办坏事,农民不领情的尴尬局面。因此,我们理应改进原来的方法。在今后的农业技能教育过程中,一是要认真倾听群众的声音,做到因地制宜,切合实际,消除和克服"一刀切"的毛病。我们要知道只有农民最熟悉他们的土地,最了解当地的情况,把话语权、参与权还给农民,使农民真正地成为推动乡村发展的主体或主力。二是运用大众化语言,让农民听得懂、看得明,才会用。这是马克思主义科学化、时代化、大众化在贫困乡村农民教育的具体要求和运用。如桂西资源富集区乡村农民在度量单位的用语方面,一般以"斤""两"论处,如果我们使用"升"

----

① 【美】克利福德·格尔兹著. 地方性知识 [M]. 王海龙、张家瑄,等译. 北京:中央编译出版社,2000:19.

"毫升""千克""克"等国际单位用语时，很多农民就转不过弯来或听不懂，在操作的过程中就容易产生误差。三是要做到具体化和责任化。科技下乡或科技指导并非是理论性很强的学术交流，科技服务理应深入田间地头，问问农民需要哪些技术指导。正如世界水稻之父袁隆平院士说："凡是报读我的研究生，第一条要求就是能下田干活，否则你就不用报了。"因为田间地头才是农业的"教室"。要做到科技服务具体化，就要真正了解农民的真正需要，并根据需要开展有针对性的指导或扶持。同时，技术服务要做到责任化，避免一些江湖骗子打着"政府"旗号骗取钱财，坑害农民。许多调查发现，在农业生产所需的各种工业产品销售过程中，销售额最多的部门就是农业技术推广站、供销社、兽医站等部门开设的门市部。其中，农业技术推广站推销的种子、农药销售额最高，供销社门市部推销的化肥销售总额最高，兽医站门市部推销的复合饲料总额最高，农机站和供销社推销的农业机械总额最高，而其他私人商店、商场的销售总额并不如以上挂有政府部门牌子的门市部。因为政府在强化科技服务具体化和责任化方面做了不少的宣传，得到了广大农民的信任。但是随着城镇化步伐的加快，坑农害农行为现象也时有发生。如果政府拿不出切实可行的措施，服务责任不明确，赏罚不分明，无疑会有损于科技下乡的经济效益。

（三）注重两类知识体系在现代农业技能教育中的互补性

事实表明，地方性知识或乡土知识，对现代技术及知识的贡献主要有两个层面。一是形式，乡土信息传播渠道源远流长，借助它们，现代技术和知识深入人心，收效比单纯的培训班、技术讲座要好；二是内容，两类知识体系内容存在互补性。例如，许多乡村农民认为"化学农业"周期短，见效快，但生产出来"化学农业的产品"不好吃，不符合人的口味，即不是"生态农业"。于是，农民就采取传统和现代两种不同的种养措施，凡是自己家里吃的菜，大多是自己家种的、只施农家肥而从未施放化肥或农药的新鲜蔬菜；自己家吃的鸡、鸭、猪肉（油）也多是自己养的、从未喂过混合饲料的土鸡、土鸭、土猪肉。他们既重视传统乡土的种养方法，也考虑到市场的需要，因为"生态产品"与"非生态产品"产品之间存在很大的价格差异。同时农民也存在矫正"非生态产品"的作法，如有的农民从养鸡场买回来的肉鸡，在家里养一段时间再拿到市场销售，有的每次购买 1000—2000 元不等且已经符合上市的各种饲料鱼，运回乡村放到流动的自然河的网箱里存养一段时间，然后运往各地转卖，这样既可以提交产品质量和价格，又弥补了"生态产品"供应不足的问题。类似的行为和现象很多，但并非都是农民们出于"投机取巧"的目的，而实际上是他们受两种知识体系相互影响的结果，同时也说明了两种知识文化相互补充，共同发展的积极意义。

（四）创新教育方式，让农村妇女获得更多的现代农业技能和习得机会

随着城镇化进程的不断加快，妇女在乡村社会转型中扮演了极为重要的角色，创新各种各样的教育方式，努力让农村妇女拥有更多的机会去习得现代农业技能，这对文化农民的塑造和和谐乡村的建设无疑是具有十分重要的意义的。国内相关研究成果表明，中国农民获取现代农业技能的途径有三大类：一是通过本村村民、父母、亲戚、专家等人际交流网络；二是借助报纸、电台、电视台、科技期刊等大众传媒媒介；三是参与政府、农业科技推广部门等组织的科技培训、推广项目等[1]。然而，根据上面的分析可以看出，农村妇女现代农业技能的习得方式主要有两类：一是"非正式"方式，即参与农业科技推广部门等组织的科技培训、推广项目，特点是群体性和组织性；二是不正式方式，包括人际交流网络和大众传播媒介，特点是分散性和个体性。[2] 因此，理应不断强化"非正式方式"，发展和扩大"非正式"方式。在"非正式"方式中，关

---

① 李明中、胡虹文．中国农民技术知识学习模式研究［J］．经济师，2003（9）．

② 秦红增．乡土变迁与重塑——文化农民与民族地区和谐乡村建设研究［M］．北京：商务印书馆，2012：106.

注农村妇女的其他弱势群体，让他们有平等的机会或权利，努力做到技术服务到村，到各农户，并执行责任跟踪到村或农户。在"非正式"中，不断扩大她们的人际交流网络，增加日常交往对象的多元性、常态性，如开展城乡之间结对子帮扶活动，富裕村与贫困村友好帮扶活动，或利用节假日、农闲时间，开展村级、乡级、县级等各种级别的文体或产品展销活动，让农村妇女大开眼界，或在交往、交流中习得相关的现代农业技能。同时，创新机制、创新方式方法，如通过报纸、电台、电视台、科技期刊等大众传播媒介，提供大量的通俗易懂的现代农业信息。努力实现贫困乡村的电视、广播的覆盖率达到100%，实现"村村通"到"户户通"的目标。实践证明，不断创新教育模式是提高农村妇女儿童等弱势群体文化知识水平的关键环节，也是催生文化农民形成的关键环节。

四、发展现代生态农业

（一）发展生态农业是促进农业增效的根本要求

长期的粗放型、掠夺型的农业生产方式，导致了水土流失、环境污染、资源枯竭等严重后果，将严重阻碍民族地区和谐小康社会的顺利发展。目前，生态危机是人类共同面临的严峻问题，追求生态安全已成为人类的共同目标。倡导生态食品、生态消费是人类的共同心声。以提高农业市场竞争力和可持续发展能力为核心，深入推进农业技术创新、体制创新和结构调整，走生态农业发展之路，是世界各国提高农业竞争力，实现农业增效的共同选择。① 著名的生态学者叶谦吉在《生态农业》一书中指出，生态农业是从系统思想出发，按照生态学原理、经济学原理、生态经济原理，运用现代科学技术成果和现代管理手段以及传统农业有效经验建立起来，以生产出更高的经济效益、生态效益和社会效益为目的的现代的农

① 林桂红. 转变经济发展方式背景下广西生态农业发展探微［J］. 广西社会科学，2011（8）：25.

业发展模式。① 美学家表鼎生在《生态艺术哲学》中指出，生态农业是遵循诸多不同物种间、物种和环境间相生相长、相克相抑的共生规律和生态制衡规律，达到低投入和高效益的统一，达到生态经济效益与生态环境效益、生态审美效益的天然统一与和谐共生。② 从现实具体操作来看，生态农业主要是发展无公害农产品、绿色食品和有机食品，在生产、加工、运输、储备和出口等各相关环节都是按照国内外的质量科学鉴定或公认的数据，制定各类标准，包括土地、水、投入品、技术、设备、基础设施、产品及包装等，都有明确的标准，而且从田间、基地到餐桌，各个环节都建立了全面的质量监督体系，对农产品进行全过程检测。③ 近年来，广西桂西资源富集区百色、河池、崇左 3 市的不少县（区）通过"公司+基地+农民专业合作组织+农户"等农业产品化运行机制，对推动本区域生态农业的发展发挥了很大的作用。例如，广西百色国林生态农业投资有限公司在田阳县投资近 4000 万元，建立中国—东盟现代农业科技展示园，总占地面积共 650 亩。主要有精品花卉展示区、名优蔬菜展示区、中草药展示区、水产养殖展示区、东盟农业品质展示园、东盟友谊林、现代农业设施与装备展示区等八个上规模上档次的展示园（区）。还比如广西宜州桑蚕茧丝绸产业循环经济示范区，河池远旺生态农业有限公司环江毛南自治县有机食品研发示范区等。据不完全统计，2013 年河池市整合各县（市区）相关项目 40 个，项目资金 3859 万元，建设金城江区"清洁田园·美丽新稻田"等 36 个清洁田园示范点。还有，崇左桃花岛高效生态农业旅游观光产业园。此外，桂西资源富集区还培育形成了蔗糖、茶叶、水果、水产等一批农业特色优势产业。这些循环性、科技性的农业发展方式，从根本上改变了桂西地区部分县（区）传统农业技术体系，实现了生态效益和经济效益的双丰收。

---

① 叶谦吉. 生态农业［M］. 重庆：重庆出版社，1988：11.

② 表鼎生. 生态艺术哲学［M］. 北京：商务印书馆，2007：504.

③ 林桂红. 转变经济发展方式背景下广西生态农业发展探微［J］. 广西社会科学，2011（8）：25.

(二) 发展生态农业是实现乡村农民增收的关键

生态农业以实现生态经济效益与生态环境效益、生态审美效益的天然统一与和谐共生为目标。在生态系统方面，它要求环境质量和经济发展形成良好循环；在战略方面，它要求农户和区域内农业生产及其涉农相关要素，都形成全面性、集约性和发展性的长期统一；在效益方面，它要求生态、经济、文化和社会效益并重，达到多赢或多丰收的目的；在资源利用方面，它遵循低成本、高效能、资源化再利用的相关原则，实现资源性与科技性、再生性、生态审美性的有机结合。

在广西桂西资源富集区百色、河池、崇左三市境内，生态富民新农村逐渐遍布各县（区）。据《右江日报》2013年12月25日报道，百色市公害农产品、绿色食品和有机农产品基地认证总面积超过200万亩，其中有机农产品认证4.74万亩，居广西第一。广西首个全国有机农业示范基地县就落户在乐业县。据报道称，百色市是全区农业大市，有超过100万亩的山茶油、八角，15万的烟叶和30万亩的茶叶，特产丰富，是我国"南菜北运"商品蔬菜基地，国家商品粮油基地，国家糖料蔗基地和全国优质烟区，拥有"中国芒果之乡""中国茶叶之乡""中国八度笋之乡""中国茴油之乡"等美誉。农民人均纯收入几年来保持年均两位数增长，2013年首次突破人均52000元大关。同样，近年来，河池市依靠科技创新，结合开展清洁田园活动，大力发展生态农业、循环农业，提高农业资源利用率，减少农业面源污染。据《河池日报》2014年2月1日报道，河池市建立广西宜川桑蚕茧丝绸产业循环经济示范区，并以示范区为带动，利用桑枝大力发展桑枝试用菌，取得良好的经济效益、生态效益、社会效益。目前，全市利用桑枝栽培食用菌年超过7500万棒，占全市食用菌产业的62.5%，产值达2.5亿元。同时，河池市还构建农业"两带一区"即把"现代农业带""特色农业带""生态农业区"的建设作为该市"十二五"中后期农业发展总方针。大力发展以粮、蔗、桑等为主的大宗种植业，以核桃、板栗等为主的经济林产业，以大麻、油茶等为主的生态养生种植产业。不断壮大了生态农业产业，使广大农民的收入大大增加。

发展生态农业破解贫困乡村农业发展方式的瓶颈问题，贫困乡村的农民得到了许多实在的经济实惠，农民收入与日俱增，使桂西资源富集区的许多县（区）迈出了可喜可贺的一大步。但是，桂西资源富集区三市的大部分乡村居民仍然不富裕，还有不少的贫困人口，这与十八大党提出"两个一百年"奋斗目标还相差很远，因此，全区各族农民必须相信党和政府，不断培育和强化转变经济发展方式的新理念，坚定不移地走出生态农业的科学发展道路，在保持和巩固农业增效、农民增收的基础上，为实现富民强桂的战略任务而努力奋斗。

（三）发展生态农业是改善贫困乡村人居环境的前提

生态农业建设是和谐乡村田园生态建设的主要内容，是确保或修复生态环境、人居环境的主要前提，生态农业建设可以把现实乡村普遍存在的脏、乱、差等问题解决在生产生活内部，即在持续产出优质、绿色、无公害农产品的基础上，同时保持土地、山川、河流等自然资源的清洁、高效、美观。换言之，发展生态农业是建设一个山青、水碧、田秀、村洁的乡村新环境的前提和基础。因为通过资源保护与利用开发相结合，科技与生态审美相结合，能够缓解农业资源过度消耗、农业生产过度开垦、乱砍滥伐、过度放牧、过度捕捞等问题，使资源得到科学合理利用，减少水土流失，对石漠化治理起到积极意义。

近来来，广西桂西资源富集区百色、河池、崇左三市大力发展"种竹+编织"模式，"低耗、高效、卫生"模式，以及致力于改造中低产田地，提高土地产出率等。例如，大力推行农村沼池等节能工程项目建设，收到了很好的效果。据《右江日报》报道：2006年，百色全市共建设 28157 座沼气池，市共举办 9 期沼气生产工技术培训班，培训 360 多人。据《河池日报》2008 年 8 月 19 日报道：至 2008 年 8 月，河池市全市 80 万农户累计建成使用 28.11 万座沼气池，彻底告别了过去"抓捆柴火烧半天，屋里屋外都是烟"

的日子，沼气入沼率达 36.6%，名列全区前茅，21 万亩森林免遭砍樵，年增收节支 4.2 亿元。据《左江日报》2013 年 7 月 22 日报道：崇左市以开展"美丽广西·清洁乡村"活动为契机，以农村户用沼气和大中型沼气集中供气工程为切入点，以改厨、改厕、改圈、改路、改水和改庭院配套建设为载体，大力推进沼气池建设，"点亮"美丽乡村；至 2013 年 6 月，崇左市全市共举办农村能源职业技能鉴定培训班 200 期，累计培训"沼气生产工"4091 人，培训农民技术员达 883 人，累计建设户用沼气池 28.46 万座，沼气入户率达 77.83%，多年来持续排名全区第一。由于桂西资源富集区大力推进生态农业建设，使许多乡村生态环境大大改善，农业发展逐渐步入良性循环经济之正常发展轨道。然而，由于历史、自然地理因素，桂西地区贫困县多，贫困乡村更多，贫困人口涉及面广、范围大。因此，还有许多乡村人居环境仍比较差，人畜杂居、住房与粪池相连，村屯巷道脏水乱排的现象比较常见。夏季苍蝇、蚊子到处都是，脏乱差现象仍比较严重，滥用农药、滥施化肥、乱砍滥伐、乱采乱控的不良习惯没有改变，严重影响了农业生产成果的质量，影响人居生活质量。可见，发展生态农业实施乡村清洁工程，建设美丽乡村，是广西桂西资源富集区长期的艰巨任务，也是社会主义新农村建设的主要任务。

五、积极开展各种主题活动

培育和践行社会主义核心价值体系是乡村文化建设的主要内容，也是积极开展乡村文化建设活动理应围绕的主题。许多学者认为，重建现代化的价值体系既非传统中国儒家伦理，也非西方现代化理论，而是经过文化自觉从而成为文化主体的"我、你、他"共生共荣的多元文化体系。即将现代性中具有价值合理性的元素诸如社会公正、人道主义、平等自由等展现出来，使之与乡土中国强调的以人为本、与人为善、睦邻友好、天人合一、天地人"三界公"和谐相处等价值观念相融合，形成了新的价值体系。以"三个倡导"社会主义核心价值观引领中国文化建设，抚平因现代化的撕裂对社会造成的创伤，使现代化和城镇化同时具有价值合理性和人性的基质。① 从中国新农村建设的理论与实践来看，特别是少数民族地区社会主义新农村建设的理论与实践的总结来看，要激发每个农民的积极性，焕发其斗志，点燃其信心，要让农民组织起来，增强战胜困难的能力和信心。最重要的手段就是以高尚的精神激励农民，以优越的制度组织农民。同时，乡村建设实践表明，新农村建设中成本最低，收益最高的办法就是农村文化建设。因此，必须建立一种纵向联动、横向互动，长效促动的乡村现代人文精神，构建社会主义核心价值观的工作机制。围绕主体思想，开展多种形式的活动，做到有计划、有步骤地实施或完成一系列的主题活动，包括研究、提炼、推广、践行、激励等具体环节，促使贫困乡村社会成员实现思维方式和精神风格的现代转型，从而催生出文化农民，使之成为改变贫困落后乡村面貌，创建美丽和谐乡村的主力军。

（一）利用有限的阵地开展文化活动

乡村文化阵地是乡村文化建设的基础，是保障广大农民群众进行文化活动的根本。首先，要充分利用已经建成的公共服务设施开展活动。利用乡村文化站、图书馆、娱乐室活动室等或撤并的闲置的旧校舍旧操场等有限的服务设施，充分发挥"小阵地""小龙头"带动作用。面向当地农民，积极开展丰富多彩的文化活动；举办各种形式的文艺培训，对农村的业余文化爱好者进行艺术教育，提高他们的艺术水平，使他们成为农村的文艺骨干；举办美术、书法、摄影、文物、工艺等各种展览，开阔农民的艺术视野，提高农民的艺术修养。

其次，加大力度普及农村电影放映工程。加大财政投入，恢复或建立乡村放映队，丰富农村电影拷贝，加强农村中小学爱国主义、科学技术教育。根据调查，目前，广西桂西资源富集区的大部分乡村都实现了"月月有电影"的目标。但有部分边远乡村或山

---

① 温铁军. 中国新农村建设报告［M］. 海峡出版发行集团、福建人民出版社，2010：200.

区都没有达到这个目标。书面汇报上，基本都是"村村月月有电影"，在实际操作中就存在作假现象。如有些村干部或群众反映，电影队上半年下到村里放映仅一次，放映工作人员就叫村干部或个别群众代理"签放"全年 10—12 次，有时"签放人"也很为难，但打不开情面，也只好"遵令"了。因此，为了解决放映工作不到位，放映次数不达标等弄虚作假行为，文化管理部门理应按照"政府推动、财政扶持、社会参与、企业经营、市场运作、有偿服务、村民监督"等原则执行。采取多种形式积极探索，农村电影放映的新方法、新模式，积极走乡串户，切实做到"村村月月有电影"，让广大村民时常饱尝精神文化大餐。同时，充分利用现代传媒手段，把文化信息及时地传递给广大农民，加强文化信息资源共享工程建设，特别是边远贫困地区乡（镇）村基层服务网络建设，努力消除乡村文化建设的"盲区""盲点"。另外，文化信息资源共享工程要与农村文化设施建设统筹规划，综合利用，形成"县（区）—乡（镇）—村（屯）"一条全方位的数字文化信息服务模式，随时为农民开展各类文化活动提供信息与技术支持。

（二）加大力度推进文化下乡活动

广西桂西资源富集区自然环境较复杂，山区面积分布较广。贫困县和贫困乡村较多，农民的文化生活仍然很匮乏，严重制约了他们的思想文化水平的提高和农村经济社会的发展。因此，强力推进文化下乡活动，既切实贯彻落实了党中央、国务院关于开展"三下乡"活动的决定，又符合贫困乡村文化建设的客观需要。实践证明，文化下乡有助于推动农村文化活动的发展，有助于文化农民的形成。

首先，加强政府主导。文化下乡是社会公益性文化活动，把它作为农村公共服务产品纳入政府管理范围，使其固定化和经常化，坚持把社会效益放在首位。兵书曰："未成用兵，粮草先行。"政府要做好资金筹措和后勤保障工作，文化主管部门、文化团体或组织，要积极联合起来，分期、分批或定期组织各类文化活动。将文化下乡上升为政府主导行为、社会参与行为，争做到"化整为零"。

各文化团体或组织可以根据实际，设立灵活的子分队，实行多方协作、统一调度，做到文化作品短精、内容感人，随时随地为各乡村农民群众演出，既解决基层文化单位人浮于事，设备长期闲置的问题，也为乡村发展营造出良好的文化氛围。①

其次，提高服务意识。繁荣和发展贫困乡村群众文化生活是乡村文化建设中的一项长期而艰巨的任务。如何完成这项任务，需要多方面的配合。首先，县（区）乡（镇）级文化工作部门要不断提高服务意识。充分发挥业务特长和优势，积极主动做好文化下乡工作。其次，加强队伍建设，创建一专多能的文化骨干队伍。不断推出或创作出百姓喜闻乐见、各具特点的艺术作品或节目。如2011年河池市广播电视节目大胆创新，以"贴近生活、贴近实际、贴近群众"为原则，以"品味民族文化，展现美丽山水，记录发展历史，讲述人物故事"为宗旨，开创了《记录河池》栏目；河池市东兰县广电局开设了《东兰壮语新闻》栏目，率先在全市范围内使用本地民族语言进行播出，让本地老百姓看得懂、听得懂本地新闻；罗城仫佬族自治县广电局开设了《罗城新闻》，实现网络视频播出，并开播了新栏目《法制前哨》等，这些新的举措，受到了广大群众的赞赏。再次，提高服务意识，要做到服务到位。在演出过程中，不但提供节目，搞好辅导，还要发掘或扶持地方的文艺爱好者发展他们的本地技艺，使他们自娱自乐，甚至可以继承和弘扬本土的草根文化。同时，积极组织其他艺术形式下乡。如书画展览、爱国图书馆展览。

最后，走多方联动的文化发展道路。随着改革开放的不断深入，以城带乡、以工促农等各种反哺"三农"的政策或措施不断增多，为文化下乡提供了许多有利条件。首先，文企联谊。近年来，在广西桂西资源富集区境内，出现了许多"公司（企业）+基地+协会+农户"的生产模式，这为文化下乡走文企联谊的道路创造了最为有利的条件。因此，文化主管部门理应主动与这些企业策

---

① 熊春林．农村文化发展之谋［M］．北京：国家行政学院出版社，2012：45.

划相关节目，采取灵活多样的形式进行广告宣传，即文化搭台、经济唱戏。同时，积极推进文化下乡主题活动，如人口与计划生育宣传，环境保护、科技养殖，各种法律法规宣传等鲜明的主题活动，不断地提高乡村农民的政治、经济、社会、文化、生态等方面的综合素质。另外，充分利用资源，充分调动多方力量，积极组织高校毕业生开展农村文化服务活动。这是全面贯彻、落实党中央、国务院关于"鼓励大学生志愿服务西部计划"和"高校毕业生到农村服务计划"等要求，也是推动贫困乡村文化发展的根本要求，因为认真实施这两个计划，可以让大学生把自己所学到的新思想、新知识、新技术、新方法源源不断地输入到我国老、少、边、山、穷、库（水）等特殊连片区。因此，只要有一定的资金支持和相应的优惠政策，文化下乡的多方联动举措一定会取得成功，一定会产生不可估量的经济效益和社会效益。

江泽民指出："全心全意为人民谋利益，不能挂在嘴上，不能搞虚功，要从群众最关心、最迫切需要解决的实际问题入手开展工作。"① 否则就会失信于民，会失去广泛的群众基础。"吹牛撒谎是道义上的灭亡，它势必引向政治上的灭亡。"② 因此，桂西资源富集区的少数民族乡村文化建设，理应从少数民族乡村的具体特点出发，根据少数民族文化多样化的特点，我们理应坚持"双百"方针，按照"三贴近"的工作原则，不断激发广大少数民族乡村农民积极参与的主动性和创造性。这样才能把广大农村创办成乡村文化乐园和团结人民、教育人民的阵地，为全面建成和谐小康社会提供强大的智力支撑。

六、依托节庆活动，弘扬传统文化

中国的传统节日，重大节日、纪念日，是中华文化的重要组成部分，是传承中华民族精神的载体之一。这些节日有的是国际性节日，如"三·八""五·一""六·一"等；有的是具有革命意义

---

① 江泽民. 江泽民文选（2）[M]. 北京：人民出版社，2006：366.
② 列宁. 列宁全集（9）[M]. 北京：人民出版社，1959：281.

的节日，如"五·四""七·一""八·一""十·一"等，有的是传统节日和纪念日，如春节、清明节、端午节、中秋节、重阳节等。除此之外，广西桂西资源富集区境内的壮、瑶、苗、仫佬、毛南、水等各少数民族，又具有自己的特殊的民族节日。例如，壮族的三月三山圩歌节，中元节（鬼节）、药王节、莫一大王节、牛魂节（又称牛王节），农具节、双降节等；瑶族的三月节（又称干巴节）、牛节、插秧节、禾魂节、护青保苗节、盘王节、达努节、尝新节、晒衣节、铜鼓节等；苗族的跳坡节、芦笙节、四月八、龙船节、过苗节等；侗族的闹春节、吃新节、乌饭节、过姓氏节、坡会等；仫佬族的依饭节、花婆节、祖先节等；毛南族的分龙节、庙节、南瓜节、药节。还有彝族、水族、回族等其他少数民族也都各自有自己民族传统节日。由于桂西地区各民族长期的聚杂混居，在长期的生产、生活或交往过程中，各民族的传统文化从相互碰撞发展到相互包容，甚至发展到相互学习或欣赏以致出现了共同繁荣发展进步的良好局面。因此，可以利用这些节日为载体，开展歌咏、读书、书法、朗诵、科普、讲座、竞赛、文艺汇演等多种形式的群众庆祝和纪念活动，使农民群众在集体聚会、合家团圆、愉悦身心的同时，增强对祖国、对家乡、对自然、对生活的热爱，从而丰富农民精神文化生活。

首先，利用节庆契机开展乡村文化活动，是一种展示民族文化整体面貌的社会行为。传统节日、纪念日具有极强的民族凝聚力，通过举行具有鲜明主题或意义的节庆活动，可以使各民族都产生对中华民族的认同感，中国特色社会主义国家的认同感，从而增强民族之间平等和睦、团结互助的社会思想意识，加深民族之间的融合感情，对构建社会主义和谐乡村起到了十分重要的导向作用。

再次，以节庆为载体开展乡村文化建设，可以不断满足农民日益增长的精神需求和催生文化农民的形成。乡村节庆文化活动，可以使广大农民有机会施展自己的才华，展现自己的风采，让社会各族看到本民族或其他民族的传统文化内涵，从而达到增进友谊、加强交往、促进和平的目的。真正发挥文化的桥梁作用。少数民族节庆文化内容丰富多彩，表现形式各异，艺术和技艺较为独特，如民歌、舞蹈服饰、美食、手工艺、仪式表演等，都体现了或记录着少数民族的历史发展迹象，有些文化既是一种历史符号，又是一种民族象征，其地域性、民族性、文化性、生活性非同一般。积极开展乡村节庆活动，并赋予它们一定时代内容特征，既是继承和发扬优秀传统文化的一种有效途径，又是不断增强区域文化竞争力的根本要素，同样是塑造文化农民的关键环节之一。（关于制度保障方面，第九章的"乡村文化建设机制保障"一节再具体论述）

第六章 广西桂西资源富集区乡村文化的保护传承

第一节 桂西资源富集区文化遗产知识普及教育的总体思路

广西桂西资源富集区是少数民族主要聚集区，世居在这里的壮、汉、瑶、苗、仫佬、毛南、彝、侗、水、回、仡佬等民族，他们的先民们在长期的生产生活中，创造了灿烂的历史文化，其中包括有形的物质文化和多姿多彩的非物质文化，它们是构成中华文化的一部分。这些文化不仅生动记录或反映了他们自己的历史，而且为我们后代留下宝贵的文化遗产。保护和传承这些优秀传统文化，就是保护广西桂西各少数民族乃至保护中华民族赖以生存、发展和走向未来的文化根基。正如马克思指出，人们自己创造自己的历史，是在直接碰到的、既定的、从过去承继下来的条件下创造。①因此，在开展乡村文化建设过程中，要加强对乡村物质文化和非物质文化遗产以及历史文化名镇名村的保护。

一、桂西资源富集区文化保护存在的总体问题

（一）乡村农民的主体作用出现弱化

历史和现实告诉我们，大多数农民是乡村物质文化遗产和非物

---

① 马克思，恩格斯．马克思恩格斯选集［M］．北京：人民出版社，1995：585.

质遗产的持有者、传承者，是乡村文化遗产保护的主体力量。近些年来，广西桂西资源富集区的地方政府在保护乡村文化遗产方面，确实做了许多实实在在的工作，并取得了不少成绩。但总体来看，当前我国文化遗产保护缺乏科学合理的方式方法或途径，行政行为过多，保护模式不科学，农民主体力量无法发挥，甚至出现"变味"的现象即"民俗"变成了"官俗"。另外，有些地方有的民族传统节日，本该在少数民族聚集的乡村由民间主持操办，因为政府的过度介入，把节庆活动迁移到县城或交通相对方便的其他乡镇去举办，从而使独特的民族性、地域性、生活性大打折扣。如安瑶族自治县布努瑶的达努节节庆活动该县隆福乡的崇山、大崇一带，历来都是布努瑶聚居的乡村，每年的农历五月二十九日，是布努瑶感恩或纪念始祖的节日，即祝著节又称达努节，其意义是答谢或纪念母亲的活动，那天，当地的村民自发起来，集中到某一晒坪或相对空旷的草地上，载歌载舞，热闹非凡，其独特的民族性，鲜明的地域性，以及浓厚的生活气息是很难用语言形容的，只有身临其境才能体会到其中的乐趣，才能感受到其内在的文化精神。前几年，都安瑶族自治县境内的布努瑶都分别在自己所在乡村举行，尤其是比邻的乡村联合起来共同举行庆贺活动，其"原始原生"的节庆文化，引来区内外的专家、学者、游客等各界人士前来考察和观看，当地民族所唱的密洛驼民歌，所跳的瑶族铜鼓舞以及民族杂技表演等各种活动，受到观众们连连称赞或拍手叫好；加上当地民族的热情好客的性格，真是让游客们流连忘返。近两年，由于政府行为过度介入，把布努瑶的达努节庆活动迁移到县城或交通相对方便一些的诸如下坳、大兴等乡政府所在地举办，虽然在近期或眼前方便扩大一些影响，但是总体效果并非如在自己民族所在地的乡村举办好。即给"原始原生"的民族节庆活动掺入一些"水分"，不利于维护和保障民族地方农民群体的文化权益。久而久之，本民族农民的主体性会造成弱化或被边缘化。因此，要切实维护好"原始原生"的乡村文化，理应强化农民的主体地位，发挥农民主体作用。不断激发农民参与到文化遗产保护和传承的行列之中，使他们不但享受到乡村文化的乐趣，又感受到民族文化的社会功能，甚至看到民族文化给自己及乡亲带来经济实惠。从而达到文化认同、文化自觉、文化自信。

(二) 对文化遗产保护的认识偏差

在广西桂西北资源富集区的广大乡村至今仍保留着极其丰富的历史记忆和根脉，以及各具特色的文化遗产。但乡村文化遗产保护问题尚未得到足够的重视，特别是广大的少数民族村庄或村落。在少数民族地区，不少地方领导干部对文化遗产保护的重要性缺乏正确认识，在新农村建设或推行乡村城镇化建设过程中，"跟风""克隆"的行为比较严重，导致原具特色的民族村落失去了其民族性、地域性色彩，形成"千村一面"或"万弄（峒）一般"，即许多传统的民房老屋已经被不伦不类的"小洋楼"取代了。大量的土坯房栏杆屋或吊脚楼被拆除，许多原始的红军标语或漫画被破坏了；许多乡村的古祠堂、古戏台等"原始原生"的建筑物都被现代新的建筑材料所取代了，如地板不再是原来的大长条木板合订而成，而是钢混结构的水泥地板；墙体也不再是原来的红漆涂抹的木板围墙，而是变成了瓷砖贴面的泥砖墙体了；而木柱也换成了钢混的水泥柱，屋顶的小青瓦也改成了琉璃瓦。更加遗憾或令人痛心的是民间文化传人——老艺人、匠人、歌手、乐师、舞者、故事家、民俗传人相继去世，很多经典文化已经无人传承。如河池市民族工艺美术主要有壮锦、瑶锦、苗锦、侗锦4种，瑶苗刺绣工艺、蜡染、侗族服饰工艺等各有特色。调查中发现，在少数民族优秀传统工艺文化中，许多传统工艺濒临消失，尤其是毛南族的傩面木雕工艺，至今只有一位70多岁的老人会做。都安、金城江的壮族造纸工艺现在也即将消失。据统计，目前河池有200多种少数民族传统工艺即将失传。可以说，这是对文化遗产保护的认识偏差。

如今，传承人和继承人严重紧缺。长期以来，由于不少乡村的文化遗产项目没有资金的支持而没有人愿意学，这是造成后继无人的主要原因。目前，在广西桂西资源富集区，老艺人、匠人、歌手、乐师、舞者、民俗传人等掌握一定传统技艺的农民朋友，总数已经逐渐减少，而且大部分人都是在70—80岁年龄段。而许多年轻人出于政策、经济等因素的考虑，往往不愿花太多心思在传承民间艺术上，这就使得无形文化传统出现传承困难，后继乏人的现象，以致无数珍稀罕见的民俗技艺和民间工艺伴随着老艺人的逝去而销声匿迹。许多口耳相传的非物质文化遗产是农村文化遗产中灵动性最强文化之一，是非物质文化遗产不可缺少内容之一。如果仅仅局限于那几座老宅子或老屋子，其他遗产都遭到了破坏，或整个村庄都推倒重建，那么，文化"僵尸"或艺术"空壳"还有存在的意义吗？这就是文化断层的一种表现。

二、桂西资源富集区文化遗产知识普及教育的总体思路

中华民族的物质文化及非物质文化遗产基本上在农村，文化多样性的根基也在农村。① 它是中华民族最重要的精神文化财富之一，是民族历史文化和精神情感之根。在国家和自治区重点文化遗产保护名录中，广西桂西资源富集区百色、河池、崇右三市占全广西区名录总数的大部分。这里不但是自然资源富矿区，也是民族传统文化资源富矿区。而乡村文化遗产资源是不可再生资源，近些年许多文化遗产都消亡和失传了。所以要加强乡村文化遗产知识普及教育，提高广大村民的保护意识，保护好乡村文化遗产，保护好我们的文化根基。

（一）不断提高广大农民对乡村文化遗产的保护意识

自给自足的自然经济长期伴随着桂西资源富集区的历史发展，一直到新中国的成立以后，在中国共产党的领导下才开始投入到轰轰烈烈的社会主义改造运动之中。可以说，少数民族乡村的文化遗产与少数民族农民有着天然的联系，这种联系已经成为乡村文化遗产不可分割的一部分，所以少数民族农民是少数民族乡村文化遗产保护的主体力量。广西桂西资源富集区的各级地方政府理应加强本区域乡村文化遗产保护知识的宣传教育，不断提高广大少数民族农

---

① 黄映晖，史亚军. 如何搞好乡村文化建设 [M]. 北京：中国农业出版社，2011：99.

民对乡村文化遗产保护意识。引导他们尊重并珍惜文化遗产，鼓励他们积极参与文化遗产保护。

（二）不断加强乡村文化遗产保护宣传教育工作

多年来，乡村文化遗产遭到严重破坏，其中的一个主要原因就是由于农民群众以及基层组织干部严重缺乏乡村文化遗产保护知识。2005 年 12 月，国务院决定每年 6 月第二个星期六为我国的"文化遗产日"。地（市）县级政府应该通过每年举办"文化遗产日"，在乡镇集市开展丰富多彩、群众喜闻乐见的宣传活动，如张贴标语、制作展板、散发宣传资料、组织文艺演出、作专题报告等，向干部和广大乡村农民广泛宣传农村文化遗产保护的重要意义和国家有关政策法规，使农民群众真正认识到保护文化遗产的意义。各级各类文化遗产保护机构理应积极主动地举办展览、论坛、讲座等活动，使乡村农民群众更多地了解文化遗产的丰富内涵、主要意义，促使乡村农民自觉养成保护文化遗产的良好习惯，避免因不懂而破坏文物的行为发生。同时，全面普及农村文化遗产保护知识，不能忽视或放松了对市、区（县）一般干部的宣传教育，尤其是对乡镇干部和村委干部的宣传教育，因为党的路线制定正确以后，关键在于党的干部，只有不断地发挥各级地方党政干部的主导作用，激发广大乡村农民保护农村文化遗产的积极性，才能使以前的个别专家呼号保护行为上升为政党或政府号召保护的行为，使乡村文化遗产保护成为全体社会成员都参与的保护的行为，从而达到文化自觉，文化自信的目的。

（三）成立文化遗产志愿保护小组

广大乡村农民是乡村文化遗产的创始者，拥有者和受益者，只有广大农民参与到乡村文化遗产的保护中，乡村文化遗产保护才能取得真正的效果。因此，不仅要大力宣传乡村文化遗产保护知识，更要让农民参与到其中，真正参加到乡村文化遗产保护的主要队伍之中，并成为该保护队伍的中坚力量。

乡村文化遗产志愿保护小组是实现乡村文化遗产的有效保护不

可或缺的力量之一。广西桂西资源富集区乡村较多，分布较广，交通还不是太方便。要切实有效的做好乡村文化保护工作，理应根据乡村实际情况，在文化遗产比较丰富的乡镇建立文化遗产志愿者和业余文化保员制度。鼓励一些素质较高的退休干部、教师、民间艺术、文物收藏爱好者加入其中，发挥其在文化遗产保护中的积极作用。其主要工作是向村民宣传文化遗产保护的意义和有关知识，在发现当地文化遗产和文化遗产遭到威胁破坏时马上向文管部门报告。对于优秀的文化遗产志愿者和业余文保员给予一定的奖励，有条件的地方应根据情况给他们发放一些津贴。

第二节　桂西资源富集区非物质文化遗产的保护传承

一、非物质文化遗产的基本内容

根据 2011 年颁布的《中华人民共和国非物质文化遗产法》第二条规定：非物质文化遗产是指各族人民世代相传并视为其文化遗产组成部分的各种传统文化表现形式，以及与传统文化表现形式相关的实物和场所。主要包括：传统口头文学以及作为其载体的语言；传统美术、书法、音乐、舞蹈、戏剧、曲艺和杂技；传统技艺、医药和历法；传统礼仪、节庆等民俗；传统体育和游艺；其他非物质文化遗产。①

二、桂西资源富集区非物质文化遗产资源

桂西资源富集区具有悠久的历史和灿烂的文化。它不仅是广西少数民族文化的"富矿区"，也是我国西南地区重要的民族文化走廊。自古至今，桂西资源富集区都是壮、汉、瑶、苗、毛南、仫佬、水、彝、仡佬、回、满、黎、布依、侗、蒙古、白、高山、京

---

① 法律出版社编. 中华人民共和国非物质文化遗产法 [M]. 北京：法律出版社，2011（3）.

等 20 多个民族交往、交流活动的广大舞台。广西共有 12 世居民族，其中 11 个分布居住在桂西资源富集区；广西共有 12 个自治县，其中 6 个自治县在桂西资源富集区，凌云县、西林县享受自治县待遇。河池、百色、崇左三市是以壮族为主体民族、各民族聚散杂居之地。壮族是桂西资源富集区少数民族人口最多，最早开拓这块土地的土著民族之一，该辖区内的靖西、德保、田阳、平果等有许多县（区）壮族人口比例均占该县（区）人数总数的 90% 以上。这里还有都安、大化、巴马等 3 个瑶族自治县，是广西及至全国瑶族的大本营，居住在这里的瑶族支系特别多，有布努瑶、白裤瑶、背篓瑶、蓝靛瑶、花篮瑶等不同分支的瑶民。因自然地理环境复杂、民族迁移频繁、民族混杂居多，即使同一支系在不同县域或乡镇，其民族方言也不尽相同。另外，人口较少的仫佬族、毛南族分别聚居在罗城仫佬族自治县、环江毛南族自治县。同时，很早就从黔、川、滇等地迁入广西的水族、彝族、亿佬族等，长期定居在桂西地区并成为该区域的世居民族。各民族在长期的生产实践中，共同胼胝耕耘，用汗水浇灌了这片古老的土地，组成了平等互助、和睦相处的民族大家庭，共同创造出多姿多彩、内涵丰富、各式各样的非物质文化，这些非物质文化是各少数民族赖以生存和发展的精神支柱或灵魂所在。

桂西资源富集区非物质文化遗产资源类型多样，内容丰富，特点鲜明。由于地理环境的复杂性，历史发展的层次性，民族交往的差异性等特点的长期影响，又使这里的非物质文化遗产具有独特的民族性，鲜明的地域性，深厚的文化性，积极的生活性，以及形态的多样性，甚至还夹杂有浓浓的国际性等特点。其中以铜鼓文化为代表的红水河文化、以歌圩文化为代表的刘三姐文化、以民族服饰及奇异婚丧为特色的瑶族文化最具有代表性。

据统计，截至 2013 年底，广西桂西资源富集区的非物质文化遗产被选入国家级非物质文化遗产代表名录的共有 15 项，其中河池市 8 项，百色市 7 项。在广西全区 307 项自治区级非物质文化遗产代表性项目中，桂西资源富集区的河池、百色、崇左三市共有

154 项，占广西全区的 50%。① 自 2007 年以来，河池市共收集整理非物质文化遗产资源信息 8743 个，涵盖 17 个门类 100 多个种类；有 8 项列入市级非物质文化遗产保护名录，已有 2 人传承；有 592 项列入县级非物质文化遗产保护名录。② 百色市共收集整理非物质文化遗产信息 17035 项载入数据信息库，全市共有 1545 个非物质文化遗产，其中入国家级非物质文化遗产名录的有 7 项，入自治区级非物质文化遗产名录的有 60 项，入市级非物质文化遗产名录的有 76 项，入县级非物质文化遗产名录的有 1402 项。③ 自 2007 年以来，崇左市全 36 个县（市）共收集整理非物质文化遗产线索共 8155 条，调查项目 200 多条，分为 16 个门类，50 多个种类。其中有 125 个项目入选县级非物质文化遗产名录，有 34 个项目入选区级非物质文化遗产名录传承人经费资助。④ 广西桂西资源富集区共有 6 人被命名为国家级非物质文化遗产项目代表性传承人，他们是罗景超，闭克坚，黄达佳，谢庆良，谭三岗等人。百色市靖西壮锦厂成为广西唯一被列入首批国家级生产性保护示范基地的工厂。同时，百色市也建立了省自治区级壮族文化生态保护区。河池市已建立有自治区级铜鼓文化生态保护区。至 2013 年底，河池市已建设铜鼓文化生态保护村 6 个，非物质文化遗产代表性项目传习所 6 个，生产性保护示范基地 5 个，传习示范户 6 个，传承集体 10 个。崇左市积极开展中越边境非物质文化遗产项目资源调整工作，先后扶持大新、宁明、龙州、凭祥等 4 个边境县（市）修建一批非物质文化遗产传承保护基地，为中越边境非物质文化遗产保护惠民富

① 余益中，刘士林等. 广西桂西资源富集区文化发展研究 [M]. 南宁：广西人民出版社，2012：67.

② 杨卫群. 在 2013 年全市文化工作总结会议上的讲话 [R]. 河池市文化广播影视出版局（提供），2013（12）.

③ 覃蔚峰. 百色 27 个项目列入自治区级非遗保护名录 全区第一 [EB/OL]. [2012-06-12]. http：//www.gxzf.gov.cn/zwgk/sxdt/201206/t20120612_413142.htm

④ 陈文圣. 存在加强非物质文化遗产保护工作 [EB/OL]. [2013-06-08]. http：//www.gx.xinhuanet.com/2013-06/08/c_116086882.htm

民示范带建设打下了基础。

（一）壮族非物质文化遗产资源

壮族是我国人口最多的少数民族，也是广西资源富集区的主体民族。桂西资源富集区河池、百色、崇左三市，是广西壮族人口比较集中的地方。常言道："一方水土养一方人，一方水土孕育出一方文化。"长期居住在桂西地区的壮族先民们，在日常的生产生活过程中，创造出丰富多彩的非物质文化遗产，其中有铜鼓文化、歌圩文化、节庆文化等构成当地民族传统文化的优秀代表。广西桂西富集区是壮族文化腹心区。河池市被赞誉为"铜鼓之乡""民族文化之乡"，宜州市是刘三姐故乡，巴马县被赞誉为"世界长寿之乡"，此外，河池市又有"水电之乡""有色金属之乡"等许多美誉。广西是歌的海洋，歌圩点大部分分布在桂西左右江和红水河流域的河池、百色、南宁地区，其中歌点最多的是百色市。宜州、东兰、都安、天峨等县（市）都是连片分布的歌点。民间男女对歌风气昌盛，以刘三姐歌谣最为突出。百色市是壮族神话故事聚集地，主要以《布洛陀》《姆六甲》《布伯》《莫一大王》《农智高》等最具代表性，还有位于中越边境的崇左市一带同样是壮族文化遗产较为丰富的地方，这里保存有壮族古老的服饰、歌舞、信仰等民间风俗，有壮族歌节、天琴艺术、"跳狮"、打榔舞、拜囊海等民俗活动最为常见的风俗。还有，中越边境山水相连，两国边民交往频繁，历来都存在一种亲缘关系，以致边境地区的许多中越习俗都相仿相通。如龙州天琴《唱天瑶》和越南北部侬族人、岱族人的天琴《唱天谣·美丽的越北》等，许多音乐文化方面都存在异中有同、同中有异，或在表演风格、民族服饰等方面存有一定的相似性。①

1. 在民间文学资源方面。

桂西资源富集区的壮族民间文学源远流长、形式多样、内容丰

---

① 余益中，刘士林等. 广西桂西资源富集区文化发展研究［M］. 南宁：广西人民出版社，2012：192.

富，主要有神话、传说、故事、歌谣等形式。其传承方式主要有两种：一是口头流传，即口碑传承及仪式的传讲活动；二是土俗字记录，即民族文字的方式，一般于师公、道公等巫经、唱本里出现。主要以《布洛陀》《姆之甲》《布伯》《莫一大王》等作品著称多见于宗教仪式。歌圩等传统文化活动传讲，作品中所塑造的始祖神灵在壮族民间社会中影响最大，认同感最深；作品寄寓着壮族人民对这些为民族生存发展建立不朽业绩的始神神灵和文化英雄的尊崇与敬意，高扬壮族人民优秀的人文精神与主体意识，表现出浓厚的现实主义与浪漫主义的色彩，体现了较高的艺术创造力和独特的民族风情。主要的民间文学详见下表：

表 6-1　　　　　壮族民间文学主要代表作品一览表

项目	主要代表作品	主 要 内 容
神话	《盘古开天辟地》	造出天地、江河湖海、日月星辰、动植物、人类等，流传于桂西一带
	《布洛陀》	创造天地、人、万物、文字历书、伦理道德等，流传于右江、红水河流域，尤其是田阳一带
	《姆六甲》	传世始祖母神和生育保护神，流传于红水河左右江一带
	《布伯》	壮族神话谱系中第三代神，为拯救人类与自然灾害作斗争，表现出不屈不挠的精神等，流传于红水河一带
	《莫一大王》	力大无穷、武艺超群、力民抗洪抗旱、惩恶扬善，表现其不畏强暴的斗争精神等，流传于红水河、右江地区各县

续表

项目	主要代表作品	主要内容
历史人物传说	《侬智高》	《神人搭救》《变神》两则故事，前者反映侬智高得道，后者反映其勇敢机智和敢于斗争。传于左右江流域一带
	《岑逊王》	带领乡亲们劈山开岭，挖通左右江和红水河，消除洪旱灾害，人们推举他为头人，流传于红水河流域
	《铜鼓传说》	《铜鼓的来历》《铜鼓的耳朵为什么穿着黄京角》《铜鼓为何埋在地下》等三则异文，流传于桂西
幻想故事	《妈勒访天边》	背着孩子去寻找太阳历程，流传于百色、河池一带
	《蛇郎》	有姐妹俩，妹妹善良、诚实守信，后过幸福生活；姐姐心胸狭窄、贪图私利，后自食恶果，传于壮族各地
	《螺蛳姑娘》	表现主人翁勇敢机智、夫妻恩爱、勤劳持家、不畏权贵、追求幸福美满生活，传于桂西地区
	《一幅壮锦》	寄托古代壮族人民对美好生活的思想，赞颂为实现美好理想而进行艰苦劳动和斗争的精神，流传宜州、百色一带
	《蟾蜍王》	在国家受侵略时，挺身而出，挽回局势，传于扶绥
	《九尾狗》	源于对狗和稻谷的崇拜，流传于壮族地区，龙州最盛

项目	主要代表作品	主 要 内 容
歌谣	《刘三姐歌谣》	七言四句体,有壮歌与汉歌两大类,包括生活歌、生产歌、爱情歌、仪式歌、谜语歌、故事歌及创世古歌七大类
	《壮族嘹歌》	壮族古代民歌,包括《日歌》《夜歌》《散歌》三大部分,有五种曲调,哈嘹、嘶咯嘹、的客嘹、那海嘹、长嘹、喝酒嘹等,流行于右江中游、红水河及邕江一带,其中心在平果县一带
	《壮族悲歌》	有五言七言名,内容有生离死别类、虐待老人类、爱情悲剧类、遗弃孤儿类,具有很强的教化作用,流传于都安、宜州等地
	《那坡壮族民歌》	有"虽敏""论""呢的呀""春牛调""盘锐"和"清化歌"等6种,包括叙手歌、苦情歌、生活歌、礼仪歌、风俗歌、道歌、巫歌、祭祀歌、酒歌等,黑衣壮歌谣共有161套,有些还带有中越跨国情调色彩,流传于百色市那地县中越边境一带
	《壮族哭嫁歌》	婚嫁习俗,姑娘出嫁,以哭代说、诉情、呼朋唤龙、告别亲人的一种形式,内容有颂父母养育之恩、埋怨为女孩要出嫁、埋怨兄弟独占家产、恋姐妹之情等
	《蚂𧌗歌》	壮族蚂𧌗节仪式中唱叙内容与蛙婆有关的民族总称,包括游蚂𧌗、孝蚂𧌗、蚂𧌗会歌等环节的歌,表现壮族人民对蚂𧌗的尊敬和爱戴

2. 在壮族民间音乐资源方面。

喜欢音乐是壮族人民的天性。广西桂西地区壮族民间音乐资源极为丰富，主要分为民间歌曲、民间乐器、民间器乐曲3大种类。

首先，壮族民间歌曲是劳动人民集体创作的，是壮族人民表达自己思想感情意志和愿望的一种艺术形式；它是人民生活的反映和最亲密伴侣。生活中，在广西桂西富集区的乡亲们，无论下地种田、上山砍柴、婚丧嫁娶、逢年过节或青年男女间的社交恋爱等，都用山歌来表达情意。主要有"歌""欢""比""西"或"诗"等几种，内里包括古歌、叙事长歌、生活歌、劳动歌、时政歌、仪式歌、情歌、童谣等。可以有独唱、齐唱、重唱、对唱和合唱等各种演唱形式，地方特点和民族风格极为突出。

流行于广西桂西资源富集区壮族乡村的民间歌曲，主要有德保北路山歌、靖西下甲山歌、靖西上甲歌、古美山歌、欢嘹、中和民谣、呵吧、啦了啦、老少内、珍姐达汪调、要花灯调、摇篮曲、布咯陀调、文龙调、春牛调、嫦娥调、蛙婆歌、壮族牛歌、敬酒歌、壮族哭嫁歌、壮族哭丧歌等，都是壮族乡村比较流行的民歌。

其次，壮族民间乐器数量较多，门类较全，流传于桂西资源富集区的主要乐器有：铜鼓、蜂鼓、壮族大碗锣、狮子锣、钹铙、铜鼓、边鼓、蜂鼓、壮族大鼓、姜鼓、八音鼓、长号、稻秆笛、壮笛、波列、筚多喝、天琴、七弦琴、四弦胡、土胡、骨胡、清胡等，都是桂西地区广泛使用的乐器。

再次，壮族民间器乐曲。流传于广西桂西资源富集区乡村民间的器乐曲主要有壮师乐、北路八音、加礼入仙、东兰铜鼓乐、丧事乐等几种。壮师乐是壮族师公做斋、打醮、驱鬼逐役等祭祀活动中表演的音乐，一般表演都戴面具，边敲边打，边舞边唱。代表曲目有《旧龙》《亲府》《唐僧取经》《波咧西姆》等。北路八音是指壮族丝弦乐合奏，源于清代的"八音坐唱"和"板凳戏"。乐队一般由8人8种乐器组成，多在打斋建醮、婚丧嫁娶等场合演奏。主要曲目有《正调》《八板调》《马板调·马到林》《马走街》《走音》《红岩调》《月调》等。贺礼八仙即壮族吹打乐，以唢呐为主奏乐器，辅以大号钢管乐器，并配合锣、鼓、钹等打击乐器组成。在桂西地区壮族乡村中较盛大的喜庆场合一般都能见到，尤其在天鹅县、乐业县等地较为盛行。演奏的乐曲常有《邀请曲》《喜庆

曲》《敬酒曲》《过山调》《问路曲》《安步曲》《开门曲》等。东
兰铜鼓乐是东兰县一带民俗活动中不可或缺的重要角色。一般是以
四面鼓为组，按从低到高排列，分公鼓和母鼓两类悬挂在固定的鼓
架上进行各种形式的敲击表演。还有流行于桂西地区都安县一带的
丧事乐，乐队编制主要由唢呐、横笛、长号、堂鼓、大锣、小锣、
大钹、小钹等乐器组成。一般根据当地的丧事程序安排不同的演奏
曲目，有《迎客曲》《开场曲》《宴客曲》《送香曲》等，演奏速
度较缓慢，气氛凝重，表现了对亡者的怀念。

3. 在民间舞蹈方面。

广西桂西资源富集区历来都是广西壮族人口分布较为密集的区
域。这里壮族舞蹈资源较为丰富，有祭祀类、节庆类、生产习俗
类、生活习俗类等，门类繁多，不同的舞蹈都从不同侧面或层次来
反映壮族人民的生活情状与精神风貌，其文化底蕴较深，尤其体现
出对稻作文化的认知和积淀。可以说，这些舞蹈是一种文化性、娱
乐性、审美性有机结合的民族表现形式。

流行于桂西资源富集区乡村的民间舞蹈主要有河池古调、三元
舞、灵娘舞、三界舞、三光舞、莫一大王舞、蚂蜴舞、皮鼓舞、蚂
蜴出世舞、敬蚂蜴舞、秤铜鼓舞、征战舞、耱秧舞、打鱼捞虾舞、
纺纱织面舞、丰收祭拜蚂蜴舞、夜牛舞、擂鼓舞、打耷舞、打扁
担、捞虾舞、弄腊舞、巫术、巫给、祭鬼王舞、跳五方、乜末、都
欢、舞彩鸡、鸿鹄舞、祝寿舞（献红、莫将、进度）、黑枪舞、板
鞋舞、采茶舞、开台茶、六月斗金花、麒麟灯、踢伞舞、铜钱舞、
拜年歌、收台茶、田阳舞狮、靖西舞狮等等，各种各样的舞姿都有
出现。

4. 在传统戏剧方面。

壮族传统戏剧是一种综合性的民族艺术形式，它借鉴并吸收了
彩调、邕剧、粤剧等汉族地方剧种中的艺术精华，不断丰富自己并
发展起来。由于该区域的音乐唱腔、表演风格和使用乐器均有不
同，形成多种壮族戏曲。主要有壮剧、壮族师公戏等两种，而且在
桂西资源富集区乡村广泛流传。

壮剧，又称"壮戏"，包括北路壮剧、南路壮剧、壮族师公戏

等分支。北路壮以马骨胡、葫芦胡、月琴等为伴奏乐器，唱腔较多且属联曲体形式，不同角色有不同唱腔，表演形式变换多样，不同角色有不同动作，使用诸如扇子、团扇、折扇等各种不同的道具，主要剧目有《卜牙》《文龙与肖尼》《刘二打番鬼》等。南路剧有提线木偶戏和马隘壮戏，以清胡、厚胡、小三弦为伴奏乐器，采用"一人唱众人和"的帮腔形式。主要剧目有《宝葫芦》《百鸟衣》等，壮剧发展源远流长，特色鲜明，是东南亚地区的民族文化交流的桥梁。壮族师公戏，流传于都安、大化、巴马、河池、宜州一带。有"唱师""师""师公戏"等各种称谓，是师公在法事活动中戴上各种神灵面具跳娱神舞仪、唱酬神有事、分角色演唱民间故事等；有独舞、群舞两种，讲究动作要领，脚步、身、胯、膝、手等部位的动作都有一定的规矩。伴奏乐器一般有蜂鼓、扁鼓、单面皮鼓、锣、钹等。主要剧目有《莫一大王》《白马姑娘》《三元》《九郎》《二十四孝》等。2006 年，壮剧被列入第一批国家级"非物质文化遗产"名录，师公戏被列入第一批自治区级"非物质文化遗产"名录。

5. 在民间曲艺、民俗、美术方面。

首先，民间曲艺，主要有末伦（莫伦）、唐皇（唐煌）、唱天（奠天、弹叮、揾叮）、唱师（唱诗、壮师、唱嗬师）和卜牙（省牙）等五种最为流行。

其次，民俗。桂西资源富集区是壮族民俗文化的腹心区，流行于桂西地区的民俗文化，几乎都离不开农耕文化范畴，如铜鼓习俗、蚂蚜节、壮族歌圩、壮族织锦技艺等著名的民俗代表，都是以祈求风调雨顺、五谷丰登、六畜兴旺等丰收景象为主要目的，体现了山区壮族人民崇尚友好互助、诗性生活、乐观向上的精神。由于桂西资源富集区是以壮族为主体民族，汉、瑶、苗、仫佬、毛南、彝、水等多个民族的聚居地，在长期的交往、交流过程中形成一种跨民族、跨区域传播的现象。在中越边境的龙州、凭祥等沿边地区，由于两国边境长期存在民间互相交往，以致形成了民俗文化的多重性或跨国性。

流行于桂西资源富集区的壮族民俗主要有壮族歌圩、隆林壮族歌会习俗、壮族霜降节（旦那）、壮族拜囊海、右江岑王庙会、壮族蚂拐节、壮族铜鼓习俗、靖西壮族端午药市、壮族民间医药、壮族织锦技艺等习俗，都比较著名，这些民俗都分别被列入了国家级或自治区级非物质文化遗产名录。

再次，壮族民间美术。壮族的民间美术主要体现在青铜器、陶器、壮锦、织绣、建筑等方面的设计技艺；此外，壮族的服饰、竹木、蕨藤等方面的实用编织艺术、剪纸艺术，这些美术有的体现自然崇拜，有的体现祖先崇拜，甚至有的还体现生殖崇拜文化。主要代表品有岩画艺术（花山岩画）、铜鼓艺术、壮族干栏、羊角钮铜钟、壮族铜鼓铸造技艺、归龙塔、魁星阁、壮族服饰、那坡黑衣壮服饰、隆林壮族服饰、靖西壮锦、靖西绣球、壮族石刻、壮族木雕、靖西粗陶、靖西壮族巫术剪纸、壮族竹编藤编、德保麦秆花篮等，这些美术作品都分别被列入国家级、自治区级或市级非物质文化遗产名录。

（二）汉族非物质文化遗产资源

马克思主义对环境决定论持否定的态度，但又肯定了环境对人的生存发展产生很大的影响。汉族是桂西地区的外来民族，长期生产、生活在相对封闭安定的桂西山区，虽然保持着中原文化习俗传统，但是由于长期与桂西境内的各少数民族相互交往、交流或交汇发展，"中原客人"已不再是"中原汉人"了，而是变成"岭南汉人"了，[①] 即成为散居于桂西崇山峻岭间的"高山汉族"。可以说，长期居住在桂西资源富集区的"高山汉族"同样有自己独特的文化和习俗，也是构成汉族非物质文化遗产资源不可分割的一部分。

首先，在民间文学方面，主要有《唐欧菜（茼蒿菜）》《三女儿》《一个骗子的女儿》《张勇智斗猛虎》《稻谷的传说》《狗阿雀的故事》《龙凤歌》《仙人洞》等民间故事或传说。在民间音乐方

---

① 覃德清. 壮族文化的传统特征与现代化建构 [M]. 南宁：广西人民出版社，2006：20.

面，有《平话山歌》《哭娘歌》等比较流行。在传统戏剧方面，主要有桂剧、彩调剧、采茶戏、邕剧、丝弦戏（宾州戏、司弦戏、宾剧、思贤戏）、粤剧等，好多都被列入国家级或自治区级非物质文化遗产保护名录。在民间曲艺方面，有流行于桂西资源富集区的宜州市、罗城县一带的广西文场和广西渔鼓，都被列入国家级或自治区级非物质文化遗产重点保护名录。在民俗方面，有流行于宜州市或洛西一带的客家人的《舞草把龙》《十月早（十月朝）》，都安县境内的《请七姐》、《哭嫁》等。可见，桂西资源富集区境内的"高山汉族"，同样为后代留下许多非物质文化遗产资源。

（三）瑶族非物质文化遗产资源

桂西资源富集区是广西乃至中国瑶族的大本营，都安、大化、巴马等三个瑶族自治区是瑶族的小聚居，田林等县也分布有不少瑶族同胞。瑶族分支有盘瑶、布努瑶、白裤瑶、过山瑶、蓝靛瑶等不同支系，各支系的民俗文化都有自己互不相同的特色，尤其是在服饰、饮食、婚姻、家庭、舞蹈、音乐、节日等方面都有自己独特的一面，这些特色文化充分体现了瑶族群体的精神特质、文化基因和性格特征，正因为有了这些文化，才能使瑶族的历史得以传承和发展。长期居住在桂西资源富集区的瑶族同胞不仅保留和弘扬了本民族独特的文化遗产，而且还在积极接纳或吸取周边民族的各种文化艺术精髓，不断丰富和发展自己的民族文化，如南丹、都安、巴马等县的瑶族同胞，他们在自己民族节日祝著节时所跳的铜鼓舞、猴鼓舞等舞蹈，都是吸收壮族的铜鼓习俗文化的相关形式或动作，但他们的演奏方式与使用场合与壮族不尽相同。可以说，瑶族祖先为我们后世留下的多姿多彩的非物质文化遗产资源是非常珍贵的。因此，作为桂西资源富集区的后生者或中华民族的一员，都应该珍惜或关注这些非物质文化遗产，甚至有权力有义务保护传承好这些"非遗"。

桂西资源富集区瑶族非物质文化遗产主要有以下几个方面的资源：

在民间文学方面，主要有《盘瓠传说》《伏羲兄妹造人民》

《格怀射日》《射月亮》《扛洛陀赶山造河》《千家同的传说》《谷子的来历》《盘王歌》《瑶族密洛陀古歌》《瑶族分架》等。

在民间音乐方面，主要有民间歌曲：《老人调》《细话歌》《罗盘王》等；民间乐器：角即牛角号、瑶族长鼓、拉粟等；民间器乐曲：《盘王舞乐》《瑶族猴鼓舞鼓乐》《白裤瑶铜鼓舞乐》《田林八仙曲》等。

在民间舞蹈方面，主要有跳盘王、起坛、功曹、贺楼、跳鸣、召龙取水、勒泽格拉（打老猴、铜鼓舞）、布努瑶铜鼓舞、多番舞等。在民间曲艺方面，主要代表作有《铃鼓》等。

在瑶族民俗方面，瑶族民俗极为丰富而独特，桂西资源富集区的瑶族一般居住都在自然环境比较恶劣的大石区里，如号称"中国石头王国"的都安瑶族自治县，大化瑶族自治县七百弄一带都是世界罕见的喀斯特地貌，世居在这些极为艰苦的自然环境里，每逢祝著节、盘王节等重大民族节日，瑶民们都要举行成大祭祖，家中老者都口念历代宗亲世系排序，以表崇敬之情，用以教育子孙思源念流，不忘根本。瑶民们把这种习俗当作追忆家史族源的一种方法，当作传承瑶族文化的一种方法。可见，瑶族民俗是民族性、文化性、生活性、地域性比较突出的一种传统文化。桂西资源富集区瑶族民俗主要有瑶族石牌习俗、瑶族祝著节、瑶族盘王节、南丹瑶族葬礼习俗、度戒、瑶族射弩、瑶拳等。

在民间美术方面，主要有瑶族服饰、南丹白裤瑶服饰、巴马瑶族服饰、宁明瑶族服饰，此外，还有瑶族织染、刺绣工艺、番瑶、"哈西"、番瑶银佩、白裤瑶花帽圈、牛筋椅、瑶族绣花箩等，许多习俗都被列入国家级、自治区级或县（市）级非物质文化遗产名录。

（四）苗族非物质文化遗产资源

广西桂西资源富集区的苗族主要分布在两个地带：一是河池市南丹县中堡苗族乡一带，一是百色市隆林县、西林县、田林县等周边地区。这些苗族绝大部分从湘西、黔东、黔西南等地区迁入广西或移居桂西的连片石山地区居住，其习俗与贵州苗族地区相似。苗族非物质文化遗产资源也是极为丰富，而且也是很有民族特色的。在民间文学方面，主要有《芦笙的传说》《仰阿莎》《燕子》《蜘蛛》《苗族爱喝酒的传说》《羊憋汤的来历》《辣椒骨的传说》等；在民间音乐方面，主要有歌曲小调的《苗族婚嫁歌》和《酒歌》；有乐器卡谁、苗族大鼓、苗族双箫、展道杆、塞箫、嘎嗦、周咯卡展菜、展布菜、展积、苗族三弦、四弦、苗族弹琴、苗族二胡等；此外，还有苗族芦笙和讫磨长鼓舞鼓乐等也比较出名。而且苗族芦笙乐于 2008 年被列入国家级非物质文化遗产名录。在民间舞蹈方面，主要有芦笙舞、嘎哩舞、嘎任舞、赛曲舞、嘎坐舞、嘎芦舞等。在民俗方面，苗族各分支都积淀了丰富多彩的民俗文化，尤其是苗族民俗风情、苗族民俗传统节日、苗族服饰、苗族手工艺品等方面，都是闻名于世的宝贵遗产。主要有苗族跳坡节、苗节、芦笙会、拉鼓、白鸟衣制作工艺、苗族蜡染制作工艺、爬坡杆、比腰带、抢义巾、定情水、血誓定情、祭祖筷、炒虫粑、下秧节、尝新节等。在民间美术方面，主要有苗族服饰、南丹中堡苗族服饰、隆林花苗服饰、苗族织锦、苗族刺绣等，都是苗族民间美术的精华所在。

（五）仫佬族非物质文化遗产资源

广西桂西资源富集区是我国仫佬族的主要聚集区之一，辖内的河池市罗城仫佬族自治县是仫佬族最大的聚居区。仫佬族也是一个具有悠久历史和灿烂文化的民族。仫佬族那独特的依饭节、走坡节、婚嫁俗、舞草龙、传统节庆、刺绣工艺等非物质文化遗产无不体现仫佬人民勤劳善良、乐观向上的良好民风，以及对美好生活的无限向往。在民间文学方面，仫佬族的《恳王山》《嫁》《罗义射狮》《潘曼的故事》《鸳鸯石》《同年桥》等传说或故事极为感人。在民间音乐方面，歌曲类的主要有四句歌，十一字句歌等；器乐曲类的以依饭乐最为著名，它又称为"喜乐愿"，是一种民间酬神还愿的祭祀仪式，由师公操办，按"安坛请圣""点牲""劝圣""唱神""团兵""送圣"等程序进行，每一环节均由师公演唱、表演，音乐以韵唱为主，配以锣、鼓、钹等伴音。主要曲目有

《启圣腔》、《劝圣腔》《唱花调》等。在民间舞蹈方面，主要有依饭舞、花灯舞、装身学法等。在民间曲艺方面主要以"古条"最为出名。"古条"是仫佬族对本民族说唱曲种的称呼。流行于河池市罗城仫佬族自治县仫佬村一带。"古条"表演有固定的歌词，以长篇叙事歌为主，歌唱历史、人物事件等。多在婚嫁、生日、祝寿、新居等喜庆之日，亲友相聚，以歌为乐时演唱。"古条"，有自娱自乐的独唱独演，有庆贺场合的重唱重演或男女双双对唱的形式。主要曲目有《伏羲兄妹》《吕蒙正》《孟姜女配翻郎》《歌唱罗城》等50多段。

在民俗民风方面，仫佬族同样保持有自己独特的民俗习惯，尤其在饮食、服饰、节日、信仰等方面，其民族特点极为鲜明。主要表现在驱虫保苗节、走坡、依饭节、安龙节、新龙节、新年挑新衣、脚踏莲花、舞草龙、象步虎掌、凤凰护蛋、群龙争珠等各种传统的节庆仪式、体育竞技活动中。此外，在民间美术方面，主要有仫佬族服饰、仫佬族刺绣、仫佬族杨梅饰帽、仫佬族银饰、仫佬族木面具等，其工艺、技艺水平都是比较高的非物质文化遗产资源。

（六）毛南族非物质文化遗产资源

广西桂西资源富集区河池市环江毛南族自治县是全国唯一的毛南族自治县，毛南族是桂西一带的世居民族，长期生活在桂西山地丘陵地带，以稻作农耕生产方式为主，正是这种相对艰苦的自然环境和生产方式，造就出毛南族人民敬天崇主、不畏艰辛、乐观开朗的生活态度与民族性格。尤其是毛南族的肥套仪式，传统的分龙节活动，以及毛南族花竹帽编织工艺，木雕、石刻技艺等非物质文化遗产，无不展现了毛南族人民多姿多彩的民间文化生活状况。

在民间文学方面，毛南族创作了许多内容广泛、题材多样的神话传说或故事。其中，最具有代表性的是《盘古的传说》《三娘与土地》《卢道一拔树驱贼》《毛人传奇》《找幸福》《顶卡花》《三孝公的故事》等，这些民间文学从各方面反映了毛南族的历史发展过程以及毛南族人民在征服自然、改造社会过程中的思想、情感、理想与愿望，具有鲜明的民族文化特色。此外，毛南族吸收了汉族民间文学精华，创作出具有毛南族色彩的民间文学，如《孟姜女送衣》《龙女与汉鹏》《董永（天仙配）》等故事，都是体现各民族文化交流的杰作。

在民间音乐方面，毛南族也是一个喜爱唱歌的民族，他们具有"遇（逢）事必歌"的特点，民间歌曲主要有"欢""比""西""排见"和儿歌等，这些都流行于环江、河池、南丹、宜州等地乡村。民间乐器以长鼓擅长，乐曲也是以长鼓乐鼓点著称。

在民间舞蹈方面，毛南族以酬神还愿的"肥套"、傩舞技术最为著名，毛南族的"肥套"于2006年被列入国家级第一批非物质文化遗产重点保护名录。其他舞蹈还有三光带众神、三元召度、三界保筵、太子六宫押凶、仙官架桥、瑶王捡花踏桥、花林仙官送银花、万岁娘娘送金花、梁吴二帅点榜文、雷兵点席、雷王座殿等独具特色的毛南民族舞蹈。在传统戏剧和曲艺方面，主要有毛南戏地方剧种，"排见"曲艺最为流行。

在民俗方面，常言道："兵不在多而在于精"。毛南族人口虽少，但其民俗文化源远流长、闻名于世。被誉为毛南族"族宝"的花竹帽，是毛南族男女青年的定情信物，它承载着毛南族人民对吉祥和幸福的追求与期望。其内含着丰富而深厚的文化底蕴，形成了花竹帽文化。花竹帽编织手工技艺被列入广西壮族自治区级第一批和国家级第三批非物质文化遗产重点保护名录。还有，毛南族"肥套"是极为具有民族文化特色的，从"肥套"的形成、发展、演变过程可以看出毛南族的许多历史发展实况。毛南族的傩文化以歌、舞、乐、戏等多种形式表现，可以看到毛南族文化与汉族文化融合与嬗变的印记。毛南族"肥套"（傩文化）于2006年5月20日被列入第一批国家级非物质文化遗产名录。此外，毛南族的分龙节、放飞鸟、赶祖先圩、南瓜节、端午找草药、迎祖送祖、抢帽等节日民俗或社交民俗，也分别被列入市级或县级非物质文化遗产名录。

在民间美术方面，常言道："一方水土成就一方人。"毛南族长期生活于桂西地区的大石区里，当地丰富的石料成为他们建筑装饰石雕或其他生活艺术品石雕的好材料，也是创造、传承各种石雕技艺的好资源；山里的许多木头、树根、树皮等木料，又为他们用于建筑所进行的木雕或用于敬神仪式傩面具所需的雕刻，提供了丰富的木雕原材料；而山里的金竹、墨竹等各种竹类，同样为毛南族编织或制造花竹帽提供了丰富的主编原材料。以致毛南族的民间美术得到广泛传承和发展。因此，毛南族民间美术最具有代表性的是毛南族传统服饰、毛南锦、毛南族石雕、毛南族木雕、毛南族傩面具、毛南族花竹帽等。这些制作技艺都被列入国家级或自治区级非物质文化遗产重点保护名录。

（七）彝族非物质文化遗产资源

广西的彝族人口不算多，多数是历史上从川、滇、黔等地迁入广西的，主要分布在桂西资源富集区境内的隆林、那坡、西林、田林、南丹等云贵交界的县乡。经过长期的历史演变，他们既保留了氐羌民族的传统文化渊源，又增添了壮、汉、瑶、苗等周边民族习俗的某些色彩，从而形成了不同于川滇地区彝族的文化特征。

在民间文学方面，彝族的神话和习俗传说较为独特，主要代表品有《沙娓姐弟治人烟》《火把节的传说》《跳弓节的传说》《火把节的由来》《彝族打磨秋》《金子洞传说》等。在音乐、舞蹈方面，主要的歌曲有彝族山歌、彝族风俗歌等，主要的乐器有四孔彝笛、葫芦笙、彝族大胡等；主要彝族舞蹈有五笙舞、铜鼓舞、木鼓舞、铜铣舞、盾牌舞、扇子舞、二胡舞等。

在民俗方面，主要有护林节、跳弓节、火把节、送布谷鸟、金竹崇拜、彝族打磨秋、彝族抹黑脸等，都是彝族最具特色的民俗化。此外，在民间美术方面，还有那坡白彝族服饰，隆林彝族服饰，那坡彝族和锦片，隆林彝族石雕等，根据《中国彝族服饰》分类，彝族服饰共有六型十六式，那坡彝族服饰属于滇东南型文西式；隆林彝族服饰属于乌蒙山型盘龙式。① 这些服饰和石雕都具有较高工艺水平和审美价值。

---

① 余益中，刘士林等．广西桂西资源富集区文化发展研究［M］．南宁：广西人民出版社，2012：286.

（八）水族非物质文化遗产资源

水族是广西人口较少的少数民族之一，历史上水族大多从黔南或黔东南迁入广西定居，主要分布在桂西资源富集区河池市的南丹、宜川、环江一带。因多与壮、汉、毛南等民族长期杂居，故其习俗与其他民族也多相似。端节是水族最为盛大的节庆活动，成为维系民族团结与文化血脉的重要部分。

在民间文学方面：主要有《开天辟地》《拱恩点恒》《端节的由来》《水麒麟》《彭生折弓》等。这些神话传说或故事是水族生产生活的一面镜子，它生动鲜明地记载了水族人民的生活情景、思想感情和性格特征。在民间音乐、舞蹈、美术方面：水族音乐主要有山歌和风俗歌两类，山歌有大歌、小歌、酒歌和陪伴娘歌等；水族舞蹈主要有谬跳圆，该舞现在已经濒临失传。水族的美术主要有水族服饰、勾头鞋、石雕等。在民俗方面：主要有鱼仓韭菜、端节、卯节、苏宇喜节、赛马、斗牛、扳腰、斗鱼、走草绳等，这些民俗习惯或多或少受到相邻民族的影响，在水族人口相对集中居住的南丹县龙马村，至今仍保留着自己独特的风俗习惯。

（九）仡佬族非物质文化遗产资源

桂西资源富集区的仡佬族主要分布在百色市隆林县、西林县一带，以前他们从黔东南或黔南等地迁入桂西地区，大多数居住在崇山峻岭的特困连片山区之中，他们既保留本民族的古老习俗，又主动与壮、汉、瑶、苗等周边民族搞好关系，互相学习或通婚。仡佬族的拜树节、祭庙、吃薯节等许多民俗活动，无不体现出其民族崇天敬祖、感恩念德的道德品质。

在民间文学方面，世居在桂西资源富集区的仡佬族，他们的许多神话、传说或故事都直接反映了其世界观、人生观，既有反映仡佬族对动植物的图腾崇拜心理，又有反映或歌颂仡佬族先民与自然灾害英勇斗争和追求美好生活的愿望。主要代表作品有《竹王传说》《敬狗》《螺蛳坡传说》《卖屁香香》《义林报仇》《聋兄瞎弟偷羊》《谷子的故事》《鱼为什么没有舌头》《拉郎找到了金子》

273

《各扎与姑娘》等。在音乐、美术方面，仡佬族民歌最为流行，包括山歌和风俗歌两类，山野田间地头是演唱山歌的主要场所；酒歌或礼歌是最主要的风俗歌，宴席间或敬酒过程中时常出现。常见乐器有牛角胡、唢呐、小筒、锣鼓等。仡佬族的民间美术以织染、刺绣见长。在民俗方面，小聚居、大分散或散杂多混的民族分布特点，使仡佬族既有自己独特的民俗习惯，又兼有与周边民族相仿或相近的习俗。主要比较突出的习俗有吃新节、拜树节、捉虫节、磨猫、仡佬族打秋千等时岁民俗或体育活动。

总之，广西桂西资源富集区乡村非物质文化遗产是桂西各民族人民经过长期的积淀留存下来的具有传统与特色，地域与民族、文化与生活相互统一的民族文化传统，它是民族文化血脉的象征，是民族文化多样性的写照，是提高文化创造力和竞争力的"宝典"。这些非物质文化遗产有独特的民族性，鲜明的地域性或地方性，深厚的文化性，浓厚的生活性或积极活态性，以及含有价值较高的国际性或跨国性等特点。因此，我们要正确并认真地对待这些非物质文化遗产，尊重其历史脉络或规律，深入探索广西桂西资源富集区乡村文化建设的基本方法途径。以维护国家文化安全、人类文化多样性与丰富性为前提，不断推动广西桂西资源富集区乡村文化大发展大繁荣。

三、非物质文化遗产在传承中存在的主要问题

（一）乡村非物质文化遗产传承环境不容乐观

广西桂西资源富集区乡村非物质文化遗产之所以能够长期保持其"原始原生"或"原汁原味"的特点，这理应归功于其相对封闭的地理环境和人文环境。相对封闭的自然地理环境和长期的自给自足自然经济占主导地位，这是保持传统文化的稳定性和完整性，使民间传统技艺能够代代相传、自然延续的客观条件。然而，随着改革开放的不断深入，市场经济的不断冲击，乡村城镇化建设步伐不断加快，使乡村人文环境发生了改变，造成了乡村非物质文化遗产传承环境不断恶化。在工业化、现代化的严重冲击下，广大乡村

农民特别是年轻人开始追求现代人文和现代生活方式，更钟情于现代艺术或都市文化，更热衷于"时尚""时髦"，老祖宗留存下来的传统艺术和技艺对他们已经失去吸引力。

（二）非物质文化遗产艺术人才培养和传承形式单一

口传心授和动作示范是非物质文化遗产传承的主要方法或途径。在传统的乡村社会，在传承人眼里，他们自己所掌握的是立足社会、养家糊口的独有本领，这种本领只属于本家族或某一族群所有，绝对保密不得外传。于是就普遍形成一种家规或宗规：家中（族中）技艺只传男不传女、不外传等规定，甚至有些老人在临终前才舍得把自己的全部技艺或关键环节传授给下一代，这是一种单线传承的方式。然而，非物质文化遗产是依附在人身上的文化形式，人在则在，人亡则亡。非物质文化遗产的保护传承的关键在于人，单一的传承方式不符合文化发展规律，更不利于文化大发展大繁荣的要求。

（三）非物质文化遗产保护的法律法规不健全

2011 年以前，由于国家没有一部正式法律来保护非物质文化遗产，加上地方各级政府又缺乏相关的法规来制约，在大力推进乡村城镇化建设过程中，出现了"乱套""乱来"等各种不利于非物质文化遗产保护传承的行为，如许多优秀传统文化被商标抢注，许多老字号被抢注等，这些行为严重侵害了非物质文化遗产继承者或传承者的合法权益。2011 年 2 月底，国家正式颁布了《中华人民共和国非物质文化遗产法》，总算是筑造了法律史上一个新的里程碑。但由于新法规刚出台，宣传力度还不够，各种违法行为还是经常发生。说明了我国在非物质文化遗产的知识产权方面的法律法规还没有健全，且对新颁布的法规宣传也不到位。

（四）保护与开发的矛盾

广西桂西资源富集区留有许多"原始原生"或"原汁原味"的非物质文化遗产，而这些文化遗产都是以一种活态性传承下来的。随着市场经济的不断扩大，非物质文化遗产开始被推向市场，被商品化或产业化开发利用，如果开发不当会破坏非物质文化遗产的"原始原生"性，使之失去了其"原汁原味"。在文化意识和相应措施都还没有落实到位的情况下，如果盲目开发那就等于把原生态的非物质文化遗产撕成碎片；如果仅保护不开发，那就违背了文化本身的意义，因为文化是为人类服务的，会为人类带来更多的利润或实惠。既不能为保护而放弃幸福生活，也不能为了短期利益或个人的利益破坏文化遗产。因此，只有把保护与开发有机结合起来，才能有效地解决当前存在的矛盾问题。

四、乡村非物质文化遗产保护的对策与建议

如果说政治是历史的骨骼，经济是历史的血肉，那么文化就是历史的灵魂。"非物质遗产是民族文化的精华，是民族智慧的象征，是民族精神的结晶。"① 广西桂西资源富集区乡村非物质文化遗产是构成广西少数民族传统文化的重要组成部分，同时也是中国少数民族传统文化的重要组成部分之一。保护传承好广西桂西资源富集区乡村非物质文化遗产，是实现中华民族文化大发展大繁荣的根本要求。因此，我们要坚持以马克思主义的世界观和方法论为指导，全面贯彻落实科学发展观的根本要求，不断探索少数民族乡村非物质文化遗产的保护形式，以推动中华民族文化大发展大繁荣。

（一）展开普查，建立名录

由相关部门、专业学者和民间艺术组织等组建专业普查队，对乡村非物质文化遗产进行一次"地毯式""拉网式"的普查，详尽了解掌握资源，摸清历史和现状。在普查过程中组织专家进行认定、鉴别、分类、制订方案、建立名录等工作。如 2007—2011 年，全国开展第三次文物普查工作。河池市参加实地文物调查的 237 名普查队员，发扬吃苦耐劳，科学普查的精神，踏遍 3.35 万平方公

---

① 陶光雄. 温家宝参观非物质文化遗产展：一脉文心传万代 [EB/OL]. [2007-06-09]. http://www.chinanews.com/gn/news/2007/06-09/954196.shtml.

里的土地，走访了全市 139 个乡镇（街道）的 1618 个行政村，28091 个自然屯，到达率和覆盖率均达到 100%，全市共普查登录文物点 1132 处。自 2007 年以来，全市共收集整理非物质文化遗产资源信息 8743 个，涵盖 17 个门类 100 多个种类，建立了较为完备的非物质文化遗产资源档案，全市共编文字资料 193 册 6500 万字。其中，市级普查资料汇编本 55 册，非物质文化遗产普查资源信息汇编本 16 册，县级普查资料汇编 122 册；把所有普查形成的文字材料全部录入电脑，计电子资料 57G，对录入数据的电脑软件形成电子档案，并实行专人管理；对重点普查的 11622 项目全部进行数码照相，共拍摄照片 4593 张，建立了照片档案；全市共完成重点项目调查录音 232.9 小时，录像 313.3 小时，计音像资料 490 盒，建立了音像档案；全市共收集民间作品、实物 358 件，形成了实物档案。像这样建立了各种信息资源档案以后，对下一步的保护利用提供了方便。

（二）开展宣传教育，调动人们的积极性和主动性

非物质文化遗产保护与传承是一项广浩而繁琐、系统而复杂的工程，需要动员全体社会各方面的力量积极参与。因此，理应坚持"政府主导、明确责任、宣传教育、社会参与、提高意识"等原则。如百色市始终坚持以政府为主导，积极开展"非物质文化遗产保护传承活动走进校园"活动，通过图片展示、广播、讲座、介绍、交流、问答等方式，宣传"非遗"保护传承的重要意义，不断增强广大青少年学生对当地传统文化的认识，扩大或丰富学生们的知识结构，激发学生们对乡土文化的热爱之情。河池市开展"乡土文化进校园"活动，让彩调、民歌、民间舞蹈等民族文化登上中小学校讲台。普及乡土文化知识，传承乡土艺术，进行民族精神、民族气节教育。另外，还要通过各项政策和激励机制鼓励全社会参与，提高各行各业对乡村非物质文化遗产保护传承的关注度。

（三）将非物质文化遗产保护纳入新农村建设总体规划

地方各级政府要加强领导，将非物质文化遗产保护纳入新农村建设的总体规划之中，对乡村非物质文化遗产保护现状进行全面调查，了解和掌握非物质文化遗产分布情况或所处的环境等方面问题，在此基础上，有针对性地制定切实可行的本县（市）、本乡镇非物质文化遗产保护规划和具体实施方案，明确保护范围、目标和措施。如河池市把非物质文化遗产保护工作列入全市经济社会发展总体规划，成立了以分管领导为第一责任人的组织结构，先后出台了《关于加强我市非物质文化遗产保护工作的实施意见》《关于加强民间传世铜鼓保护管理的通告》《关于开展第三次全市文物普查工作的通知》等，明确了非物质文化遗产保护工作的目标、原则、主要任务和保障措施。并制定了《河池市市级非物质文化遗产代表作申报评定暂行办法》，建立了市级非物质文化遗产保护工作局级间联席会议制度，成立了河池市非物质文化遗产代表作评审委员会。有了各种制度和规划以后，才能规划建立起自治区、市、县、乡（镇）级非物质文化遗产传习基地、传习馆、展示中心、展示厅，才能保证这些传习基地的水、电、路、通讯等生态保护基础设施建设。可见，这同样符合新农村建设的主要议题。

（四）开拓市场空间，走活态生产性保护途径

活态生产性保护的主要作用：一方面能增加传承人的经济收入，改善传承人生活窘迫的现状；另一方面，通过对非物质文化遗产转化或亮化为现代的文化产品，可以让更多的人了解非物质文化遗产，了解其背后蕴藏的各种文化价值。更重要的是它能使年轻人真正看到非物质文化遗产的魅力或"示范效应"，从而吸引更多的年轻人加入到非物质文化遗产传承行列。那么，如何才能实现这一目标呢？

（1）把非物质文化遗产转化为文化产品。

可以通过舞台剧形式、影视剧形式来实现。譬如广西 60 年代制作的电影《刘三姐》，一经公开放映，刘三姐文化就传遍了全国各地，于是来广西参观、游览或考察的人就络绎不绝；前几年的大型实景电影《印象刘三姐》再次轰动了全世界。又如电影《湘西剿匪记》一经在全国公开放映，使本来偏僻冷清的湘西地区瞬间就火热了起来。还有电影《红高粱》带动了高粱酒、五粮液等与高粱有关的酒业或其他商业。这些都是实现经济效益和社会效益双丰收的好例子。

（2）将非物质文化遗产与景区对接。

桂西资源富集区很多非物质文化遗产没有展示的机会或场所，因而很多人一直都不知道或不了解，甚至是连本地本民族的人都一无所知。将非物质文化遗产纳入旅游景区是既丰富景区活动内容，又实现非物质文化遗产传承和保护的最佳选择。一来可以吸引游客，增加观赏的内容，消除游客疲劳，延长了游客在景区的逗留时间；二来可以使更多的人了解非物质文化遗产，获得了更多的知识；三来可以获得一定的经济收益，既增加了景区的收入，又增加了传承人的收入。

（3）将非物质文化遗产融入到旅游的各关键环节之中。

一是可以融入特色餐饮的开发之中，常言道："人以食为天"。特色饮食已经成为当今旅游的主要消费内容，以餐饮为平台，并融入各种非物质文化遗产将取得很好效果；二是可以融入特色手工艺品、艺术品的开发之中，"爱美之心人人皆有"，民族手工艺品、艺术品是民族符号的象征，受人喜爱；三是可以融入民族节庆活动之中，如近年来河池市开展的铜鼓山歌艺术节、农民文化艺术节、巴马的长寿养生文化旅游节等各种节庆活动已经形成了一种文化"名片"。

（五）建立健全濒危消亡民族文化抢救、保护、发展的保障机制

（1）建立领导组织协调机制，增强濒危消亡民族文化保护意识；（2）开展少数民族文化保护立法建设。河池、百色、崇左三市联合制订《民族民间文化普查方案》和《民族文化发展规划》，出台《民族民间文化保护法》、《民族文化创新与发展条例》等。及时抢救保护民族文化，特别是濒危消亡的民族文化。各县（市、自治县、区）要结合当地实际情况，制定本地方民族文化发展法规，为繁荣民族文化提供法律保障。（3）加大民族文化监管力度。切实抓好相关政策法规的宣传教育和服务工作，鼓励和引导各部门重视、支持、抢救濒危消亡民族文化，保持全市民族文化的健康有序发展。（4）建立濒危消亡民族文化专项资金，同时，积极吸纳社会资金。加强管理、预算核算、审核、监督、考核等各项管理制度。对民族地区文化馆（站）、文艺团体出台特殊政策，一是给予全额拨款，二是加大基础设施资金投入力度，三是增加业务费。（5）建立政府主导、部门合作、社会参与的工作机制，使民族文化得到整体推进。（6）加强制定规范性工作标准，注重科研成果和现代技术应用。（7）建立一支宏大的素质高、业务精、乐奉献的专业队伍，以解决桂西资源富集区民族文化艺术人才青黄不接的特殊困难。要求上级出台政策每年为河池、百色、崇左三市免费培训文艺人才100名，对于濒危消亡民族文化要通过宣传、支持、帮助与激励政策鼓励传承新人，让优秀的民族文化得到代代相传与延续。

　　总之，桂西资源富集区非物质文化遗产内容丰富多彩，品种和类型繁多，这些都是各族先民们流传下来的宝贵财富，要做到有效的传承和保护，不仅需要各级政府部门勇于承担非物质文化遗产保护和传承的主导者任务，而且需要各级政府部门善于承担非物质文化遗产保护和传承的谋划者任务；同时，需要调动广大各族群众的积极参与，只有人人都争当非物质文化遗产的传承和保护者，形成强大的社会保护合力，使非物质文化遗产工作融入于政治、经济、文化、社会、生态等"五位一体"的活态生产建设之中，才能充分发挥非物质文化遗产的应用价值，从而不断地推动社会主义现代化建设向前发展。

第七章　广西桂西资源富集区乡村
文化产业的深度开发

广西桂西资源富集区不仅是自然资源"富矿区",也是少数民族文化资源"富矿区","原始原生"的乡土文化资源极为丰富。由于独特的地理环境和历史因素,至今广西桂西资源富集区仍然属于欠发达地区,人均生产总值始终低于全国、全广西的平均水平。丰富的资源优势未能转化为经济优势,与发达地区的差距越来越大。对此,探索一条新型资源开发路子,充分利用优势资源,增强可持续发展能力,就成为广西桂西资源富集区的一个重大课题。

2000年10月,党的十五届五中全会第一次明确提出了"文化产业"这一概念,随后,"文化搭台,经济唱戏"的模式逐步成为各级地方政府的共识,并相互效仿。随着实践的不断深入,党的十六大、十七大、十八大等几次重要会议,都分别对每个时期的伟大实践进行全面总结和理论升华,形成了中国特色社会主义文化发展理论体系,特别是党的十八大,把文化强国战略提高到前所未有的高度,这为广西桂西资源富集区乡村文化产业的深度开发提供了战略性的理论导向。

第一节　桂西资源富集区乡村文化建设的新领域

一、文化产业的内涵与外延

根据联合国教科文组织提出的定义,文化产业是按照工业标准,生产、再生产、储存以及分配文化产品和服务的一系列活动。

文化产业被公认为 21 世纪的"朝阳产业"或"黄金产业"。2000年 10 月，在党的十五届三中全会通过的"第十个五年计划建议"中，第一次提出了"文化产业"这一概念。2004 年，国家出台了《文化及相关产业分类》一书，将文化及相关产业概念界定为："为社会公众提供文化、娱乐产品和服务的活动，以及与这些活动有关联的活动的集合。"其内容包括：文化产业核心层：新闻服务，出版发行和版权服务，广播电视电影服务，文化艺术服务，网络文化服务，文化休闲娱乐服务，其他文化服务，文化产业相关层，文化用品、设备及相关文化产品的生产，文化用品、设备及相关文化产品的销售。文化产业是衡量文化软实力的最重要的指标，也是衡量一个国家文化实力与综合国力的硬指标。

党的十六大以后，"文化产业"在党和国家的各种文件中出现的频率越来越高，这说明了党中央从文化强国的高度来考虑文化建设问题，也是文化自觉、文化自信的进一步飞跃的表现，也是我们党顺应时代发展潮流，顺应经济社会发展的大趋势而所做的自我调整。今天我们的文化建设和文化发展，既要立足于民族性，又要体现时代性。立足民族性，就是要坚持中国文化本位，不能一味地模仿西方，不能忘掉中国优秀的文化传统；体现时代性，就是要结合现实，创造出人民群众喜欢的"含金量高"的精神文化产品。从文化学意义上，我们要落实"认同"和"适应"两个词。"认同"就是对民族文化的基本价值观和文化传统的精髓要采取认可的基本态度；"适应"就是面对复杂多变的世界和形势，要有自我调适能力，具有解放思想、实事求是、与时俱进的精神和勇气。

二、开辟乡村文化产业新市场

乡村文化产业涉及三个方面因素：一是乡村文化生产者或经营者；二是文化资源、经营活动、消费行为等方面都发生在乡村，即文化交易市场或地点主要在乡村；三是文化消费主要是服务大众，无论是乡村人口还是城市人口，都有消费权或收益权。正如现在的都市文化并非只限制在城市人口的消费范围，而是人人都可以经营，人人都可以消费，只是文化交易活动主要发生在乡村地域范围

内。这里可以看出文化产业与文化事业有一定的区别。文化产业以
资源为基础，以市场为导向，要注意差异化策略；而文化事业有政
府的行政色彩，以政府为主导推进建设，注重整齐划一的标准。

如果仅仅从城乡居民文化消费情况来看，无疑是乡村居民落后
于城市居民，广西桂西资源富集区特殊连片贫困山区乡村居民落后
差距更大。据统计，在 2012 年广西全区城镇居民家庭人均年消费
支出 1626.05 元，占该年家庭人均全年消费支出的 11.42%；文化
娱乐用品人均年消费 424.81 元，占该年家庭人均全年消费支出的
2.99%。2012 年在广西桂西资源富集区河池、百色、崇左三市城
镇居民家庭人均年消费支出结构中，三市娱乐教育文化服务人均年
消费支出为 1104 元，占家庭人均全年消费支出的 9.3%，文化娱乐
用品人均年消费 283.3 元，占家庭人均年消费支出的 2.4%。2012
年广西全区农民平均每人文化用品及服务消费为 214.3 元，占人均
消费支出的 4.39%。① 可见，文化消费城乡差距和区域差距较大。

一个地区发展文化产业必须以一定的经济发展水平、企业管理
水平和文化消费水平作为基础。从这个意义上看，文化产业包括与
之有密切关系的休闲产业总是首先出现在发达地区。但是，这并非
意味着只有富人和富裕地区才能发展文化产业。恰恰相反，发展文
化产业需要发达地区和欠发达地区实现更有效的互补。十多年的实
践证明，文化产业和休闲产业开始于发达和富裕地区，随着人们生
活水平的不断提高，人们寻求休闲活动不再是限于原有的居住地，
而是要走向边疆戈壁、海岛沙滩、村寨小镇、古村宗庙、险峻大
山、文化遗址，走向少数民族聚集地，促进财富、人才和管理经验
从发达地区流向欠发达地区，从高收入者群体流向低收入者群体，
从大都市流向中小城市，有助于削减社会贫富差距、文化差异、地
区差别。这种不同地区合作发展文化产业及休闲产业的方式，是使
社会矛盾获得缓和，城市生存压力获得缓解的最好途径之一。这样
做，不仅仅为欠发达地区带来了物流、人流、资金流、信息流，而

---

① 广西壮族自治区统计局.2013 广西统计年鉴 [M].北京：中国统计
出版社，2013.

且通过密集的信息和人员交流以及商业交易，能有效促进欠发达地区居民的观念更新。① 可以说，发达地区和欠发达地区同样需要发展文化产业，换言之，只要具备优势的文化资源，不管是城市还是乡村，不管是一般地区还是少数民族地区，就广西而言，不管是汉化区、还是互化区，或者是腹心区，都可以大力发展文化产业。因此，乡村文化产业的开发就成为新时期广西桂西资源富集区乡村文化建设的主要开发的新领域。这个新领域或新社区的主要发生地在农村，主要服务对象或文化消费群体是城市人口。换言之，就是立足农村，面向城市的文化产业新市场。

三、文化产业在新农村建设中的多重作用

(一) 为乡村经济发展注入文化的动力和活力

文化可以促使价值观的形成，而价值观可以影响经济发展的目标、性质、内容以及相关政策或措施，在经济活动过程中许多因素是由人来决定的。不仅是经济意义上的、物质意义上的人，也是文化意义上的、道德意义上的、审美意义上的人。作为文化意义上的人不仅为产品和服务注入文化内涵，使产品和服务获得市场增值，而且在复杂多变的经济环境中，人的道德情感、思维方式、审美方式也使经济更加文化化。文化产业是经济发展的一个新的增长点。发展乡村文化产业，为增加农民收入提供了新的途径，是新农村建设最终目标的体现。广西桂西资源富集区乡村文化资源极为丰富，是尚未开垦、潜力十足的处女地。这里保存着中国农村文明的文化因子，展现出极具广西乃至西南少数民族传统文化特色的文化价值和文化魅力，又具有极大的开发价值。近年来，一些地方尝试了"文化搭台，经济唱戏"的模式，重视文化产业的发展，为当地乡村经济找到了现实的路径，特别是中西部的那些文化资源较为丰富的县 (市) 乡村，文化产业已经成为了支柱产业。实践证明，乡

---

① 花建．区域文化产业发展 [M]．长沙：湖南文艺出版社，2008：48.

村文化产业具有很强的产业驱动力、拉动力、内在整合力，它可以把农村种植、养殖、加工、运输即一二三产业拉动起来，整合成农村经济产业圈、产业带或产业链，促进相应的各产业协调发展，共同增值。

（二）有效解决乡村人口就业难的问题

就业问题是最大的民生问题。广西桂西资源富集区民族传统文化资源极为丰富，充分开发利用这些文化优势资源，使这些文化资源变成乡村文化产业，这样既可以增加收入，又可以解决大量的农村剩余劳动力的就业。因为乡村文化产业多在本乡、本村范围内经营，就业地域和农民平时生产生活地域一样，农民能够在自己本乡村就业，早晚下班时间既可以照看家里小孩、老人，又可以做其他家务活，这样就可以有效地解决留守儿童的家庭教育问题以及消除乡村空巢老人无人照顾的社会问题。以实现社会效益、经济效益、文化效益等一举两得或多赢的目的。例如，2010 年，百色市靖西县旧州村 400 多人从事绣球生产，年产量达 153 万只，远销欧美、东南亚市场，户均绣球收入 1 万多元，该村被文化部命名为"国家文化产业基地"。据统计，2011 年百色市直接从事文化产业经营的有 1012 家，从业人员达 13258 多人，全市文化产业增加值 18000多万。广西都安瑶族自治县地苏乡的大定、丹阳、新洲等村，全体农民自行组织起来办编织厂，他们充分利用大石山区盛产的竹、藤、草、芒、枝叶等有韧性、有弹性、有柔性的特点，编织各种工艺品，如栩栩如生的猫、猪、羊、牛、鼠等名目繁多的融欣赏、实用为一体的民族工艺品。这些工艺品既环保又卫生，既美观又耐用，品种从过去的几十种发展到目前的上万种，产品远销日本、美国、英国、加拿大等 20 多个国家，越来越受到国外友人的青睐。2011 年第 109 届广交会上，都安县地苏乡 4 家藤编企业共签下 456万美元订单，其中海外订单占 98%。该乡从事藤编行业人数达 3 万多人，拥有藤编企业 18 家。仅 2010 年，藤编产值达 1.29 亿元，同比增长 25%，出口创汇 1983 美元。产品畅销英美等 20 多个国家和地区。

（三）促进乡风文明

首先，先进文化是文明风俗导向。乡村文化产业是服务业，文化交易地点主要发生在当地乡村，主要经营者或从业人员是农民群体，农村当地的主要消费群体是来自于城市的人口，大量来自城市的消费群体与大量农村当地的经营者或从业人员在文化交易中，即在经营中形成一种城乡文化互动过程。正是在这一过程中，城市先进文化的影响力对乡村落后的风俗习惯会产生潜移默化的作用。如城市人的新思想、新理念，不断融入到各少数民族乡村的风俗习惯之中，有效转化为村民的群体意识，有利于移风易俗，从而促进乡风文明。其次，先进文化的感染力促进道德建设。良好的道德秩序是乡风文明的重要表现。我国正处在一个大变革、大发展的社会转型时期，新旧体制的交替，利益格局的调整，社会矛盾的冲撞，势必带来农民道德关系的复杂化和观念的多样化，引起农村道德秩序的深刻变化。积极发展乡村文化事业和文化产业，有利于乡村文化发展的批评与促进，有利于健全农村新的道德规范，营造农村道德建设氛围。因为不受道德约束的市场经济就面临倒闭或崩溃的经济，没有道德支撑的产业就不能得到持续健康的发展。马克思、恩格斯在《共产党宣言》中，曾对资产阶级的道德败坏，进行了无情的揭露。他们说：资产阶级"使人和人之间除了赤裸裸的利害关系，除了冷酷无情的'现金交易'，再没有任何别的联系了，它把宗教虔诚、骑士热忱、小市民伤感这些情感的神圣激发，淹没在利己主义打算的冰水之中。它把人的尊严变成了交换价值"[1]。发展文化产业不仅需要法律来约束，更需要道德来约束。因为法律是外在的、事后的、他律的硬力量，而道德是内在的、事先的、自律的软力量，发展文化产业不仅是讲收入、讲利润、讲效益，更重要的是讲奉献、讲责任、讲博爱，即发展乡村文化产业主要是弘扬和传承中华民族优秀的传统文化精神，培育和践行社会主义核心价值

---

[1]　马克思，恩格斯．马克思恩格斯选集［M］．北京：人民出版社，1995：275.

体系。第九、十届全国政协常委、北京大学文化产业研究院院长叶朗教授在第九届文化产业新年论坛的致辞中，明确提出"中国的崛起将在精神的层面上影响世界"，并以此为题进行阐述。还有，中共北京市委宣传部副部长张淼以"文化产业更应该考虑社会利益"为题目发表演讲，许多学者、专家的观点都说明了文化产业这一主要目的和任务。① 因此，在发展乡村文化产业的过程中，中华优秀传统文化又得到弘扬和传承，广大农村人口的思想道德素质将会得到提高，人的精神面貌将会发生改观，从而促进乡风文明的形成。

（四）有利于培养生态文明理念，搞好村容整洁工程

广西桂西资源富集区自然环境恶劣，喀斯特地貌分布范围较广，山多地少，人均耕地较少，人地关系紧张，只有"左右两江溪峒"和红水河流域的那些"峒"较大一些，其他地方都是小"峒"，水土流失严重，耕地面积越来越少；由于长期实行粗放型经济，甚至有些大石山区还习惯于刀耕火种的生产方式，如种小米、烧木炭及其他乱砍滥伐行为时常发生，甚至还存在"火不烧山地不肥"的原始思想，对山区石漠的治理带来了难度；改革开放以来，在发展经济的同时，也出现了乱挖、乱采、乱扔、乱毒等不科学不合理的开发，环境遭受不同程度的污染。要建设"美丽广西·清洁乡村"，早日实现小康社会的目标，其任务是十分艰巨的。因此，我们要坚持以人为本、全面贯彻可持续发展原则，将生态文明建设放在第一位，既要金山银山，又要绿水青山。对此，我们可以从中国传统文化中汲取有益的精神资源。

发展文化产业是弘扬和传承优秀传统文化精神的主要途径。"天人合一"是中国传统文化的一大特征。从《周易》的"天文"、人文或"文明"等词句到《道德经》中的"人""地""天""道法自然"等词句，再到《易传文言》中的"天地合""日月

---

① 叶朗. 中国文化产业年度发展协会报告（2012）[M]. 北京：北京大学出版社，2012（5）：11.

合""四时合""鬼神合"等词句，一直到宋代张载第一个明确地提出的"天人合一"的命题，以及后来许多著名学者关于"天、地、人"之间的关系论述，等等——中国传统文化都是强调"天人合一"的思想，即主张人与自然的和谐统一，人不能违背自然，不能征服自然、破坏自然，只能热爱自然、敬畏自然、顺应自然、利用自然。自然是人的认识对象、生活对象、道德对象、审美对象，两者和谐相处，合二为一，共同达到物我同一、天道与人道合一的境界。我们再看少数民族的许多民族文化，同样也含有崇尚"天人合一"的生态思想，如壮族的蚂拐节、铜鼓文化、毛南族的肥套傩文化等，都是体现少数民族祈求风调雨顺、天人合一为主的思想。各少数民族都有自然图腾崇拜的习俗，如崇拜大树、森林、泉水、江河、大山或大石、岩洞等各种植物，崇拜牛、马、狗、青蛙、老鹰等各种动物。还有各少数民族服饰及民间美术图案，如壮族服饰或壮锦、瑶族服饰、苗族服饰等，它们的各种设计图案都体现"天人合一"的思想。中国古代"天人合一"的思想对于解决当今世界由于工业化和无限制地开发自然、掠夺自然、破坏自然所带来的环境恶化和生态破坏，无疑是一剂生态"良药"，而发展文化产业正是保护和创新这种生态"良药"，并使之灌输到社会的每个机制，普遍形成现代文明生态观。

（五）促进乡村民主管理

"文化是制度之母"。① 管理民主是建设社会主义和谐社会的基本要求，在农村要实现管理民主和政治目标，政府必须加大文化建设，帮助农民树立起正确的政治价值观念。先进文化是形成先进制度的前提和基础。

政治文化是一种无形的力量，在一定程度上浸润着公民的政治认识，影响着政治态度和政治行为，引导着民主制度的进程，预示

---

① 【美】塞缪尔·亨廷顿，劳伦斯·哈里森. 文化的重要性——价值观如何影响人类进步［M］. 程克雄. 北京：新华出版社，2010（3）：192.

着政治发展的未来趋势。① 然而，发展乡村文化产业，主要目的是弘扬和传承包括政治文化在内的优秀传统，有利于政治文化的养成，因为乡村文化产业，单家独户是无法坚持到底的，即使特色文化资源属于独家独户所掌握，只要有独家独户首先尝试成功，那么乡亲们或各家各户也会自然跟着效仿跟进。但现实来看，乡村特色文化资源多为乡村集体掌握，因此，以集体为主体经营是必然的。② 然而现代的文化创业和文化经营，并非是大跃进时代的"大锅饭""一窝蜂"的集体组织，因为乡村文化产业在经营中涉及广大村民的政治权、经济权、文化权、生态权等方面的权益。那么如何协调各方面的权益？如何协调村里老人、妇女、儿童、五保户及其他弱势群体的相关权益呢？于此，只能求诉于"民主管理"，经过村民自治，采取"民主选举、民主评议、民主监督、民主管理"的尝试以后，久而久之，广大农民的政治意识或政治文化就开始形成。"现代文化所倡导的平等、民主、协商、宽容、理性、恕道的价值取向具有一种平衡农村社会矛盾冲突的作用，是农村社会和谐安定不可或缺的稳压器。"③

（六）有利于保障生态发展

"生态文化是人与自然和谐共荣，环境与发展良性互动的价值理念，是实现经济社会可持续发展的新型文化形态。"④ 生态包括自然生态和人文生态。广西桂西资源富集区是自然生态和人文生态一大宝库，它不仅是自然资源的富矿区，也是民族文化资源的"富矿区"，同样也是生态文化资源的"富矿区"。因此，发展乡村

---

① 熊春林. 农村文化发展之谋［M］. 北京：国家行政学院出版社，2012：20.

② 苟安经. 巴蜀地区农村文化建设研究［D］. 西北农林科技大学博士论文，2011：104.

③ 熊春林. 农村文化发展之谋［M］. 北京：国家行政学院出版社，2012：21.

④ 熊春林. 农村文化发展之谋［M］. 北京：国家行政学院出版社，2012：21.

文化产业是保障桂西资源富矿区生态发展的重要环节。

在自然生态文化方面，通过生态文化教育，帮助农民树立"生态价值意识""生态伦理意识""生态保护意识"和"生态科技意识"。让广大农民知道，人类就应该尊重自然和保护生态，只有保护好人类赖以生存的自然环境，人类才能享受到自然生态环境的更多"恩赐"或"福泽"。引导广大乡村农民热爱大自然、热爱自然环境中的动物和植物，特别是要主动保护那些野生动物和珍稀植物，不要争当现代社会的"猎人"，转变经济发展方式，优化经济结构，运用"生态科技"或"绿色科技"，合理开发和利用自然资源，遵循环境友好型和资源节约型的发展模式的基本原则和要求，努力实现现代生活方式"绿色化"。按照生态学原理和生态经济规律，因地制宜地设计、组织、调整和管理农业生产，发展循环农业、绿色农业和环保农业。

在人文生态方面，重点体现在村容整洁。少数民族地区人文生态建设，就是融地域性、民族性、文化性、活态性或生活性为一体的新农村建设。既要体现"小桥流水人家"的优雅环境，又要体现"桃花源记"的其乐融融的乡土风光，当人们步入乡村，既可以看到"暮归的老牛""缤纷的云彩"或听到"牧童的歌声""短笛在吹响"，又可以看到"明月松间照，清泉石上流"的优美环境；既可以看到"绿树村边合，青山郭外斜"，又可以看到"山气日夕佳，飞鸟相与还"；既可以看到"一层层的梯田，一片金黄和沉甸甸的谷穗"，又可以看到一张张"桃花染红了姑娘的脸庞"，等等，人与人、人与自然、人与社会的和谐发展的景象。通过生态文化建设，让山水田园文化重放异彩，充分发挥生产、旅游、观光、休闲、娱乐、生活等多重现代文化功能。

关于自然与精神的统一问题。在《自然辩证法》中，恩格斯说："我们一天天地学会更正确地理解自然规律，学会认识我们对自然界的习常过程所作的干预所引起的较近或较远的后果。"① 他

---

① 马克思，恩格斯. 马克思恩格斯选集（第4卷）[M]. 北京：人民出版社，1995：384.

认为，人与自然是统一的，精神界与自然界，或理性与自然界是一体性的关系，人体的肉、血和头脑等各部分都是属于自然界的一部分，因此，我们不能站在自然界之外去征服或破坏自然。"我们对自然的全部统治力量，就在于我们比其他一切生物强，能够认识和正确运用自然规律。"① "思维规律和自然规律，只要它们被正确地认识，必然是互相一致的。"② 这些论述反映了恩格斯主张人与自然、人与社会和谐发展的生态文明思想。也是我们当代子孙理应遵循和弘扬的生态文明思想。

第二节　广西桂西资源富集区乡村文化产业资源类型

一、乡土文化是乡村文化产业发展的源泉

常言道："巧妇难为无米之炊。"乡土文化是发展文化产业的主要资源。乡土文化是一种草根文化，根系在各个乡村，只要草的根系在，我们就可以慢慢把它培育成一片片茂盛的大草原；只要树的根系在，我们就可以把它培育成一片片茂密的树林。当然文化并非真正如草根或树根那么实在，文化既是实的，又是虚的。近年来，有许多地方仅仅依靠本土特色文化资源来发展特色文化产业，但是也有一些地方，无中生有地打造出某种特色文化产业。实践证明或相比之下，依靠本土特色文化资源打造出的文化品牌就相对响亮一些，红火一些，文化产业也比较容易做大做强。而无中生有的文化产业，其内劲就不够实在或强大。事实告诉我们，发展乡村文化产业离不开丰富的乡土文化资源。如果我们没有很好地利用或开发本土特色文化资源，而是采取无中生有或舍近求远的开发方式，

---

① 马克思，恩格斯．马克思恩格斯选集（第4卷）[M]．北京：人民出版社，1995：384.

② 马克思，恩格斯．马克思恩格斯全集（第20卷）[M]．北京：人民出版社，1971：203.

那必定得不到消费者信任，认为这是假的或伪劣产品，以致所开发出的文化产品最终不能成为商品、不能成为产业。同时，根据乡村文化的内涵和特点，决定了开发乡村文化产业必须立足于乡土文化资源，否则就难以取得成功。因此，我们发展乡村文化产业理应坚持走开发利用本土文化资源的道路，创造一切条件把文化资源转变成文化资本；把乡土文化资源转变成一种社会资本。这样才能实现乡村经济社会可持续健康发展。

二、桂西资源富集区文化产业资源类型

广西桂西资源富集区乡村文化资源内容丰富，品种繁多，特色鲜明。可以分为 6 大资源。

（一）自然遗产资源

广西桂西资源富集区内多山地、丘陵、台地、谷地、盆地、平原等地貌。河池市以岩溶山地、丘陵为主，地势西北高东南低，自西向东倾斜，东北部有九万大山、西北有凤凰山、东风岭西和西南有都阳山、青龙山等山脉。百色市西部及北部属云贵高原的边缘，地势较高。地势自西北向东南倾斜。以山地、丘盆地为主，仅在右江河谷有平原分布。主要有金钟山、岑王圭石、青龙山等山脉。崇左市地势西、南、北高，东、北低。西部和中部有岩溶丘陵分布，东中部为左江河谷台地、丘陵、小平原地带。桂西资源富集区境内有世界罕见的喀斯特地貌，山高坡陡、地面崎岖、交通不便、土少石多、易旱易涝。同时，河流众多、森林覆盖率高，这些特殊、复杂、优越的自然环境共同孕育了丰富的生物物种。高温多湿的南亚热带气候，有利于农作物的生长，生产出许多丰富、独特的农产品。"三市"境内多山谷型、湿地型及相对封闭的自然环境等原因，常年以来始终保持良好的原生态形貌，是当今旅游的好地方。

（二）历史文化资源

广西桂西资源富集区具有悠久的历史和灿烂的文化。这里留存有新旧石器时代的许多文化遗址和出土文物。夏商周以来的墓葬遗

址及具有较高历史价值的战国铜鼓等岭南文化象征符号数量众多。还有先秦至明清时期的墓葬、文物、铭刻、造像、城址与建筑等许多文物都是具有较高的文化价值。如左江支流的花山岩画就是其中之一。此外，现代从事的商贸文化遗迹，中国革命的红色文化遗迹等，许多文物都存留在广西桂西资源富集区境内。

（三）民族文化遗产资源

广西桂西资源富集区是一个以壮族为主体的民族，汉、瑶、苗、毛南、仫佬、水、彝、仡佬、回、满、黎、侗、蒙古、白、高山、京等20多个民族聚散杂混居地区。长期居住在特殊、复杂、优越的自然环境里，各民族组成了和睦共处的民族大家庭，各族人民充分结合自身所处的地理环境的具体特点，发挥自己的聪明才智，共同耕耘，共同打造这片古老、美丽、神奇的土地，创造了丰富灿烂的民族文化遗产。截至2013年，广西桂西资源富集区共有15项非物质文化遗产列入国家及非物质文化遗产名录。其中，河池市8项，百色市7项。有罗景超、闭克坚、黄达佳、谢庆良、谭三岗5位被列入国家级非物质文化遗产重点保护名录代表性传承人之中。在广西公布的四批共307项自治区级非物质文化遗产名录中，桂西资源富集区三市就占有154项，占全区的50%以上①，靖西壮锦厂被列为国家级生产性保护示范基地，百色壮族文化生态保护区、河池铜鼓文化生态保护区、成为国家级文化生态保护区，东兰县、环江县、天峨县等被文化部命名为"中国民间艺术文化之乡"，河池市的南丹白裤瑶生态博物馆、宜州下枧河流域刘三姐歌谣文化生态保护区和环江毛南族傩文化被列为自治区民族民间传统文化保护试点，河池市的东兰县长江乡兰阳村、南丹县里湖瑶族乡怀里村建立了"广西红水河流域铜鼓艺术铜鼓文化生态保护村"。还有少数民族节庆、服饰、刺绣、婚丧习俗等多姿多彩的民族文化，都是广西桂西资源富集区文化资源的重要组成部分。这些文化

---

① 余益中，刘士林等．广西桂西资源富集区文化发展研究［M］．南宁：广西人民出版社，2012：28.

遗产不仅代表着桂西人民世代创造出的无比珍贵的文化积淀，也是桂西资源富集区人民树立文化自信走向未来的宝贵资源。①

（四）宗教文化资源

民族与宗教有着一种天然的联系。宗教文化是少数民族文化的重要组成部分。广西桂西资源富集区是广西乃至中国西南少数民族主要聚居区，本区域宗教文化资源极为丰富，种类繁多、形态完善，特别明显的是宗教文化传统与人们的现实生活密切融合，即文化活态性较强。在本区域的宗教文化资源中，壮族宗教文化是主体内容，壮族宗教传说主要有《布罗陀传说》《姆六甲传说》《莫一大王传说》等，大多都留存有典籍；壮族宗教仪式舞蹈类的主要有河池古调、祭鬼王舞、壮族师公戏、铜鼓舞等；壮族宗教艺术主要有花山岩画、铜鼓艺术等；壮族宗教仪式舞蹈又衍生出了更为丰富的宗教文化生活场景，如歌圩习俗、饮食习俗、居住习俗等。壮族宗教文化传统这棵"文化树"成为广西桂西资源富集区文化传承与发展中的奇观之一。面对新旧体制的交替、利益格局的调整、社会矛盾的冲撞等大变革、大发展的社会转型时期，广西桂西资源富集区宗教文化传统看似落伍，其实很独特。它能予人以精神启发。如果能充分利用其积极一面，即将宗教文化传统中其积极的方面转变为文化产业，将有很大的开发前景。

（五）红色文化资源

广西桂西资源富集区是中国革命的一片热土，许多重大的革命事件都在本区域发生，大量的革命杰出人物都出现在本区域或在本区域留下自己革命的足迹。邓小平、张云逸、李明瑞、雷经天、韦拔群等革命前辈，在这里发动和领导了著名的百色起义。这里还是援越抗法、援越抗美和南疆战役的前线。目前，本区域遗存的单体红色文化资源有 70 多处，主要分布在百色市的 8 个县和河池市的

---

① 余益中，刘士林等. 广西桂西资源富集区文化发展研究［M］. 南宁：广西人民出版社，2012：28.

4个县（区）。有著名的红色文化遗址或纪念建筑物百色起义烈士碑、中国工农红军第七军军部旧址、韦拔群烈士故居等。这些红色遗址和纪念物，既是一种宝贵的精神财富，又是一种红色文化产业的物质条件。

（六）诗性文化资源

广西桂西资源富集区那"山之骨，水之性"，孕育出生活在这里的人们具有独特的审美诗性文化。这里"山之独秀，水之丰泽"，"疏峰时吐月，密树不开天"，① 不知是这里的山水吸引了壮族及其他民族，还是壮族及其他民族特别留恋这里的山水，总之，山水之间，总听到壮族及其他民族到处行走的脚步声，不管是峒田溪边，还是山坳林中，总是有山歌缭绕，那是壮族歌仙刘三姐不绝的余音，那是各民族以歌传情、以歌表志、以歌代言、以歌交友、以歌会友、以歌贺喜、以歌诉苦等诗性文化传统的集中体现。广西是歌之海洋，桂西资源富集区歌海之中的原生态区，充分利用和开发原生态的诗性文化，为建设"文化广西""美丽广西""幸福广西"品牌提供了丰富资源。

（七）地理区位资源

广西桂西资源富集区具有明显的地理区位。首先广西桂西资源富集区是自治区"两区一带"区域发展战略的重要组成部分，是国家支持建设的重点能源资源富集地区。桂西地区地处华南经济圈、西南经济圈和东盟经济圈的结合部，是中国西南出海大通道的必经之地，是中国—东盟自贸区的前沿地带。其次，广西桂西资源富集区与我国云南、贵州以及越南陆路相连，宁明、凭祥、龙州、靖西、那坡6个县（市）与越南接壤，陆地边境线长893公里，占广西陆地边境线的87.5%。自古以来，桂西资源富集区就与东南亚国家保持良好沟通关系，在区域发展的未来前景中，广西桂西资源富集区与东南亚国际社会的交流将会成为本区域发展的趋势。

---

① 严凤华，罗黎明．壮行天下·壮族卷［M］．南宁：广西民族出版社，2010：5．

三、"三性"资源成为区域核心竞争力

所谓"三性",是指乡土性、休闲性、生态性三种特质。这"三性"资源是广西桂西资源富集区许多文化资源中较为独特的,是当今社会尤其是城市人群所追求或向往的生活特质,也是人类生活的时代主题。因此,"三性"资源就构成了区域核心竞争力。

首先,乡土性是乡村文化的底色。著名社会学、人类学家费孝通先生在《乡土中国》第一节的《乡土本色》中指出:"从基层上看去,中国社会是乡土性的"。乡土特征,一是静寂安闲的,有"小儿睡在摇篮里"般的家的感受;二是接近自然、田园与乡村,既有"采菊东篱下"的隐居情境,又有田园牧歌般的文化价值底蕴;既有沈从文的《边城》的味道,又有汪曾祺的《戴车匠》的影子。从现代文明视角看,广西桂西资源富集区就像是传统农业文明的故乡,这里环境恬静、民风淳朴、历史悠久,正是现代城市无法找到的人类归真的优点。

其次,休闲性是乡村文化的一个显著特性。当今的城市生活,一天到晚人来人往、车水马龙,忙忙碌碌,让城市人闲都闲不住,特别是那些"房奴""车奴""婚奴""孩奴""卡奴"们被压得喘不过气来。相反,广大乡村或小城镇恰恰能够提供休闲的、慢节奏的、体验式的文化消费,使其身心获得轻松安逸的感觉。随着社会的发展,人们越来越向往"休闲时代"。如广西桂西资源富集区河池市巴马县养生旅游业发展很快,产值逐年猛增。特别是在巴马养生旅游活动中形成了著名的"候鸟族"。据2014年3月3日,巴马县县长蓝飞宇在"全县旅游发展大会"总结报告时称,巴马县现有国家4A级景区2个、旅游宾馆饭店185家、农家旅馆125家、旅行社及分社16家,接待国内外游客从2006年的11.6万人次发展到2013年的263.36万人次,每年来巴马闲养度假的"候鸟人"达10多万人次,2013年全社会旅游总收入达25.3亿元。[①]

再次,生态性是乡村文化的最强音。自然环境相对保持完好,

---

① 罗玉荣. 巴马召开全县旅游大会 2013 旅游总收入 25.3 亿元 [EB/OL]. [2014-03-07]. http://news.gxnews.com.cn/staticpages/20140307/newgx531965e8-9812189.shtml.

空气清新，天、地、人"三界公"和谐相处，山、水、人家布局合理，"生态农业"比较突出，"绿色产品"比较丰富，加上各地掀起了"美丽广西·清洁乡村"持久性活动，少数民族乡村的特色饮食，更是让人感觉到回归自然境界。于是，"人以健康为本""人以食为天"和"喜欢玩乐是人的天性"即"吃喝玩乐+健康"全部在乡村生态性文化中得到实现。因此，保护和开发"三性"特质，将是广西桂西资源富集区乡村文化产业永葆青春活力的强大内径；同时，发展"三性"品牌是提高文化竞争力，推动区域经济社会跨越式发展的必然选择。

第三节　桂西资源富集区乡村文化产业开发模式

建设"文化广西""美丽广西"以及实施民族文化强区战略，是全面落实十七、十八大提出的文化强国战略要求。目前，桂西资源富集区乡村文化产业发展还处在起步阶段，本地丰富的传统文化资源还没有得到保护和开发。从桂西固有的传统文化精神可以看出，这里的农民对追求经济开发的热度比其他地区相对低一点。因此，结合独特的地理区位、民族传统文化精神以及相关的现实特点，针对不同资源类型和发展阶段，建立以现代产业机制为核心的乡村文化产业发展模式，是广西桂西资源富集区乡村文化建设的必然选择。

一、民族特色生态旅游社区模式

民族特色生态旅游社区模式，就是民族性、文化性、地域性、生活性、现代社区功能性及当代旅游生活规制性等"六性一体"旅游社区模式。广西桂西资源富集区少数民族宗教文化传统源远流长，尤其是壮族的布洛陀崇拜、莫一大王崇拜，瑶族的密洛陀崇拜等。各民族原始原生的传统文化极为丰富，加上广西桂西资源富集区境内，山秀水美、空气清新，百姓热情好客，本区域内有各少数民族特色传统文化，有风景独好的自然景观，有淳朴善良热情好客的人民，这是构建"民族特色生态旅游社区"的基本要素和前提条件。由于广西桂西资源富集区民族文化多是散布在崇山峻岭中，山路迢迢，交通不便，因而其"原始原生性"或"原汁原味"保存得比较完好，如果我们采取大量的"原地整改"和"易地展览"，那将会使民族文化传统失去其原生场所而遭遇凋落。于此，顺应天时、地利、人和的内在逻辑构建"民族特色生态旅游社区"① 将是较为合适的解决途径。

"社区化"是当代社会建构的重要途径，它突出的是通过外在规制而使人群聚落被赋予一定的社会功能，与社会整体相勾连，"民族特色生态旅游社区"的"社会化"则是将民族特色文化传统的内在逻辑、民族地方传统的生活逻辑、当代社会旅游业的生活规制与当代社区功能逻辑相叠加，整合社区诸要素共同的价值基础，形成传统与现代对接，生产生活规制与旅游产业交融的一种新的生活化旅游模式。这种模式的好处在于：一是提供许多就业岗位。既可以有效解决拆迁安置和退耕还林农户就业问题，又可以为当地农民成为旅游产业的经营主体提供机会，从而激发农民参与维护和开发旅游产业的积极性和创造性。二是旅游反哺农村。可以从旅游的总收入中提取部分资金，发展农村生态农业，美化乡村环境，解决教育、卫生、体育等发展中遇到的问题，让农民真正感受"发展依靠人民，发展成果惠及人民"的真谛，增强主人翁的责任感。三是有利于构建人与自然和谐相处的发展格局。四是有利于开化文化聚落，促进社会发展。比如广西桂西资源富集区内的瑶族、苗族和黑衣壮的聚落，大多在交通不便的深山中，构建"民族特色生态旅游社区"模式，将城市中的一些高端生活功能引入其中，这样，民族文化聚落与城市之间开始形成对接点。随着对接点增多，乡村也逐步开化了。五是有利于提高农民自我发展能力，即自我组织能力、自我经营能力、自我管理能力等，实践证明也是有效的。如河池市的天峨、南丹、巴马、凤山、环江、宝洲、罗城等县（市），利用和吸收当地拥有的历史文化资源、民族文化资源、自

---

① 余益中，刘士林等．广西桂西资源富集区文化发展研究 [M]．南宁：广西人民出版社，2012：35.

然资源，把休闲、养生、修学、娱乐、旅游、特色饮食等方面融为一体，开创了许多"民族特色生态旅游社区"模式，取得了很好的效果。据统计，截至 2013 年，河池市已经把巴马县打造为"巴马长寿养生国际旅游区"，把南母县里湖乡打造成为"白裤瑶生态博物馆"，把宜州下枧河流域打造成为"刘三姐歌谣文化生态保护区"；把东兰县长江乡兰阳村、南丹县里湖乡怀里村打造成为"广西红水河流域铜鼓艺术、铜鼓文化生态保护村"等。据报道，2012 年，河池市接待国内外游客 1068 万人次，旅游总收入 90.23 亿元，同比分别增长 25.22%和 51.85%，两项指标增幅居全区前列。① 可见，构建"民族特色生态旅游社区"模式，是实现经济效益和社会效益的必然选择。

二、"山水剧场"和"生活剧场"并举模式

广西桂西资源富集区文化资源体现出其浓厚的生活气息，即生活性或活态性尤为强烈。要让这些活态性的文化展演在世人面前，是当前文化展示的核心难题，如果不能很好地展示出来，这些文化资源就不能成为文化资本，不能转化成文化产业。

"山水剧场"就是将传统的展演情节化，置放于山水实景中演出，凭借出色的舞台调度营造了逼真的生活体验。如《印象刘三姐》是最为著名的"山水剧场"代表作。2012 年 9 月 6 日，河池县第一部独具地方民族特色的高科技大型实景《梦·巴马》在巴马县赐福湖景区首次演出。成为巴马乃至河池吸引游客的新招牌。《梦·巴马》演出以巴马赐福湖自然山水为背景，以巴马瑶族文化及长寿养生故事为核心，运用了大量高科技元素及新艺术表现形式，舞台突出巴马特色，表演区以"寿"字为造型设计，模拟了长寿乡的生态，表演队伍多数来自周边的乡村百姓，人数多达 200 多人。表演内容主要是巴马乡土歌舞，而且是面临失传的歌舞文

---

① 蒙灵．广西河池市旅游总收入超 90 亿元同比增长 51.85%［EB/OL］．［2013-01-28］．http：//www. gxnews. com. cn/staticpages/20130128/newgx5106533 d-6875940. shtml.

化。演出总时长 80 分钟，分为激情瑶山、神奇巴马、魅力寿乡三个梦幻篇章，观众席能容纳 1700 多人同时观看演出。"山水剧场"之所以获得成功，关键在于它符合"观众在演出中实现了参与"的主旨。因此，在发展乡村文化产业过程中，要善于发掘各类文化传统资源中的真正内涵，对具有情节性、画面性较强的诸如嘹歌、哭嫁歌等，都可以尝试推广"山水剧场"的展演方式。

　　然而，如果是对那些情节性、画面性不是很强的传统文化资源诸如"铜鼓舞""师公舞"等，不宜采用"山水剧场"展演，那么我们可以尝试"生活剧场"展演。所谓"生活剧场"就是以人们的日常生活为"演出舞台"，在日常生活的时空两方面凸显具有可看性、冲击性、美的意味的文化行为，循着日常生活的空间形态和节时韵律，通过提示、渲染、情节化等手段使日常生活中的文化层面显示出来。歌圩文化的展演就是典型的"生活剧场"展演。①

　　素有"世界铜鼓之乡"的河池市，截至 2013 年，已经成功举办了十四届铜鼓山歌艺术节活动。每届由河池市各个县（区）轮流承办，每届"铜鼓山歌艺术节"都是"生活剧场"展演。每届在艺术形式、艺术舞台、艺术体验等方面都有不同程度的延展。从铜鼓艺术到铜鼓+山歌+各种现代舞再到长寿文化……内容不断丰富。在展演环节上又有增加或延展，在空间、时间上展演场域不断拉长，打破了"置身其外"的局限，实现了"置身其中"的参与行为和意愿，② 观众既是剧作人又是剧中人。这种"生活剧场"展演不仅在世人面前再现了民族传统文化，使文化得以传承，而且使世人体验到深度的生活与生活氛围，从而提升整个社会的总体生态，使民族文化得以弘扬。同时，每届铜鼓山歌艺术节分别在不同的县（区）举办，更加突出民族与地方特色，融会丰富性、多样性、民族性、时代性、观赏性、艺术性为一体，创意新颖，亮点频

---

　　① 余益中，刘士林等 . 广西桂西资源富集区文化发展研究 [M] . 南宁：广西人民出版社，2012：36.

　　② 余益中，刘士林等 . 广西桂西资源富集区文化发展研究 [M] . 南宁：广西人民出版社，2012：36.

显，看点众多，从而吸引了国内外广大游客前来参与或观看，对发展文化产业和推动地方经济发展起到很大的促进作用。

因此，一切从实际出发，实事求是地把握好少数民族优秀传统文化资源的真正内涵，对于具备饱满情节性、画面性的文化资源，我们就倡导尝试"山水剧场"展演；对于生活性或活态性极强的文化资源，我们就倡导尝试"生活剧场"展演。只有推广"山水剧场"和"生活剧场"并举模式，才能相得益彰，才能充分体现出广西桂西资源富集区优秀传统文化资源丰富性、多样性、民族性、地域性、文化性、生活性的内在统一，才能展现出其强大的文化魅力。

三、民俗节庆活动模式

民俗节庆是乡村文化资源中最为突出的内容之一。广西桂西资源富集区各少数民族的民俗节庆众多，可谓是"找个理由过个节"①。这些民俗节庆文化包含有精神文化和制度文化的因素。随着城镇化的步伐不断加快，"文化搭台，经济唱戏"逐步延伸到乡村世界，农民开始看到了实惠。因此，发展乡村文化产业，举办新的节庆活动已经成为乡村文化建设中的主要项目之一。如河池市铜鼓山歌艺术节、东兰国际铜鼓文化旅游节、中国南丹·丹文化旅游节、环江毛南族分龙节、刘三姐文化旅游节、大化奇石文化旅游节等"一县一节"文化节庆活动非常红火。百色市右江端午龙舟文化节、百色市布洛陀民俗文化旅游节、百色（田东）芒果文化节、百色靖西端午壮药节、百色乐业国际天坑旅游节、田林北路壮剧艺术节、隆林苗族跳坡节、百色西林句町文化艺术节等都是该市较为著名的节庆活动。还有，崇左市壮族歌坡节（陆路东盟崇左看国际商务文化节）、扶绥县的"龙抬头"文化旅游节，崇左市（宁明）花山国际文化节，龙州县的天琴文化节，大新县的德天（国际）边关旅游节，凭祥的国际边关贸易文化旅游节，红木文化节，

---

① 严凤华，罗黎明. 壮行天下·壮族卷 [M]. 南宁：广西民族出版社，2010：77.

等等，都是很有地方特色和民族特色的节庆活动。

【例一】

河池铜鼓山歌艺术节

荣膺"2011 中国十大品牌节庆"之一的广西河池铜鼓山歌艺术节，与南宁国际民歌艺术节，桂林山水文化旅游节一起并称为"广西三大艺术节"，已成为推动广西文化大发展大繁荣的"助推器"，河池是"世界铜鼓之乡"，现存有传世铜鼓1400 多面。河池的铜鼓文化被列入国宝级非物质文化遗产保护名录，成为河池最新形象的亮丽"名片"。从 1999 年开始，河池市轮流在全市 11 个县（市、区）举办铜鼓山歌艺术节，活动内容主要包括开幕式大型文艺晚会、文艺会演、山歌比赛、歌王擂台赛、非物质文化遗产展演、群众文化活动、名特优产品展销等主题活动，但不同县市开幕式又有不同主题，内容也不断丰富。第二届至第九届开幕式的主题分别是《三姐故乡情》《红水河之魂》《鼓乡风流》《太阳河欢歌》《仫佬山乡放歌》《锦绣瑶山》《祝福寿乡》《和谐毛南山乡》，第十届铜鼓山歌艺术节暨凤山第四届国际神奇洞穴探游节（两节）在凤山县举行，第十一届在东兰县举行，同时隆重举行纪念韦拔群诞辰 115 周年（一会一节）活动，第十二届铜鼓山歌艺术节以"神韵河池·魅力金城"为主题，调动"铜鼓""山歌"两大艺术手段，展现了河池独特的魅力神韵。现在艺术节除保留历届艺术节的特色项目外，还增加了旅游活动，争创"中国大世界吉尼斯"纪录活动和"红水河画风"作品展等活动。特别是来自"中国铜鼓艺术之乡"东兰县的 500 面传世铜鼓持有者共同演奏和谐音符，成为"中国大世界吉尼斯"纪录。第十三届铜鼓山歌艺术节暨第六届凤山世界地质公园国际探险旅游节在凤山县举办；2013 年 11 月 30 日，第十四届铜鼓山歌艺术节暨广西宜川第四届刘三姐文化旅游节在宜川举行，开幕式主题是《神韵河池·醉美宜川》，由歌之梦、丝之梦、壮乡梦三个主要篇章构成，每个篇章由新一代"刘三姐，阿牛哥"以唱山歌的形式引出篇章节目，通过歌舞、曲艺、民俗的舞台表达，充分展示"河池长寿地，三姐文化城"的神奇魅力以及灵动的人文韵味和无限风情，实现旅游和传统文化的完美融合。

【例二】

崇左花山文化节

崇左（宁明）国际花山文化节是在宁明举办的隆重的节庆活动，一系列精彩活动既展示了宁明的民俗风情，也唱响了当地打造花山文化品牌的决心。该活动融会了众多本土元素，包括万人公祭骆越始祖，边听山歌边尝美食，本地歌手及艺术团体创作的歌唱宁明的风土人情及经济发展情况的歌舞、晚会、三百勇士抢花炮、牛拉竹排江中游等活动，以展示当地文化的独特魅力。花山岩画是壮族古老文化艺术的瑰宝。它是国家级重点保护的非物质文化遗产，也将是世界级重点保护的非物质文化遗产。以花山岩画为代表的国际花山文化节的隆重举办，对桂西乃至整个广西的经济社会发展将产生巨大的推动作用。①

【例三】

田东芒果文化节

百色市田东县具有发展芒果种植得天独厚的自然条件，是中国著名的优质芒果生产基地之一。多年来，田东为打造"田东芒果"名片，将芒果种植作为"特色农业""特色经济""增加收入"的一项重要产业内容，并先后荣获"中国芒

---

① 贤成毅，唐奇展．广西重点文化产业发展研究［M］．桂林：广西师范大学出版社，2013（4）：230.

果之乡""广西无公害农产品（芒果）生产示范基地县""西部著名特色产品（芒果）之乡"等称号。"百色（田东）芒果文化节"已成功举办了多届并成为我国规模较大的果类节庆之一。活动的主要内容有：开幕仪式、大型文艺晚会、芒果乐园、论坛以及招商引资推介会等 5 大类共 16 项活动。芒果节期间，一般会举办十里莲塘竹筏山歌、"十里"芒果宴、民俗歌舞表演、百寨千人趣味龙舟赛等充满壮乡特色的活动。此外，芒果乐园活动也是芒果文化节最具吸引性和参与性的活动之一，"果食果乐""芒果王""你食我秀""十指得芒"等各种擂台赛或美食争霸赛活动，令游客们流连忘返。①

四、乡村歌舞剧团模式

广西桂西资源富集区的许多农民都很喜欢文艺，且有不少具有文艺细胞的文化"能人"。村民们既喜欢参加自编自演，又喜欢欣赏这些"能人"表演。著名的农民艺术家赵本山及其演艺之所以走红，就是因为他演艺的内容始终都离不开土色土香的文化，而土色土香的文化演艺，不仅赢得城里人的喜欢，而且也赢得乡村农民的喜欢。

近年来，广西桂西资源富集区河池、百色、崇左三市大力发展"五个一"工程建设，村级公共文化服务基础设施条件有所改善，乡村文艺队开始活跃起来，歌舞团、壮剧团、杂技团、山歌队等文艺队数目不断增多。2011 年百色市村级公共服务中心建设 87 个，按照"五个一"要求全面竣工，包括 87 栋综合楼，87 个篮球场，87 个戏台，组件 87 支文艺队，92 支篮球队。全市共 518 支农村（社区）艺术团队，有 11038 名农民演员活跃在农村文艺舞台，成为一支浩大的农村文化生力军。2011 年百色市文化系统 40 个单位和 17 名个人被自治区文化厅授予"全区公共文化服务体系建设先

① 贤成毅，唐奇展. 广西重点文化产业发展研究 [M]. 桂林：广西师范大学出版社，2013（4）：231.

进集体"、"先进工作者"等荣誉称号。其中有 13 个乡镇文化站被授予"全区公共文化服务体系建设先进乡镇综合文化站"荣誉称号；有 24 个村（屯）文艺队被授予"全区公共文化服务体系建设优秀村屯文艺队"荣誉称号。大型歌舞剧《百色记忆·1929》、壮族原生态歌舞《壮锦》、大型歌舞剧《谷魂》等一批优秀剧（节）目得到打造提升。其中大型壮族原生态歌舞《壮锦》列入《广西文化系统文化产业行动计划》。崇左市大力发展乡村文化建设，积极开展抓学习、抓基础、抓特色等"三抓"活动，不断探索文化产业的新思路，取得许多新成绩。2011 年，崇左市 7 个乡镇均设有文化（广播）站，452 个行政村设有文化室，有 297 支业余文化队，全市共 752 个行政村"五个一"工程建设基本完成。全年创作小品 10 个，戏剧 3 个，音乐 25 首，舞编 29 个，举办演出活动 148 场，观众 39.2 万人。重点修改了天等民族舞蹈《打榔舞》，创作了宁明民族舞蹈《花山鼓舞》、龙州天琴等富有崇左民族特色的优秀节目，2011 年大新县赵元仕、许秀珍参加宁夏银川举办的第九届中国西部民歌（花儿）歌会大赛，两人的二重唱法获得了民歌类金奖，龙州天琴好女子弹唱组合应文化部邀请赴京参加 2012 年春节电视晚会节目录制，并得以播出。扶绥县民俗歌舞《唱春牛》等节目，也获得广西区歌舞创作佳奖。① 推广乡村歌舞剧团模式，对传播乡村文化和发展乡村文化产业将起到很大的推动作用。

五、"乡村工艺美术"模式

俗话说："爱美之心人人皆有。"艺术品就是一种独特的个性化、民族化、技术化或艺术化的"实物代号"。独具地域特色的手工艺品、艺术品凝结着独特的族群记忆，不同地域或不同民族都有自己"物化"或"美化"符号，深受广大游客的喜爱，成为重要的旅游纪念品。广西桂西资源富集区民间工艺美术文化资源极为丰富，依托各少数民族在长期传承中形成的民族民间工艺技艺，根据

---

① 广西壮族自治区文化厅. 广西文化年鉴（2012）[M]. 海口：南海出版公司出版，2013：469.

市场情况，选择具有典型民族文化和地域文化特征的工艺美术品进行产业化开发、规模化发展，把乡村工艺美术与旅游业结合起来，相互促进，共同发展。桂西资源富集区理应组织和发动群众，积极参与各种技艺的学习和培训，民间的石雕、玉雕、木雕、陶艺、家具、器具（竹编藤编草编）等雕刻艺术，还有壮锦、瑶锦、苗锦等各民族的刺绣工艺、民族服饰工艺，特别是那些国家级、自治区级非物质文化遗产重点保护名录中诸如大化贡川砂纸制作工艺、毛南族花竹帽编织工艺、仫佬族刺绣工艺、毛南族木雕、毛南族石刻技艺、仫佬族煤砂罐制作技艺等工艺美术品，都可以作为旅游纪念品进行开发保护。都安县地苏乡的编织产品为什么能够远销东南亚和欧洲的一些国家或地区，其中一个主要原因就是与民族特色的性质有关，因为外来者总是认为这些工艺品或艺术品就是某个民族的符号。

第四节　桂西资源富集区乡村文化产业开发的机制保障

广西桂西资源富集区乡村文化资源具有独特的民族性、鲜明的地域性、深厚的文化性、积极的生活性或活态性、明显的脆弱性以及含有一定程度的跨国性等特点，因此，在发展乡村文化产业初期，需要政府的主导、引导和大力的扶持，迫切需要建立健全相关体制以促进其发育和健康成长。

一、创设区域合作开发机制

加强区域合作，整合乡村文化产业资源是推动区域文化规模化、产业化的关键。区域合作包括区域内各个县市、各个景点的合作，该地区与周边其他地区的合作，区域内合作可以实现文化资源的差异互补和优化配置，消除行业壁垒和地方保护，扩大影响力和竞争力，区域间的合作可以实现客源的互动，地方壁垒的消除以及互惠关系的建立。要使乡村文化产业形成一种规范化、产业化，尤其是要发展乡村文化旅游业，区域合作已经成为大势所趋。这是乡村文化适应时代、走向世界的必然选择，是文化产业化发展的内在规律的根本要求。目前，桂西资源富集区在文化发展方面还没有形成区域合作的关系，各个县市、各个景点单打独斗，各自为政居多，显得力不从心或发展不快。当今的社会，最小开发的"网络"是区域经济网、区域交通网、区域文化网、区域生态旅游网等，属于区域网的较多。只有在搞好这些"区域网"的基础上，才能做大做强整个国家、整个社会的"大网"。2009 年国务院下发的《关于进一步促进广西经济社会发展的若干意见》中有明确提出要"增强资源富集的桂西地区自我发展能力"，并对桂西资源富集区河池、百色、崇左三市的经济发展策略提出了宏观指导；经过多年的考察分析，国家和广西地方政府对桂西区域独特的人口结构、自然环境、产业结构等方面进行重新开发和规划，于 2012 年 2 月，国务院正式批复《西部大开发"十二五"规划》，明确提出支持包括广西桂系资源富集区在内的全国 8 个资源富集区集约发展等决定，并作出相关的部署或指导。广西的"十二五"规划对推动广西资源富集区经济社会全面发展做出了具体部署，并于 2012 年 9 月专门颁布《桂西资源富集区发展规划》等指导性规划。按这一规划广西资源富集区将形成"三核四带七组团"的开发格局。其中"三核"是河池、百色、崇左三个城市为中心；"四带"是指黔桂走廊（河池）经济带右江河谷和南崇经济带、沿边经济带；"七组团"是指重点布局建设铝产业、锰产业、有色金属产业、糖桑蚕茧丝绸产业、红色旅游产业、养生长寿健康产业等七大特色功能组团。在此基础上，广西又更加明确地提出了桂西资源富集区建设"五地一区"的产业规划目标，其中把文化产业放在重要的地位。"五地一区"是指建设资源深加工基地、特色农林产品基地、养生长寿健康基地、区域性物流基地、国际旅游目的地、民族文化产业集聚区。然而，要充分发挥资源富集区丰富多彩的民族文化资源优势，把诸如河地长寿文化产业培育成为支柱产业，那么加强区域合作是关键之一，只有不断地加强合作，才能不断地整合乡村的各类文化资源，才能形成强大的文化力量，为实现文化规模化、文化产业化提供源源不断的资源或动力。

二、创新社区参与机制

所谓社区参与机制，其实质是社区居民在经济、社会、文化、生态等方面的开发决策与执行过程中，其意见需要和诉求能够得以充分表达的渠道或平台。社区参与文化产业开发或旅游业开发，是走可持续发展道路的根本要求。因为文化交易市场或文化消费行为主要发生在乡村社区范围。主要经营者、文化资源的主要拥有者或持有者是广大社区居民，因此最有发言权的是社区居民。同时，创建社区参与机制，法律法规是赋予社会弱势群体权利得以实现的一种途径。社区参与具有三方面的功能：一是对文化遗产起到有效的保护和传承；二是可以缓和矛盾，保证社区安全；三是提高乡村社区综合治理能力，促进利益的合理分配，增强社区文化自觉，提高文化自信，实现乡村文化资源合理有序开发。那么，如何才能做到创新社区参与机制呢？我们认为，首先，在政府的主导下，建立各种乡村文化合作发展机制。可以以村组织为单位或行业为单位建立各种组织，制定共同协商管理、统一经营、利益共享、风险共担的各种制度。其次，创建农企合作机制。以合同契约形式，农户按合同要求提供企业所需的文化产品，以获得计件或计时工资收入的组织形式。再次，创设公司的文化发展机制。鼓励各乡村或县域联动起来成立文化产业公司，建立农民工资、红利、返利、保险、退休等各种公共福利制度。第四，集中资金政策投入。切实鼓励社区加入农村文化产业园区开发机制，特别是那些具有资源优势，品牌优势，规模优势的社区，只要他们积极参与，就可以为顺利地发展文化精品工程提供保障。最后要建立社区参与集团开发的相关机制，实现乡村文化产业开发的保护性工程。努力开拓市场，为各类文化产业资源创造高层次、全方位的经营平台。

总之，广西桂林资源富集区乡村文化产业开发离不开社区参与，没有社区参与或没有创新社区参与机制，乡村文化产业就失去了灵魂或内在动力。因为许多乡村文化产业市场不仅占用当地居民的生存空间，而且还要借助其传统技艺、生活场景、生产技能等方面发展起来，如那坡黑衣壮景区、南丹白裤瑶生态博物馆、巴马长寿村的长寿文化、宜州刘三姐家乡的刘三姐文化、靖西的旧州绣球街、田阳的敢壮山布洛陀文化等，没有当地居民的参与，发展乡村文化产业将无从谈起。实践证明，凡是有社区参与的乡村文化产业或乡村景点，就能顺利地发展起来，否则，乡村文化只能成为个别旅游公司借以牟利的工具，社区居民被排斥在外，失去了参与权和应得利益，最后酿成了矛盾冲突，从而失去了乡村文化发展的真正意义和作用。正如毛主席说的："凡是需要群众参加的工作，如果没有群众的自觉和自愿，就会流于徒有形式而失败。"①

三、创设都市文化产业带动乡村文化产业的机制

以都市文化产业带动乡村文化产业是中国乡村文化产业发展的必然趋势。2012 年 10 月广西壮族自治区人民政府通过的《桂西资源富集区发展规划》中明确提出，加快形成河池、百色、崇左三个中心城市，黔桂走廊、右江河谷和南崇经济带、沿边经济带四条特色经济带，铝、锰、糖、有色金属、蚕桑茧丝绸、红色旅游、养生长寿健康七大产业组团的"三核四带七组团"空间开发格局。同时建成"五地一区"的现代产业体系，即资源深加工基地、特色农林产品基地、养生长寿健康基地、区域性物流基地、国际旅游基地、民族文化产业集聚区。而民族文化产业集聚区是指充分发挥广西桂西资源富集区丰富多彩的民族文化资源优势，把民族文化产业培育成为支柱产业。按照这些规划或要实现这些目标要求，创设以都市文化产业带动乡村文化产业的机制是其中的主要议题之一。首先，以政府为主导，鼓励城市资本进入农村，创设文化产业园区和基地，为社区参与文化产业开发提供便利。其次，允许城市大型文化公司或集团兼并乡村文化产业实体，或实行"企业＋社区＋农户"经营模式，推动乡村文化产业规模化、产业化发展。再次，授权那些实力较强的公司或集团整体开发某一县（区）域或乡镇范围内的文化产业，打造乡村文化品牌系列工程，形成文化产业集

---

①　毛泽东．毛泽东选集（第三卷）[M]．北京：人民出版社，1992：
1012.

团。总之，创设以都市文化产业带动乡村文化文化产业机制，是实施文化"走出去"远大工程项目的根本要求。政府都应该发挥主导作用或中介作用，既积极引介城市资本投入到农村，又保障社区参与开发的合法权益不受侵害，以致实现城乡平衡发展、和谐发展。

四、加大政策扶持力度

发展乡村文化产业，是优化乡村经济产业结构，实现经济转型、上档升级的关键环节，是实现乡风文明的重要措施，也是农业增收的一大亮点，即解决"三农"问题的重要实现途径。因此，要发展桂西资源富集区乡村文化产业，使之形成规模化、产业化，那么，作为政府理应做到三个方面政策支持。一是金融优惠政策支持，健全金融支撑体系，通过国际贷款、政府贷款、外商投资、项目融资和创建乡村文化产业基金融资等渠道，积极开发重点文化品牌，传承和保护文化遗产资源；二是财政优惠政策支持，完善财政支撑系统，加大财政投入，完善乡村公共文化服务体系基础设施建设，加强乡村文化资源的保护，构建良好的文化投资、融资环境；三是税费优惠政策的支持，完善税收制度，提高税费征收起点，对于特定的文化生产性保护项目，不但实施减免税收政策，而且可以适当补助或给予一定奖励。

五、优化乡村文化产业消费环境

当前在全国范围内都普遍存在"黄、赌、毒"等丑恶现象，文化消费环境还是不容乐观，诸如"黑店""黑车""黑客""黑货"等不文明的经营者时常出现以假乱真，以次充好的欺诈行为，甚至在一些比较大的景区还发生各种严重的违法犯罪行为。这些不文明或违法犯罪行为给景区的声誉和经营造成了不同程度的创伤。因此，处在文化发展初期的广西桂西资源富集区，理应从初期抓起，从源头抓起，不断营造良好的文化消费环境。在发展乡村文化产业的过程中，要始终把营造良好的文化消费环境当作发展文化产业的一个不可或缺的重要环节，特别是要积极培育和践行"公正、法治、诚信、友善"等社会主义核心价值观。对坑害消费者权益诸如敲诈、打劫、伤害等暴力型的违法犯罪行为，必须给予重拳打击，决不姑息。政府主管部门要切实抓好文化市场的规范和监管建设工作，尤其是行业进入标准和经营规范。建立行业信息数据库，各类文化产品信息数据库。热情地为外来消费者提供相关的信息材料或其他服务项目。倡导行业自治组织，定期开展群众性评优定级活动，鼓励各行各业积极开展"创先争优"活动，以达到共同维护乡村文化产业的淳朴、祥和的环境的目的。比如，2011 年百色市狠抓文化市场监管，促进文化市场健康发展，加强对网吧、电玩、KTV 实施全方位的监管。全市共检查印刷、复制企业 880 家（次），个体书店（摊）3621 家（次），学校 40 所，网吧 11722 家（次），电玩 2219 家（次），KTV 4815 家（次），音像店 3164 家（次），对违规经营单位进行处罚和整顿，全年立案 71 件，处罚金额 136200 元，警告 105 次。从而使全市文化市场向规范化、合理化发展。

第八章 广西桂西资源富集区乡村 文化的现代构建

党的十八大提出了"三个倡导"的社会主义核心价值观，并强调"要扎实推进社会主义文化强国建设"，推动文化大发展大繁荣，即以社会主义先进文化为导向，构建富强、民主、文明、公正、和谐的大中国，这是中国特色社会主义道路、理论、制度"三个自信""三个创新"根本所在。构建和谐社会，既是弘扬中华民族优秀文化传统的根本要求，又是顺应时代发展的根本需要，也符合全中国人民的共同心愿。对广西桂西资源富集区来说，积极培育和践行"三个倡导"的社会主义核心价值观，以和谐文化建设促进民族乡村社会的和谐与稳定，将成为实现各民族共同团结奋斗、共同繁荣发展的新理念和新举措。

第一节 桂西资源富集区乡村存在的不和谐问题

一、对近年涉农群体性事件频发的反思

群体性事件发生的多少可以直接反映社会和谐程度的高低。前几年，广西群体性事件主要表现在：土地、山林、水利等"三大纠纷"。近几年，各种案件都有发生，特别是群体性事件比较多。据有关调查数据显示，2009 年全区共排查出矛盾纠纷 14746 件、化解 8754 件，化解率达 59.37%；有效预防集体上访 1458 起、群体性事件 1086 起。全区县级以上党政信访部门受理群众来信比上

年下降 0.93%，来访案次和人次比上年分别下降 21.06% 和 7.40%。重信件数和重访人数分别下降了 21.42% 和 9.52%。此外，从群体性事件的发生起数和参与人数上看也呈下降趋势。然而，随着城镇化建设的步伐不断加快，社会利益格局或利益集团之间的各种矛盾或纠纷不断激化。目前，广西全区由原来主要是因"三大纠纷"引起的群体性事件，扩展到现在主要是因土地征用、拆迁安置补偿、环境污染、教育、医疗卫生、交通、拖欠农民工工资、地方政府腐败或不作为等不确定因素引起的群体性事件时有发生。《2010 年广西社会发展蓝皮书》中指出，2009 年全区群体性事件有所增长，非法集会、非法游行、聚众围堵冲击等行为过激群体性事件明显增多，有的呈倍数上升。2009 年 1—9 月，全区公立刑事案件 149221 起，同比上涨 83.9%，其中放火案涨 12.5%、爆炸案涨 25%、伤害案涨 31.7%、强奸案涨 9.7%、绑架案涨 88.9%、涉枪案涨 17.1%、抢劫案涨 70.1%。①

广西桂西资源富集区也不例外，群体性事件同样是频频发生，其现状也是不容乐观。2002 年河池市共发生群体性事件 60 起、群众纠纷 7002 起，其中比较大的群体性事件 2 起。9 月 12 日，因宜州市当地政府和糖厂联合坑害蔗农百姓，引发了 3000 多人直接参与冲击市政府的群体性事件，当天围观者达 20000 多人，还有到铁路上去静坐铁轨的达 600 多人，造成铁路连续中断 8 个小时，17 列客车、货车被堵塞，轰动了整个广西乃至全国。同年 10 月广西（环江）红茂矿务局下岗职工因不满政府的安置政策，有 1000 多人参加游行、到政府去静坐，并准备采取拦截列车等行为。据不完全统计，2002—2005 年仅河池市就一共发生群体性事件接近 400 起，发生群众纠纷达 40374 起。（详见图表）

---

① 董建，郭媛媛.广西群体性突发事件防治研究［J］.柳州职业技术学院学报，2012（2）：7.

表 8-1　**2002—2005 年河池市群体性事件、群众纠纷数据表**

年　份	群体性事件	群众纠纷	备　注
2002	60	7002	发生在宜州、环江 2 起大案，直接参与人 1000—3000 以上
2003	78	12214	发生在东兰县武篆镇 1 起大案
2004	160	10918	直接参与达 100 人以上共 28 起
2005	96	10240	罗城县 1 起两屯村民械斗案
2006 第一季度	19	2433	直接参与 10—99 人

　　资料来源：罗昌勤的《偏远贫困地区群体性事件治理对策研究——以广西河池地区农村为例》，中山大学硕士学位论文，2007：13~14.

　　2007 年以后，由于各级党委政府积极响应党中央关于做好维稳工作的号召，一方面，加大对社会矛盾纠纷的排查工作，加强学习和掌握正确处置突发事件的基本知识和技能，积极深入群众，并及时正确处理好人民内部的矛盾；一方面，发动群众积极开展"爱国·迎奥运"以及其他法律法规、政策等方面的宣传教育活动，提高了广大百姓思想认识，激发全民积极投入生产生活或工作学习之中，使群体性事件明显下降。2008 年河池市成功处置了罗城群体性械斗事件：2008 年 2 月 18 日，罗城县小长安镇街区居民与邻近李村村民因埋葬已故老人周某而发生矛盾，引发 500 余名群众参与群体性械斗事件，造成 1 人死亡，9 人受伤的严重后果。当地政府官员和及时调集的 80 多位到场武警官兵，坚持按照"不伤人、不流血、不扩大矛盾"的原则进行共同处置，连续奋战了几天，才圆满平息了这场事件。2009 年河池市成功处置了岩滩库区移民群体性事件：2009 年 10 月 12 日，岩滩库区移民因移民安置生活补偿问题，引起了 700 多位移民村民分乘 20 多艘船到达岩滩镇上岸，进至岩滩大桥、公路转盘处聚集静坐，拉横幅、敲锣打鼓、放高音喇叭、高喊口号，设置路障，堵塞交通。经当地政府官员和调集的武警官兵来共同处置后，才成功解决了这场事件。2009年崇左市依法妥善处置群体性事件：在扶绥县中东镇丰坡村那楼屯与南宁市西乡塘区坛洛镇合志村楞福屯交界处有一片面积约10多公顷，名叫"槽楼"的土地。2009年2月10日上午和11日上午，楞福屯有部分群众手持木棍、镰刀、石灰粉来到"槽楼"，对那楼屯经营的地面上的甘蔗、瓜苗等农作物进行破坏，毁坏农作物约1公顷，损失价值约3000元；并用石灰粉撒上一条白线，标明该地带的权属界线。两屯村民正在对峙的关键时候，当地党委政府接到报案后马上赶往现场，及时做好双方村民的思想政治及相关法律讲解宣传工作，使一场群体性事件得到有效控制，避免了进一步恶化。2010年7月11日，百色市靖西发生了"7.11"群体性事件，影响了整个靖西县，惊动了百色市委市政府，后得到妥善解决。

根据近年所发生案件来看，可以说明几个问题：一是土地、山林、水利"三大"纠纷导致的群体性事件依然存在；二是环境污染和土地强征引发的群体性事件较为严重。主要是企业过度开发导致环境污染，使当地百姓的生产生活及人身生命健康遭受严重影响，加上土地补偿不合理，百姓多次反映得不到解决，长期积怨无法发泄；三是党委政府及时处置有方；四是社会上存在不稳定的因素较多，需要各级领导经常深入基层、深入乡村进行调研或解决实际问题。

群体性事件是社会不和谐的极端表现，尤其是那些打、砸、抢、烧等暴力行为的群体性事件，一般都是"两车相撞各有损伤"。其负面影响在于：一是使党和政府在人民群众中的形象大打折扣；二是耗费大量的人力、物力、财力，甚至造成人员伤亡；三是部分人有可能因一时冲动或过激行为导致终身遗憾；四是事后"伤口"难以愈合或需要好长时间的善后工作。因此，构建和谐乡村，理应把重点放在如何化解社会矛盾，铲除社会矛盾或纠纷存在的根源上，而不应只是停留在如何预案和快速有效处置方面，因为强制处置仅仅属于"治标不治本"的范畴。于此，培养社会主义核心价值观，弘扬优秀传统的乡村文化，"以文化人"就成为化解社会矛盾的关键环节之一。

二、主要存在的不和谐问题及其分析

(一)"三农"问题是最大的软肋

广西桂西资源富集区河池、百色、崇左三市都是山区农业城市,或者更确切地说,广西桂西资源富集区目前还是大农村,由于自然地理和历史的复杂性,造成了"三农"问题的复杂性。例如:区域农业可持续发展能力较低,当地农民增收欠稳定、缺乏长效机制,城乡居民收入水平差距较大,桂西资源富集区城镇化率严重低于全国、全区平均水平(见表8-2)。据统计,2011年全国城镇化率为51.2%,广西为42.0%,落后全国近10个百分点;广西14个地级市,百色市城镇化率位于倒数第二位,落后全国平均水平近20个百分点。2012年百色的城镇化率也仅为36.4%,差距相当大。2012年底,在中国286个地级及以上城市的城镇化质量评比中,河池市城镇化质量排在全国城镇质量的倒数第五位。区域差距、城乡差距较大等问题对农村社会的和谐稳定与发展造成了严重的影响。

表8-2 近年全国、广西区及桂西资源富集区
三市农村发展比较

项目 年份	农民人均纯收入(元)					城镇居民人均收入(元)					城镇化率(%)				
	全国	广西	河池	百色	崇左	全国	广西	河池	百色	崇左	全国	广西	河池	百色	崇左
2005	3255	2490	1912	1783	2298	10493	8900	7170	8077	7102	43	33	23.15	25.5	25.6
2008	4761	3690	2944	2820	3754	15781	14146	12042	13169	12732	45.7	38.16	31.57	31	31.5
2012	7917	6008	4620	4774	6263	24565	21243	17964	19561	19370	52.57	43.53	36.5	37.5	33
2013	8896	6791	5198	5418	7077	29547	23305	19653	21517	21289	53.73	44.82	37	39.5	34.4

资料来源:根据全国、广西壮族自治区历年统计公报及河池、百色、崇左三市历年的政府工作报告。

(二) 农村贫困面大且自然环境压力大

广西桂西资源富集区属典型的老、少、边、山、穷、库六位一体特殊区域，2012 年国务院最新公布国家级贫困县中广西有 28 个，其中广西桂西资源富集区有 21 个。百色市辖区 12 个县（区）全部纳入国家"滇桂黔石漠化片区区域发展与扶贫攻坚规划"，其中田阳县和右江区属自治区扶贫开发工作重点县，其余 9 个县属国家扶贫开发工作重点县。2012 年底，百色市农民贫困人口达 169.5 万人，占总人口的 41.5%；涉及水库移民人口多达 40 万人，其中属大中型水库移民后期扶持人口近 14 万人，在这些移民当中，虽然国家落实了每人每年 600 元补助金，但有相当多人无田无地，生活不稳定。加上近年来，随着城镇的拓展和工业用地量的增加，失地农民逐年增多，无地、无业、无收入的"三无"人员已成为一个不可忽视的新贫困群体。河池市辖区 11 个县（市、区）有 10 个被纳入国家"滇桂黔石漠化片区区域发展与扶贫攻坚规划"，其中金城江区和宜州市属自治区扶贫开发工作重点县（市），除南丹、天峨两个县以外余下的 7 个县均属国家扶贫开发工作重点县。2012 年底，河池市贫困人口达 162 万，有 1133 个贫困村，其中有 436 个重点贫困村。崇左市有 4 个县被列入国家级"滇桂黔石漠化片区区域发展与扶贫攻坚规划"，其中龙州、天等两县为重点贫困县。2012 年底，崇左市还有 58.19 万贫困人口。在新一轮扶贫开发中，广西桂西资源富集区虽然被纳入全国扶贫攻坚主战场之一，但由于贫困地区山高、地少、边远，又多属于少数民族聚集区，农业生产条件极差，农民创收渠道少，农民收入低，单靠政府有限的扶贫资金，短期内很难大面积改善农民的生产生活条件，也很难让这么多的贫困农民富起来。

(三) 农民群体倍增困难

广西桂西资源富集区要在 2020 年实现城乡居民收入倍增，并与全国全区同步全面建成小康社会，难点在农村，在县域经济，其中，实现农民群体倍增计划是当前工作的最大难点和重点。主要表现在：一是农民工资性收入增长难度大。"十一五"期间，工资性收入对农民收入的贡献率仅仅在 35%左右，随着农民工的就业难问题越来越突出，工资性增收将更加困难。目前，大量的农村劳动力文化或技能素质不高，难以融入高层次产业，工资待遇难以提升。二是农民经营性收入增长不稳定。农业发展在市场经济中长期处于不利地位，以致从事农业为主体的家庭经营性收入增收贡献份额呈逐年下降趋势。尤其是，农资价格年年攀升，影响了农民增收的实际结果。三是农民财产性收入水平低。农民财产性收入主要源于土地租赁，金融资产则主要是银行定活期存款。近两年，广西桂西资源富集区农民人均财产性收入在 19 元左右，占农民人均纯收入的 0.4%左右。四是农民转移性收入所占份额小。近年来，广西桂西资源富集区实施一系列强农惠农政策，直接增加了农民的转移性收入。随着这些政策的陆续实施，政策性增收的空间将越来越小，农民增收将不再显著。

（四）外部经济环境的不利影响

居民收入增长受经济发展、制度政策、市场机制等诸多因素制约，从当前经济环境和分配体制层面上来看，影响收入增长的不利因素比较多。主要表现在：一是宏观经济运行出现下行风险。当前，世界经济衰退风险并未能消除，国内经济依然处于弱势复苏状态，且长期面临稳增长、抑通胀的艰巨任务，经济出现速度和效益双下行问题。广西桂西资源富集区推动经济转型升级上档，将受到资金和市场两方面的制约。二是收入分配关系尚未得到有效调整。广西桂西资源富集区城镇居民收入实际增幅低于 GDP 增速，更远远低于财政收入增长速度，是多年来存在的现象。在国民收入分配格局中，政府和企业收入份额逐步加大，劳动报酬比重趋于下降。此外，城乡间、行业间、不同社会阶层之间利益分配不公以及再分配领域中社会保障和税收有失公平问题也较突出。三是通胀压力增大减少居民收入。虽然农民收入逐年增加，但始终与物价上涨不协调。如果实施居民收入倍增计划，不考虑通货膨胀因素的"倍增"，将大大减少人民群众从中得到的实惠。四是城乡居民收入增速基数较高。按照官方公布的目标数据，广西桂西资源富集区城镇居民人均可支配收入比全国年均增速高 2—3 个百分点，比广西区高 1 个百分点；农民人均纯收入比全国年均增速高 6—8 个百分点，比广西区高 3—4 个百分点。从河池、百色、崇左三市共 30 个县（市、区）的情况看，各县基数不一，特别是少数民族山区县增长难度更大。

（五）农村社会事业滞后

一是社会事业发展速度落后于经济发展速度；二是社会公共服务资源在城乡之间的分配比例与城乡人口比例呈倒置状态，尤其是城市拥有丰富而优质的教育、卫生、文化资源，而人口众多的广大农村拥有的教育资源则少得可怜，公共服务体系基础设施十分有限。长期以来，农村社会保障体系缺失，近年来，政府投入大量资金，在农村中小学全面实行"两免一补"的政策，基本上解决了"上学难、上学贵"的问题，但"学前儿童入园难"的新问题又开始出现；在广大农村地区初步建立了新型合作医疗、养老、最低生活保障等社会保障体系，但其制度设计中还存着明显的城乡二元格局，以致农村的社会保障体系远远跟不本上城镇的保障体系。

（六）城乡发展差距大

广西桂西资源富集区发展不平衡状况是全国民族地区区域发展不平衡的一个缩影。既有区域发展不平衡的现象，又有城乡发展差距大的现象，尤其是贫困山区县（市）与全区平均水平差距巨大，和其他经济开发区相比差距更大。（详见图 8-1）

可见，广西桂西资源富集区河池、百色、崇左三市的城镇居民可支配收入和农村居民人均纯收入两项均分别排名全区倒数第一、二、四位。从增速看，近年来广西桂西资源富集区河池、百色、崇左三市的城镇居民可支配收入与其他各市大致相同，与我国西部地区相比，广西桂西资源富集区三市的城乡居民收入的绝对值均处于中上水平。但民意调查表明，河池、百色、崇左三市的大部分老百姓感觉自己的生活质量与官方公布的收入水平不大相符，究其原因：一是物价长期居高不下是影响城乡居民实际收入的突出因素；二是与 GDP 增长相比，城镇在岗职工工资增长相对不足；三是产业结构单一，第三产业发展滞后是影响职工收入的重要原因；四是收入结构不合理是影响居民收入的重要因素；五是农村贫困面积广泛、贫困人口众多是影响居民收入重要因素。

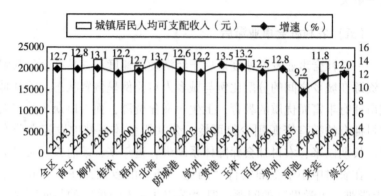

图 8-1　2012 年广西各市城镇居民可支配收入及增速

（图片来源：作者——龙泳合写的《百色市城乡居民收入倍增计划的重点与难点问题研究》，广西扶贫信息网，审核：百色市政府发展研究中心）

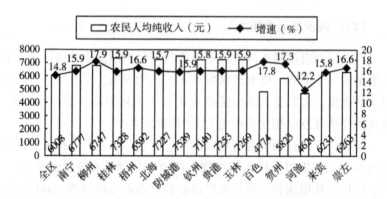

图 8-2　2012 年广西各市农民人均纯收入及增速

（图片来源：作者——龙泳合写的《百色市城乡居民收入倍增计划的重点与难点问题研究》，广西扶贫信息网，审核：百色市政府发展研究中心）

第二节 以社会主义核心价值观引领乡村文化现代构建

一、桂西资源富集区乡村文化现代构建的有利条件

（一）桂西资源富集区有丰富的乡村文化资源

桂西资源富集区少数民族文化中蕴含着极为丰富的和谐文化特质，是构建现代和谐乡村社会的宝贵文化资源。一是开放包容的文化特性。广西桂西资源富集区历来都是多个少数民族杂混聚集居住区，各民族团结互助，睦邻相处，不排、不敌外族人或外来人，崇尚诚信友善，注重礼尚往来或人情交往；崇拜多种宗教或鬼神，注重培养人的淳朴、善良、正直、自觉遵纪守法、民族和谐相处以及表里如一的性格，因此，世居在本区域的各少数民族形成了一个共同的文化特征——开放包容性。二是朴素的"乡土性共识"。在广西桂西资源富集区境内，各少数民族在生产生活中普遍表现出浓厚的"乡土性共识"或"乡土逻辑"，其突出特点是中庸、平和、不出头，是一种实用理性的态度，不认死理、不走极端、不钻牛角尖，人云亦云，大家都这样做，自己就这么做了。当前，在中国一些农村，村庄信息仍然不对称，但地方性共识却已经瓦解或陷入变动中，新的共识尚未定型，乡土逻辑也在蜕变。熟人社会的含义已有变化。在缺少公认规范，离开乡土逻辑的情况下，信息不对称的熟人社会，每个人都算计他人，结果是人人利益受损，社会基本秩序无法维系。然而，在广西桂西资源富集区的乡村文化中仍然保留着许多"乡土逻辑"或"礼俗社会"的味道。正如马克思在《路易·波拿巴的雾月十八日》中说："一切已死的先辈们的传统，像梦魔一样纠缠着活人的头脑。"三是崇尚天人合一。广西桂西资源富集区少数民族文化具有崇尚天人合一的特性，不管是在农业生产方面，还是在人居环境方面，或者是在饮食、服饰及其他生活习惯

等方面，都追求和自然环境相适应，不违农时、顺应季节，崇拜大山、大树、森林、江河、泉眼等传统的文化意识，在现代科学技术的影响下，也逐步树立起了环境保护与生态农业的理念。这些优秀传统文化因素，为我们建设社会主义和谐文化和构建和谐农村提供了独特而丰富的文化资源，在实践中，只要与时俱进地不断丰富和发展新的文化内容，不断地进行方式方法、途径的创新，把礼俗社会的情、义、礼、德等和谐因素与现代社会的道德、法治有机结合起来，即积极培育和践行"三个倡导"的社会主义核心价值观，以致实现"内化于心，外化于行"的最终目的。

（二）桂西资源富集区城市有独特而多元的文化资源

首先，广西桂西资源富集区城市的民族文化特色明显。广西桂西资源富集区是广西各少数民族主要聚集区，区域内的城市是各少数民族文化传统聚集与展示的集中空间。各民族的衣、食、住、行等方面，都带有本民族浓厚的民族文化特色，不同的文化特色又有相互对应的认同人群，文化的多样性远比中国东部城市突出。其次，广西桂西资源富集区城市的生活品质相对较高。虽然广西桂西资源富集区城市的物质现代化指标不高，但良好的城市自然生态、相对宽缓的生活与工作节奏、丰富的文化传统以及稳定的价值传承，使生活在本区域内的城市居民具有较高的幸福度，可谓是"较低物质水平、较高生活品质"模式的城市。这些独特的和谐城市文化，对推动和谐乡村文化的发展具有十分重要的意义。

（三）区域经济迅速发展

发展既是社会不和谐因素产生的主要根源，又是解决社会不和谐问题的根本途径。区域经济快速发展，为社会发展奠定了雄厚的物质基础，又为地方政府实现社会服务和完善社会保障体系提供了现实的条件。科学发展是执政兴国的第一要义，是建设和谐社会与和谐农村的首要任务。经济快速发展以后，社会财富不断增多，这样就可以从调整利益格局出发，注重调整经济发展的增量的分配比例，把新增的财力用于贫困山区农村的开发扶贫，用于和谐社会建设的相关投资，作为推动乡村文化大发展大繁荣所必需的物质基础。如果没有经济的快速发展，没有丰富的物质文化做基础，要发展和谐社会所需要的精神文化，或要实现美好的理想和计划，那只能是"巧妇难为无米之炊"。近两年来，广西桂西资源富集区的经济发展速度大幅度提升，如崇左市的经济增速接近了同期全国平均水平，成为广西经济发展的后起之秀。2008年，《广西北部湾经济发展规划》确定，2012年，《桂西资源富集区发展规划》通过，明确提出了桂西资源富集区建设"五地一区"的产业规划目标，并把文化产业放在重要的地位；加快形成河池、百色、崇左三个中心城市的"三核四带七组团"空间发展格局。于是，广西桂西资源富集区被推到区域发展的前台，伴随国家大西南发展战略的推进，桂西资源富集区在国际化、国家化和全（广西）区化的格局中开始脱颖而出，并逐步展现其巨大的发展潜力。（参见表8-3和表8-4。）

（四）现代体制机制的优势

广西桂西资源富集区社会经济文化的发展，取决于国家优惠政策的扶持或导向，取决于地方政府的体制机制的创新。2006年，在以人为本的科学发展观的指导下，国家发布《广西北部湾经济区发展规划》，既凸显了我国区域经济发展的"民生本位"，又凸显了我国区域经济发展的"结构创新"。广西作为中国大西南出海口的区位优势不断升级，伴随着桂西资源富集区的区位优势也逐步明显，尤其是桂西地区的自然生态和民族文化资源开始得到重视。2009年12月，国务院批复的《国务院关于进一步促进广西经济社会发展的若干意见》，把广西划分为"两带一区"：北部湾经济区、西江经济带和桂西资源富集区。广西桂西资源富集区正式成为国家政策框架内的扶持区域之一，2011年，广西区政府通过《广西壮族自治区国民经济和社会发展"十一五"规划纲要》和广西区第十次党代会，明确指出了建设广西桂西资源富集区的意义、作用和战略部署。2012年9月，《桂西资源富集区发展规划》等指导性规划出台，标志着广西"两带一区"的区域发展格局初步成型。按照这一规划广西桂西资源富集区在"文化强国""文化强区"的精

表 8-3　　2008—2013 年桂西资源富集区河池、百色、崇左
3 市的地区生产总值及增长速度（单位：亿元/%）

年份/地区	广西		河池		百色		崇左	
	总值	增速	总值	增速	总值	增速	总值	增速
2008 年	7021.00	12.8	367.31	13.01	416.53	13.4	272.98	11.8
2009 年	7759.16	13.9	382.77	8.18	452.86	14.8	304.36	12.6
2010 年	9569.85	14.2	468.74	12.53	573.99	15.0	392.37	13.1
2011 年	11720.87	12.3	511.69	4.09	664.10	7.7	491.85	10.5
2012 年	13035.10	11.3	492.71	-0.66	746.22	8.9	530.75	11.8
2013 年	14378.00	10.2	528.62	6.06	828.00	9.0	584.63	10.2

　　资料来源:《2013 年广西壮族自治区国民经济和社会发展统计公报》及2012、2013 年河池市、百色市、崇左市的《国民经济和社会发展统计公报》等。

表 8-4　　2014 年 1—5 月广西各个经济区域主要指标数据

地　　区	公共财政预算收入		规模以上工业增加值
	1—5 月累计总量（亿元）	1—5 月累计同比增长（%）	1—5 月累计同比增长（%）
北部湾经济区（南宁、北海、钦州、防城港四市合计）	156.95	14.5	18.0
北部湾经济区六市（南宁、北海、钦州、防城港、玉林、崇左六市合计）	213.67	14.2	16.0
桂西资源富集区（河池、百色、崇左三市合计）	54.31	2.0	12.0
西江经济带（梧州、玉林、贵港、贺州、柳州、来宾、桂林七市合计）	206.24	10.0	14.2
西江黄金水道沿江七市（南宁、贵港、梧州、百色、来宾、柳州、崇左七市合计）	261.02	10.2	13.4

地　　区	进出口		出口	
	1—5月累计总量（亿美元）	1—5月累计同比增长（％）	1—5月累计总量（亿美元）	1—5月累计同比增长（％）
北部湾经济区（南宁、北海、钦州、防城港四市合计）	73.47	37.9	27.57	37.8
北部湾经济区六市（南宁、北海、钦州、防城港、玉林、崇左六市合计）	129.18	47.5	79.97	53.3
桂西资源富集区（河池、百色、崇左三市合计）	58.62	58.7	53.41	63.5
西江经济带（梧州、玉林、贵港、贺州、柳州、来宾、桂林七市合计）	23.54	-7.6	10.78	-0.6
西江黄金水道沿江七市（南宁、贵港、梧州、百色、来宾、柳州、崇左七市合计）	93.94	34.3	70.33	47.7

资料来源：广西壮族自治区统计局网站，http：//www.gxtj.gov.cn/tjsj/jdsj/qqydsj/2014_qqydjs/5y_2014_qqydsj/201407/t20140704_44974.html.

神指导下，开始实施"五地一区"的产业规划目标和"三核四带七组团"空间发展格局，体现了广西从实际出发，立足实践，大胆创新，率先突破重点领域和关键环节，破除顽固的城乡二元结构，为实现城乡一体化发展格局进行不懈探索的精神，对全面推进各个领域的体制改革，尽快形成统筹城乡发展的体制机制，推动民族地区科学发展、和谐发展、跨越发展发挥示范和带动作用。

二、"三个倡导"对乡村文化现代构建的引领作用

（一）"三个倡导"具有极强的认同功能

"三个倡导"是和谐文化的根本，具有很强的价值导向和行动

导向。"三个倡导"包含有三个层次的内涵：一是集中体现了国家意志或要求，即全体人民的共同价值理想；二是体现了整个社会秩序的根本要求，即人们对现实社会的价值诉求和期待；三是体现了社会成员的道德基本要求，即社会成员理应遵循的道德行为规范。这三个层面价值相辅相成、密切相连，形成一个整体。"三个倡导"是马克思主义指导下的中国特色社会主义的伟大目标，具体说，就是实现"两个一百年"的目标，进而实现中华民族伟大复兴中国梦，这是全中国人民的共同理想，具有鲜明的质的规定性；反映了很强的民族性、时代性、政治性和道德性，是人类文明的结晶，是社会主义和谐文化的根本，也是中国特色社会主义理论的精华部分。同时，"三个倡导"凝炼着我国各个层面的价值共识。三层面的有机统一，是社会主义核心价值观的特色和优势，也是中国和谐的先进文化之所以区别于西方文化的根本所在。尤其是这些文化与中国农民生来就有的淳朴、关爱、互助、诚实、友善等许多优秀品质是相通的，成为建立这个价值观体系中个人层面的价值基础。因此，"三个倡导"对建立起集中体现广大农村、农民的文明程度和文明进步的农民群众共同的道德价值观，具有强大的导向功能。

（二）"三个倡导"对农民道德具有规范作用

实现和谐幸福的乡村社会，在很大程度上还取决于农村全体社会成员的道德素质。目前，广西桂西资源富集区乡村社会道德存在一系列问题，在有的人心目中，为人民服务的核心道德观已经被淡化了，爱党、爱国、爱人民、爱集体、爱劳动、爱社会主义的意识被弱化了，社会公德出现了严重滑坡的现象；在有的人心目中，只想享受权利而不想履行应尽的义务，见利忘义的行为或现象逐步增多，甚至有的人对是非、美丑、善恶界限都分不清楚或产生了混淆；在有的人心目中，损人利己、金钱至上的思想比较严重，如部分农村出现生产和销售迷信用品的专业户，偷盗致富户，通过三陪和性服务致富等现象；更为严重的是，许多农村社会普遍存在黄、赌、毒等非法行为或现象，而且正在蔓延着。农村社会道德中存在的问题有全方位的性质，即从道德观念到道德行为，从经济领域到文化领域，社会道德问题都不同程度地存在着。① 正如袁祖社教授说："道德自我持续的任性放逐和自甘边缘化……其结果，使得原本为'德性之母'的'文化'本身亦难以逃脱逐渐被分化的命运，丧失了其本有、应有的整体性优良伦理的秩序功能。"②

构建和谐农村离不开道德建设。道德教育是维护乡村社会秩序、规范人们思想和行为的重要手段。农村群众的文化活动既是一种具有群众性、教育性、娱乐性、具体性等特性的活动，又是一种寓德于文、寓教于乐的传统德育教育的好形式，于理于情都符合人的内在发展需要，深受广大农民朋友的喜爱，因此，应该积极开展培育和践行社会主义核心价值观的主题活动，使农民群众自觉地规范自己的行为，从而形成良好的道德品质和文明风尚。

(三)"三个倡导"对农村社会心理危机具有缓和作用

改革开放以来，桂西资源富集区经济社会的发展取得了很大的成绩，但由于自然地理和历史的因素，目前还是属于特殊连片贫困地区之一，尤其是城乡差距大，看病难、上学难、打官司难、失去土地、环境污染等因素，致使农村社会矛盾不断激化、社会不安定或不和谐的因素不断增多，甚至出现社会心理危机。开展和谐文化建设就是积极培育和践行社会主义核心价值观，特别是积极培育和践行以"自由、平等、公正、法治"为主要内容的社会主义核心价值观，可以协调社会系统运行的效率与公平，逐步拉近城乡之间、区域之间的贫富差距，缓解贫困地区社会成员因长期处于相对贫困状态而有可能产生的被剥夺感和边缘化问题，从而缓和社会心理危机。同时，和谐文化是一种"社会黏合剂"，可以把不同的人

---

① 方亮. 新农村文化建设与管理 [M]. 北京：中国社会出版社，2011：79.

② 袁祖社. 文化的伦理本质与现代德性生活的价值真理——公共生活中"诚"与"真"品质的回归 [J]. 北京大学学报（哲学社会科学版），2011 (7)：37.

心或想法"黏合"起来，尤其是积极培育和践行社会主义核心价值观，可以使农村弱势群体能够享受到与社会普通成员相同的待遇或实惠，感受到党和政府的人文关怀或和谐文化的温暖，对化解社会矛盾及维护社会和谐稳定具有十分重要的作用。

（四）"三个倡导"对农村社会风气具有净化作用

先进文化是人类进步的阶梯；反之，低级落后的文化是人类灵魂的腐蚀剂，是社会发展的绊脚石。"三个倡导"的社会主义核心价值观是最先进、最集中的文化总结，也是社会主义和谐文化的根本，它可以净化人的心灵，促使人们奋发上进，为构建和谐农村提供强大的精神动力。目前，广西桂西资源富集区农村社会风气让人心寒，主要表现在：一是盛行赌博风。赌博种类繁多，至少有八九种，下注的赌金数额越来越大，参与赌博的人数不断增多，其中包括十一二岁的小孩、七八十岁的老人等男女老少都有参加。因赌博导致家庭不和、欠债、妻离子散等不和谐的现象不胜枚举，甚至是为偿还高利贷的赌债铤而走险的诸如偷盗、抢劫、杀人、放火等违法行为或现象，也在不断增多，给社会造成了极大危害。二是盛行迷信风。近年来，广西桂西资源富集区乡村文化建设相对落后，缺乏先进的文化导向，以致烧香拜佛、算命卜卦、求神弄鬼等各种封建迷信盛行，诸如不育不孕找巫婆，生男生女去占卦，投医无效或效果不佳去找巫师，信神不信医，老人过世找师公队来念经，买纸钱，扎香楼等，更为严重的是，有些学校或单位经常出现一些不愉快或不安全的事情，领导们并非把事情归因于管理不善，反而把事情归因于鬼神或风水，于是也采取请巫师来装神驱鬼或修改大门等许多劳民伤财的迷信行为。三是盛行攀比风。原来乡村社会那淳朴、无私、真诚的礼尚往来情谊开始变味了，时下在贫困乡村，越来越多的农民借婚丧嫁娶、生日、新房落成、店铺开张、子女入学等各种红白喜事的名义，大办酒席，大讲排场，互相攀比，花费数目惊人。四是盛行超生风。我国倡导一对夫妇生育一个孩子的计划生育政策，已经是家喻户晓的事，但是，近年来，因重男轻女的封建思想根深蒂固，一些农民借外出打工、经商、创业之名，不回家接受妇检，用假证件或用"游击战"等方法应付计生管理部门，在生育问题上直到生有男孩方才罢休；有些农民即使有了两个男孩又想生育第三胎要一个女孩。五是盛行私了风。当前在少数民族地区的乡村，触犯法律不进"公堂"，私下了结的事时常发生。如交通事故、医疗事故、农民工因工死伤事故、人身意外伤害事故等，许多农民不走正规渠道处理，多以经济赔偿为主要方式的私下谈判途径来结案。①

开展以"三个倡导"为主要内容的乡村文化建设，可以弘扬正气、凝聚人心，形成符合现代社会发展需要的公序良俗，换言之，可以在乡村社会成员中营造一种民主、文明、和谐、公正、法治、诚信、友善的现代公共性，"文化是一种道德教育学，它将会解放我们每个人身上潜在的理想或集体的自我，使得我们能够与政治公民的身份相称，这样的自我在国家的普遍范畴中得到最高表现"。② 我们进行乡村文化建设本质上是推动文化大发展大繁荣的过程，"在文化的发展中，伦理的进步是本质的和确定的进步，而物质的进步就不那么本质，并具有双重性"。③ 因此，积极培育和践行"三个倡导"社会主义核心价值观，对清除乡村不良的社会风气具有十分重要的意义。

先进文化是先进制度的根本和导向，"文化是制度之母"④。对待任何事物我们都要坚持唯物主义的观点，广西桂西资源富集区和谐乡村的构建同样存在优劣两个方面的问题：从宏观上看，区域差距、城乡差距过大是我国目前普遍存在的主要问题，因此，统筹城乡发展、破解城乡二元体制是构建和谐社会和建设农村和谐文化

---

① 方亮．新农村文化建设与管理［M］．北京：中国社会出版社，2011：81．

② 【英】特瑞·伊格尔顿．文化的观念［M］．方杰，译．南京：南京大学出版社，2006：7．

③ 【法】阿尔贝特·施韦泽．文化哲学［M］．陈泽环，译．上海：上海人民出版社，2008：62．

④ 【美】塞缪尔·亨廷顿，劳伦斯·哈里森．文化的重要作用——价值观如何影响人类进步［M］．新华出版社，2010：120．

势必要首先考虑的问题，于此，推动工业化、城镇化的快速发展就理应成为解决这一问题的主要途径。同时，目前广西桂西资源富集区存在的普遍问题还有：土地征地或拆迁问题、移民安置问题、留守儿童与空巢老人问题、农民工权益保护及如何融入城市的问题、农村法治问题、农村人口道德素质下降问题、农村环境破坏和污染问题、农民负担问题、农村贫困问题，等等。这些问题既有制度问题又有观念问题，于此，加强制度改革、调整利益关系就成为关键环节。然而，历史和实践证明，乡村和谐文化建设理应成为解决这些制度或观念问题的先导和关键。从微观上看，广西桂西资源富集区经济实力薄弱，社会发展滞后，但原始原生或"原汁原味"的和谐文化资源依然很丰富。少数民族地区的乡村与发达的城市相比较，其人口密度低、同质性强，社会分工比较简单、市场化程度不高、竞争还不很激烈，广大农村还没有跳出"熟人社会"或"差序格局"的传统范畴，人情交往及其他生活方式依然存在着浓厚的传统风俗色彩，人对自然生存的依赖度依然较高，对大山、大树、森林、水源、河流等自然的崇拜意识依然存在。这些都是促进农村和谐的宝贵文化资源，为我们构建广西桂西资源富集区和谐乡村或社区提供了有利条件。

第三节 积极开展乡村文化现代构建的各种活动

一、积极开展群众文明创建活动

"文明、和谐"是社会核心价值体系的主要内容之一，是乡村文化建设的主题，乡村群众文明创建活动理应围绕这一主题来展开。正如江泽民所说："加强社会主义思想道德建设，是发展先进文化的重要内容和中心环节"。[①] 培育和践行社会主义核心价值观，重在"内化于心"，贵在"外化于行"。那么，建立乡村文化建设

---

① 江泽民．江泽民文选（3）[M]．北京：人民出版社，2006（8）：278．

载体，坚持"三贴近"的活动原则，激发广大乡村群众积极参与，创新群众文化工作的方式、方法或途径，不断丰富和发展乡村群众文明创建活动，理应成为实现这一主题的关键环节。

首先，从现实文化出发，开展乡村群众文明创建活动。目前，中国农村社会正处于大变迁大转型的时期，农民的生活方式和价值观念发生深刻的嬗变，但广大农村尤其是少数民族地区的农村社会依然还是属于"熟人社会"或"半熟人社会"，广大村民不仅始终保存有"恻隐之心""羞恶之心""恭敬之心""是非之心"等中华民族传统的人性特点，而且始终保持有许多社会主义核心价值体系的相关元素，诸如"爱国""民主""和谐""公正""法治""诚信""友善""平等团结""和睦相处""尊老爱幼"等中华民族的优良品质，这些优良品质是形成乡村良好的社会公德和家庭美德的重要前提和基础，构成了乡村社会的公序良俗的主要内容之一。换言之，广大村民们都期望培育或追求一种"公共性"的价值信念。"公共性是现代公民社会之公共生活的本质属性，具有开放、平等与社群的特性，通过特定共同体成员理性、自觉的交互主体性行为与结构性活动而得以存在。""公共性作为现代社会生活所蕴含的重要内容，是当代中国人在融入和谐的公民社会进程中一个必须直面的理论命题。"① 公共性价值信念是一种文化理想，它是构建现代和谐家庭、和谐社会的根本要求。良好的社会风气和良好的家风离不开公共性的价值信念。因为：一是人们所共处的公共生活空间是开放的、多元的、共享的一个公共领域，而并非是隔绝于社会之外虚无缥缈的世界；二是个人生活只有服从于公众意愿、公共目的，并服务于公共利益或接受公众监督，个人价值才能获得公众认可。因此，立足于少数民族地区的现实文化，以培育一种公共性的价值信念为突破口，积极开展乡村群众文明创建活动，将取得更好的效果。

其次，坚持"三贴近"原则，开展丰富多彩的群众创建活

---

① 袁祖社."公共性"的价值信念及其文化理想 [J]．中国人民大学学报，2007（1）：78.

动。把"三个倡导"的社会主义核心价值观与当地实际、群众心理、生活习惯三个关键因素贴近起来，经常开展不赌博、不搞封建迷信、不违反计划生育政策、不乱倒垃圾、不损害集体财物、不打架骂架等各种教育实践活动；积极开展创先争优活动，定时定期开展"五好家庭"或星级文明户活动，文明村、文明镇创建活动，评选孝子或道德模范活动，等等，除了给达标的户、村、镇或单位授予相关的荣誉牌匾外，还应当给予一定的物质奖励，绝不能借"评优"或授予荣誉之机，收取工本费、劳务费或其他变相费用。可以免费提供农资服务、农业技术培训服务和计划生育服务，免交或代缴相关年限的农村合作医疗保险金额或其他养老保险金额，免费提供相关的外出旅游或学习考察等机会，力争以有限或较少的物质经济奖励发挥无限或较大的正能量，并形成明确导向和影响持久的正向激励机制。例如，近年来，在广西区党委、政府的号召下，全区广泛开展"美丽广西·清洁乡村"活动。为了推动清洁乡村活动，改善各乡村群众的人居环境并形成争创文明的长效机制，广西桂西资源富集区河池、百色、崇左三市积极开展群众性文明创建活动，并取得显著成效。2013年，百色市田阳县对辖区10个乡镇1415个自然屯开展清洁乡村活动的情况进行了评比，评选出了玉凤镇岭平村六勒屯等10个"最美自然屯"，头塘镇新山村下练屯等50个"美丽自然屯"以及60名"优秀保洁"先进个人，并委托各乡镇对相关先进屯和先进个人进行表彰奖励。其中，"最美自然屯"、"美丽自然屯"除了分别获得1万元和5000元现金奖励外，还各获得大肥猪1头、米酒100公斤等物质奖励。这些奖励对激发广大村民积极参与"建设美丽乡村"活动发挥了重要的作用。

再次，乡村群众文明创建活动理应做到常态化、规范化和科学化。要做到这"三化"，并非是年年都要评比。评比周期定为两三年一次同样也是属于常态化的范畴；评比程序要做到规范化和科学化，参加评比的主体中农民代表应当占多数，尤其是各乡村、村寨或自然屯都应有一定比例的村民代表参加，不能由少数干部说了算，因为农村是熟人社会或半熟人社会，同村或比邻村之间相对知根知底，干部掌握的情况不一定准确或全面，农民作为裁判参与评比，本身就是一次直观而生动的教育。可以是采取多种评比方式：一是村（屯）内自评，以达到自查自纠或自我教育的效果；二是片区内交叉评比（比邻的若干个行政村为一片区），以达到相互监督、相互促进的效果；三是乡镇内评比，以达到整乡推进的目的；四是县级（市、区）内评比，以不断提高文明程度。在开展评优活动中，如果出现不规范、不科学的行为或现象，就容易造成各类达标评比活动过多过滥，基层不堪其扰，适得其反。因此，从乡村文化建设的角度考虑，广大农民是乡村文化建设的主体，他们既是文化建设的参与者，又是文化建设的评判者，那么评比权力理应下放给基层和群众。否则，农村和谐文化建设以及思想政治工作就缺乏了广泛的群众基础，从而失去了强大的主体力量，我们的目标就很难实现。（群众文明创建活动也是培育文化农民的题中之义，前文已有相关论述。）

二、践行"三个倡导"，塑造和谐乡村干群关系

首先，官民和谐是维持传统乡村和谐的一个重要因素。古往今来，我国深受官本位的封建思想影响，尤其是少数民族地区受这种封建文化影响更深。不管是郡县制或是羁縻制，也不管是土司制或是改土归流，地方官员们都扮演着多重社会角色，如家长、族长、师长、土司土官、甲长、保长、保丁等各种角色兼有之。在履行国家行政权力或其他生产生活过程中，地方官员以多种角色与乡村群众经常发生接触，因此，官员与百姓之间的关系是否和谐就成为传统乡村和谐与否的一个重要因素。在传统的乡村政治文化中，"设官为民，官为民役"的思想源远流长。如《周礼》中的"设官分职，以为民极"①；《牧令书》中的"朝廷设官分职皆为治民"；②《论语·为政》中的"为政以德，譬如北辰，居其所而众星共之"；此外，传统社会还流传有"一官正，四方正"；"盖必吏治修明，

---

① 《周礼·天官冢宰》。
② 于成龙：《示亲民官自省六戒》，见徐栋《牧令书》卷二。

而一切富强要政乃足以惠保吾民，而不为民累，而民亦乐从"等。这些主张或思想对增进官民情谊、维护传统乡村和谐与稳定曾经发挥过十分重要的作用。

其次，和谐干群关系是推动乡村文化建设的重要环节之一。中国共产党成立以后，始终坚持以全心全意为人民服务为党的最高宗旨，坚持走群众路线的发展道路，积极开展全心全意为人民服务的群众路线教育实践活动，保持党风常讲常新，永葆党的先进性；保持了党群干群的鱼水关系，为中国革命和建设赢得了广泛的群众基础、阶级基础和社会基础，从而使中国革命和建设取得了一次又一次的伟大胜利。

改革开放的今天，中国以海纳百川心态吸纳了各种积极价值因素，融入现代化建设之中，并创造出许多新的价值元素，使之成为实现中华民族伟大复兴的强大力量。但从客观上看，这些来自于经济、政治、文化、社会和生态等方面的价值体系或元素，其原生背景和支撑条件各不相同，其具体功能和效用也各有差异，这样就容易产生出"矛盾与对峙"或"碰撞与冲突"。① 正如邓小平指出，我们在发展过程中出现的问题必须通过发展去解决。无论是革命还是建设，尤其是改革开放时期，我们都是始终坚持走群众路线的发展道路，因为这一路线不仅是认识论更是世界观和方法论。由于农村基层干部职位的特殊性，"被责无旁贷地作为农村先进文化的代言人和社会道德的标杆，对身边的群众起着直观的、感性的标杆与示范作用"。② 然而，党离不开人民，人民群众是推动社会发展的决定力量。人民群众是和谐文化的主要创造者和传承者，人民群众是培育和践行社会主义核心价值观的强大主体。广大村民都期望能够享有民主、公正、诚信、和谐的社会环境，即都希望过上富裕、祥和的生活。因此，加强干群和谐关系，要强化共建共享的理念。

---

① 欧阳康. 中国价值观与中华民族伟大复兴［N］. 光明日报，2013-1-19（11）.

② 苟安经. 巴蜀地区农村文化建设研究［D］. 西北农林科技大学博士论文，2011（7）：134.

不断完善机制，培育国家意识、社会意识和公民意识，树立"文明礼貌、助人为乐、爱护公物、保护环境和遵纪守法"的社会主义公德理念；只有人人都积极践行社会主义核心价值观，才能保持党群干群长期的和谐关系，从而推动社会不断向前发展。邓小平说："党的组织、党员和党的干部，必须同群众打成一片，绝对不能同群众相对立。如果哪个党组织严重脱离群众而不能坚决改正，那就丧失了力量的源泉，就一定要失败，就会被人民抛弃。"①

三、践行"三个倡导"，做好乡村普法教育工作

"平等、和谐、公正、法治"是"三个倡导"的核心内容之一。目前，桂西资源富集区的社会矛盾主要表现在几个方面：在经济上，最突出的是居民收入不平衡、贫富差距过大引起的各种利益矛盾。这两年，虽然桂西资源富集区农民收入增速与全国、全区农民平均增速相差不算很大，但由于原本起点差距大、区域差距大、城乡差距大等原因，实际上还是差距很大。2013 年桂西资源富集区城镇居民人均可支配收入是农村居民人均纯收入的 3.58 倍，其中河池市城乡人均纯收入差距为 3.78 倍，百色市城乡人均纯收入差距为 3.97 倍，崇左市城乡人均纯收入差距为 3.00 倍。行业间如金融、水电行业与从事农业产生行业的收入差距较大。在政治上，干群矛盾较为突出，尤其是少数干部的贪污腐败、官僚主义作风较为突出；在思想文化上，最为突出的是社会主义核心价值观与日益多元复杂的价值追求之间的矛盾；在社会生活上，主要是人们对社会生活质量的不断追求与不相适应的社会事业或公共文化生活服务体系设施滞后之间的矛盾。邓小平说："现在我们已经看到存在不少问题，我们还会遇到许多现在预料不到的问题，为了完成这个任务，为了保证全党思想上行动上的一致性，必须有效地加强和改善我们党的思想政治工作。"② 因此，我们必须积极培育和践行"平等、公正、法治"的核心价值体系，做好普法教育工作，特别是

---

① 邓小平. 邓小平文选（2）[M]. 北京：人民出版社，1994：368.
② 邓小平. 邓小平文选（2）[M]. 北京：人民出版社，1994：364.

以之贯穿于乡村社会矛盾纠纷调解的全过程。

首先，坚持以人为本的科学发展观。和谐社会的核心思想是以人为本的科学发展观，国家和社会是由人组成，离开了人的发展就不可能有社会的发展，正如马克思在《德法年鉴》中说："人就是人的世界，就是国家，社会。"① 因此，理应坚持"以人为本"为解决人民内部矛盾的文化导向，即坚持党的全心全意为人民服务的宗旨，积极深入开展群众路线教育实践活动，并形成常态化、制度化、科学化和新颖化，不断满足广大人民群众日益增长的物质文化生活需要，这是消除人民内部矛盾的关键前提。

其次，以"民主、平等、公正、法治"为导向，建立健全各种普法教育的工作机制。在《关于正确处理人民内部矛盾的问题》等著作中，毛泽东说：解决人民内部矛盾"必须采用民主的说服教育的方法"。② 因此我们在解决人民内部矛盾时，要坚持民主的说服教育为主，通过"团结—批评—团结"的方式来解决，确保社会安定团结。

最后，以"民主、平等、公正、法治"为导向，创新普法教育工作的方式方法，创新人民调解制度，建立矛盾大调解体系。在广西桂西资源富集区的许多百姓心中普遍存在"打官司伤和气、一次官司一辈仇""冤家宜解不宜结"等观念，乡村农民认为打官司不仅仇恨深长，而且诉讼成本高、效率低，不到万不得已一般不诉讼；从和谐社会建设的角度看，诉讼并非万能，诉讼机制并非都能达到"案结事了"的结果。因此，创新人民调解制度，建立矛盾或纠纷大调解体系就成为培育和谐文化、构建和谐社会的根本要求。一是将传统法文化资源融入到现代普法制度或调解制度之中。我国传统法文化蕴含有"和为贵""息讼""无讼"等许多和谐元素，在广西桂西资源富集区乡村文化中更有特殊表现，从传统的家

---

① 马克思，恩格斯．马克思恩格斯文集（第一卷）[M]．北京：人民出版社，2009：3.

② 毛泽东．毛泽东文集（第七卷）[M]．北京：人民出版社，1999：211.

长、族长或"寨老"制，到生产队长（队干）、人民公社，一直到
村委会或村民基层自治制度，凡村里发生的各种纠纷或矛盾，一般
都经过双方调解、和解的方式解决，可以说，在广西桂西资源富集
区以调解为基本方式解决纠纷具有深厚的历史文化的基础。二是构
建普法教育和大调解相结合的工作体系。这一体系主要包括党委政
府统一领导，纪检、监察、政法、综治办、宣传、教育等机构综合
协调，公、检、法、司分别牵头，有关部门各司其职，广大群众积
极参与，充分发挥人民调解、行政调解、司法调解的具体职能及其
相互配合的作用，从源头上、根本上消除不利于社会和谐稳定的相
关因素，以"大调解"促"大和谐"，推"大发展"。三是实施普
法与大调解的社会组织网络工程。要按照"属地管理、分级负责"
和"谁主管、谁负责"的原则，实行地方各级党政领导首长负责
制，即第一把手是第一责任人，分管领导负起具体责任；在各县
（市、区）、乡镇（街道）建立"人民内部矛盾调解中心"或"民
间纠纷调解中心"，在各乡村或社区、各相关部门、单位、社会团
体或协会都要建立有调解室或协调处，形成纵向延伸自治区、县
（市、区）、乡镇（街道）、村（社区）4—5 级，横向覆盖各市区、
各行业以及社会管理各个方面的"法治社会化"或"大调解"的
社会组织网络，凡是有人群的地方，就建立有调解或普法组织；凡
是有纠纷或矛盾隐患的地方，普法的重点或调解工作就在那里出
现。近年来，广西桂西资源富集区河池、百色、崇左三市加强
"大下访""大排查""大调解"活动，实施社区村屯治安防控网
建设，取得了显著成效。据相关统计资料显示，2012 年，河池市
共排查各类矛盾纠纷 8802 件，调解 8342 件，调解率 94.69%；全
市有 18 个乡镇 835 个村（社区）未发生"三大纠纷"新案；2013
年第一季度全市排查矛盾纠纷总量同比下降 17.8%。①

　　实践表明，积极践行"平等、公正、法治"的核心价值体系，
坚持以人为本的科学发展观，积极开展群众路线教育实践活动；建

---

　　① 韦立标，董彦才. 创新农村社会管理：河池工作获自治区肯定[N].
河池日报，2013-6-7（2）.

立健全各种机制，以制度化的方式来解决社会各种矛盾纠纷；顺应时代发展，创新人民调解制度，建立矛盾大调解体系等一系列措施，在党委、政府和人民群众之间架起了"连心桥"，成为体察民情、维护民利、促进民和的有效途径，同时，也是实现传统乡村文化走向现代化的根本要求。

四、践行"三个倡导"，扶持桂西资源富集区跨越发展

广西桂西资源富集区是一个以壮族为主体的少数民族居住地区，境内居住有壮、汉、瑶、苗、毛南、仫佬、水、彝、仡佬、回、满、黎、布依、侗、蒙古、白、高山、京等20多个民族，是广西少数民族主要聚居地区，集老、少、边、山、穷、库（水库移民）等"六位一体"特殊区域，是国家西部大开发"十二五"规划明确支持建设的8个重点能源资源富集地区之一。① 从经济发展的情况看，桂西资源富集区确实是属于经济发展滞后地区。新时期广西有28个国家重点贫困县，其中有21个分布在桂西资源富集区，占全广西的77.8%。2012年，河池、百色、崇左三市人均GDP分别为14472元、21539元、26288元，均未达到2012年广西全区人均GDP27952元，与全国2012年人均GDP38459元相比，河池人均相差接近两倍，最大达23987元，百色人均相差达16920元，崇左人均相差最小也达12171元。② 从文化发展情况看，桂西资源富集区公共文化服务体系建设也很落后，"老、少、边、山、穷"的总特征没有根本性改变，主要表现为：一是文化基础实施陈旧、不达标。公共文化馆舍不达标，图书馆藏书量少且陈旧，购书经费严重不足，各种设备陈旧、简陋或不完善。截止2011年8月，在百色、崇左边境2市19个县（市、区）中，近20个县级图书馆、文化馆的面积未达到国家三级馆标准（1500㎡），均各占到

---

① 余益中，刘士林等．广西桂西资源富集区文化发展研究［M］．南宁：广西人民出版社，2012：3.

② 广西壮族自治区统计局．广西统计年鉴（2013）［M］．中国统计出版社，2013.

每市图书馆、文化馆数量一半以上；有 4 个县没有文化馆或文物馆馆址，有 3 个区没有成立博物馆或文物馆。边境 2 市 6 县 80 个乡镇，共有 83 个乡镇文化站（大新县 14 个乡镇有 18 个文化站），40个是老旧文化站，32 个建筑面积不达标；村级公共服务中心在边境县的行政村覆盖率仅为 10%。二是文化教育发展滞后，人口素质偏低。根据 2010 年全国第六次人口普查统计资料计算，广西桂西资源富集区常住人口总数为 883.03 万人，文盲率占 5.08%；大学文化程度的人口数为 39 万人，占桂西资源富集区常住人口4.41%；高中（含中专、含肄业）文化程度人口数为 76.76 万人，占桂西资源富集区常住人口 8.69%；初中（含肄业）文化程度的人口数为 303.73 万人，占桂西资源富集区常住人口 34.39%；小学文化程度的人口数为 328.54 万人，占桂西资源富集区常住人口37.21%。① 三是农村文化宣传工作出现"盲点"。由于广西桂西资源富集区自然环境复杂，农村分布广泛，尤其是在边境乡村，很容易出现农村文化宣传工作的"盲点""盲区"，让境外敌对势力有机可乘，威胁到国家安全和民族团结、地区社会稳定；加上广大少数民族农民缺乏先进思想文化的正确导向，严重制约了山区或边境民族地区的现代化进程。因此，建设"富强、民主、平等、公正、和谐"的社会主义民族地区，是广西桂西资源富集区和谐乡村建设的重要任务。

（一）认清和把握桂西资源富集区跨越发展的战略契机

认识的高度决定工作的力度。首先，要认识发展桂西城市群的潜在条件或优势。一方面，广西桂西资源富集区不仅与西南、华南以及东南亚三大经济圈紧密联系，而且将成为中国—东盟自由贸易区的前沿阵地；另一方面，广西桂西资源富集区的矿产资源和生态资源极为丰富，这为未来城市群发展提供了物质基础。广西桂西资

---

① 资料整理来源：广西壮族自治区统计局．广西壮族自治区 2010 年人口普查资料［M］．北京：中国统计出版社，2012.

源富集区在城市化、一体化进程中，不仅仅要发展成为传统的政治型、经济型城市群，更重要的是发展成为新型的文化城市群，让文化成为重要的生产力，带动整个经济带走向现代化。面对经济发展落后、产业转型升级压力巨大的区域劣势，充分发挥本区域拥有的丰富的自然资源和矿产资源优势、地缘优势以及独特的民族文化优势，是实现又好又快的跨越式发展的必然选择。其次，要充分认识广西桂西资源富集区在东盟开放合作户区的国际舞台所扮演的角色。目前，广西桂西资源富集区具有"五区"的发展战略地位：国家资源富集区转型升级试验区、南宁—新加坡经济走廊重要通道区、我国沿边开发振兴区、滇桂黔石漠化片区区域发展与扶贫攻坚示范区、西南重要生态屏障区。这是自治区、国家乃至国际合作为广西桂西资源富集区与东盟的合作提供了双重或多重发展机遇。再次，要把握广西桂西资源富集区生态发展战略方向。广西桂西资源富集区生态资源极为丰富，生态文化在"三核四带七组团"的空间发展格局中占有重要的地位，生态文化建设是桂西资源富集区发展的重要目标之一。发展生态战略理应注意几个问题：一是在发展理念上，实现绿色转型；二是在发展结构上，进行优化升级；三是在资源利用上，发展循环经济；四是在产业发展上，实现生态转型。最后，要认清国家文化发展与文化产业战略的引领作用。为了推动广西或桂西资源富集区经济社会文化科学发展、和谐发展和跨越发展，国家和自治区先后颁布了不少的决策性文件，先是肯定和支持广西"两带一区"发展格局，后是明确支持广西"两带一区"协调发展，尤其是广西"十二五"规划的颁布，明确提出了桂西资源富集区建设"五地一区"的产业规划目标，其中，把文化产业放在重要的地位，即建设资源深加工基地、特色农林产品基地、养生长寿健康基地、区域性物流基地、国际旅游目的地、民族文化产业集聚区等"五地一区"发展规划。因此，我们必须认清形势，充满信心，找准工作突破口，制订出周密的工作规划和保障措施，真抓实干、狠抓落实，不断推动广西桂西资源富集区经济社会文化科学发展、和谐发展和跨越发展。

（二）改善软硬环境，优化结构调整

广西桂西资源富集区拥有丰富的矿产资源、水资源、农林资源、旅游资源、文化资源及其他的一些特色资源，它们是本地区现在以及未来经济发展的物质基础。要让这些资源成为推动本地区经济社会文化跨越发展的强大动力，改善软硬环境和优化结构调整就成为首当其冲的任务。一是抓好工农业的转型升级和环境治理工作。培育资源节约型、环境友好型等符合科学发展观根本要求的思维方式、生产生活方式，不断提高经济增长质量和社会生活质量。二是根据实际，发挥资源优势，不断优化产业结构。打造一批新型科技、科教产业园区，通过大企业聚集产业群，通过产业群促进园区基础设施建设，带动相关服务业发展；围绕"有色金属之乡""水电之乡""铜鼓之乡""长寿之乡""民族文化之乡""红色文化之乡""刘三姐故乡""绿色糖都""芒果之乡""八角之乡""竹笋之乡"等产业特色发展优势，积极培育以有色金属工业为主的产业集群，建好"西电东送"兼"西电西用"的双重发展基地；大力发展亚热带特色农业，发展生态农业、观光农业等新兴高效农业；加快开发大石山区"喀斯特地貌"特殊的旅游资源，发展地质旅游；充分利用远古文化、民族文化、红色文化、边关文化和奇山秀水，打造特色文化品牌和特色旅游品牌，以提升城镇文化竞争力，汇集人气，推动现代服务业的快速发展，构建城镇现代产业发展新体系。三是以"工业化、城镇化"带动城乡一体化发展。紧紧抓住东部地区产业转移机遇，积极改善广西桂西资源富集区的软硬环境，全方位地扩大对外开放，吸引更多的人才、资本、技术等发展要素汇集桂西资源富集区，借助外力加快桂西资源富集区工业化、城镇化发展水平。四是深化行政体制改革。实施"放权制度"，逐步消减行政审批事项，简化审批程序、缩短审批环节，把相关的决定权、调配权还给市场，政府要发挥服务型或中介人的作用，不断地为企业提供热情、公正、高效的服务。五是激活各种积极因素。着力激活各类市场主体发展动力、增强创新驱动发展能力、构建各种现代产业、服务业、管理业以及资源保障体系，推动

社会经济文化协调健康发展。①

（三）加强民生工程建设，完善社会保障与社会救助体系

良好的社会保障和社会救助是构建社会主义和谐社会的民生民心工程，也是社会主义和谐文化建设的根本要求。推动广西桂西资源富集区跨越式发展，目的是提高乡村群众的生活水平，最终实现全面小康社会。因此，培育和谐文化和构建和谐社会，理应把完善社会保障与救助体系放在突出的地位，并扎实推进。一是加大民生工程的政策扶持力度，提高少数民族农民的生活水平，坚持把少数民族地区农村教育摆在优先发展的地位，积极推行"两基"工程，全面落实农村中小学"两免一补"制度，确保九年义务教育顺利开展。二是努力做到社会保障与救助体系覆盖全社会。广西桂西资源富集区是集老、少、边、山、穷、库"六位一体"的特殊地区，坚持广覆盖、保基本、多层次、可持续方针，保证广大百姓有房住、有衣穿、有饭吃、有学上，老有所养、病有所医。三是完善社会保障与救助的机制制度。以城乡低保制度为基础，逐步建立医疗救助制度、仲裁救助制度和临时救助制度等各种专项救助制度，完善社会捐助或慈善救助制度，对农村妇女、儿童、伤残、五保户、鳏寡老人等弱势群体实行特殊优惠制度，实施相关司法或法律援助制度，让每个村民或社会成员都感受到社会主义大家庭的温暖。四是强化基本公共服务。大力发展各项社会事业，推进教育、医疗、社保、住房等领域基本公共服务均等化，推进司法公正公平，促进权利、机会、规则公平，缩小城乡、地区贫富差距，重点强化教育、医疗、养老等方面的惠民措施。

（四）抓好强农惠农政策的落实，加大扶贫攻坚力度

推动广西桂西资源富集区跨越式发展，难点在农村，重点是农民。一是加大强农惠农政策宣传力度，这是扶贫工作的前提和任

---

① 龙泳合．百色市城乡居民收入倍增计划的重点与难点问题研究[EB/OL]．[2014-03-14]．http：//www.gxfpw.com/html/c118/2014-03/142191.htm.

务。大力宣传各项强农惠农政策，加大资金投入改善农村基础设施条件，既要确保扶贫资金按时足额发放到位，又要确保扶贫资金真正用在"刀刃上"，让其发挥更大的功效。二是把"扶贫开发"转为"开发扶贫"，变"输血"为"造血"。充分利用好国家扶贫政策和扶贫资金，加大贫困山区的基础设施建设和扶贫帮困力度，想尽办法利用或实施好相关项目，让农民有长期稳定的收入，譬如，如何提升特色高效农业产业化经营水平，如何推进农产品标准化、规模化生产，如何实施农产品品牌战略等一系列关键问题。二是创新开发扶贫的机制体制。坚持政府主导、社会帮扶和自力更生三结合的原则来建立帮扶制度，根据实际，选准项目，瞄准对象，加强对低收入家庭或人群进行相关技能的指导和培训，不断提高他们自我发展能力和可持续发展能力；构建常态化的长效帮扶机制，形成先进帮后进、先富带后富、城镇帮乡村、机关企业帮农户等上下联动、全民参与的社会扶贫机制。三是不断拓宽低收入农户增收渠道。加大信息、技术、物资和资金支持力度，研究制定政府购岗等办法，促进低收入农民就业，持续开展"一人就业，全家脱贫"工作；引导低收入农户发展高效农业、特色农业和家庭手工副业项目，引导低收入农民参加专业合作、劳务合作、土地股份合作等合作组织，引导农村合作经济组织、龙头企业和能人大户帮助带动低收入农户增收。

五、践行"三个倡导"，构建祥和的新型社区

社区，是现代社会的细胞，一般是指聚居在一定地域范围内，具有相同意识和利益关系的人们所组成的社会生活共同体。[①] 农村社区建设的重要意义：一是可以强化基层组织建设或村民自治建设，弱化村委会的行政化倾向；二是可以统筹城乡公共服务，提升政府对乡村农民的服务意识和服务水平，使农民均享有基本公共服务。无论是和谐文化建设还是和谐社会的构建，社区建设始终是其

---

① 苟安经．巴蜀地区农村文化建设研究［D］．西北农林科技大学博士论文，2011（7）：139.

中的重要载体；搞好社区建设是加快广西桂西资源富集区城镇化建设或城乡一体化发展的根本要求。党的十七大提出："把城乡社区建设成为管理有序、服务完善、文明祥和的社会生活共同体。"党的十八大再次提出加强基层社会管理和服务体系建设，增强城乡社区服务功能等要求。可见农村社区建设与城市社区建设一样的重要，一样受到高度重视。因此，构建符合广西桂西资源富集区具体实际的各种新型社区，不断加强农村社区的医疗卫生、社会治安、文化教育、社会救助、基础设施等方面的公共服务体系建设，让改革开放成果惠及少数民族地区所有的乡村农民，使他们依法平等或公正地享有医疗保障权利、文化教育权利、社会求助权利及基本公共服务权利等，从而逐步改变广西桂西资源富集区农村社区服务薄弱的状况。

（一）以弘扬优秀传统文化为宗旨，构建"仪式社区"

在广西桂西资源富集区，宗教文化资源较为丰富，诸如布洛陀崇拜、莫一大王崇拜等原始文化传统构成了民族文化传统的哲学基础。"宗教传统以'文化树'的形态散布在制度、艺术及民众日常生活中，并以活态传承的方式成为本区域民众实现群落认同的重要社会资源。"[①] 桂西地区的宗教文化认同力量来自于内源性，是推动社区村落形成的内在力量，尤其是宗教传统文化中的自然崇拜、万物平等的观念，与壮族传统哲学思想诸如"三界公""公母观"所蕴藏的宇宙、自然平等和谐观念，都体现或主张人与自然、人与人、人与社会之间和谐相处的根本要求。

根据我国社会主义新农村建设的精神要求，结合广西桂西资源富集区宗教文化传统的现实特点，实现宗教文化与社区建设相整合，那么构建"仪式社区"理应成为比较理想的选择模式。"仪式社区"是将宗教文化传统所具有的社会聚落化动力，按照当代社会的结构方式进行分化、落实，将宗教传统的仪式结构，与现代社

----

① 余益中，刘士林等．广西桂西资源富集区文化发展研究［M］．南宁：广西人民出版社，2012：34.

会的行为结构相协调转化，尝试构建具有强大内生性的社区模式。譬如，桂西地区历史流传一种艮郭仪式，近年来，艮郭仪式在崇左市大新县下雷镇一带的不少社区又开始兴起，形成了艮郭仪式"社区化"现象，收到了良好的效果。在一年两度的艮郭仪式中，人们共同出钱、共同出工参加村落公共巷道、水沟、农田水利修建等集体事务，共同吃饭，一起祭祀同一个神灵，一起祈求实现"人丁兴旺""平安幸福""财源广进""五谷丰登"等愿望，在信仰的力量下，有形的社区化活动开始滋生出一些无形的"公共性"的价值信念，即村民的集体意识、平等团结意识、友好互助意识等"公共性"意识得到了加强，为乡村公序良俗的形成创造了有利条件。可见，构建"仪式社区"至少具有三大意义：一是构建少数民族地区和谐乡村的理想选择之一；二是和谐文化建设的创新途径，即提供了文化保护与产业开发相涵容的创新思路；三是将宗教传统文化与现实生活相结合，使民众的社区生活本身成为呈现宗教文化的展演平台，增强其产业吸引力，这是实现文化与产业双赢的合适之道。①

（二）顺应民族文化发展逻辑，构建"民族特色生活拓展社区"

桂西资源富集区是广西少数民族主要聚集区，是广西少数民族文化的腹心区，本区域具有极为丰富的自然资源、物质文化资源、精神文化资源或民族文化资源，其鲜明的地域性、民族性、文化性和生活性或活态性等特点保持相对完好，尤其是其"原始原生、精诚笃信"的文化传统主体特征，在物质与目的性突出的现代文化大背景中显得更为珍贵，也是广西桂西资源富集区文化传统得以开发利用的合理性所在。然而，散布在崇山峻岭、交通不便、边远的大石山区之中的民族乡村文化，其传统的"封闭性"与现代开发的"障碍性"同时存在。如果采取"原地整改"或"异地展览"的方式都将会因失去其原生场所而遭遇凋落。于此，顺应少

---

① 余益中，刘士林等．广西桂西资源富集区文化发展研究［M］．南宁：广西人民出版社，2012：34．

数民族文化发展的内在逻辑构建"民族特色生活拓展社区"，将是合适的解决途径。构建"民族特色生活拓展社区"模式，就是将民族传统文化的内生性与当代社区的功能性对接起来，寻找两者的"最大公约数"即共同价值基础；同时，又将民族文化中的"民俗性文化"传统资源与当代社区的"生活化规制"整合成特色生活资源，通过民族文化传统凝聚生活，反过来通过当代社区生活呈现民族文化，使封闭的民族文化聚落以"生活拓展"的方式与现代社会发生关联，启动其"社会化"契机。① 譬如居住在广西桂西资源富集区境内的黑衣壮、瑶族、苗族等少数民族，他们多居住在交通不便的大石山区里，近几年来，虽然国家投入大量资金修建了从区域中心城市通往各民族村落的乡村交通道路，但并没有因修通了道路就解决了民族文化现代化问题。如果将这些大石山区里的民族聚落设计为"民族特色生活拓展社区"，将城市中的一些高端生活功能诸如休闲、养生、修学等引入其中，使城乡两者在"生活拓展"的框架内产生对接，在"景点接力"的作用下产生交往或联系，不久，将形成一种既保持着优秀民族文化特色，又充实有现代都市文化特色的生活社区，实现了城乡两者优秀文化兼有的新型社区。

（三）以服务居民为宗旨，构建"服务型社区"

首先，不断加强乡村公共文化服务体系基础设施建设。譬如2011年，百色市全年新建87个村级公共服务中心，10个乡镇文化站，1266个共享工程建设项目。其中，87个村按照"五个一"工程建设项目要求，建成了87栋综合楼、87个篮球场、87个戏台，组建87个文艺队、92个篮球队；同时，完成了1266个文化信息共享工程建设项目，其中，1个市级服务中心、12个县级支中心、127个乡镇（街道办）基层点、1801个行政村村级基层服务点；不断加强村村通基础设施建设，到2012年底基本实现了全市广播

---

① 余益中，刘士林等．广西桂西资源富集区文化发展研究 ［M］．南宁：广西人民出版社，2012：35.

覆盖率达95.5%、电视覆盖率达97.4%。其次，注重在服务内容、质量、方式方法或途径等方面下功夫。逐步增设社区各种社会服务体系网络，以实现居民愿有所为、困有所助、难有所济、需有所帮的良好局面。

（四）积极开展文化活动，构建"文化型社区"

先进文化是先进制度之母，和谐文化是和谐社会的导向，构建"文化型社区"是和谐文化建设的重要任务，积极开展文化活动是构建"文化型社区"主要途径。首先，激活本地文娱人才。凡是文娱爱好者，都鼓励他们积极参加活动，不断创建环境育人、社区育人，为实现文化社区创造条件。其次，开展全民读书活动。创设各种学习型社区组织活动，鼓励人们多读书、读好书、做好人；定期或定时举办各种科学文化、农业技术、家庭教育和法律法规等方面的学习或讲座。譬如崇左市狠抓乡村文化建设，坚持"抓学习、抓基础、抓精品、抓特色"的原则，2011年全市752个行政村全部配有文化信息共享工程、农村党员教育基层点；创作小品10个、戏剧3个、乐曲25首、舞蹈29个，举办演出活动148场，观众39.2万人，举办文艺讲座135期；举办各种民族节庆活动；积极开展文化、科技、卫生"三下乡"活动，规模较大的有65次，送图书1400余册，送科技资料15.3万份，全市共有各类文体团队（含山歌队）246个（队），组织文化骨干培训2200多次，全市村级"五个一"工程建设基本完成。①可见"文化型社区"的形成，离不开内容丰富、形式多样的文化活动。

（五）维护居民安全，构建"平安社区"

加强基层组织建设，发挥社区治安综合治理的基本职能，建立专司、兼司、协司和群众参与的社会化综合治安防范网络；加强各社区防范规范管理制度，积极开展社区治安防范知识教育活动，构

---

① 广西壮族自治区文化厅编．广西文化年鉴（2012）[M]．海口：南海出版公司，2013：469~473.

建有形防范和无形防范相结合治安管理网络工程。譬如，近年来，河池天峨等县市以开展"平安村屯·干净社区"阳光工程建设为抓手，实行多措并举，综合施政，构建农村社会治安综合治理"八张网"，取得了良好的效果。2012 年 4 月 14 日，广西壮族自治区农村社会治安工作会议在河池市召开，认真总结了该县市的具体做法，并大力推广了这些做法。

六、以马克思主义乡村文化思想指导城乡一体化发展

马克思、恩格斯的乡村文化思想，其主要内容和目的是统筹城乡发展、消除城乡差别。统筹城乡一体化发展是我国和谐文化建设的主要途径，同样是广西桂西资源富集区和谐乡村文化建设的必然选择。

（一）马克思主义乡村文化思想是统筹城乡一体化发展的指导思想

首先，乡村城镇化是推动乡村文化发展的有效途径。在《政治经济学批判》中，马克思指出，城镇乡村化的倒置现象，只是在古代社会生产力水平极低情况下出现；随着生产力的发展和人们认识水平的提高，乡村城镇化是现代社会的发展趋势，是人类社会的历史必然性，"现在的历史是乡村城市化，而不像在古代那样，是城市乡村化。"① 乡村城镇化以后，成为人力、物力、财力的聚集区，成为推动人类发展的根本动力存在区，即"聚集着社会的历史动力"，这样才产生强大的文化吸引力。在《共产党宣言》中，马克思、恩格斯指出，城市化和工业化的不断发展，使机器得到广泛使用，工业、农业、畜牧业不断发展，公路、铁路电报、电信不断发达，达到"整个大陆的开垦"。他们指出，资本主义使农村屈服于城市的统治，使城市人口比农村人口数量猛增，"使很大

---

① 马克思，恩格斯. 马克思恩格斯全集（第 46 卷）（上）[M]. 北京：北京人民出版社，1979：480.

一部分居民脱离了乡村生活的愚昧状态"。① 这些论述蕴藏着丰富的文化思想，即以经济、政治、文化为中心的大城市，能够使大多数居民脱离乡村生活的愚昧状态，脱离未开化和半开化的地区，甚至是能使未开化和半开化的国家从属于文明的国家。可见，在马克思、恩格斯的眼里，乡村城镇化与乡村文化发展是密不可分的。

其次，工业文明是消灭城乡差别的条件。在《共产党宣言》中，马克思、恩格斯提出，无产阶级革命取得胜利以后，首要任务就是消灭城乡之间的对立或差别，工业文明是消灭城乡差别的主要条件，"把农业和工业结合起来，促使城乡对立逐步消失"。② 消灭城乡差别又是实现社会和谐统一重要举措。然而，马克思、恩格斯很清楚地认识到，消灭城乡差别、实现社会统一，光靠意志是无法实现的，必须以物质条件为前提，而物质基础的获取又必须通过工业文明等各种外部条件或途径去实现，即"城市和乡村的对立的消灭不仅是可能的"③。同时，实现城乡统一，才能排除空气、水、土地等环境的污染，以维护生态平衡，实现生态文明。对此，恩格斯在《反杜林论》中明确指出："从大工业在全国的尽可能均衡的分布是消灭城市和乡村的分离的条件"。④ 工业文明能够使全国人口尽可能地平均分布于各个地方或区域，以避免了大城市因人口拥挤而带来的各种隐患，使广大农民可以从"那种与世隔绝的和愚昧无知的状态中挣脱出来。"⑤ 才能摆脱"历史铸造的枷锁"，从而获得解放自由。可见，工业文明是消灭城乡差别主要途径之一。

　　① 马克思，恩格斯．马克思恩格斯选集（第 1 卷）[M]．北京：人民出版社，1995：277.
　　② 马克思，恩格斯．马克思恩格斯选集（第 1 卷）[M]．北京：人民出版社，1995：294.
　　③ 马克思，恩格斯．马克思恩格斯选集（第 3 卷）[M]．北京：人民出版社，1995：646.
　　④ 马克思，恩格斯．马克思恩格斯选集（第 3 卷）[M]．北京：人民出版社，1995：647.
　　⑤ 马克思，恩格斯．马克思恩格斯选集（第 3 卷）[M]．北京：人民出版社，1995：215.

再次，城市文明带动乡村文明。马克思、恩格斯认为，城市文化和乡村文化各具特色、各有差异，因分工不同造成了城乡分离或差距，甚至产生对立。他们还认为，人类社会的发展是一个不断地经过"野蛮——文明"的发展过程，"城乡之间的对立是随着野蛮向文明的过渡、部落制度向国家的过渡、地方局限性向文明的过渡而开始的，它贯穿着文明的全部历史并一直延续到现在"。① 换言之，乡村文化或乡村社会转向城市文化或城乡统一，是历史的必然。因为城乡之间的对立是资本主义私有制及其由此引起的社会分工造成的，它使大量的人口、生产工具、资金及各种享乐或需求集中在一起，形成了城市文化特色；同时又使分散于边远山区交通不便的乡村更加孤立或与世隔绝，以致形成乡村独特的地域性、民族性、文化性、生活性。只有在社会主义或共产主义的伟大实践中，把城市的集中性与乡村的发散性有机地结合起来，实现乡村城镇化，做到资源合理配置，最终才能消除乡村落后、孤立的状态。可见，乡村城镇化建设势必引起乡村文化的变迁或融入到城镇文化之中，以达到相得益彰的境地。

（二）城市带动农村是统筹城乡一体化发展的动力所在

城市带动乡村发展是世界各国经济发展史上的共同规律。我国属于发展中国家，更应该遵循这一"共同规律"，更应该发挥城市的先导和带动作用，实现真正的"双赢"，以达到城乡一体化发展。

首先，激发乡村农民群众积极投入工业化建设之中。目前，广西桂西资源富集区乡村剩余劳动力人口数量多，农业发展较慢，农民收入较低。加快工业化发展既可以增加就业机会、转移农村剩余劳动力，又可以实现农业增效、农民增收、农村和谐发展的目标。一是要激发农民改变传统观念，走自我创新的道路。不能老是按传统生产方式，依附于极为有限的土地生产农作物，要根据本地实际

---

① 马克思，恩格斯．马克思恩格斯选集（第1卷）[M]．北京：人民出版社，1995：104.

和发展前景，创办各种加工厂进行农副产品深加工，或发展其他特色农业。二是激发农村剩余劳动力再就业的积极性。鼓励农民群众参与到工业、建筑业、商业、服务业等工作中来，大量的农民工出现对推进乡村城镇化建设步伐发挥了十分重要的意义。正如列宁所说："认为在组合生产者的社会中城乡对立必然消灭，与承认把农业人口吸收到工业中去在历史上的进步作用，是一点也不矛盾的。"①

其次，加快乡村城镇化建设步伐。我国乡村城镇化建设主要目的是：实现农村居民与城市居民过上相同质量的生活，不断减少农民的数量，使进入城市工作、生活的农民转化为市民。目前我国主要存在三种方式大面积的城市化建设：一是城市向郊区辐射，将城市近郊的农村逐步变为城市；二是开发旅游、自然资源，通过地方政府办经济开发区等形式推进城镇化；三是地方政府招商引资开办工商业项目将大量农村剩余劳动力吸引到工厂企业，在此基础上逐步形成城镇化。② 从"主要目的"与"主要方式"之间的有效结合来看，以上的几种方式对推动城市化发展发挥了积极的作用，同时由于某些地方官员存在意气用事或瞎指挥的行为，严重违背民族地区经济社会文化生态发展的基本规律，以致造成了大量耕地被占用、环境污染、生态破坏、制度缺失等情况，严重损害了农民的根本利益。因此，我们应该总结经验教训，在今后的城镇化建设过程中，一切要从实际出发，从少数民族农民群众的切身利益出发，遵从社会化效益和经济效益相结合的原则，不断建立或完善乡村城镇化建设的相关规章制度，克服因盲目招商引资而给环境带来的破坏或资源的浪费，一定要深入实际、全面调研，不断发挥本地特色资源优势，以本地特色产业为支撑，以解决农村就业、农民增收为前提，以维护生态平衡为根本，推动乡村城镇化建设又好又快地发展。

① 列宁. 列宁全集（第4卷）[M]. 北京：人民出版社，1990：130.
② 杨俊辉. 城镇化进程中农村和谐社会建设研究 [D]. 电子科技大学博士论文，2012：149.

再次，注重产业结构调整及其分配方案。一是改变过去产业结构不合理的发展模式及其分配方案。调整第一、二、三产业结构的生产方式，加大资金投入，支持"三农"建设。目前，我国的重工业、高新技术产业、现代服务业已发展成为经济生长支柱产业，国家完全有实力和能力加大对"三农"的投入，发挥城市先导和带动农村发展的作用，从根本上调整产业结构，调整财政资金投入向少数民族贫困地区的乡村倾斜。二是注重扶持和发展乡村企业。广西桂西资源富集区乡村的自然资源、旅游资源、劳动力资源极为丰富，要加大对乡村企业的资金投入和技术支持，鼓励城市大型企业或有资质的集团公司到农村参与"三农"的开发，鼓励各企业采取切实可行的开发模式，如"企业（公司、集团）+农户"等模式；最后，注重文化农民的培育。农村拥有大量的剩余劳动力，而且他们的思想文化、技术技能等综合素质都很低，只有塑造数以万计的文化农民，才能把人力资源优势变成人力资本，才能提高民族地区自我发展能力。随着生产力的不断发展，社会的各种"高、精、尖"产品不断出现，企业对人力资源的质量要求越来越高，以前单靠纯提供体力劳动的人已经不适应城镇化建设的发展，而是需要大量具有一定技术与文化知识的人。因此，需要加大资金投入和技术支持，培养数以万计的文化农民，即加强农村技术培训，普及基本法律法规，积极开展农村文化活动，全面落实农村中小学校"两免一补"政策，强化中小学教师队伍建设，提高边远山区教师待遇，普及农村九年制义务教育，加大投入改善农村办学条件，实现农村经济社会文化稳定持续发展。

（三）统筹城乡一体化发展，消除城乡二元藩篱

目前，农村土地管理制度和户籍管理制度是我国城乡二元结构之间最为复杂和顽固的藩篱，前者管控资源，后者管控人口，形成阻碍城乡一体化发展的主要壁垒。因此，要满足新时期农民各阶层利益需要，构建繁荣富裕、文明祥和的乡村，就是要破除城乡二元经济社会结构，统筹城乡一体化发展。

首先，创新农村土地管理制度。全面贯彻落实《广西壮族自

治区新型城镇化规划（2014—2020 年）》等文件的相关规定，切实做好几个方面的工作：一是探索或创新城乡用地优化配置机制。积极推进城乡建设用地增减挂钩和低丘缓坡荒滩等未利用地、工矿废弃地、农村废弃集体建设用地、农林场废弃建设用地等综合利用试点，拓宽城镇建设用地来源，因地制宜盘活农村建设用地，促进城乡建设用地空间优化配置。完善通过农村土地综合整治提高耕地等级和加大废弃建设用地复垦、抵扣耕地占补平衡指标的办法。二是创新农村土地管理制度。全面完成农村土地确权登记颁证工作。建立和完善承包地、宅基地等各种农村用地基本管理制度。建立农村产权流转交易市场，搭建农村土地承包经营权、农民住房财产权、农村集体经营性建设用地所有权等农村产权流转的专业交易服务和信息发布平台。妥善处理好农业转移人口进城落户后的土地承包经营权、宅基地使用权、集体收益分配权等问题。三是创新或深化征地制度。合理界定公益性和经营性建设用地，实施多元的保障机制、收益分配机制、补偿安置机制。探索以社会保障和就业安置、征地补偿安置费用为主，农业安置、留地安置和以经批准的建设用地土地使用权作价入股等安置方式为辅的征地补偿安置模式。

其次，废除城乡隔离的户籍制度。2005 年广西建立城乡统一户口登记制度以来，包括桂西资源富集区百色、河池、崇左在内的全区 10 个市，建立城乡统一的居民户口登记管理制度。但在实现过程中，由于"门槛"过高，效果不大，影响城乡发展。2011 年，桂西资源富集区河池、百色、崇左三市认真贯彻落实国务院和自治区人民政府有关推进城镇化建设和户籍管理制度改革工作的决策，按照积极稳妥、以人为本、综合协调、因地制宜的户籍改革原则，降低农村居民进城入户门槛，全面建立城乡统一的户口登记管理制度。并分别成立了推进城镇化建设领导小组，颁布了推进城镇化建设和户籍管理制度改革工作的有关文件。如河池市颁布了《河池市人民政府户籍改革公告》规定：（1）凡在河池市各县（市、区）城区有合法固定住所、务工经商有 1 年以上广西籍农村居民及其配偶、直系亲属，可以办理其住所所在城镇常住户口；（2）凡在河池市各县（市、区）各乡镇（街道）政府所在城镇的广西籍农村居民本着自愿原则，在乡镇政府所有城镇有合法固定住所可就近就地转为城镇居民；（3）凡是广西籍优秀农民工（获得县级以上国家机关颁发技能、技术奖或证书的）及其共同生活的配偶、直系亲属自愿转为城镇居民的，不受居住时间限制。广西桂西资源富集区河池、百色、崇左三市通过深化户籍制度改革推进城镇化建设，逐步建立和完善土地、住房、社保、就业、教育、卫生等保障机制，大力加强城镇基础设施建设，保障进城落户农民享有与当地城镇居民同等权益，让大批进城农民能安定下来，基本消除城乡差别，促进城乡和谐。

可以看出，马克思主义乡村建设思想为我们统筹城乡一体化发展提供了科学的行动指南。中共中央揭示了中国特色社会主义经济发展的基本规律，提出了"转变经济发展方式"；不断发挥"城市对农村的先导和带动作用"，确立了"工业反哺农业、城市支持农村和多予少取放活"的农村改革发展的方针；做出了加快城镇化建设和户籍改革制度的相关决定等，这一系列的正确决策，为广西桂西资源富集区统筹城乡一体化发展提供了有利的制度支撑和政策导向，桂西资源富集区在统筹城乡一体化发展过程中，对第一、二、三产业及其分配制度进行调整，对土地制度和户籍管理制度进行创新改革，这些具体化和操作化路径，对消除城乡二元结构，推进乡村和谐文化建设，构建社会主义和谐社会，发挥了重要的作用。

第四节　乡村文化建设的机制保障

制度是保障一切社会活动顺利开展的必要前提。文化体制建设的制度化是为了让乡村文化建设更加规范化，有活力，更加贴近实际、贴近农村、贴近农民。乡村文化制度化的根本手段是文化体制改革。目的是扎实推进乡村文化大发展大繁荣，不断提高文化软实力，提高自我发展能力，促进民族地区科学发展、和谐发展。

当前的乡村文化建设，普遍存在政府统包统揽的问题，营利性与公益性难以分开，公益性文化事业长期投入不足，营利性文化产业又长期依赖政府。乡村文化建设需要充分发挥乡村基层政府、单位、农户、个人等多元主体的联动作用。广大农民的核心主体力量、政府的投入和扶持等推动力量，文化事业工作部门、团体和中介组织主导力量，这三种力量缺一不可。然而，要使政府的推动力量与农村文化建设的内生主体力量有机对接，要从少数民族农民的需要出发，从当地的文化基础、自然环境以及文化基础设施条件等方面出发，发挥多元主体联动整合力量，不断推动乡村文化建设向前发展。

一、转变政府职能，创新管理体制

建立科学合理的文化管理架构。随着经济全球化、文化多元化的事态发展，政府的文化管理职能理应实行转变：从直接的采取行政行为去办文化，转变为间接的依照法律法规去管文化，创新文化管理体制。首先要创新宏观管理体制，关键是舍得放权，如固有资产使用权、人事权、经营权等。其次，创新内部管理机制。如推行馆（站）长负责制、干部聘任制、岗位责任制以及相关的考核、奖惩制度等。最后，创新文化设施运行管理体制。统筹文化，教育、科技、体育和青少年、老年活动场所的规划和综合利用，努力做到有关设施共建共享，着力解决农村文化设施分散，使用率不高的问题。① 对影院、剧院等设施采取综合利用方式，对机关、学校内部的文化设施，如有条件要多争取多种方式对当地村民开放使用。如河池市由于狠抓政府职能转变，不断深化体制改革，2011年先后获得全国文化体制改革先进地区、全国广播影视系统法制宣传教育先进单位、自治区爱国拥军模范单位、全区文化市场管理工作先进单位、河池市年度绩效考评优秀单位等荣誉称号。

二、改革机构设置，整合文化资源

坚持政府在文化改革中的主导地位，切实做到"公益性"和

---

① 黄映辉．史亚军．如何搞好乡村文化建设［M］．北京：中国农业出版社，2011：81．

"经营性"两手抓的工作原则,对公益性文化事业要加大资金投入,加大政策导向或采取优惠措施,对内增强活力,提高服务质量;对外增强感召力或影响力。努力做到公益文化与市场机制有机结合、协调发展。对经营性文化事业要按照"产权明晰、责权分明、政企分开、科学管理"的要求,做到创造面向群众、面向市场、面向民族的科学的大众的文化,努力开展各种工作。因为我们的文化是为广大人民群众服务的,为人民大众服务是社会主义文化建设的永恒主题,无论如何改革都不能偏离这一主题,否则改革就会失败。

三、完善监督约束机制,保障乡村文化建设健康发展

开展任何一项社会活动都离不开必要的监督机制。① 乡村文化建设是否能健康发展,取决于监督约束机制的完善程度。监督和约束来自各方面,监督和约束的形式多种多样,监督包括上级主管部门的监督、群众监督、法律监督、舆论监督等;约束包括法律约束、道德约束、行政约束、乡(村)规民约约束等内容。

四、建立群众参与机制,繁荣乡村文化生活

农民是乡村文化的拥有者、建设者。一句话:乡村文化活动离不开农民的参与。所以要最大限度地吸引农民积极参与到乡村文化建设中,并在建设过程中根除各种愚昧落后的思想和恶风陋习,塑造文化农民。首先,要准确把握乡村文化的特点和农民现实的需求。创设多渠道、多元化的群众参与机制,不断激活他们的文化热情。其次,根据各地农村的实际情况制定切实可行的物质奖励政策,在一定程度上调动了农民群众参与文化建设的积极性。如2011年百色的不少县(区)被评为"十佳文明村(屯)"的村庄,春节时得到一头大肥猪以及500—2000元的奖金。同时,对"优秀村屯文艺队""文化建设先进个人"等进行嘉奖。

---

① 黄映辉. 史亚军. 如何搞好乡村文化建设 [M]. 北京:中国农业出版社,2011:82.

五、完善评优和表彰机制，发挥典型的示范作用

乡村文化建设是一项长期而艰巨的任务，需要在体制创新上多动脑子，探索乡村文化发展的新路子，完善评优和表彰机制，发挥农民主体性、创造性力量，推动乡村文化建设走上良性发展的轨道上。广西桂西资源富集区的百色市，2011 年全市文化系统 40 个单位和 17 名个人被广西壮族自治区文化厅授予"全区公共文化服务体系建设先进集体""先进工作者"等荣誉称号。其中，右江区阳圩镇、田阳县坡洪镇、头塘镇，田东县祥周镇，那坡县平孟镇、凌云县朝里瑶族乡、乐业县甘田镇、田林县元隆镇、隆林各族自治县德峨乡、西林县普合乡共 13 个文化站被授予"全区公共文化服务体系建设先进乡（镇）综合文化站"荣誉称号；有 24 个村屯文艺队被授予"全区公共文化服务体系建设优秀村（屯）文艺队"荣誉称号。河池市天峨县六排镇云榜村因积极挖掘地方优秀传统文化，大力传播先进文化，切实培育和践行社会主义核心价值观，并取得一定成效。2012 年该村被评为"全国示范农家书屋"。许多乡村先进经验成为了典型事例，都在当地乃至全区、全国发挥着积极的导向和示范作用。可见，乡村文化建设制度化为扎实推进乡村文化大发展大繁荣提供了制度保障或支撑。

结　语

中国乡村文化建设研究所涉及的内容应该说是很繁杂的，尤其是少数民族地区乡村文化建设研究就更加繁杂了，因为它既有共性又有许多个性在其中。广西桂西资源富集区是广西少数民族主要聚居地区，是集老、少、边、山、穷、库等"六位一体"的特殊区域，是国家"十二五"规划中明确支持建设的 8 个重点能源资源富集地区之一。可想而知，广西桂西资源富集区乡村文化建设研究涉及的内容就更繁杂了，但万变不离其宗，本研究主要从介绍桂西资源富集区独特的地理环境和人文环境入手，分析了桂西地区近代以来乡村文化演变发展历程，并总结出这一区域乡村文化建设的历史经验借鉴，在此基础上，抓住广西桂西资源富集区乡村文化建设的五大主要内容进行分别论述：乡村文化建设的时代价值，文化农民的培育，乡村文化保护与传承，乡村文化产业的深度开发，乡村文化的现代构建等方面内容。

1. 乡村文化建设的指导思想。

没有科学理论指导的实践是盲动的无成效的实践。广西桂西资源富集区乡村文化建设研究，始终坚持以马克思主义原理为指导，以培育"三个倡导"社会主义核心价值观为主线，深入挖掘中国传统文化中蕴藏的优秀传统文化思想，认真分析近代以来桂西地区乡村文化演变发展的基本轨迹，尤其是，对改革开放以后桂西资源富集区乡村文化的发展势态进行深入详细分析，做到理论与实际相结合，旨在探索广西桂西资源富集区乡村文化建设的基本规律，提出民族地区贫困乡村文化建设的基本思路或解决办法。

2. "现实"是乡村文化建设的根本依据。

现实是马克思主义唯一的合法性文本。根据世情、国情和党情的新变化，尤其是在社会主义新农村建设的大背景下，正视广西桂西资源富集区独特的地理区位与人文环境及其相关发展状况，即转型期的现实情况，决定了广西桂西资源富集区乡村文化建设的价值取向。

3. 文化农民是广西桂西资源富集区乡村文化建设的主要任务和目的之一。

"文化农民"与中央提出的"新型农民"，二者本质内涵都一样。文化农民的培育，本质上是乡村文化建设的主体性、创造性或自我发展的培养，也是属于乡村人才队伍建设的范畴。"文化农民"这一提法，是学者秦红增等人首先提出或运用的，不属于流行词语，但笔者很赞同这一提法。其具有特定意义：在理论上，"文化农民"体现了人类学的主体研究原则，体现了当今我们倡导"文化自觉、文化自信"的理论关照；在实践上，"文化农民"是对每位乡村人在乡村发展中所起作用的充分肯定，对激发广大农民积极投入社会主义新农村建设，早日走上幸福和谐的康庄大道起到一定的积极意义。本文并非刻意在乡村社会中划分"有文化"与"没有文化"的不利于团结的农民帮派。敬请不要误会其真谛。

4. 保护与传承乡村文化遗产是乡村文化建设的主要议题之一。

广西桂西资源富集区具有丰富的物质文化遗产和多姿多彩的非物质文化遗产，这些文化反映或记载着各民族的历史，体现或承载着各民族的精神。正因为有了这些独特的民族风情和浓郁的地方特色，传承着桂西资源富集区各族人民独特的精神价值、思维方式和文化意识，对促进和巩固桂西地区各民族"两个共同"发展，曾经发挥过重要的历史作用。因此，如何保护和利用好这些非物质文化遗产，对于传承和发扬民族优秀文化传统、增进民族间的友谊，增强民族自信心和凝聚力，实现社会主义文化大发展大繁荣都具有重要而深远的意义。

同时，宝贵的文化遗产是提升文化软实力的主要因素之一。广西桂西资源富集区的许多文化遗产资源已经成为我国重点文物保护单位或被列入国家非物质文化遗产保护名录之中。保护传承好这些文化遗产资源对增强地区经济实力，提高区域竞争力，繁荣和发展文化多样性都具有极大的积极作用。

5. 乡村文化产业的深度开发是乡村文化建设的创新设想。

必须坚持在以人为本的科学发展观为指导下进行乡村文化产业的深度开发。在全球化、现代化、城市化的背景下，广西桂西资源富集区的现在与未来也难免摆脱"被全球化""被城市化"的命运。由于独特的地理环境与人文历史因素，山区未来的乡村不可能像今天"千城一面"的城市化，各民族也不可能消亡，只要有民族的地方就有民族文化存在的地方，少数民族地区的乡村需要文化多样性而不是单一或一同的文化。乡村文化的深度开发既要遵循乡村文化的内在发展规律，又要考虑到外在的发展因素，即需要将现代与传统、都市与田野、全球或全国与地方等方面因素的结合。

6. 乡村文化的现代构建是乡村文化发展的必然趋势，是村文化建设的主要目的和任务之一。

乡村文化的现代构建与文化农民的培育，两者并非矛盾，而是"一鸟两翼""一车两轮"的道理。乡村文化现代构建必须以培育和践行社会主义核心价值观为主要内容，立足于本地的具体实际，将优秀传统文化资源与现代先进文化有机结合起来，通过现代传媒的各种手段或途径向广大群众进行入耳入心入脑教育；把社会主义核心价值观融入到当地经济建设、政治建设、社会建设、生态建设以及群众生产生活的方方面面之中。

7. 乡村基础设施硬件建设也是乡村文化建设的主要内容之一。

本论文没有把乡村基础设施硬件建设专门单列为一章展开论述（实际上文中许多内容都已经论述到了），不是因为它不重要，而是人们已经普遍认识到它的重要性，近年来全国各地都投入大量的人力、物力、财力专门从事这项硬件工程建设。在我们的调查中，目前各乡镇、行政村都或多或少已经建成有一定的硬件设施，但最为突出的严重问题是，这些硬件设施没有得到正常运转或很少使用，"见房不见人""见物不见人"，或转为其他使用等现象较为普遍。可以说，利用硬件设施建设或通过外在项目干预的作用力来推动乡村发展，这方面问题相对容易解决，且中国社会也有能力解决。但是如何承担起传承民族特色文化、保护和维持少数民族地区乃至人类文化的多样性，以提高民族地区自我发展能力，这方面的问题就相对复杂多了。只有解决好这一问题，有了强大的文化支撑体系，才能实现民族地区经济、政治、社会、文化、生态等"五位一体"建设持续健康发展。否则，民族地区新农村建设付出的代价将是很沉痛的。因此，本论文是针对广西桂西资源富集区现实存在的主要问题来展开论述，以提高民族地区乡村文化建设的实效性和长效性。

8. 广西桂西资源富集区乡村文化大多具有"原始原生"的民族性、地域性、活态性、跨国性等特点。

目前，处在转型时期，乡村文化建设体现出传统与现代、城市与乡村、科技与习俗等因素的交汇与融合。这些元素虽然表现出一定的冲突与对立，但多元一体、包容和谐、稳中求进的总体发展特征始终还是占社会主导地位的。这是多年来，尤其是改革开放以来，在几代中央领导集体的正确领导下，在全区全国人民的共同努力下，始终坚持以马克思主义、毛泽东思想以及中国特色社会主义理论体系为指导，特别是始终坚持一切从实际出发、实事求是、与时俱进的原则，结合少数民族地区的实际情况，大力弘扬优秀传统文化，以及不断丰富和发展先进文化所取得的结果。因此，广西桂西资源富集区乡村文化建设研究可以为类似地区乡村文化建设提供借鉴。

主要参考文献

一、著作

[1] 马克思，恩格斯. 马克思恩格斯选集（第1~4卷）［M］. 北京：人民出版社，1995.

[2] 马克思，恩格斯. 马克思恩格斯全集（第20，21，26，46卷）［M］. 北京：人民出版社，1971，1965，1973，1979.

[3] 列宁选集（第1~4卷）［M］. 北京：人民出版社，1990.

[4] 列宁全集（第4，9，30，41，43卷）［M］. 北京：人民出版社，1990，1959，1990，1986，1987.

[5] 毛泽东. 毛泽东选集（第1~4卷）［M］. 北京：人民出版社，1991.

[6] 毛泽东. 毛泽东文集（第1~8卷）［M］. 北京：人民出版社，1993—1999.

[7] 毛泽东. 建国以来毛泽东文稿（第1~13册）［M］. 北京：中央文献出版社，1988—1998.

[8] 邓小平. 邓小平文选（第1~2卷）［M］. 北京：人民出版社，1994.

[9] 邓小平. 邓小平文选（第3卷）［M］. 北京：人民出版社，1993.

[10] 江泽民. 江泽民文选（第1~3卷）［M］. 北京：人民出版社，2006.

[11] 中共中央党史研究室. 中国共产党历史，第1卷（1921—1949）上、下册［M］. 北京：中国党史出版社，2011.

[12] 中共中央党史研究室. 中国共产党历史，第2卷（1949—

1978）上、下册［M］. 北京：中国党史出版社，2011.

[13] 中共中央文献研究室. 建国以来重要文献选编（1~5册）［M］. 北京：中央文献出版社，1992—1993.

[14] 中共中央文献研究室. 十四大以来重要文献选编（上、中、下册）［M］. 北京：中央文献出版社，1996—1999。

[15] 中共中央文献研究室. 十六大以来重要文献选编（上、中、下册）［M］. 北京：中央文献出版社，1996—1999.

[16] 中共中央文献研究室. 十七大以来重要文献选编（上、中、下册）［M］. 北京：中央文献出版社，2009—2013.

[17] 胡锦涛. 高举中国特色社会主义伟大旗帜，为争取全面建设小康社会新胜利而奋斗——在中国共产党第十七次代表大会上的报告［M］. 北京：人民出版社，2007.

[18] 中共中央文献研究室. 中国特色社会主义理论体系形成与发展大事记（一九七八—二〇〇八年）［M］. 北京：中央文献出版社，2008：3~4.

[19] 国家民族政策研究室. 国家民族政策文件选编（1979—1984）［M］. 北京：中央民族学院出版社，1988.

[20] 国家民族事务委员会政策研究室. 中国共产党主要领导人论民族问题［M］. 北京：民族出版社，1994.

[21] 民族事务委员会. 中国共产党关于民族问题的基本观点和政策［M］. 北京：民族出版社，2002.

[22] 张震声. 壮族通史（上、中、下）［M］. 北京：民族出版社，1996—1997.

[23] 李富强. 中国壮学（第1~4辑）［M］. 北京：民族出版社，2010.

[24] 覃圣敏. 壮泰民族传统文化系统比较研究（第1~5册）［M］. 南宁：广西人民出版社，2003.

[25] 广西壮族自治区编辑组编. 广西壮族社会历史调查（1~7）［M］. 北京：民族出版社，2009：6.

[26] 钟文典. 广西通史（1~3）［M］. 南宁：广西人民出版社，1999.

［27］广西壮族自治区地方志编纂委员会编．广西通志・文化志
　　　［M］．南宁：广西人民出版社，1999.

［28］广西壮族自治区地方志编纂委员会．广西通志・民俗选
　　　［M］．广西人民出版社，1992.

［29］《广西壮族自治区概况》编写组．广西壮族自治区概况［M］.
　　　北京：民族出版社，2008.

［30］费孝通．从事社会学五十年［M］．天津：天津人民出版社，
　　　1985.

［31］费孝通．乡土中国生育制度［M］．北京：北京大学出版社，
　　　1989.

［32］费孝通．乡土中国［M］．北京：北京出版社，2009.

［33］费孝通．江村经济——中国农民的生活［M］．北京：商务
　　　印书馆，2010.

［34］费孝通．费孝通文集（第14卷）［M］．北京：群言出版社，
　　　1999.

［35］梁漱溟．梁漱溟全集（第一卷）［M］．济南：山东人民出版
　　　社，1989.

［36］梁漱溟．梁漱溟全集（第二卷）［M］．济南：山东人民出版
　　　社，1990.

［37］梁漱溟．乡村建设文集［M］．滨州：邹平乡村书店，1936.

［38］梁漱溟．乡村文化建设理论［M］．上海：上海人民出版社，
　　　2006.

［39］宋恩荣．晏阳初文集［M］．北京：教育科学出版社，1989.

［40］罗中福．卢作孚文选［M］．重庆：西南师范大学出版社，
　　　1989.

［41］罗中福．卢作孚文选［M］．重庆：西南师范大学出版社，
　　　1987.

［42］金炳镐．中共民族理论理论研究三十年［M］．北京：中央
　　　民族大学出版，2000.

［43］金炳镐．新中国民族理论60年［M］．北京：中央民族大学
　　　出版，2010.

［44］金炳镐．新中国民族政策 60 年［M］．北京：中央民族大学出版，2009．

［45］金炳镐．中国改革开放以来的民族理论研究（1978—2006）（上、下）［M］．北京：中央民族大学出版，2006．

［46］朱瑛，李运祥．毛泽东文化思想探析［M］．南京：东南大学出版社，2008．

［47］戴知贤，周申明．毛泽东的文化思想［M］．北京：中央民族大学出版社，2004．

［48］陈文珍，叶志勇．社会主义新农村文化构建［M］．长沙：湖南师范大学出版社，2010．

［49］方世南，范俊玉．先进文化与小康社会［M］．苏州：苏州大学出版社，2003．

［50］俞思念．社会主义文化建设的历史理论与实践［M］．北京：中国社会科学出版社，2008．

［51］余益中，刘士林，廖明君．广西桂西资源富集区文化发展研究［M］．广西人民出版社，2012．

［52］周军．中国现代化与乡村文化建构［M］．北京：中国社会科学出版社，2012．

［53］陈吉元，胡必亮．当代中国的村庄经济与村落文化［M］．山西经济出版社，1996．

［54］朱从兵，钱宗范．民族传统文化与当代民族发展研究——以广西壮族自治区为例［M］．合肥工业大学出版社，2008．

［55］李友梅．快速城市化中的乡土文化转型［M］．上海：上海人民出版社，2007．

［56］赵甲明，吴倬，刘敬东．马克思主义基本原理专题研究［M］．北京：社会科学文献出版社，2009．

［57］黄映晖，史亚军．如何搞好乡村文化建设［M］．北京：中国农业出版社，2011．

［58］熊春林．农村文化发展之谋［M］．北京：国家行政学院出版社，2012．

［59］方亮，崔富春．新农村文化建设与管理［M］．北京：中国

社会出版社，2011.

［60］王沪宁．当代中国村落家族文化——对中国社会现代化的一项探索［M］．上海：上海人民出版社，1991.

［61］辛秋水．传统文化与现代文明对接——新农村建设理论与实践［M］．合肥：合肥工业大学出版社，2010.

［62］蔡昉，王德文，都阳等．中国农村改革历程与变迁：30 年历程和经验分析［M］．上海：格致出版社，上海人民出版社，2008.

［63］陈锡文，赵阳，陈剑波，罗丹等．中国农村制度变迁 60 年［M］．北京：人民出版社，2009.

［64］左停，唐丽霞等．变迁与发展：中国农村三十年［M］．北京：中国农业出版社，2009.

［65］赵君．当代中国新农村建设社会问题研究［M］．河南：郑州大学出版社，2010.

［66］贺雪峰．乡村社会关键词：进入 21 世纪的中国乡村素描［M］．山东：山东人民出版社，2010.

［67］付明星．新农村建设的文化思考［M］．武汉：武汉出版社，2009.

［68］陈文珍，叶志勇．社会主义新农村文化构建［M］．长沙：湖南师范大学出版社，2010.

［69］李剑阁．中国新农村建设调查［M］．上海：上海远东出版社，2007.

［70］温铁军．中国新农村建设报告［M］．福州：海峡出版发行集团，福建人民出版社，2010.

［71］张小平．中国文化建设的理论与实践［M］．北京：社会科学出版社，2012.

［72］李资源．中国共产党少数民族文化建设研究［M］．北京：人民出版社，2011.

［73］焦雪岱，买买提·祖农．少数民族地区文化建设研究［M］．银川：宁夏人民出版社，1999.

［74］谢凤莲，李国社．民族地区文化建设［M］．贵阳：贵州民

族出版社，1999.

[75] 伍琪，凯梦．民族地区全面建设小康社会论［M］．北京：民族出版社，2005.

[76] 聂华林．中国西部农村文化建设概论［M］．北京：中国社会科学出版社，2007.

[77] 徐仲伟，代金平．中国西部构建和谐社会的文化支持系统研究［M］．北京：光明日报出版社，2010.

[78] 周大鸣，刘志扬，秦红增．寻求内源发展——中国西部的民族与文化［M］．广州：中山大学出版社，2006.

[79] 杨云．西部民族地区经济跨越式发展研究——基于人力资本的视角［M］．北京：民族出版社，2007.

[80] 李盛刚．中国西部民族地区农村发展：基于自我发展能力研究［M］．北京：民族出版社，2010.

[81] 广西辉煌 60 年：1949—2009 编写组编．广西辉煌 60 年：1949—2009［M］．南宁：广西人民出版社，2009.

[82] 广西社会科学院．2009 蓝皮书：广西文化发展报告［M］．南宁：广西人民出版社，2009.

[83] 广西社会科学院．2010 蓝皮书：广西文化发展报告［M］．南宁：广西人民出版社，2010.

[84] 广西社会科学院．2011 蓝皮书：广西文化发展报告［M］．南宁：广西人民出版社，2011.

[85] 广西社会科学院．2012 蓝皮书：广西文化发展报告［M］．南宁：广西人民出版社，2012.

[86] 唐正柱．红水河文化研究［M］．南宁：广西人民出版社，2008.

[87] 尹红英，韩太平，郑剑玲等．装点美丽的精神家园：社会主义核心价值体系与乡村文化建设［M］．桂林：广西师范大学出版社，2011.

[88] 覃德清．文化保护与民族发展［M］．黑龙江人民出版社，2009.

[89] 朱从兵，钱宗范．民族传统文化与当地民族发展研究——以

广西壮族自治区为例［M］．合肥：合肥工业大学出版社，
2008.

［90］黄成授等．广西民族关系的历史与现状［M］．北京：民族
出版社，2002.

［91］秦红增．乡土变迁与重塑——文化农民与民族地区和谐乡村
建设研究［M］．北京：商务印书馆，2012.

［92］李建平．文化软实力与经济社会发展——基于广西壮族自治
区发展视角的文化研究［M］．镇江：江苏大学出版社，
2013.

［93］周广大．壮族传统文化与现代化［M］．南宁：广西人民出
版社，1998.

［94］梁庭望．壮族文化概论［M］．南宁：广西教育出版社，
2000.

［95］覃德清．壮族文化的传统特征与现代建构［M］．南宁：广
西人民出版社，2006.

［96］肖永孜．壮族人口［M］．南宁：广西人民出版社，2008.

［97］金开诚．壮族［M］．长春：吉林文史出版社，2010.

［98］潘琦．刘三姐文化研究［M］．南宁：广西人民出版社，
2008.

［99］玉时阶．壮族民间宗教文化［M］．北京：民族出版社，
2004.

［100］明廖君．壮族自然崇拜文化［M］．南宁：广西人民出版
社，2002.

［101］廖明君．壮族始祖：创世之神布洛陀［M］．广西人民出版
社，2009.

［102］廖明君．石头山上有人家：广西南丹白裤瑶文化考察札记
［M］．南宁：广西人民出版社，2006.

［103］覃彩銮．神圣的祭典［M］．南宁：广西人民出版社，
2006.

［104］玉时阶．瑶族文化变迁［M］．北京：民族出版社，2005.

［105］邓群，盘福东．瑶族文明发展历程［M］．南宁：广西人民

出版社，2008.

[106] 蓝美凤．巴马瑶族历史与文化［M］．南宁：广西民族出版社，2006.

[107] 覃主元．大石山区的祥和村落：广西布努瑶地经济文化变迁［M］．北京：民族出版社，2007.

[108] 黄桂秋．壮族麽文化研究［M］．北京：民族出版社，2006.

[109] 石朝江．中国苗学［M］．贵阳：贵州人民出版社，1999.

[110] 杨圣敏．中国高校哲学社会科学发展报告（1978—2008）民族学［M］．桂林：广西师范大学出版社，2008.

[111] 李强．中国高校哲学社会科学发展报告（1978—2008）社会学［M］．桂林：广西师范大学出版社，2008.

[112] 潘乃谷，马戎．边区开发论著［M］．北京：北京大学出版社，1993.

[113] 朱汉国．梁漱溟乡村建设研究［M］．太原：山西教育出版社，1996.

[114] 陈序经．乡村建设运动［M］．上海：大东书局，1946.

[115] 王景新，鲁可荣．中国共产党早期乡村建设思想的研究［M］．北京：中国社会科学出版社，2011.

[116] 朱熹．四书集注［M］．海口：海南国际新闻出版中心，1992.

[117] 左丘明．左传［M］．长春：吉林人民出版社，1996.

[118] 杨天宇．礼记译注（上）［M］．上海：上海古籍出版社，2004.

[119] 中央财政金融学院汉语教研室编．财经古文选［M］．北京：中国财政经济出版社，1983.

[120] 钟祥财．中国农业经济思想史［M］．上海：上海社会科学院出版社，1997.

[121] 司马迁．史记［M］．北京：中华书局，2006.

[122] 孔子．尚书［M］．长春：吉林人民出版社，1996.

[123] 刘先照．中国共产党主要领导人论民族问题［M］．北京：

民族出版社，1994.

[124] 国家民族事务委员会：中国共产党关于民族问题的基本观点和政策 [M]．北京：民族出版社，2002.

[125] 中共广西壮族自治区党史资料征集委员会编．全国解放战争时期的广西武装斗争（上卷）[M]．北京：中共党史出版社，1992.

[126] 周大鸣，刘志杨等．寻求内源式发展——中国西部的民族与文化 [M]．广州：中山大学出版社，2006.

[127] 星球地图出版社．广西壮族自治区地图册 [M]．北京：星球地图出版社，2013.

[128] 北京图书馆古籍出版编辑组编．北京图书馆古籍珍本丛刊（41）[M]．北京：书目文献出版社，1998.

[129] 民族区域自治与广西经济社会发展编写组编．民族区域自治与广西经济社会发展 [M]．南宁：广西人民出版社，2008.

[130] 秦晖．传统十轮——本土社会的制度文化与其变革 [M]．上海：复旦大学出版社，2003.

[131] 广西壮族自治区统计局．2012 年广西壮族自治区国民经济和社会发展统计公报 [M]．北京：中国统计出版社，2013.

[132] 广西壮族自治区统计局，国家统计局广西调查总队编．八桂辉煌：广西 60 年经济社会发展成就 [M]．北京：中国统计出版社，2009.

[133] 广西壮族自治区统计局．广西壮族自治区 2010 年人口普查资料 [M]．北京：中国统计出版社，2012.

[134] 民族区域自治与广西经济社会发展编写组编．民族区域自治与广西经济社会发展 [M]．南宁：广西人民出版社，2008.

[135] 范成大：《桂海虞衡志·志蛮》。

[136] 张望：《乡治》，见《皇朝经世文编》卷二三。

[137] 张鹭：《朝野佥载》卷二。

［138］乾隆官修:《清朝通典》卷三四,《职官典》、《州县》。

［139］郑玄:《周礼·天官冢宰》。

［140］于成龙:《示亲民官自省六戒》,见徐栋《牧令书》卷二。

［141］马端临:《文献通考》卷330《四裔考七》。

［142］郑大华. 民国乡村建设运动［M］. 北京:社会科学文献出版社,2000.

［143］广西壮族自治区文化厅编. 广西文化年鉴(2012)［M］. 海口:南海出版公司,2013.

［144］广西壮族自治区统计局. 2013广西统计年鉴［M］. 北京:中国统计出版社,2013.

［145］花建. 区域文化产业发展［M］. 长沙:湖南文艺出版社,2008.

［146］叶朗. 中国文化产业年度发展报告(2012)［M］. 北京:北京大学出版社,2012.

［147］叶朗. 中国文化产业年度发展报告(2013)［M］. 北京:北京大学出版社,2013.

［148］李小云. 参与式发展概论:理论·方法·工具［M］. 北京:中国农业大学出版社,2000.

［149］广西壮族自治区文化厅. 广西文化事业发展历程(1949.12—1978.12)［G］. 广西壮族自治区文化厅编印,2007.

［150］张小荣,雷根虎,易宏军. 中国传统文化及其现代价值［M］. 西安:西安出版社,2010.

［151］张国祚. 中国文化软实力发展报告(2012)［M］. 北京:北京大学出版社,2013.

［152］张国祚. 中国文化软实力发展报告(2013)［M］. 北京:北京大学出版社,2014.

［153］朱启臻. 新农村:乡风文明［M］. 北京:中国农业大学,2007.

［154］叶谦吉. 生态农业［M］. 重庆:重庆出版社,1988.

［155］表鼎生. 生态艺术哲学［M］. 北京:商务印书馆,2007.

［156］法律出版社编．中华人民共和国非物质文化遗产法［M］．北京：法律出版社，2011.

［157］严凤华，罗黎明．壮行天下·壮族卷［M］．南宁：广西民族出版社，2010.

［158］贤成毅，唐奇展．广西重点文化产业发展研究［M］．桂林：广西师范大学出版社，2013.

［159］杨国安．明清两湖地区基层组织与乡村社会研究［M］．武汉：武汉大学出版社，2004.

［160］孔庆榕，张磊．中华民族凝聚力学［M］．北京：中国社会科学出版社，2008.

［161］吴敏先．中国共产党与中国农民［M］．北京：东北师范大学出版社，2000.

［162］徐新．和谐社会与社会事业［M］．上海：上海大学出版社，2009.

［163］邓伟志，胡申生．和谐文化导论［M］．上海：上海大学出版社，2007.

［164］宋书巧，张建勇．广西乡村旅游研究［M］．北京：中国环境科学出版社，2010.

［165］丹珠昂奔．少数民族对祖国文化的贡献［M］．北京：中央民族大学出版社，2012.

［166］马戎．中国少数民族地区社会发展与族际交往［M］．北京：社会科学文献出版社，2012.

［167］方铁，何星亮．民族文化与全球化［M］．北京：民族出版社，2006.

［168］刘祥学，刘玄启，走向和谐：广西民族关系发展的历史地理学研究［M］．北京：民族出版社，2011.

［169］龙耀宏．民族文化与文化软实力［M］．北京：民族出版社，2011.

［170］刘汉俊．给力中国：中国高层领导谈文化［M］．北京：人民出版社，2012.

［171］叶启绩．全面建设小康社会的文化自觉［M］．广州：中山

大学出版社，2008.

[172] 上海高校都市文化研究院. 2011 年全国 31 个省市自治区公共文化服务指数蓝皮书［M］. 北京：商务印书馆，2012.

[173] 于平. 傅才武. 中国文化创新报告［M］. 北京：社会科学文献出版社，2012.

[174] 邓显超. 中国文化发展战略研究［M］. 南昌：江西人民出版社，2009.

[175] 赵铁. 中国—东盟关系与广西文化产业创新发展［M］. 桂林：广西师范大学出版社，2013.

[176] 陈长杰. 创新文化生态系统研究［M］. 北京：科学出版社，2013.

[177] 谈国新，钟正. 民族文化资源数字化与产业化开发［M］. 武汉：华中师范大学出版社，2012.

[178] 胡惠林. 中国经济区文化产业发展报告［M］. 上海：上海人民出版社，2012.

[179] 肖永孜. 壮族人口［M］. 南宁：广西人民出版社，2008.

[180] 广西壮族自治区地方志编纂委员会. 广西通志人口志［M］. 南宁：广西人民出版社，1993.

[181] 吕红平：农村家族问题与现代化［M］. 河北：河北大学出版社，2001：211.

[182] 梁方仲. 中国历代户口、田地、田赋统计［M］. 上海：上海人民出版社，1980.

[183] 傅铿. 文化：人类的镜子——西方文化理念导引［M］. 上海：上海人民出版社，1990.

[184]【美】明恩薄. 中国人的素质［M］. 秦悦，等译. 上海：学林出版社，2001.

[185]【美】明恩薄. 中国乡村生活——西方的中国形象［M］. 陈牟晴，唐军，等译. 北京：中华书局出版，2006.

[186]【美】丹尼尔·哈里森·葛学溥. 华南的乡村生活——广东凤凰村的家族主义社会学研究（珠江流域的族群与文明）［M］. 知识产权出版社，2012.

［187］【美】费正清．美国与中国［M］．张理京，等译．北京：世界知识出版社，2008．

［188］【美】费正清．中国：传统与变迁［M］．长春：吉林出版社，2008．

［189］【英】莫里斯·弗里德曼．中国东南的宗族组织［M］．刘晓春，等译．上海人民出版社，2000．

［190］【美】施坚雅．中国农村的市场和社会结构［M］．史建云，等译．北京：中国社会科学出版社，1998．

［191］【美】黄树民．林村的故事：1949年后的中国农村变革［M］．素兰，等译．北京：三联书店，2002．

［192］【美】杜赞奇．文化、权力与国家：1900—1942年的华北农村［M］．黄福明，等译．江苏人民出版社，2001．

［193］【美】宗智．长江三角黄洲小农家庭与乡村发展［M］．北京：中华书局，2000．

［194］【美】宝森．中国妇女与农村发展——云南禄村六十年的变迁［M］．胡宝坤，等译．江苏人民出版社，2005．

［195］【美】泰勒著．原始文化：神话、哲学、宗教、语言、艺术和习俗发展之研究［M］．连树声，译．桂林：广西师范大学出版社，2005．

［196］【美】西奥多·舒尔茨．论人力资源投资［M］．北京：对外经济学院出版社，1990．

［197］【美】英克尔斯．人的现代化：心理、思想、态度、行为［M］．殷陆君，译．成都：四川人民出版社，1985．

［198］【美】塞缪尔·亨廷顿，劳伦斯·哈里森．文化的重要作用——价值观如何影响人类进步［M］．程克雄，等译．北京：新华出版社，2010．

［199］【美】克利福德·格尔兹著．地方性知识［M］．王海龙，张家煊，等译．北京：中央编译出版社，2000．

［200］【美】S·斯普林克尔．清代法制导论——从社会学角度加以分析［M］．张守东，译．北京：中国政法大学出版社，2000．

［201］【美】特瑞·伊格尔顿．文化的观念［M］．方杰，译．南京：南京大学出版社，2006.

［202］【美】阿尔贝特·施韦泽．文化哲学［M］．陈泽环，译．上海：上海人民出版社，2008.

［203］【美】赵志裕，康萤仪．文化社会心理学［M］．刘爽，译．北京：中国人民大学出版社，2011.

二、论文

［204］袁祖社．文化本质的"伦理证成"使命与精神生活的道德价值逻辑［J］．道德与文明，2011（4）．

［205］袁祖社．试论社会主义核心价值体系建设问题［J］．南开学报（哲学社会科学版），2009（1）．

［206］袁祖社．文化的伦理本质与现代德性生活的价值真理——公共生活中"诚"与"真"品质的回归［J］．北京大学学报（哲学社会科学版），2011（7）．

［207］袁祖社．"公共性"的价值信念及其文化理想［J］．中国人民大学学报，2007（1）．

［208］王俊拴．从强国到民生：新世纪我国政治发展主题的确立及其意义［J］．陕西师范大学学报（哲学社会科学版），2012（11）．

［209］王振亚．以多元治理主体为视角的乡村治理研究创新——《新时期乡村治理主体及其行为关系研究》评述［J］．唐都学刊，2013（5）．

［210］贾义保．论我国农村干群和谐关系的构建［J］．求实，2011（2）．

［211］黄筱娜．广西少数民族传统文化的现代转型——文化转型与广西少数民族地区文化建设研究报告之一［J］．广西社会科学，2003（6）．

［212］王志珍．关于广西少数民族地区精神文明建设的思考——文化转型与广西少数民族地区文化建设研究报告之二［J］．广西社会科学，2003（6）．

[213] 赵静．广西民族文化资源的保护与开发探微——文化转型与广西少数民族地区文化建设研究报告之三［J］．广西社会科学，2003（6）．

[214] 于琭．转型期广西少数民族地区的文化建设发展方略——文化转型与广西少数民族地区文化建设研究报告之四［J］．广西社会科学，2003（6）．

[215] 叶敬忠．创造变化的空间——农民发展创新的原动力研究［J］．中国农村观察，2004（4）．

[216] 李立民，余阳．"两区一带"新格局中广西桂西资源富集区发展思考［J］．广西社会科学，2012（3）．

[217] 张震声．壮族历史文化与《壮学丛书》［J］．广西民族研究，2003（1）．

[218] 林桂红．转变经济发展方式背景下广西生态农业发展探微［J］．广西社会科学 2011（8）．

[219] 陈勉恕．广西东兰农民运动之实际情况［J］．农民运动，1927（4）．

[220] H. 斯科林莫夫斯基．文化的价值，科学和技术：超出了浮士德的交易［J］．文化，第Ⅵ卷（1）．

[221] 常青青．卢作孚乡村建设成就对社会主义新农村建设的启示［J］．重庆工商大学学报（社会科学版）2013.

[222] 李明中，胡虹文．中国农民技术知识学习模式研究［J］．经济师，2003（9）．

[223] 杨俊辉．城镇化进程中农村和谐社会建设研究［D］．电子科技大学博士论文，2012.

[224] 苟安经．巴蜀地区农村文化建设研究［D］．西北农林科技大学博士论文，2011：22.

[225] 郭亮．桂西北村寨治理与法秩序变迁研究——以合寨村为个案［D］．西南政法大学博士论文，2011.

[226] 刘祥学．壮族地区人地关系过程中的环境适应研究［D］．复旦大学博士论文，2008.

[227] 邓小刚．儒家耕读世家思想的伦理审视［D］．湖南师范大

学硕士论文，2005：64.

[228] 闫廷亮，柳红波．河西地区非物质文化遗产的特征及保护 [J]．丝绸之路，2012（8）：91.

[229] 陈健，韦志远．对河池水利水电发展的几点思考 [C]．广西水利厅厅庆征文选集（1）：2004（6）.

[230] 刘少杰．中国社会调查的理论前提 [J]．社会学研究，2000（2）.

三、报告与报刊

[231] 杨卫群．在2013年全市文化工作总结会议上的讲话 [R]．河池市文化广播影视出版局（提供），2013（12）.

[232] 罗殿龙．妥善处理林地纠纷，服务林权制度改革：广西高院关于农村集体林地纠纷法律适用问题的调研报告 [N]．人民法院报，2011-2-17（8）.

[233] 吕欣，陈慧．我区去年"三大纠纷"调结率近九成，5类案件成为今年调处重点 [N]．广西日报，2010-2-5（6）.

[234] 欧阳康．中国价值观与中华民族伟大复兴 [N]．光明日报，2013-1-19（11）.

[235] 韦立标，董彦才．创新农村社会管理：河池工作获自治区肯定 [N]．河池日报，2013-6-7（2）.

[236] 陈柳良．百色市沼气池建设任务超额完成 [N]．右江日报，2006-12-20.

[237] 沈应佳．河池市28万座沼气池带来"福气" [N]．河池日报，2008-08-19.

[238] 冯秋英，潘小荷．崇左市力推沼气建设"点亮"美丽乡村 [N]．左江日报，2013-07-22.

四、网上资源

[239] 新华网 http：//www.xinhuanet.com/

[240] 中华人民共和国国家统计局 http：//www.stats.gov.cn/

[241] 广西信息统计网 http：//www.gxtj.gov.cn/tjsj/

［242］ 中华人民共和国国家民委门户网 http：//www. seac. gov. cn/

［243］ 中华人民共和国中央人民政府门户网 http：//www. gov. cn/
gzdt/

［244］ 中国改革论坛网 http：//www. chinareform. org. cn/

［245］ 广西壮族自治区人民政府门户网 http：//www. gxzf. gov. cn/

［246］ 广西新闻网 http：//news. gxnews. com. cn/

［247］ 广西扶贫信息网 http：//www. gxfpw. com/

后　　记

　　本论著是我博士论文的公开出版，也是我多年寒窗苦读，潜心研究的阶段性成果。

　　我出生在桂西北的一个小山村里。或许是因为生于农村，长于农村，使我一直对少数民族地区有着一份特殊的情结，使我总想用一种特殊的方式为那些贫困山区的少数民族做些什么，以作为对曾经养育过我的那块贫瘠土地的回报。但我知道，我所做的一切是微不足道的。尽管如此，我还是希望通过我的微薄之力提升民族地区自我发展能力，积极探索乡村文化建设的新路子，不断促进民族地区文化大发展大繁荣。本书不仅是我多年乡村生活、工作的体验写照，也是我在北京邮电大学、西南交通大学硕士学习期间的经验积累，更是凝结了我在陕西师范大学博士学习期间的心血。

　　回首往事，我是一个从穷乡僻壤的贫困山村走出来的少数民族学生，一路摸爬滚打，一路酸甜苦辣，带着激动与憧憬走进了硕士和博士阶段的学习生活，走进了北京邮电大学，走进了西南交通大学，走进了陕西师范大学，这种心情只有与我出身或经历相似的人才能体会到。我珍惜研究生的学习生涯，我特别热爱北京邮电大学民族教育学院，热爱西南交通大学政治学院，热爱陕西师范大学政治经济学院和马克思主义学院。是她（们）不断磨练了我的意志，净化了我的心灵，增长了我的见识，开阔了我的视野，拓宽了我的胸怀；是她（们）在我的生命历程中增添了一道道亮丽的光彩！

　　1990年7月，我从广西师范大学政治系毕业以后，回到家乡从事中小学教学工作，成为桂西北贫困山区的一名乡村教师，并一直在贫困乡村工作了13年，在长期的工作和生活中，我痛感少数民族农民生活的艰辛，痛感少数民族农民思想的保守，痛感少数民族农民文化生活的单调或匮乏，但我更敬佩少数民族农民的淳朴与善良，换言之，我那淳朴、热情、正直、友善的性格，以及勤奋刻苦、认真负责、谦虚谨慎、不骄不躁、持之以恒的奋斗精神和工作作风，是我在多年的农村生活学习中锻炼出来的。同时，我崇尚科学，主张理论与实践相结合，喜欢参加各种有意义的文体活动或社交活动；曾担任过中小学教导主任、校长等职，多次荣获县（市）级教育教学成果奖，多次被评为县乡优秀教师。为了更好地宣传法律或利用法律解决相关的民事纠纷，工作之余我自学法律专业知识，1997 年获得了全国自学考试法律专业毕业文凭（第二学历）；为了不断提高自己的综合素质或相关专业水平，2003 年我又考进了广西教育学院中文系本科学习（第三学历）。

2004 年 2 月，我离开了工作岗位南下南宁，参加广西教育学院中文系汉语言文学专业本科脱产学习。两年期间，一方面我力争博览群书，广泛积累，努力学好专业知识；一方面积极配合院系抓好学生党支部建设，深入基层开展社会实践活动，做到学以致用。两年度均被评为广西教育学院优秀学生党员。2006 年 1 月，我参加全国硕士研究生统一招生考试，被西南交通大学录取为马克思主义理论与思想政治教育专业硕士研究生。

2006 年 9 月，我北上首都北京，在北京邮电大学民族教育学院参加研究生预科学习。第一次亲身体会到首都北京人文环境的各种风貌，第一次听到许多著名专家的讲座。我特别珍惜难得的学习机会，不管是必修课，还是选修课，我都力争考取理想的成绩，做到课堂认真听讲，课后按时完成作业；平时积极参加助教、助管、助工等"三助"活动或其他学术活动，周末有空就到清华、北大等高校去听讲座；节假日又到城区或旅游景点去参观考察，努力做到理论与实际相结合。

2007 年 9 月，我西进"天府"成都，在西南交通大学政治学院参加硕士研究生学习。师从于著名学者杨筱刚、苏志宏、鲜于浩、林伯海、杨先农等教授，有幸得到中山大学郑永廷教授专门来为我们授课。三年时间，我参加了诸如石仲泉、王伟光等知名学者的专题讲座一共 40 多场（次）；撰写并公开发表论文 6 篇；担任党支部书记，积极组织党员学习党的路线、方针、政策，在参加"深入贯彻落实科学发展观教育实践活动"中，本人的读书笔记被西南交大评选为优秀读书笔记；多次被推选为学校学生党支部书记经验交流会的主讲人之一。在导师的关怀和指导下，我的硕士毕业论文《新农村建设中广西山区少数民族农民思想政治教育研究》得以顺利完成。更为欣喜的是，2010 年 4 月，我参加陕西师范大学博士研究生统一招生考试，同年 6 月被陕师大录取为政治经济学院马克思主义基本原理专业博士研究生。

2010 年 9 月，我转入古都西安，在陕西师范大学政治经济学院学习，师从于著名教授、博士生导师袁祖社院长。平时，积极参加十几位博导开设的诸如马克思主义基本原理专题研究、马克思主义中国化专题研究、中国特色社会主义理论研究、马克思主义发展史研究、思想政治教育理论与方法研究、马克思主义价值哲学研究、马克思主义生态学研究、西方马克思主义专题研究等相关课程研究；同时，积极参加校内外举办的各种学术活动，并多次被邀请为主讲嘉宾。四年时间，有机会听到诸如李德顺、张一兵等 80 多位著名专家的讲学；参与主持科研项目 2 项，公开发表论文 15 篇。

本硕博"三连读"，辗转中国东西南北，十年的"游学"，十年的"摸爬滚打"，拓宽了我的心胸，开阔了我的视野，丰富了我的知识，特别是马克思主义理论研究方面，具备了较为扎实的理论功底，这为本书的写作提供了坚实的理论基础和实践基础，使得本书最终得以问世。在此，我除了感谢，还是感谢。

首先，我要感谢的是精心培养和指导我的且值得我尊敬的导师袁祖社教授，他那大师的风范，巧妙的语言艺术，以及传统与现代有机结合的学术创新理念一直感染着我。我的博士论文是在袁老师的指导下完成的，在论文的选题问题上，一开始我准备了五个选题及其相关材料去跟他讨论，他根据我的实际，建议我考虑"广西山区少数民族文化建设研究"这个选题，并叫我搜集好相关的材料以后再拿去给他看。几个月以后，我再去跟他讨论，最后我们认为"广西桂西资源富集区乡村文化建设研究"这一选题，更加具有时代意义；接下来在提纲的拟定、观点阐述，甚至句段的表述等方面，都倾注了导师的大量心血。平时，他不但经常关心我的学习情况，而且经常关心我的生活情况。他的每一句鼓励的话语，都是我前进的动力。无论我身处哪里，我一定会铭记他的教导。

其次，我要感谢博士生导师阎树群老师。在我们博士生的学习阶段，阎老师给我们上课算是比较多的一位老师，听他的课如在轻松的环境中获得知识。我不但学会了马克思主义发展史的许多前沿理论，而且他那幽默的语言，宽严有度的性格，原则性与灵活性有机结合的办事风格等许多做人做事的道理，同样感染了我。阎老师非常关心我的学业，我很感激他，他是我人生中的一大贵人，我永远也不会忘记他的恩德。

再次，我要感谢我的授业老师王俊拴教授、王振亚教授、马启民教授、陈答才教授、王晓荣教授、王继教授等人。王俊拴教授知识渊博，给我们上课时，讲授逻辑性强，观点新颖，阐述到位，语言抑扬顿挫，让我学到了很多知识；同时，他那和蔼可亲的态度，以及关心学生、对学生高度负责的品格，永远激励着我前进。王振亚教授德高望重，不愧为是全国著名的教育教学科研专家，凡是听过他讲课的人，一旦提到他，一种敬佩之情会油然而生，他的那种敬业精神和治学态度将让我受益一生。马启民教授具有思想家的风度，不仅他的才俊感染了我，而且他那种为人处世的态度和作风更加感染了我。陈答才教授为人平易近人，语言幽默风趣，也是值得我敬佩的好老师；王晓荣教授授课时思路清晰，那娓娓道来的语言分析，使我也学到了很多专业知识。在此，我对这些给我授课的老师表示衷心感谢！

同时，我还要感谢江秀乐教授、金延教授、门忠民教授，是你们的创新理念及学术前沿的各种观点，开阔了我的视野，丰富了我的专业知识。感谢政治经济学院的任红星老师、王建老师给予的关心与帮助！感谢对我论文外审进行辛苦评阅的各位专家！

还有，在资料和参考方面，除了在论文中注释、说明和参考文献中标明外，我还参考了许多专家学者的资料与学术成果，不一一列出，在此一并致谢！

我还要感谢读博期间遇到的每位同学和好友：姚崇、弥漫、刘飏、粟远辉、字振华、王红梅、本志红、张雪雁、黄文彩、方世巧、潘天波、梁文冒、莫雪玲、吴林芳、张娜、蒋冬双、张一、王晓辉、李春玲、王海涛、付蓓、任纪虎、王立洲……感谢你们一路相伴、相随，感谢你们曾经给予我的关心、支持和帮助。

我还要感谢我的硕士生导师，西南交通大学杨筱刚教授、鲜于浩教授、苏志宏教授、林伯海教授、杨先农教授、徐文生教授，没有你们当年的传授、指导、鼓励和支持，就没有我后来读博的可能。

此时此刻，我还要特别感谢我的家人。感谢我的妻子韦秋岚，感谢她多年来的理解和支持，尤其是多年来一直为我守候，为我照看儿子，为我照顾家中老人；感谢我的儿子韦杰程，感谢你的理解，我想对你说："爸爸未能尽到父亲的责任，爸爸对不起你！"没有你们的理解和帮助，我就很难顺利地完成学业。本书也献给在我读博期间去世的我的父亲，愿父亲在九泉之下安息。

向关心和帮助过我的每位领导、同事、朋友、同学表示最诚挚的感谢！本书的出版得到了百色学院学校领导和马克思主义学院领导的大力支持，得到了广西高校人文社会科学重点研究基地——老区精神与老少边地区发展研究中心的资金资助，得到了武汉大学出版社的大力支持。在此一并表示诚挚的谢意！

本书只是我博士论文的公开出版。由于个人能力有限，本书难免有疏漏和不足之处，与各位专家和读者的要求存在一定差距，我会在今后的工作和学习中继续努力。诚请各位读者批评指正。

韦顺国
2015 年 12 月 29 日